Kohlenhydrate: Baustoffe, Energiespeicher, molekulare Etiketten

Glucose ist eine **Hexose**, d. h. ein Zucker mit 6 C-Atomen.

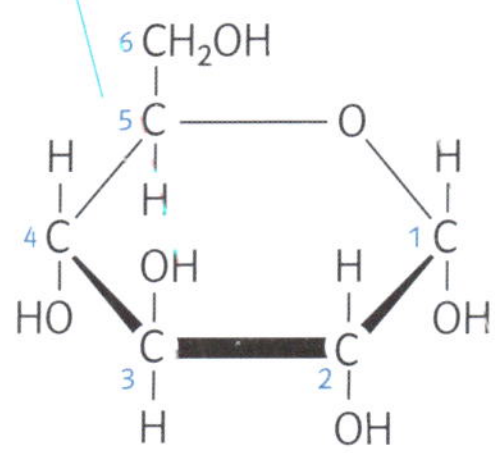

Einfachzucker (Monosaccharid)

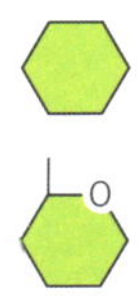

Symbole für Hexosen

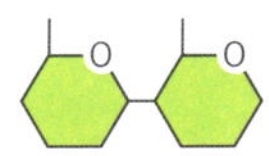

Zweifachzucker (Disaccharid)

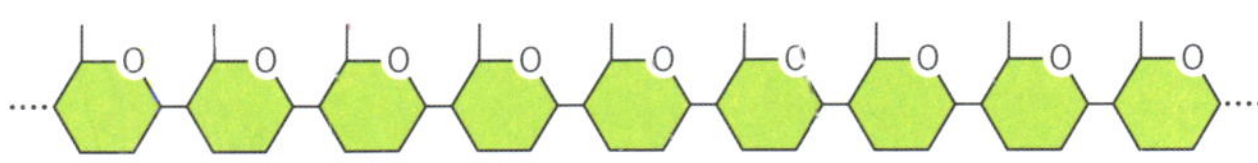

Vielfachzucker (Polysaccharid)

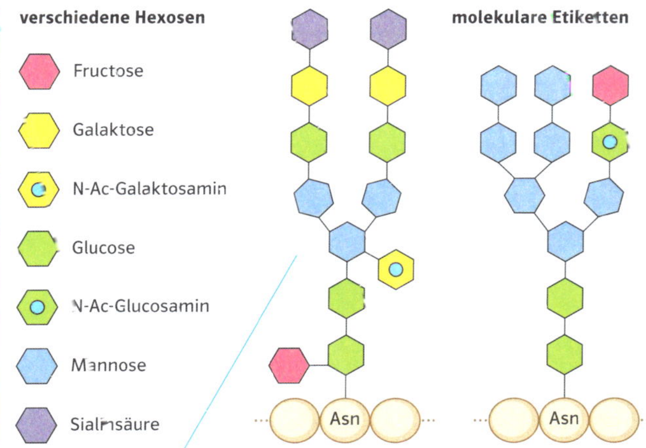

Cellulose, Chitin, Stärke und Glykogen sind wichtige Polysaccharide.

Verzweigte **Kohlenhydrat-Seitenketten** („Zuckerbäume") aus verschiedenen Hexosen dienen der Zelle als unverwechselbare Etiketten: Die Kombinationsmöglichkeiten sind immens.

Die häufigste Bindestelle von Zuckerbäumen an Proteine ist die Aminosäure Asparagin (Asn).

Proteine (Eiweißstoffe): Baustoffe, Biokatalysatoren, molekulare Maschinen

weitere Details zu Proteinen: [4.1]

Die **Primärstruktur** eines Proteins ist die genaue Abfolge der Bausteine (20 Typen von Aminosäuren) in der Polypeptidkette.

Ein **Oberflächenmodell** zeigt die äußere Form, ein **Bändermodell** das Rückgrat der Polypeptidkette.

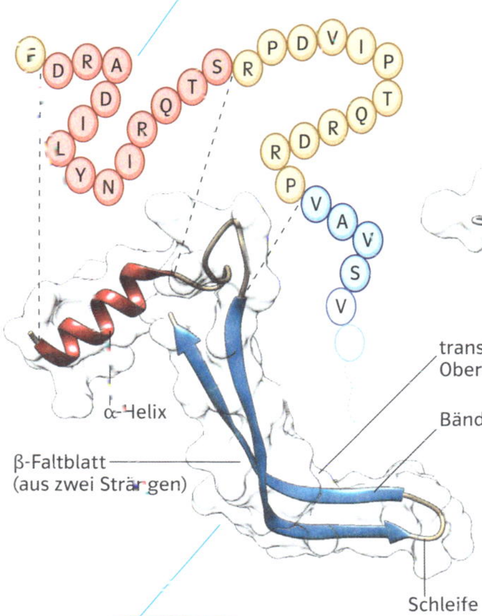

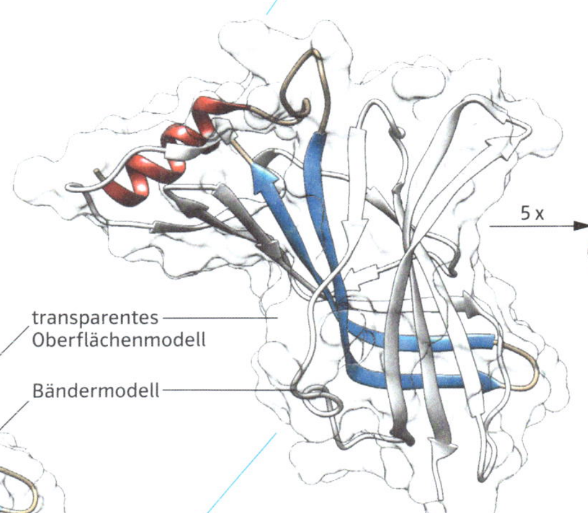

Acetylcholin-Bindeprotein
(nicht transparentes Oberflächenmodell)

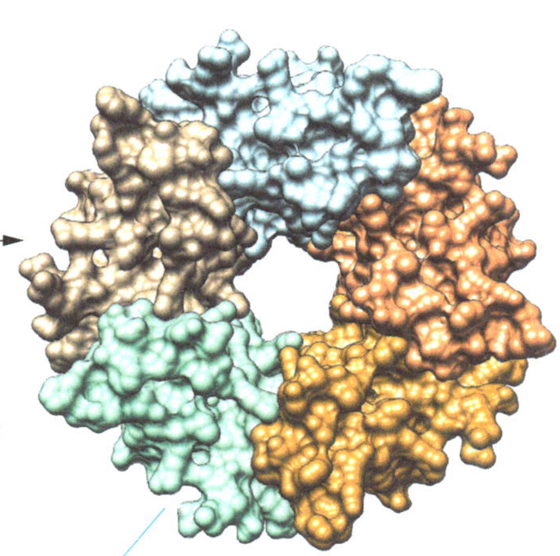

Sekundärstrukturen sind stabil gefaltete Teilbereiche der Polypeptidkette: α-Helices und β-Faltblätter.

Die **Tertiärstruktur** ist die räumliche Faltung der ganzen Polypeptidkette zum fertigen, biologisch aktiven Protein.

In einer **Quartärstruktur** sind mehrere Proteine (hier fünf) als **Untereinheiten** zu einem bestimmten Gebilde zusammengeschlossen. Die Untereinheiten können verschieden oder (wie hier) gleich sein.

Markl Biologie

Oberstufe Einführungsphase

Herausgegeben von:
Jürgen Markl

Autorinnen und Autoren:
Maria Beier
Sven Gemballa
Holger Knerich
Inge Kronberg
Ralf Küttner
Jürgen Markl
Matthias Nolte
Harald Paulsen
Walter Stöcker

Ernst Klett Verlag
Stuttgart · Leipzig

So lernen Sie mit Markl Biologie

Neugierig werden

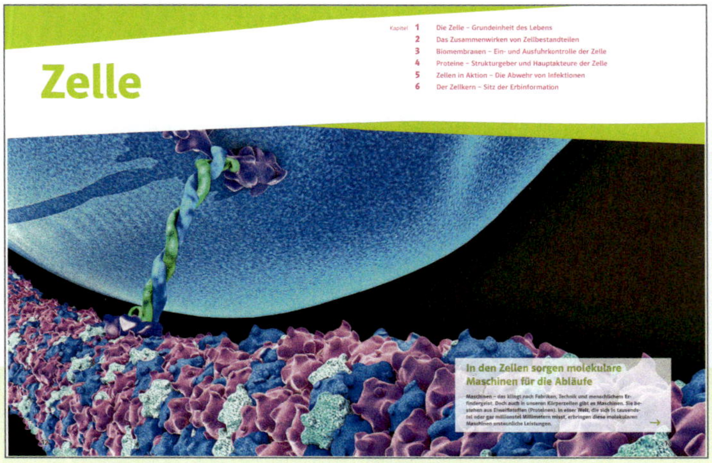

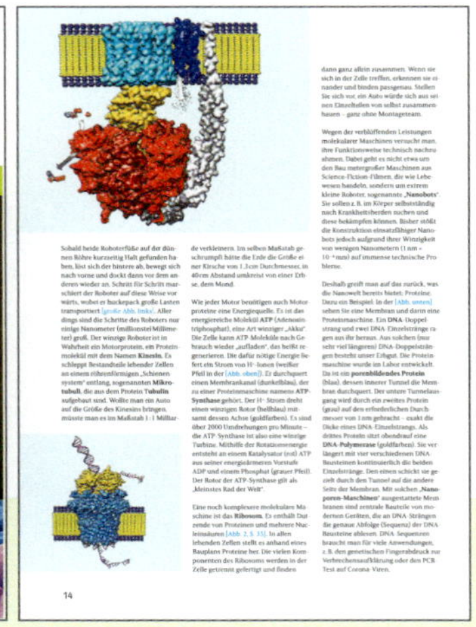

Das Thema *Zelle* beginn
mit einem spannenden
Blick auf die Forschung
und auf noch offene Fra-
gen. Die folgenden Kapi
liefern Hintergrund-
informationen dazu.

Spannend einsteigen

Jedes Kapitel beginnt mit einer Liste mit Kernaussagen der Biologie. Sie fassen die wichtigsten Aussagen des Kapitels zusammen und gliedern als Überschriften die folgenden Seiten.
Es folgt ein packender Text und ein Foto.

Neues lernen

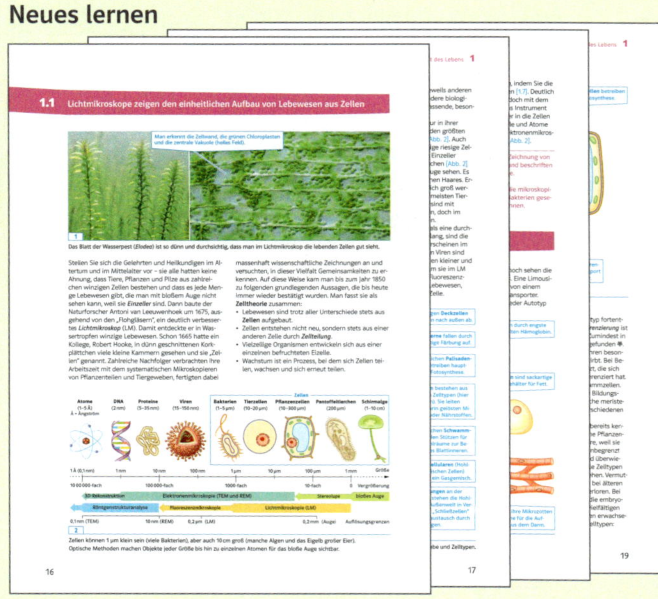

Die Überschriften bringen die Kernaussage des Textes auf den Punkt. Texte und sprechende Grafiken stellen die Einzelheiten dar. Fett gedruckte Fachbegriffe finden Sie im Glossar ab S. 132, kursive Begriffe im Register ab S. 137. In der Randspalte finden Sie einen Hinweis darauf, welches Basiskonzept der Biologie hier berührt wird.
[Übersicht Basiskonzepte S. 8]

Lösungen
js528v

Die Lösungen zu allen Aufgaben in diesem Buch finden Sie mit diesem Online-Code. Geben Sie den Code einfach in das Suchfeld auf www.klett.de ein.

Symbole und Anforderungsbereiche

	Flussdiagramm [S. 4]
	Mind-Map [S. 4]
	Concept-Map [S. 4]
	Basiskonzepte [S. 8]
○	I (einfach)
◒	II (mittel)
●	III (schwierig)

Klausuren vorbereiten

Kombiniere! bietet Ihnen Aufgaben zum Wiederholen der vorangegangenen Kapitel-Inhalte. Testen Sie selbst, wie fit Sie sind.

Fürs Abi trainieren

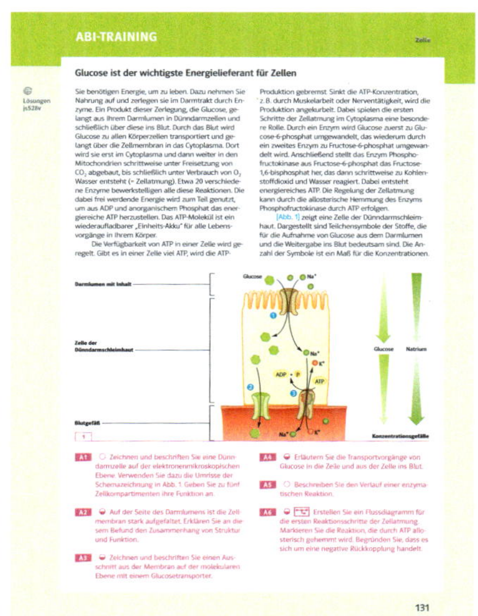

Am Ende des Themas finden Sie materialgestützte Aufgaben zur Abiturvorbereitung. Hiermit können Sie feststellen, wie gut Sie vorbereitet sind.

Notieren und Verstehen

In den Texten und Abbildungen Ihres Biologiebuchs stecken zahlreiche Informationen. Sie können vieles leichter lernen, verstehen und wiederholen, wenn Sie Informationen als kurze und übersichtliche Notizen zusammenfassen. **Hier finden Sie dazu verschiedene Methoden.**

Bei einigen Aufgaben im Schülerbuch steht ein solches Zeichen als Tipp für die geeignete Form der Notiz.

Flussdiagramm

Biologische Abläufe oder Zusammenhänge, die in einem fortlaufenden Text viel Platz benötigen, lassen sich übersichtlich in einem Flussdiagramm darstellen:

- Es besteht aus mehreren Kästen, die wichtige Stichworte oder kurze Sätze enthalten.
- Pfeile verbinden die Kästen und weisen Ihnen den Pfad durch das Flussdiagramm.
- Ein Pfeil bedeutet „dann folgt" oder „daraus folgt".
- Flussdiagramme können aus nur einem Pfad oder (wie hier) aus mehreren Pfaden bestehen.

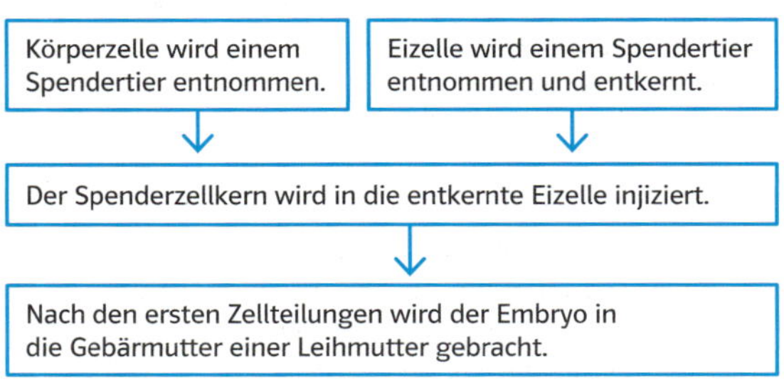

Mind-Map

Eine Mind-Map ist eine „Gedankenkarte" in Baumform. Damit können Sie ein Thema rasch erschließen und sich dessen Inhalte gut merken:

- Nehmen Sie ein leeres DIN-A4-Blatt quer.
- Das Thema kommt groß in die Mitte.
- Auf mehrere dicke Äste kommt jeweils ein Schlüsselbegriff in Großbuchstaben.
- Schreiben Sie dann an dünne Zweige Inhalte zu den Schlüsselbegriffen.
- Anzahl und Form der Äste und Zweige liegen ganz bei Ihnen. Eine Farbe pro Ast macht den Inhalt noch einprägsamer. Zusammenhänge können Sie durch Pfeile andeuten.

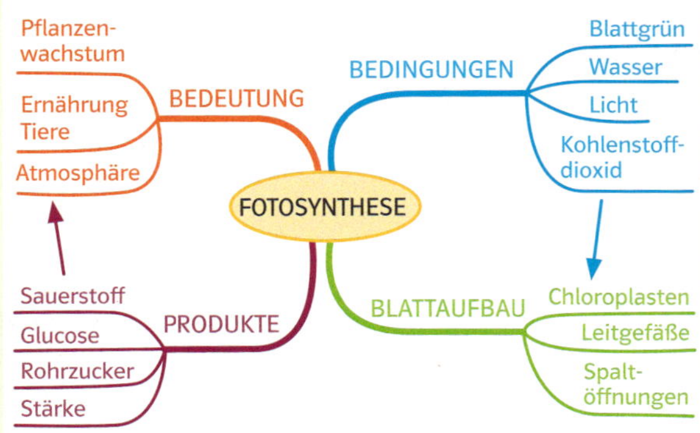

Concept-Map

Eine Concept-Map ist eine „Gedankenkarte" in Netzform. Damit können Sie von Vorgängen die Begriffe (concepts) und deren Zusammenhänge für sich selbst und andere anschaulich darstellen:

- Arbeiten Sie mit Kästen (für die Begriffe), Pfeilen (für die Zusammenhänge und die Leserichtung) sowie Pfeilbeschriftungen (für die Art der Beziehung).
- Nehmen Sie ein leeres DIN-A4-Blatt quer und starten Sie oben mit dem Hauptbegriff.
- Ordnen Sie die Kästen nach Übersichtlichkeit an.

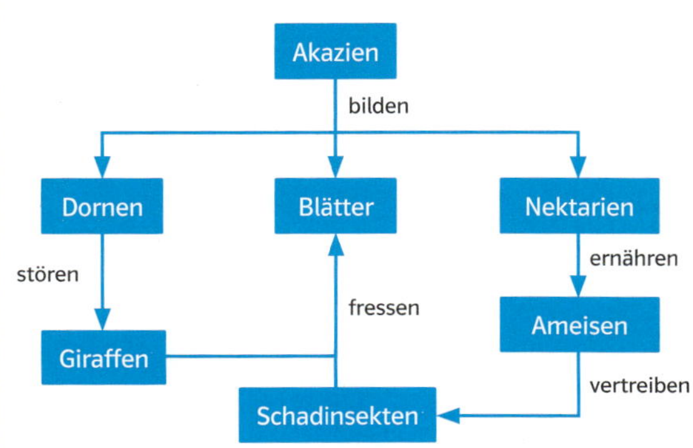

Inhalt

Biologie – eine Einführung

Biologie ist die Naturwissenschaft vom Lebendigen. Sie erfasst und erklärt die Struktur, Funktion, Wechselwirkung und Entwicklung der Organismen. Was bringt Pflanzen zum Blühen, wie verhalten sich Katzen? Vielleicht gefallen auch Ihnen Tiere oder Pflanzen und Sie möchten mehr darüber erfahren. Die Freude am Umgang mit Lebewesen [Abb. 1] ist eine starke Motivation für jene, die Biologie als Beruf wählen. Biologinnen und Biologen sind darin trainiert, Fragen so an die Natur zu stellen, dass sie beantwortet werden.

Aber wie richten Sie Fragen so an Blumen oder drei junge Katzen, dass Sie eine brauchbare Antwort erhalten? Schließlich sind wir nicht im Märchen, wo man zumindest die Tiersprache beherrscht. Die naturwissenschaftliche Methode arbeitet mit Beobachtung und Experiment. Experimente erfolgen auf der Grundlage, dass die Ergebnisse wiederholbar (reproduzierbar) sein müssen. Dabei werden laufend **Hypothesen** aufgestellt und anschließend wird überprüft, ob sich diese untermauern oder widerlegen lassen. Falls Ihnen das zu abstrakt klingt: Sie wenden dieses Prinzip ständig selbst an, beispielsweise wenn Sie mutmaßen: „Schnittblumen welken, weil sie Wasser verlieren." Naturwissenschaftliche Hypothesen sind also Behauptungen oder Vermutungen, die sich überprüfen lassen: In eine Vase mit Wasser gestellt, bleiben die Blumen frisch. „Götter lieben Rosen" ist dagegen keine naturwissenschaftliche Hypothese, da sie nicht überprüfbar ist, ebenso wenig wie „Katzen sind edle Tiere". Naturwissenschaftliche Hypothesen lassen sich mit dem „Wenn… dann"-Ansatz überprüfen; man bezeichnet ihn auch als Deduktion (***deducere*** (lat.): rückschließen). Hier ist ein passendes Beispiel:

- ***Hypothese***: Hungrige Katzen neiden einander das Futter.
- ***Gegenhypothese***: Hungrige Katzen verhalten sich nicht futterneidisch.
- ***Methode***: Drei hungrigen Katzen wird ein einziger Fressnapf hingestellt. Ihr Verhalten beim Fressen wird beobachtet.
- ***Ergebnis***: Sie fressen einträchtig Kopf an Kopf.
- ***Schlussfolgerung***: Hungrige Katzen verhalten sich nicht immer futterneidisch; die Hypothese ist geschwächt, die Gegenhypothese gestärkt.

Wie Sie an dem Beispiel merken, genügt ein einzelnes Experiment noch nicht für eine brauchbare Aussage. Zahlreiche weitere Tests sind erforderlich: Verläuft das bei vielen Wiederholungen gleich? Reagieren auch andere Katzen so? Hängt es vom Ausmaß des Hungers ab? Äußert sich Futterneid bei Katzen nicht durch Streiten, sondern durch schnelleres Fressen? Forschungsergebnisse werfen also meist neue Fragen auf.

1 Freude an Tieren und Pflanzen ist oft der Schlüssel zur Biologie.

Sehr wichtig sind dabei noch die sogenannten **Kontrollen**: Da ist zunächst die ***Negativkontrolle***: Vertragen sich die drei Katzen am leeren Fressnapf? Und dann benötigen Sie noch eine ***Positivkontrolle***: Frisst jede der drei Katzen allein für sich das Futter? Ohne „ja" bei diesen Kontrollen wäre Ihr Experiment wertlos, weil das Ergebnis angreifbar ist.

Hypothesen kennen Sie nun, aber was ist dann eine Theorie? Eine **naturwissenschaftliche Theorie** ist keineswegs eine vage Angelegenheit, wie es in der Umgangssprache manchmal verstanden wird, sondern eine durch zahlreiche Ergebnisse besonders gut gesicherte Hypothese, die zudem einen großen Erklärungswert hat, also viele unterschiedliche Phänomene erklärt. Das bekannteste Beispiel aus der Biologie ist die Evolutionstheorie, die die Abwandlung der Organismen im Verlauf der Stammesgeschichte erklärt. Alle naturwissenschaftlich Forschenden stellen laufend Hypothesen auf und überprüfen sie, doch nur sehr wenigen Menschen war es bisher vorbehalten, eine naturwissenschaftliche Theorie zu entwickeln. Für Theorien gilt aber ebenso wie für Hypothesen: Man kann sie untermauern, schwächen oder widerlegen, aber man kann sie nicht endgültig beweisen. Selbst wenn sich Katzen in Tausenden von Versuchen am Fressnapf kollegial verhielten, könnte schon der nächste Versuch Futterneid anzeigen. Bei widersprüchlichen Befunden muss die Hypothese bzw. Theorie modifiziert oder sogar verworfen werden. Dies ist das Grundprinzip des naturwissenschaftlichen Erkenntnisprozesses.

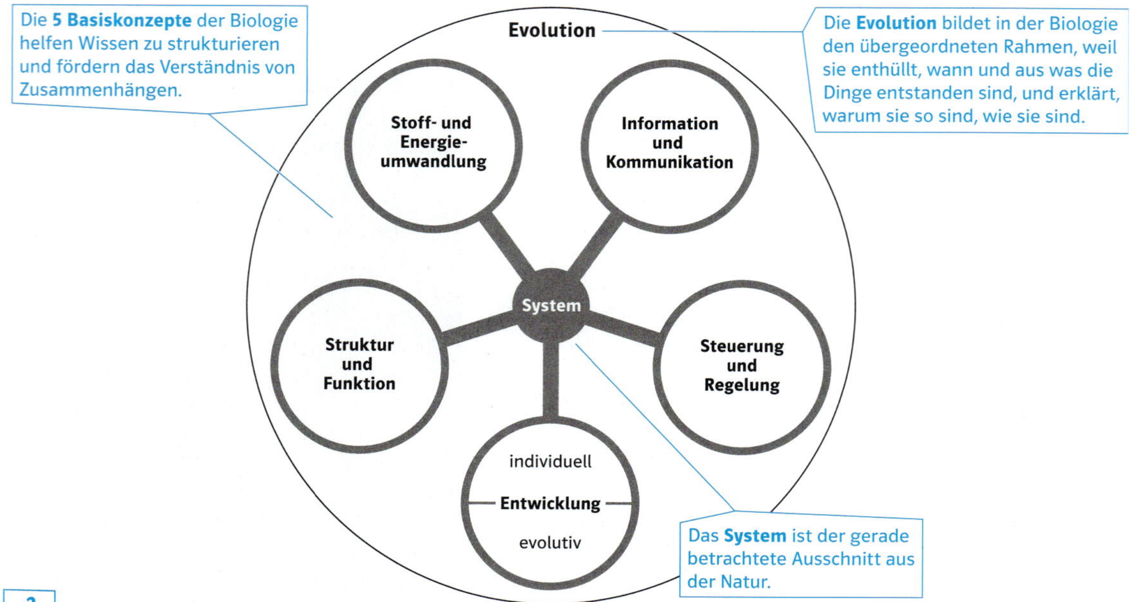

2

Die biologischen Basiskonzepte stehen für Grundphänomene, die Ihnen quer durch die Biologie laufend begegnen.

Die Vielfalt des Lebendigen erschließt sich durch ein biologisches Grundwissen. In diesem Buch ist jedes Kapitel in bis zu neun **Konzepte** untergliedert. In jedem Konzept ist ein biologischer Zusammenhang einprägsam formuliert, als eine Art Merksatz. Die Konzepte geben Ihnen ein fundiertes, zusammenhängendes Grundwissen. Konzepte sind wie Fächer in einem Schrank. Je nach Interessenlage können Sie einzelne Fächer mit mehr Fakten füllen, die für Sie automatisch in einem großen Zusammenhang stehen werden. Dies ist der eigentliche Wert des Lernens nach Konzepten, wie es dieses Lehrbuch vermittelt.

Ein Symbol am Rand weist Sie im ganzen Buch auf eine diesen Konzepten übergeordnete Ebene hin, auf die fünf sogenannten **Basiskonzepte**. Basiskonzepte bezeichnen die Grundphänomene in der Biologie [Abb. 2]. Die Basiskonzepte sind als Schlagworte formuliert, nicht als Merksätze. Jedes Schlagwort steht für ein biologisches Grundphänomen. Beim Basiskonzept „Entwicklung" gibt es zwei Bereiche: den individuellen Wandel im Lauf des Lebens und den evolutiven Wandel der Organismenarten.

Im Zentrum jeder biologischen Betrachtung steht zunächst einmal das **System**, also der Ausschnitt der Natur, mit dem Sie sich beschäftigen wollen. Dabei kann es sich beispielsweise um eine Zelle, ein Tier oder ein Ökosystem handeln. Aber auch einzelne Proteinmoleküle oder die gesamte Biosphäre können als ein System betrachtet werden. Der übergeordnete Rahmen, der alle Grundphänomene umfasst und erklärt, ist die **Evolution**. [Abb. 2] stellt die fünf Basiskonzepte der Biologie in diesen großen Zusammenhang.

Basiskonzepte:

- **Struktur und Funktion:** Lebewesen und Lebensvorgänge sind an Strukturen gebunden, die ihnen die jeweilige Funktion erst ermöglichen. Dazu gehört auch die Kompartimentierung: Lebende Systeme grenzen sich gegen die Umwelt ab und bestehen selbst wiederum aus abgegrenzten Reaktionsräumen (Kompartimenten).
- **Stoff- und Energieumwandlung:** Lebewesen existieren, indem sie ihrer Umwelt ständig Stoffe und Energie entziehen, diese umwandeln und als andere Stoffe und Energieformen wieder abgeben.
- **Information und Kommunikation:** Lebende Systeme nehmen ständig Informationen auf, die sie speichern, verarbeiten und durch passende Reaktionen beantworten.
- **Steuerung und Regelung:** Lebewesen steuern und regeln ihre Körperprozesse und die Wechselbeziehungen mit ihrer Umwelt. Durch Steuerung erreichen sie einen neuen Zustand, durch Regelung halten sie einen Zustand in engen Grenzen.
- **Entwicklung:** Lebewesen pflanzen sich fort, und ihre Lebensdauer ist begrenzt. Ihr Körper verändert sich im Laufe ihres Lebens (individuelle Entwicklung oder ***Ontogenie***). Auch nah verwandte Individuen unterscheiden sich in Details. Diese Variabilität ermöglicht in der Generationenfolge eine Abwandlung und eine Anpassung an sich verändernde Umweltbedingungen (evolutive Entwicklung oder ***Phylogenie***). Alle heutigen Lebewesen sind im Verlauf einer seit Milliarden von Jahren andauernden Stammesgeschichte aus einer gemeinsamen Wurzel entstanden und daher miteinander verwandt.

Leben spielt sich auf unterschiedlichen Niveaus ab, die miteinander vernetzt sind. Das Lebendige gliedert sich in eine Hierarchie von Organisationsebenen oder Systemen. Das reicht von einzelnen Atomen und Molekülen über Zellen und Vielzeller bis hin zu Lebensgemeinschaften und der ganzen Biosphäre [Abb. 3]. Die Lebensprozesse erfordern einen ständigen Energiefluss: Lebewesen sind darauf spezialisiert, ihrer Umgebung nutzbare Energie in Form von Nahrung oder Sonnenlicht zu entziehen. Sie nutzen diese Energie für ihre Lebensprozesse und wandeln sie dabei in andere Energieformen und schließlich in nicht mehr nutzbare, diffuse Wärme um, die in die Umgebung geht. Lebewesen sind zudem auf einen ständigen Zufluss an Stoffen angewiesen. Diese wandeln sie ebenfalls um, bauen sie zum Teil in ihren Körper ein und geben den Rest sowie andere Stoffe an die Umgebung ab. Im Gegensatz zum Energiefluss handelt es sich bei den Stoffen um Kreisläufe. Nach dem Tod eines Lebewesens gehen seine Moleküle wieder in die Stoffkreisläufe ein. Die gesamte Natur unterliegt den Regeln der Physik und Chemie, die belebte Natur zudem einem Evolutionsprozess.

Was machen Biologinnen und Biologen eigentlich, und auf welchen dieser Ebenen bewegen sie sich? Untersuchen sie den Körperbau, die Organfunktionen (Physiologie) und das Verhalten von Tieren und Pflanzen? Sicher – viele von ihnen sind auf solche Fragestellungen spezialisiert, aber wie Sie sehen, umfasst das lediglich eine der zahlreichen Organisationsebenen, nämlich die des „Vielzellers". In der Ökologie arbeitet man in den Ebenen darüber, in der Zell- und Molekularbiologie in den Stufen darunter. Jede Ebene erfordert ihre eigenen Methoden, einen anderen Gerätepark, spezifische Fragestellungen und eine Spezialausbildung. Andererseits sind die Ebenen eng miteinander vernetzt, was verlangt, dass alle Beteiligten über den Tellerrand hinausschauen. Wegen der vielen Spezialisierungen arbeiten Biologinnen und Biologen meist in Gruppen (Teams) zusammen. Sie veröffentlichen ihre Forschungsergebnisse in speziellen Zeitschriften und präsentieren und diskutieren sie auf Fachtagungen. Oder sie machen selbst keine Forschung, sondern arbeiten anders in Hochschule und Industrie, oder in Schulen, Umweltverbänden, Behörden, als Tierfilmende oder in Buchverlagen.

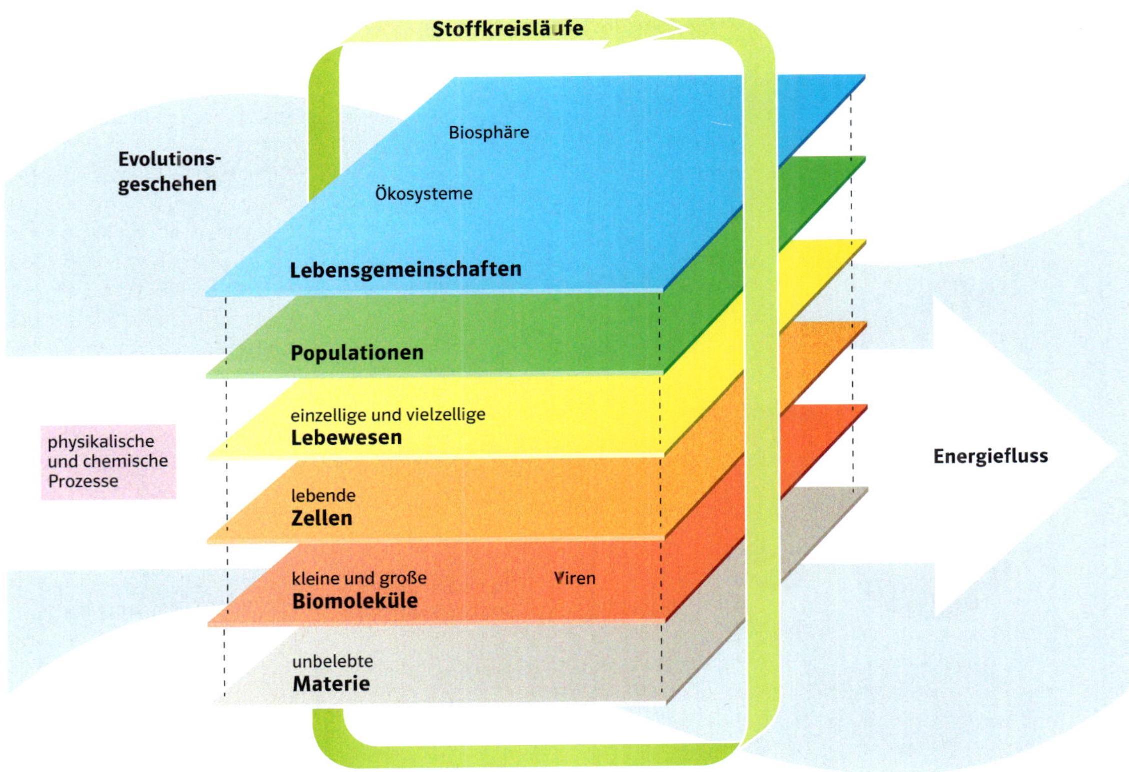

3

Die Biologie gliedert sich in vernetze Organisationsebenen. Diese werden durch einen Energiefluss angetrieben, durch Stoffkreisläufe versorgt und durch Evolutionsprozesse in Anpassung an die Umwelt abgewandelt.

Wer das Wanderverhalten von Zugvögeln untersucht, benötigt ein satellitengestütztes GPS-System. Um das Verhalten von Affen zu studieren, reichen vielleicht Fernglas und Kamera. Einzeller beobachtet man mit dem Lichtmikroskop, der Feinbau der Zellen erfordert ein Elektronenmikroskop und die Struktur von Molekülen erforscht man wiederum mit ganz anderen Methoden. Die Biologie umspannt einen riesigen Bereich von Größenordnungen, auch „Zehnerschritte" genannt. Es erfordert 17 Zehnerschritte, um von der obersten Hierarchieebene des Lebens – der Biosphäre – in die kleinsten Bereiche der Biologie vorzudringen [Abb. 4]. Das metrische System, basierend auf der Zehnerskala, ist äußerst nützlich, um die Größe von Objekten zu beschreiben. Und wir können mit dieser Skala aus einem bestimmten Grund besonders leicht umgehen: weil wir zehn Finger haben.

Die Spannweite der Biologie von über 10 000 Kilometern (10^7 m) bis unter 1 Nanometer (1 nm = 10^{-9} m) ist allerdings nur sehr schwer vorstellbar. Würde man eine normale menschliche Körperzelle auf die Größe einer Kirsche ausdehnen, würde dies eine Vergrößerung um 3 Zehnerschritte bedeuten, von etwa 15 Mikrometer (µm) auf 15 mm. Eine echte Kirsche, im gleichen Maßstab vergrößert, hätte 15 m Durchmesser, wäre also mindestens so groß wie Ihr Klassenzimmer. Würden wir das Ganze noch einmal um 3 Zehnerschritte vergrößern, bekäme die Körperzelle das Volumen Ihres Klassenzimmers, Bakterien wären so groß wie Sie selbst, und Proteinmoleküle hätten die Ausmaße von Erbsen und Reiskörnern. Die „echte" Kirsche wäre nun etwa so groß wie Ihre Stadt (falls diese 15 km durchmisst). Sie selbst hätten bei dieser Vergrößerung im Maßstab 1:1 Million mittlerweile eine Länge von rund 1700 km erreicht.

Alle biologischen Phänomene stehen in Bezug zur Evolution des Lebens. *„Nothing in biology makes sense except in the light of evolution."* („Nichts in der Biologie ergibt einen Sinn, außer im Licht der Evolution.") Dieser berühmte Ausspruch des Evolutionsforschers THEODOSIUS DOBZHANSKY (1900 – 1975) trifft tatsächlich den Nagel auf den Kopf: Biologische Strukturen, Funktionen und Prozesse verstehen Sie nur dann wirklich, wenn Sie sich eines klarmachen: Sie sind im Verlauf eines Evolutionsprozesses entstanden. In einer ununterbrochenen Generationenfolge hat

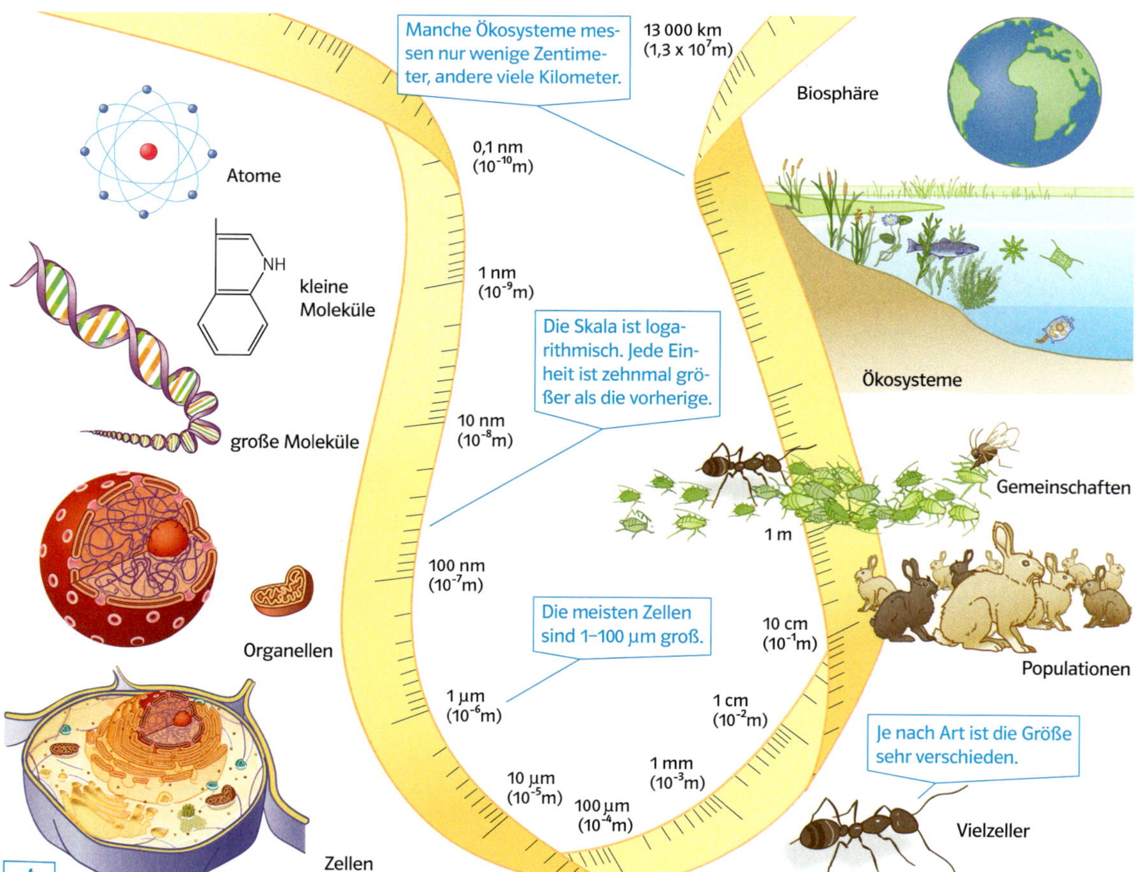

4 Die Organisationsebenen der Biologie sind ineinander verschachtelt und durchspannen 17 Größenordnungen.

5

Afrikanische Schreiseeader sind Kunstflieger.

6

Ein Gargoyle (Notre Dame, Paris) hat Arme und Flügel.

sich aus den ersten lebenden Zellen die heutige biologische Vielfalt entwickelt. Sie, ich und alle anderen heutigen Organismen blicken also auf eine ununterbrochene Reihe von Vorfahren zurück, die sich seit Anbeginn des Lebens vor fast vier Milliarden Jahren erfolgreich fortgepflanzt haben. Unzählige Generationen und kein einziger Ausfall!

Ein Seeadler beim Flugmanöver [Abb. 5]: Lebewesen sind durch die Evolution offensichtlich hervorragend an ihre Lebensweise und Umwelt angepasst. Aber sind Lebewesen perfekt? Ist der Seeadler eine optimale Flugmaschine? Wäre dies der Fall, würde man Flugzeuge ganz nach dem Muster von Vögeln konstruieren. Aber offenbar kann man mit starren Flügeln und Düsenantrieb viel energiesparender fliegen als mit Flügelschlagen. Doch der Seeadler kann nicht nur fliegen, sondern auch Fische fangen, Nester bauen, Eier legen und seine Brut aufziehen, alles Tätigkeiten, die ein Flugzeug nicht nötig hat und auch nicht kann. Diese Vielseitigkeit der Lebewesen zwingt zu Kompromissen. Und die natürliche Selektion setzt nicht an einem Merkmal an, sondern am Individuum.

Aber ginge es nicht doch noch etwas besser? Vögel hätten sicher erhebliche Vorteile im Leben, wenn sie zusätzlich noch Arme und Hände besäßen, etwa wie die als Gargoyles bezeichneten Fantasiewesen [Abb. 6]. Vom Standpunkt der Ingenieurskunst aus betrachtet ist es unverständlich, warum dieses wichtige Detail im Vogelbauplan fehlt. Wahrscheinlich hätte es den Aufstieg der Säugetiere niemals gegeben, wenn die Vögel neben ihrer Flugfähigkeit auch noch Hände gehabt hätten. Nun – die Antwort liegt in der Evolution: Vögel stammen von vierbeinigen Reptilien ab, und die Vorderbeine wurden zu Flügeln. Die Evolution hat nicht die Möglichkeit einer völligen Neukonstruktion am Reißbrett. Sie muss ganz auf dem aufbauen, was vorhanden ist, und es „bei laufendem Betrieb" umbauen. Dabei müssen alle Zwischenstufen ebenfalls funktionieren. Es gibt also viele „konstruktive Zwänge", die die Entwicklungsmöglichkeiten einschränken.

Biologinnen und Biologen ist der Einfluss der Evolution auf alle biologischen Phänomene jederzeit gegenwärtig. Sie interpretieren neue Forschungsergebnisse automatisch „im Licht der Evolution". Die Erklärungskraft der Evolutionstheorie ist tatsächlich immens. Ohne sie wäre das gesamte Wissensgebäude der Biologie ein zusammenhangloses Chaos. Naturwissenschaften sind das beste Konzept, das die Menschheit entwickelt hat, um die Abläufe in der Natur aufzuklären und zu verstehen. Forschende können sich irren und haben sich schon oft geirrt. Doch die naturwissenschaftliche Forschung als ein System, deren Beteiligte ihre Ergebnisse ständig diskutieren und gegenseitig überprüfen, ist zuverlässig und extrem erfolgreich.

Zelle

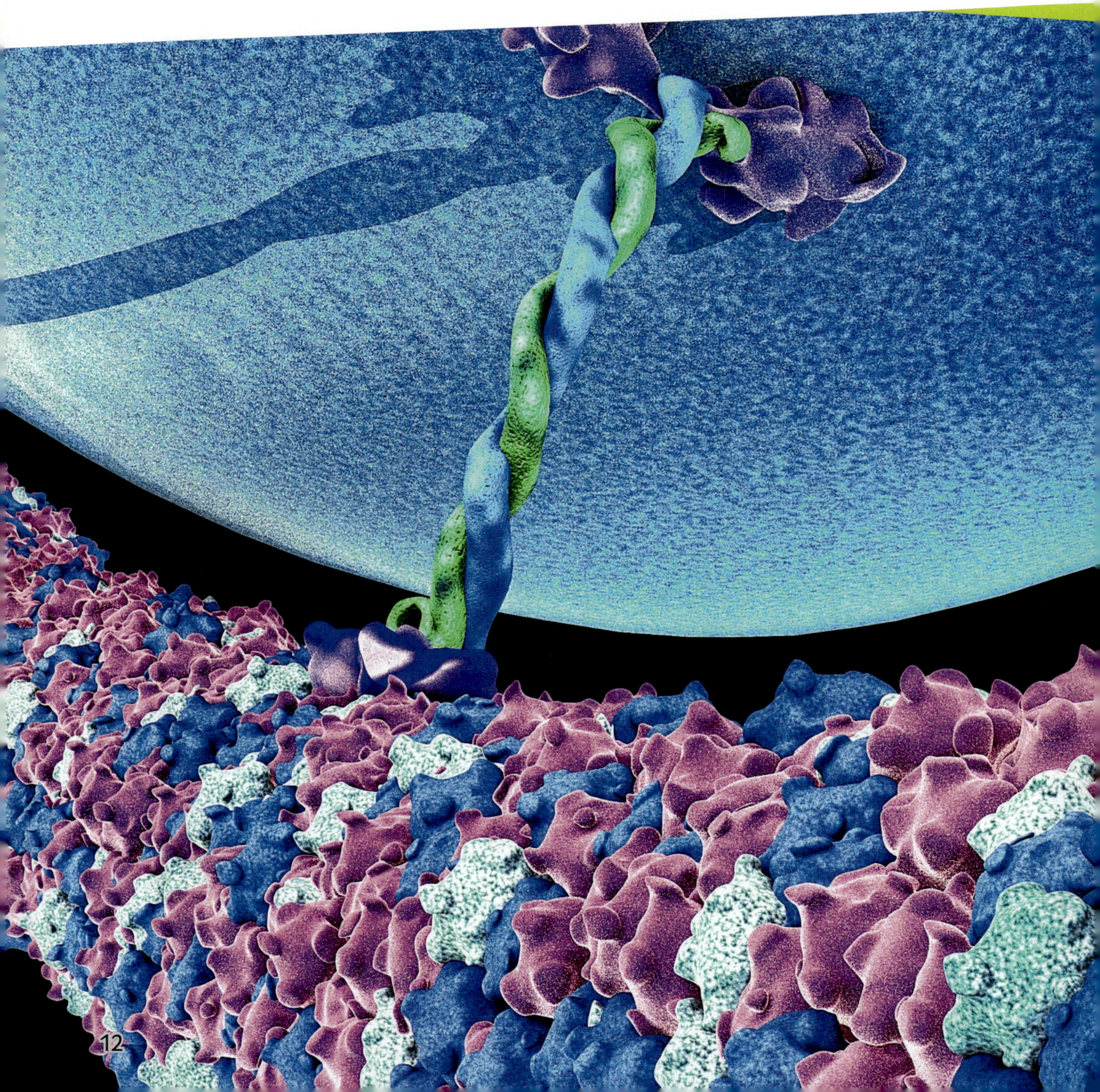

In den Zellen sorgen molekulare Maschinen für die Abläufe

Maschinen – das klingt nach Fabriken, Technik und menschlichem Erfindergeist. Doch auch in unseren Körperzellen gibt es Maschinen. Sie bestehen aus Eiweißstoffen (Proteinen). In einer Welt, die sich in tausendstel oder gar millionstel Millimetern misst, erbringen diese molekularen Maschinen erstaunliche Leistungen. →

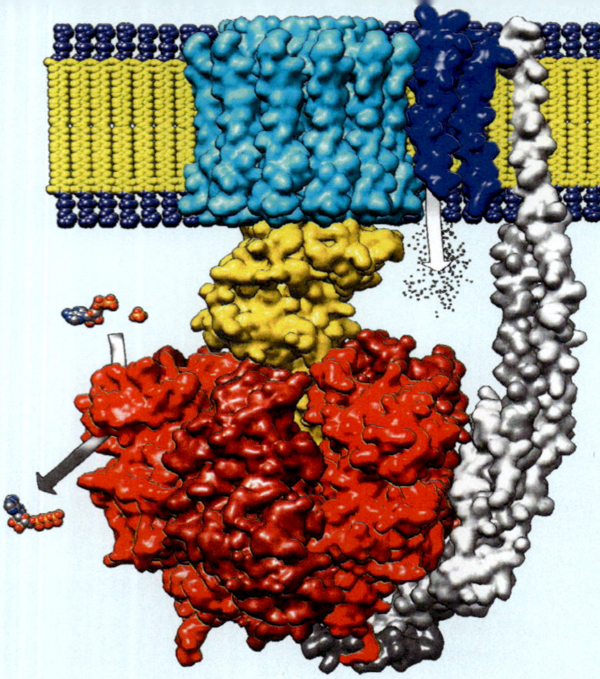

Sobald beide Roboterfüße auf der dünnen Röhre kurzzeitig Halt gefunden haben, löst sich der hintere ab, bewegt sich nach vorne und dockt dann vor dem anderen wieder an. Schritt für Schritt marschiert der Roboter auf diese Weise vorwärts, wobei er huckepack große Lasten transportiert [große Abb. links]. Allerdings sind die Schritte des Roboters nur einige Nanometer (millionstel Millimeter) groß. Der winzige Roboter ist in Wahrheit ein Motorprotein, ein Proteinmolekül mit dem Namen **Kinesin**. Es schleppt Bestandteile lebender Zellen an einem röhrenförmigen „Schienensystem" entlang, sogenannten **Mikrotubuli**, die aus dem Protein **Tubulin** aufgebaut sind. Wollte man ein Auto auf die Größe des Kinesins bringen, müsste man es im Maßstab 1 : 1 Milliarde verkleinern. Im selben Maßstab geschrumpft hätte die Erde die Größe einer Kirsche von 1,3 cm Durchmesser, in 40 cm Abstand umkreist von einer Erbse, dem Mond.

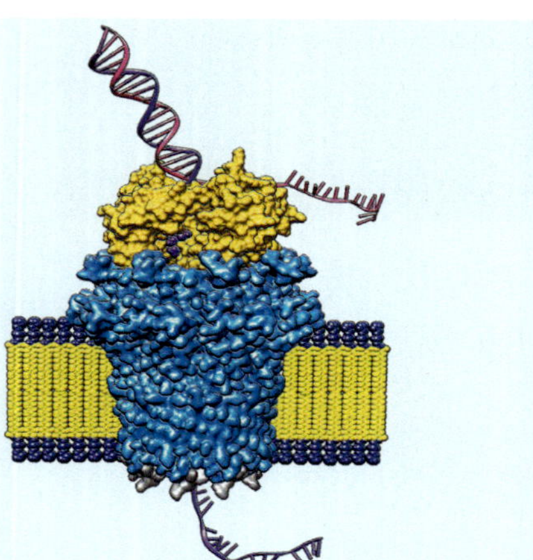

Wie jeder Motor benötigen auch Motorproteine eine Energiequelle. Es ist das energiereiche Molekül **ATP** (Adenosintriphosphat), eine Art winziger „Akku". Die Zelle kann ATP-Moleküle nach Gebrauch wieder „aufladen", das heißt regenerieren. Die dafür nötige Energie liefert ein Strom von H^+-Ionen (weißer Pfeil in der [Abb. oben]). Er durchquert einen Membrankanal (dunkelblau), der zu einer Proteinmaschine namens **ATP-Synthase** gehört. Der H^+-Strom dreht einen winzigen Rotor (hellblau) mitsamt dessen Achse (goldfarben). Es sind über 2000 Umdrehungen pro Minute – die ATP-Synthase ist also eine winzige Turbine. Mithilfe der Rotationsenergie entsteht an einem Katalysator (rot) ATP aus seiner energieärmeren Vorstufe ADP und einem Phosphat (grauer Pfeil). Der Rotor der ATP-Synthase gilt als „kleinstes Rad der Welt".

Eine noch komplexere molekulare Maschine ist das **Ribosom**. Es enthält Dutzende von Proteinen und mehrere Nucleinsäuren [Abb. 2, S. 35]. In allen lebenden Zellen stellt es anhand eines Bauplans Proteine her. Die vielen Komponenten des Ribosoms werden in der Zelle getrennt gefertigt und finden dann ganz allein zusammen. Wenn sie sich in der Zelle treffen, erkennen sie einander und binden passgenau. Stellen Sie sich vor, ein Auto würde sich aus seinen Einzelteilen von selbst zusammenbauen – ganz ohne Montageteam.

Wegen der verblüffenden Leistungen molekularer Maschinen versucht man, ihre Funktionsweise technisch nachzuahmen. Dabei geht es nicht etwa um den Bau metergroßer Maschinen aus Science-Fiction-Filmen, die wie Lebewesen handeln, sondern um extrem kleine Roboter, sogenannte „**Nanobots**". Sie sollen z. B. im Körper selbstständig nach Krankheitsherden suchen und diese bekämpfen können. Bisher stößt die Konstruktion einsatzfähiger Nanobots jedoch aufgrund ihrer Winzigkeit von wenigen Nanometern (1 nm = 10^{-6} mm) auf immense technische Probleme.

Deshalb greift man auf das zurück, was die Nanowelt bereits bietet: Proteine. Dazu ein Beispiel: In der [Abb. unten] sehen Sie eine Membran und darin eine Proteinmaschine. Ein **DNA**-Doppelstrang und zwei DNA-Einzelstränge ragen aus ihr heraus. Aus solchen (nur sehr viel längeren) DNA-Doppelsträngen besteht unser Erbgut. Die Proteinmaschine wurde im Labor entwickelt. Da ist ein **porenbildendes Protein** (blau), dessen innerer Tunnel die Membran durchquert. Der untere Tunnelausgang wird durch ein zweites Protein (grau) auf den erforderlichen Durchmesser von 1 nm gebracht – exakt die Dicke eines DNA-Einzelstrangs. Als drittes Protein sitzt obendrauf eine **DNA-Polymerase** (goldfarben). Sie verlängert mit vier verschiedenen DNA-Bausteinen kontinuierlich die beiden Einzelstränge. Den einen schickt sie gezielt durch den Tunnel auf die andere Seite der Membran. Mit solchen „**Nanoporen-Maschinen**" ausgestattete Membranen sind zentrale Bauteile von modernen Geräten, die an DNA-Strängen die genaue Abfolge (Sequenz) der DNA-Bausteine ablesen. DNA-Sequenzen braucht man für viele Anwendungen, z. B. den genetischen Fingerabdruck zur Verbrechensaufklärung oder den PCR-Test auf Corona-Viren.

Die Zelle – Grundeinheit des Lebens

Kapitel **1**

Konzepte

Kennen Sie Flohgläser?

So nannte man die ersten einfachen Mikroskope, die holländische Brillenschleifer um das Jahr 1600 speziell zum Bestaunen von Flöhen konstruierten. Die wissenschaftliche Mikroskopie begann um 1675. Von der Existenz einer Mikrowelt ahnte man vorher nichts, und entsprechend entsetzt war man anfangs über das Gewimmel von Mikroorganismen in Wasserproben. Wenig später stellte sich durch Mikroskopieren heraus, dass lebende Gewebe aus Zellen aufgebaut sind. Seither wurden die Mikroskope ständig verbessert, und es verging wohl kein Tag, an dem nicht mit dem Mikroskop etwas Neues entdeckt wurde. Also ist heute alles in der Mikrowelt bekannt? Weit gefehlt – die Vielfalt biologischer Strukturen ist immens. Und auch gut bekannte Zellbestandteile zeigen mit neuen mikroskopischen Methoden neue Details.

1.1 Lichtmikroskope zeigen den einheitlichen Aufbau von Lebewesen aus Zellen

1
Das Blatt der Wasserpest (*Elodea*) ist so dünn und durchsichtig, dass man im Lichtmikroskop die lebenden Zellen gut sieht.

Stellen Sie sich die Gelehrten und Heilkundigen im Altertum und im Mittelalter vor – sie alle hatten keine Ahnung, dass Tiere, Pflanzen und Pilze aus zahlreichen winzigen Zellen bestehen und dass es jede Menge Lebewesen gibt, die man mit bloßem Auge nicht sehen kann, weil sie ***Einzeller*** sind. Dann baute der Naturforscher Antoni van Leeuwenhoek um 1675, ausgehend von den „Flohgläsern", ein deutlich verbessertes ***Lichtmikroskop*** (LM). Damit entdeckte er in Wassertropfen winzige Lebewesen. Schon 1665 hatte ein Kollege, Robert Hooke, in dünn geschnittenen Korkplättchen viele kleine Kammern gesehen und sie „Zellen" genannt. Zahlreiche Nachfolger verbrachten ihre Arbeitszeit mit dem systematischen Mikroskopieren von Pflanzenteilen und Tiergeweben, fertigten dabei massenhaft wissenschaftliche Zeichnungen an und versuchten, in dieser Vielfalt Gemeinsamkeiten zu erkennen. Auf diese Weise kam man bis zum Jahr 1850 zu folgenden grundlegenden Aussagen, die bis heute immer wieder bestätigt wurden. Man fasst sie als **Zelltheorie** zusammen:

- Lebewesen sind trotz aller Unterschiede stets aus **Zellen** aufgebaut.
- Zellen entstehen nicht neu, sondern stets aus einer anderen Zelle durch ***Zellteilung***.
- Vielzellige Organismen entwickeln sich aus einer einzelnen befruchteten Eizelle.
- Wachstum ist ein Prozess, bei dem sich Zellen teilen, wachsen und sich erneut teilen.

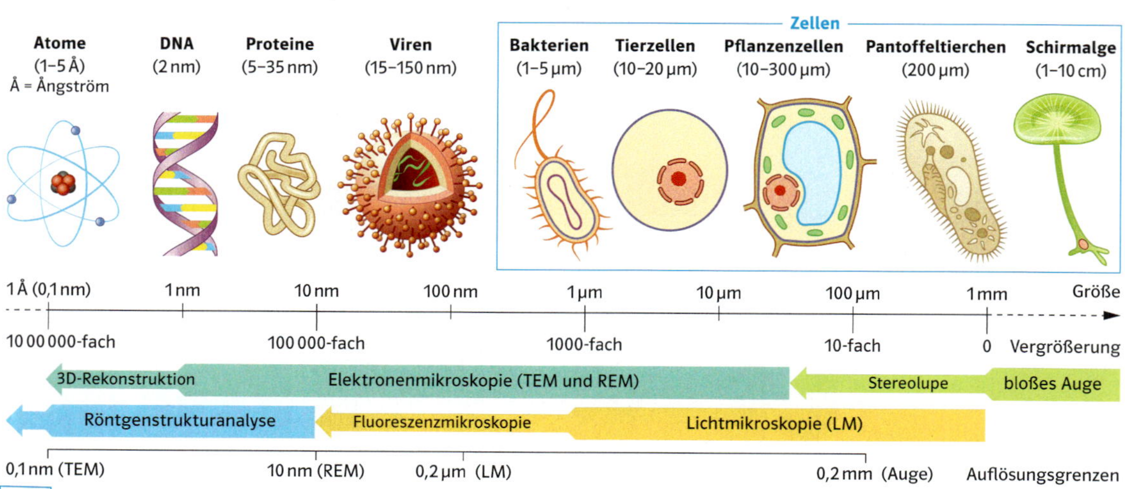

2
Zellen können 1 µm klein sein (viele Bakterien), aber auch 10 cm groß (manche Algen und das Eigelb großer Eier). Optische Methoden machen Objekte jeder Größe bis hin zu einzelnen Atomen für das bloße Auge sichtbar.

Die Zelltheorie ist eine der wichtigsten Grundlagen der Biologie, zumal auch viele Krankheiten auf Störungen in Körperzellen beruhen.

Im Lichtmikroskop betrachtet man in der Biologie durchsichtige Objekte mit sichtbarem Licht bei 100 bis 1000-facher, selten bis 2000-facher Vergrößerung. Meist handelt es sich um durchsichtige Mikroorganismen oder dünne Gewebeschnitte. In [Abb. 1] sehen Sie einen lichtmikroskopischen Ausschnitt aus einem ganz besonderen Pflanzenblatt. Es besteht nur aus einer einzigen Zellschicht und ist deshalb so dünn, dass man es mikroskopieren kann, ohne Schnitte machen zu müssen. Sie erkennen deutlich Zellen mit einer Zellwand, grünen Objekten (Chloroplasten) und einem hellen Bereich (die zentrale Vakuole). Doch wo sind z. B. die Zellkerne? Laut [Abb. 2] müssten sie sehr gut zu sehen sein. Da viele Strukturen mehr oder weniger transparent sind, sind Lebendpräparate wie dieses oft kontrastarm. Um weitere Details mit dem LM herauszuarbeiten, muss man die Präparate chemisch fixieren und färben. Dafür wurde eine ganze Palette an Fixier- und Färbemethoden entwickelt, passend für jeden Gewebetyp. Die LM-Aufnahme in [Abb. 3] zeigt Ihnen einen sehr dünnen, fixierten und dann gefärbten Gewebeschnitt quer durch ein Pflanzenblatt. Sie erkennen darin unterschiedliche Gewebeschichten aus jeweils anderen Zelltypen. Jeder erfüllt im Blatt eine andere biologische Funktion und besitzt eine dazu passende, besondere Struktur.

Zellen unterscheiden sich nicht nur in ihrer Form, sondern auch in ihrer Größe. Zu den größten Einzellern gehören bestimmte Algen [Abb. 2]. Auch das Eigelb von Vogeleiern ist eine einzige riesige Zelle. Einen 200 Mikrometer (µm) großen Einzeller ($1\,\mu m = 10^{-3}\,mm$) wie das Pantoffeltierchen [Abb. 2] können Sie gerade noch mit bloßem Auge sehen. Es hat den Durchmesser eines menschlichen Haares. Erwachsene Pflanzenzellen können ähnlich groß werden, aber viele Pflanzenzellen und die meisten Tierzellen messen lediglich 10 – 20 µm. Sie sind mit bloßem Auge einzeln nicht zu erkennen, doch im Lichtmikroskop ausgezeichnet zu sehen.
Nochmal eine Zehnerpotenz winziger als eine durchschnittliche Tierzelle, also nur 1 – 5 µm lang, sind die meisten Bakterienzellen [Abb. 2]. Sie erscheinen im LM lediglich als Pünktchen. Die meisten Viren sind nochmal eine oder zwei Zehnerpotenzen kleiner und deshalb im normalen LM unsichtbar. Um sie im LM sichtbar zu machen, braucht man ein Fluoreszenzmikroskop [1.7]. Viren gelten nicht als Lebewesen, denn ihre Kapsel umhüllt keine echte Zelle.

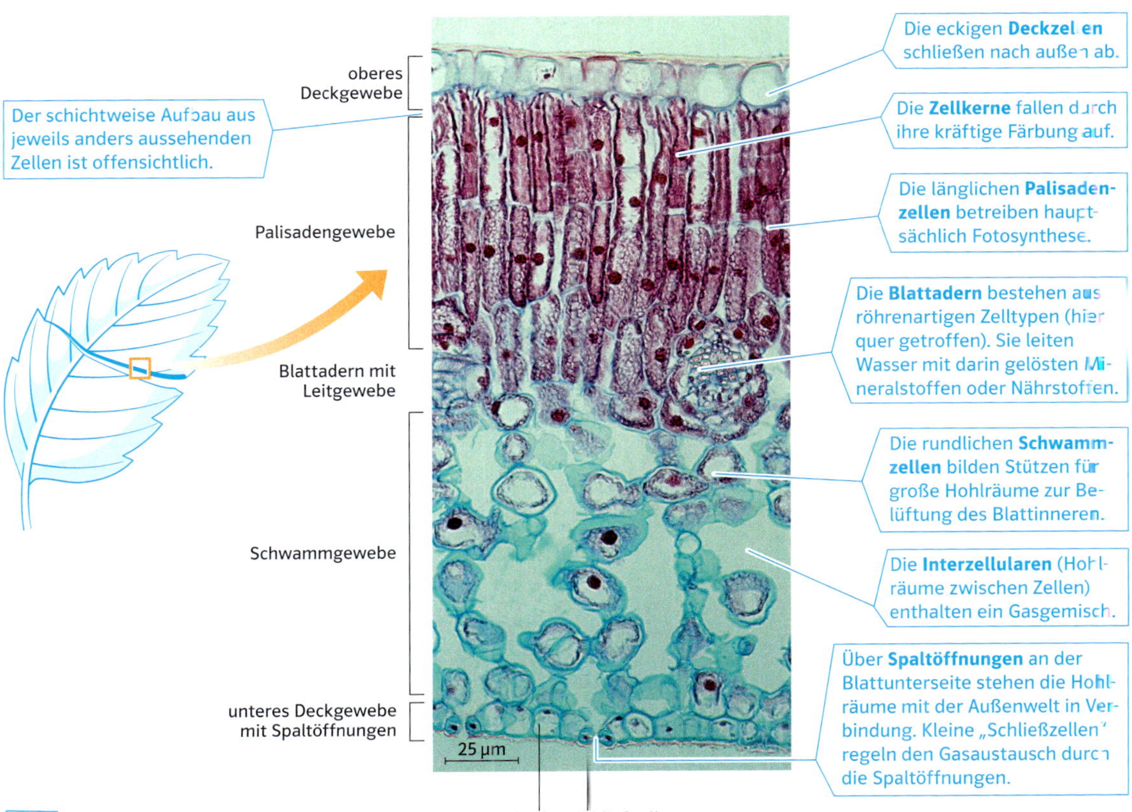

3
Dieser dünne, chemisch fixierte und gefärbte Querschnitt durch ein Laubblatt zeigt im LM verschiedene Gewebe und Zelltypen.

Der kleinste bisher entdeckte Einzeller ist nur 400 Nanometer (nm) groß (1 nm = 10^{-6} mm) und ein Mitglied der „Archaebakterien" (Archaea; siehe Stammbaum im [Buchdeckel hinten]).

In der Praxis enden die Möglichkeiten des Lichtmikroskops bei 1000-facher Vergrößerung, mit ganz modernen Geräten kann es bis maximal 2000-facher Vergrößerung gehen. Wie Sie jedoch vielleicht von Ihrer Digitalkamera wissen, kommt es beim Fotografieren weniger auf die Vergrößerung, sondern auf die optische Auflösung an: Wie nah können zwei Bildpunkte beieinander liegen und werden noch getrennt gesehen, ohne zu verpixeln oder zu verschwimmen? Beim LM liegt die Auflösungsgrenze bei 200 nm. Das ist die Hälfte der kürzesten Wellenlänge des sichtbaren Lichts (400 – 700 nm). Mit einem Fluoreszenzmikroskop können Sie diese Grenze umgehen, indem Sie die Strukturen selbst zum Leuchten bringen [1.7]. Deutlich überschreiten kann man die Grenze jedoch mit dem Elektronenmikroskop [Abb. 2]. Es ist das Instrument der Wahl, wenn es darum geht, genauer in die Zellen zu blicken [1.5]. In der Welt der Moleküle und Atome treffen und ergänzen sich dann die Elektronenmikroskopie und die ***Röntgenstrukturanalyse*** [Abb. 2].

A1 Fertigen Sie eine schematische Zeichnung von einer der Zellen aus [Abb. 1] an und beschriften Sie die erkennbaren Bestandteile.

A2 Geben Sie mithilfe der [Abb. 2] die mikroskopischen Verfahren an, mit denen Bakterien gesehen bzw. beobachtet werden können.

1.2 Die besondere Struktur einer Zelle ermöglicht ihre spezielle Funktion

Auf dem Parkplatz vor einem Supermarkt steht meistens eine große Vielfalt an Kraftfahrzeugen. Sie alle funktionieren nach den gleichen Grundprinzipien, haben viele Dinge gemeinsam und erfüllen alle dieselbe Grundfunktion, nämlich den Menschen einen raschen Ortswechsel zu ermöglichen. Und dennoch sehen die Fahrzeuge oft sehr unterschiedlich aus. Eine Limousine unterscheidet sich in vielen Details von einem Sportwagen, einem SUV oder einem Transporter. Denn neben der Grundfunktion dient jeder Autotyp

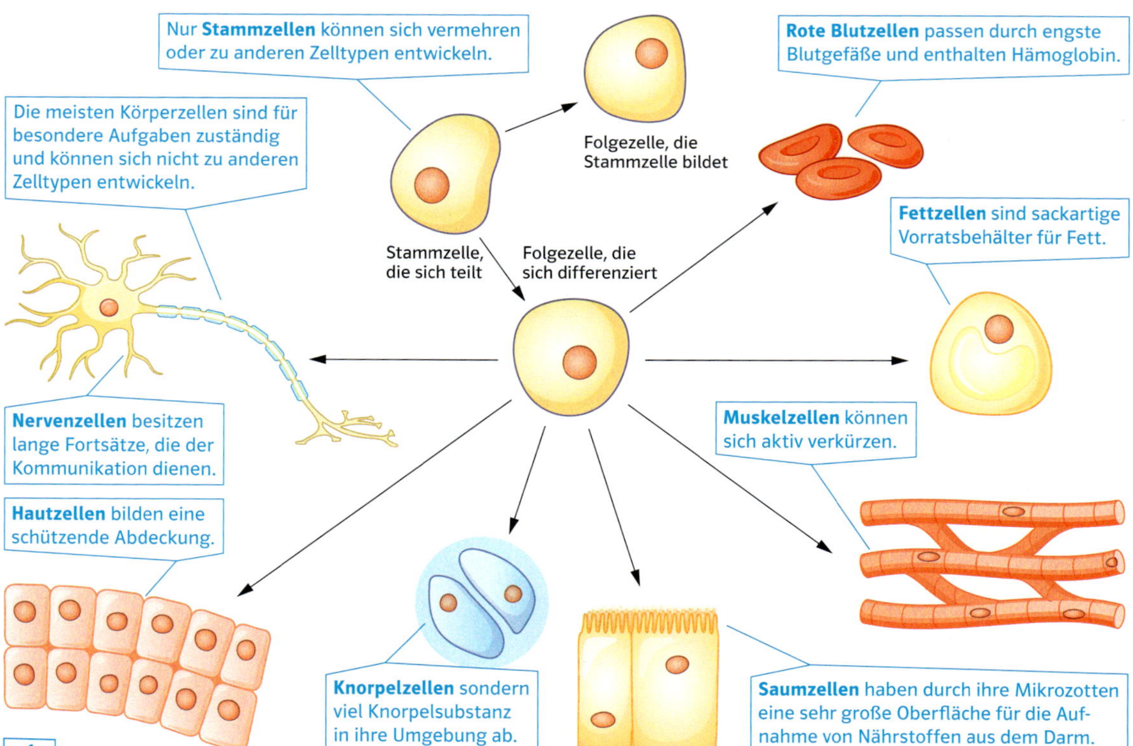

1

Stammzellen sind unspezialisiert. Aus ihnen entstehen bei Mensch und Tier die anderen Zelltypen.

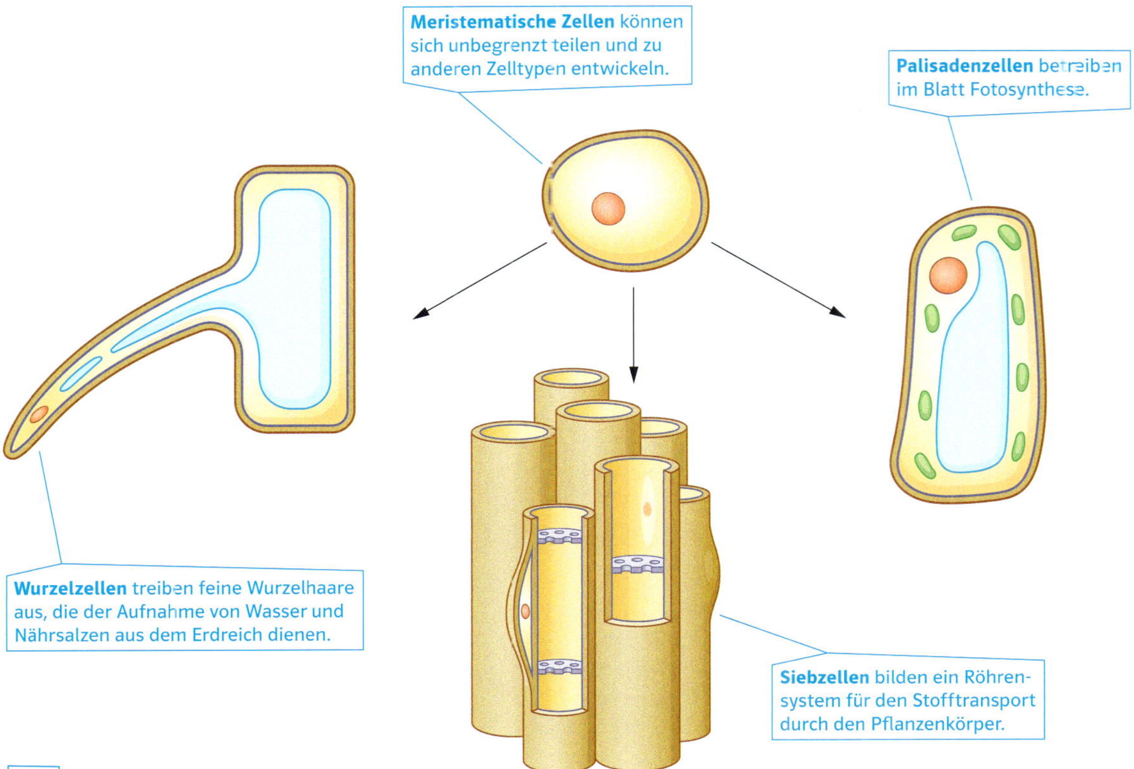

2

Die meristematischen Zellen der Pflanzen entsprechen dem Stammzellen der Tiere.

Individuelle und evolutive Entwicklung

noch einem speziellen Zweck, und erst sein besonderer Aufbau ermöglicht es ihm, diesen Zweck zu erfüllen. So gewinnt ein Transporter zwar gegen einen Sportwagen keine Wettfahrt, aber dafür kann er im Gegensatz zum Sportwagen einen Berg Pakete transportieren.

Bei den verschiedenen Zelltypen einer Pflanze oder eines Tieres (oder eines Pilzes) ist das nicht anders. Ihre Grundfunktion ist, zunächst einmal zu überleben, und dafür sind alle Zelltypen ähnlich ausgestattet. Einzelheiten zu dieser Ausstattung erfahren Sie später. Neben ihrer Grundfunktion, selbst am Leben zu bleiben, müssen sie jedoch noch zum Überleben des gesamten vielzelligen Organismus einen Beitrag leisten, und dieser sieht bei jedem Zelltyp anders aus. Und ähnlich wie jeder Fahrzeugtyp besitzt auch jeder Zelltyp eine besondere Struktur, die ihm seine spezielle Funktion im Gesamtorganismus erst ermöglicht. In [Abb. 1] sehen Sie einige spezialisierte Zelltypen des Menschen.

Gemäß der Zelltheorie entstehen neue Zellen stets aus bereits vorhandenen Zellen [1.1]. Andererseits können sich spezialisierte Tierzellen nicht mehr teilen, also sich selbst nicht vermehren. Dazu sind nur unspezialisierte **Stammzellen** in der Lage [Abb. 1]. Die aus der Teilung einer Stammzelle hervorgehenden ***Folgezellen*** können dann entweder Stammzellen bleiben, oder sich zu einem bestimmten Zelltyp fortentwickeln („differenzieren"). Diese ***Zelldifferenzierung*** ist bei Tieren nicht rückgängig zu machen. Zumindest in der Natur, im Labor hat man einen Weg gefunden ⌘. Die fertig ausdifferenzierte Zelle erfüllt ihren besonderen Zweck im Organismus, bis sie abstirbt. Bei Bedarf wird sie durch eine neue Zelle ersetzt, die sich wiederum aus einer Stammzelle ausdifferenziert hat.

Auch Pflanzen besitzen eine Art Stammzellen. Sie befinden sich gehäuft in besonderen Bildungsgeweben, die man ***Meristeme*** nennt. Solche meristematischen Zellen können sich zu den verschiedenen pflanzlichen Zelltypen differenzieren.

Einige davon haben Sie beim Blatt bereits kennengelernt [Abb. 3, S. 17]. Meristematische Pflanzenzellen gleichen den Stammzellen der Tiere, weil sie wie diese undifferenziert sind und sich unbegrenzt teilen können. Pflanzliche Meristeme sind überwiegend „Alleskönner". Aus ihnen können alle Zelltypen und damit eine komplette Pflanze entstehen. Vermutlich kennen Sie das von „Ablegern". Auch bei älteren Gewächsen geht diese Fähigkeit nicht verloren. Bei den meisten Tieren haben dagegen nur die embryonalen Stammzellen die Eigenschaft zur vielfältigen Differenzierung. Später entstehen aus den erwachsenen Stammzellen nur noch bestimmte Zelltypen:

Einführung in die Biologie

Blutzellen aus Blutstammzellen, Knochenzellen aus Knochenstammzellen [Abb. 1].

In [Abb. 2] sehen Sie drei sehr unterschiedlich spezialisierte Pflanzenzellen. Die feste Zellwand ermöglicht auch Formen, die kaum noch an eine Zelle erinnern, sondern ganz auf eine bestimmte Funktion ausgerichtet sind. So sehen die Zellen der Röhrensysteme, die Wasser und darin gelöste Stoffe durch die Pflanze leiten, fast wie technische Bauteile aus. Aber dennoch differenzieren sie sich aus unspezialisierten meristematischen Zellen.

Der Zusammenhang zwischen Struktur und Funktion ist nicht nur bei den verschiedenen Zelltypen, sondern überall in der Biologie ganz offensichtlich. Es ist das vielleicht auffälligste der verschiedenen Basiskonzepte der Biologie [Abb. 2, S. 8 ❀]. Diese helfen Ihnen, sich in der enormen Vielfalt der Biologie zu orientieren. Durch sie stoßen Sie immer wieder auf Zusammenhänge, die Ihnen schon von anderen biologischen Phänomenen bekannt sind.

A1 Erläutern Sie die Bedeutung von Stammzellen in Organismen.

A2 Beschreiben Sie bei den Saumzellen und der Nervenzelle aus [Abb. 1] den Zusammenhang von Struktur und Funktion.

1.3 Schemazeichnungen vereinfachen stark, doch erklären viel

Woher wissen wir, was wir wissen? Grafiken wie hier von der Netzhaut (Retina) unseres Auges [Abb. 1 a] finden Sie in jedem Biologiebuch. Doch wie realistisch ist diese schematische Zeichnung? Sie beruht in erster Linie auf der Auswertung zahlreicher lichtmikroskopischer Aufnahmen von dünnen Gewebeschnitten der Netzhaut, die fixiert und gefärbt wurden b. Allerdings fällt auf, dass im LM-Bild auf gleichem Raum wesentlich mehr Zellkerne und damit viel mehr Zellen vorhanden sind als in der Schemazeichnung. In letz-

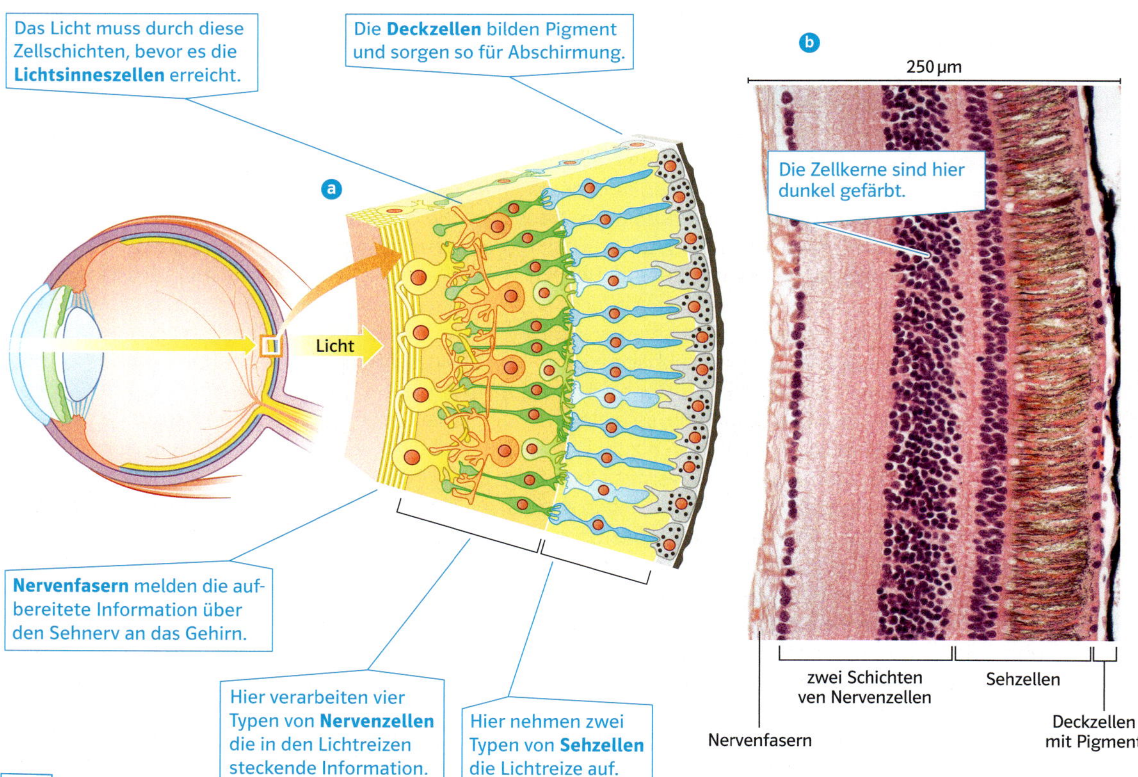

1 Schematische Zeichnungen der Netzhaut (links) basieren auf lichtmikroskopischen Aufnahmen von gefärbten Gewebeschnitten (rechts), aber auch auf weiteren Informationen.

terer wird also nicht die Realität gezeigt, sondern eine stark vereinfachte und dadurch viel übersichtlichere Situation.

Im Gegensatz zum Gewebeschnitt lassen sich im Schema die einzelnen Zelltypen klar erkennen und unterscheiden. Dabei helfen auch die unterschiedlichen Farben, die im LM-Präparat so nicht existieren. Genau genommen können Sie dort wegen der Masse an Zellen die Zellgrenzen gar nicht erkennen.

Hinzu kommt, dass die schematische Zeichnung auch wichtige Zusammenhänge vermittelt, die der Gewebeschnitt gar nicht liefert: wie viele Zelltypen tatsächlich vorliegen und wie sie über Ausläufer miteinander verschaltet sind. In die Grafik flossen also zusätzlich noch Informationen aus anderen Untersuchungen ein, zum Beispiel solche mit dem Elektronenmikroskop oder mit elektrischen Messungen.

[Abb. 1] zeigt Ihnen auch etwas, das bereits in [1.2] angesprochen wurde: Die Zelltypen, die in der Netzhaut auf engstem Raum existieren, sehen ganz unterschiedlich aus, und das hat offensichtlich etwas mit der jeweiligen spezifischen Funktion zu tun. Die Nervenzellen besitzen lange Ausläufer, um mit anderen Zellen zu kommunizieren. Die der Pupille zugewandte Nervenzellschicht sendet zudem Nervenfasern zum Gehirn. Die Sehzellen (Lichtsinneszellen) haben einen winzigen runden Zellkörper, einen großen Kolben zum Empfang der Lichtreize und einen dünnen Ausläufer zum Weiterleiten der Information [Abb. 1]. Die pigmenthaltigen Zellen sind sehr flach, weil sie als Deckzellen dienen, und andererseits sorgt ihr eingelagertes Pigment so besser für eine dünne lichtundurchlässige Schicht.

Wenn Sie sich mit mikroskopischen Schnitten befassen, ist es oft schwierig, die Wirklichkeit, also das, was Sie im LM sehen, mit den Schemazeichnungen im Buch in Einklang zu bringen. In [Abb. 1] geht das recht gut, weil der klare Aufbau aus Schichten dabei hilft. Vor allem aber finden Sie in der Literatur und im Internet beschriftete Aufnahmen realer Gewebeschnitte der menschlichen Netzhaut. Schemazeichnungen wie die in [Abb. 1] dienen in erster Linie dem besseren Verständnis. Doch um Strukturen in einem mikroskopischen Präparat korrekt ansprechen zu können, sind von Fachleuten beschriftete Aufnahmen realer Präparate wesentlich hilfreicher. Fehlen solche Informationen, was bei den Geweben vieler Tier- und Pflanzenarten noch der Fall ist, dann wäre das ein Forschungsprojekt.

Bevor man mit dem Mikroskop hochauflösende Aufnahmen machen konnte, wurden naturgetreue wissenschaftliche Zeichnungen der Präparate angefertigt. Dafür schaut man mit dem dominanten Auge durch das Okular des Mikroskops und gleichzeitig mit dem anderen Auge auf das Blatt Papier. Probieren Sie es aus – es funktioniert tatsächlich. Ihr dominantes Auge, auch „Führungsauge" genannt, ermitteln Sie zum Beispiel folgendermaßen: Sie strecken einen Arm aus, bilden mit den Fingern ein Rohr und fokussieren durch dieses einen weit entfernten Gegenstand (mit beiden Augen offen). Dann schließen Sie die Augen abwechselnd. Dasjenige Auge, bei dem der Gegenstand im Rohr bleibt und nicht heraus „springt", ist Ihr dominantes Auge. Sollte Ihr rechtes Auge das dominante sein, müssen Sie allerdings mit der linken Hand zeichnen – echtes brain jogging also, falls Sie dann nicht linkshändig sind.

A1 Nennen Sie die Funktionen der Sehzellen in [Abb. 1].

A2 Beschreiben Sie Strukturen und Eigenschaften, die es den Sehzellen ermöglichen, ihre biologische Funktion zu erfüllen.

1.4 Zellverbände bilden Gewebe und Organe

Das Pflanzenblatt, das Sie in [Abb. 3, S. 17] gesehen haben, besteht aus mehreren Zellschichten, die als Deckgewebe, Palisadengewebe und Schwammgewebe bezeichnet werden. **Gewebe** sind geordnete Zellverbände, bei denen ein bestimmter Zelltyp dominiert oder sogar ausschließlich vorhanden ist. Er verleiht dem Gewebe bestimmte funktionelle Eigenschaften: So ist beim Laubblatt einer Pflanze das Palisadengewebe das Zentrum der Fotosynthese, während das Schwammgewebe für große Hohlräume im Blatt sorgt, das Leitgewebe den Stofftransport übernimmt und die Deckgewebe den beidseitigen Abschluss nach außen bilden [Abb. 3, S. 17]. Auf diese Weise schaffen hier unterschiedlich spezialisierte Gewebe gemeinsam etwas Größeres, das man an seinem typischen Aussehen sofort erkennt und das im Organismus eine bestimmte Aufgabe erfüllt: ein **Organ**. Das Laubblatt ist ein Pflanzenorgan.

Ein Tierorgan sehen Sie in [Abb. 1]: den menschlichen Dünndarm. Seine verschiedenen äußeren Gewebeschichten haben vor allem die Aufgabe, die innen liegende ***Schleimhaut*** in Position zu halten und bei ihrer wichtigen Arbeit zu unterstützen. Dazu zählt die massenhafte Abgabe von schützendem Schleim in das Darmlumen (den inneren Hohlraum) und umgekehrt die Aufnahme möglichst vieler Nährstoffe aus dem Nahrungsbrei. Hierfür besitzt die Darmschleimhaut eine Oberfläche, deren Größe dem Spielfeld eines Tennisplatzes entspricht. Als glattes Rohr von etwa 3 m Länge wären es nur 0,4 m^2, durch die Darmfalten ⓐ werden daraus 1,2 m^2, durch die Darmzotten ⓑ 12 m^2 und durch die Mikrozotten ⓒ schließlich 240 m^2. Erst die Gesamtstruktur des Darms – von seiner muskulösen Außenwand über die Darmfalten bis zu den Mikrozotten (Prinzip ***Oberflächenvergrößerung***) – ermöglicht die Funktion des Darms: die ausreichende Versorgung des ganzen Organismus mit Nährstoffen ❀.

Struktur und Funktion

In [Abb. 2] sehen Sie einen Gewebeschnitt der Darmschleimhaut mit ihren Zotten. Sie wird bei der Verdauung erheblich belastet und erneuert sich deshalb innerhalb von drei Tagen vollständig. Wie entstehen dabei so unterschiedliche Zelltypen wie Saumzellen und Becherzellen ⓒ? Sie bilden sich durch Zelldifferenzierung aus kleinen **Stammzellen** [1.2], die sich vor allem in den „Krypten" befinden, den Einsenkungen zwischen den Zotten [Abb. 2]. Die Krypten sind zwischen 0,3 und 0,5 mm tief. Sie sondern ein Sekret ab, in dem sich viele Stoffe finden, die während der Verdauung die aufgenommenen Nährstoffe in ihre Einzelteile zerlegen.

Doch wie entsteht ein ganzes Organ? Und wie entstehen Gewebe? Es ist zum Teil wie bei Spielbausteinen: Aus vielen kleinen, gleichartigen Bausteinen (= Zellen) werden zum Beispiel Wände (= Gewebe). Aus anderen Bausteinen wird ein Dach (= ein anderes Gewebe), und aus weiteren Teilen werden Fenster und die Tür. Das so gebaute Haus (= Organ) kann beim Spielen Aufgaben erfüllen, die man den einzelnen Bausteinen überhaupt nicht ansieht. Durch Zusammenschluss vieler Zellen zu Geweben und vieler Gewebe zum Organ entsteht somit nicht nur etwas viel

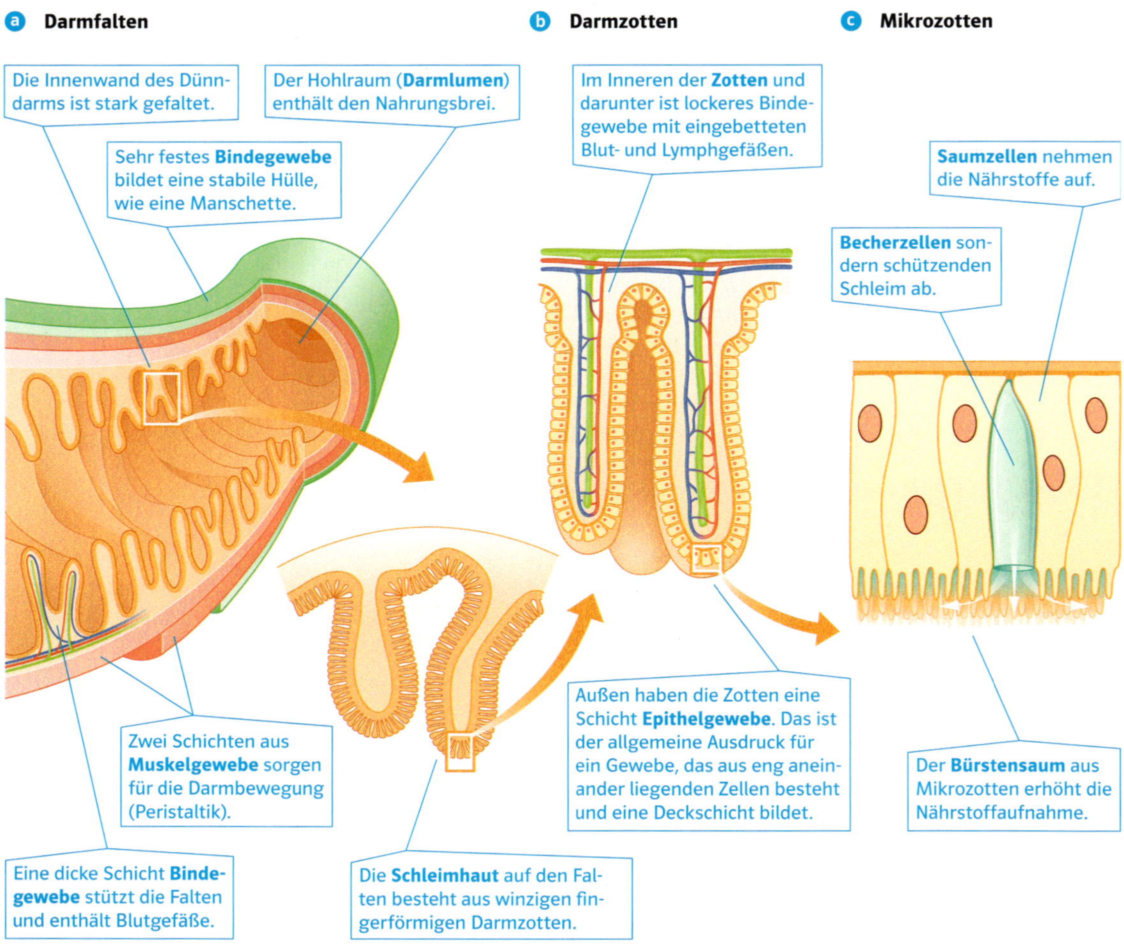

1

Der Dünndarm ist wie alle Organe aus verschiedenen Geweben aufgebaut. Die Darmfalten ⓐ sieht man mit bloßem Auge. Bei den Darmzotten ⓑ erkennt man erst im LM Einzelheiten [Abb. 2]. Für die Mikrozotten ⓒ braucht man ein Elektronenmikroskop [1.5].

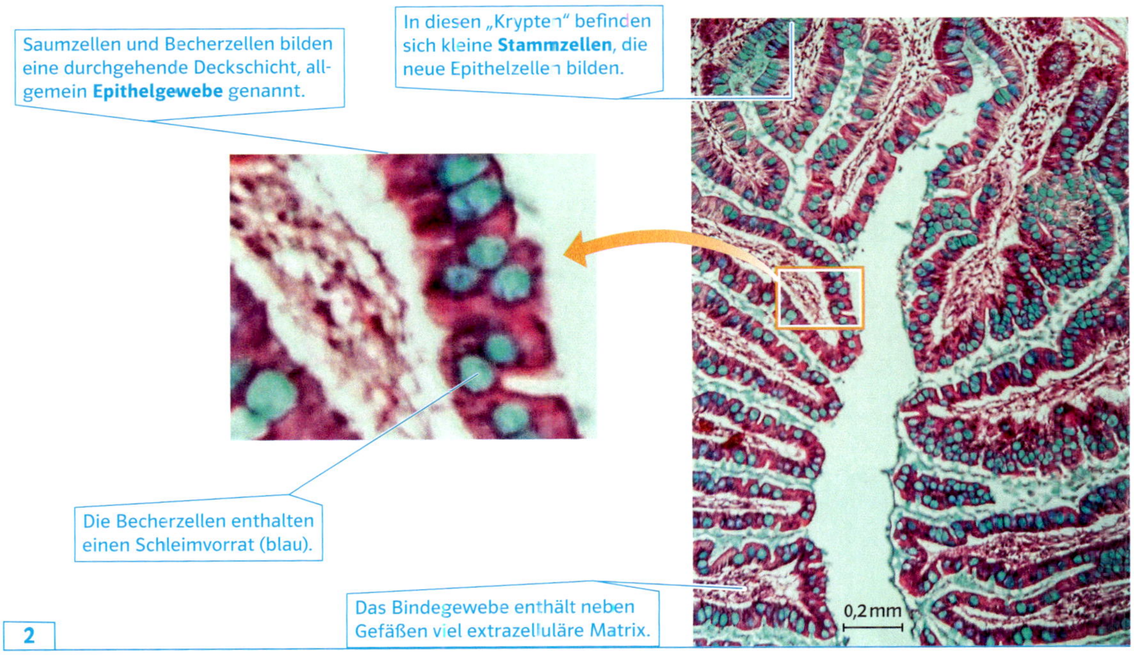

2 Im fixierten und gefärbten Gewebeschnitt (LM) wird der Feinbau der 1 mm langen Darmzotten deutlich.

Größeres. Es entsteht dadurch etwas qualitativ völlig Neues, mit Eigenschaften, die sich aus den Fähigkeiten der einzelnen Zelltypen nicht vollständig ermitteln lassen. Ein Organ ist viel mehr als nur die Summe seiner einzelnen Zellen und Gewebe. Die einzelnen Zellen vermögen für sich genommen wenig, während der komplette Darm seinen Inhalt weitertransportiert, einschleimt, die Nährstoffe daraus freisetzt und diese ins Blut übernimmt.

A1 Erläutern mithilfe von [Abb. 1] den Zusammenhang zwischen Zellen, Gewebe, Organ und Organismus.

A2 Die Zellen und Gewebe der Laubblätter entwickeln sich aus wenigen gleichartigen Zellen in den Blattknospen. Erklären Sie an diesem Beispiel den Begriff Zelldifferenzierung.

1.5 Im Elektronenmikroskop sieht man winzige Zellbestandteile

Die Biologie hatte das Lichtmikroskop schon über 250 Jahre als Forschungsgerät zur Verfügung, als 1931 das ***Transmissions-Elektronenmikroskop*** (TEM) erfunden wurde. 1940 ging das erste TEM in Serie. Statt Lichtstrahlen verwendet ein TEM Elektronenstrahlen mit ihrer viel kürzeren Wellenlänge (wenige Pikometer; 1 pm = 10^{-9} mm) [Abb. 2, S. 16]. Statt Glaslinsen sind Magnetlinsen eingebaut. Es werden 100-mal dünnere Gewebeschnitte angefertigt als für das LM (50 nm gegenüber 5000 nm = 5 µm Dicke). Diese werden speziell fixiert. Dann behandelt man sie noch mit einer schwermetallhaltigen Lösung, um den Kontrast zu verstärken. Das Objekt wird innerhalb einer Vakuumröhre einem Elektronenstrahl ausgesetzt, der es durchdringt. Je dichter eine Stelle, desto mehr Elektronen werden dort gestreut. Auf dem anschließenden Leuchtschirm entsteht ein Bild: Viele eintreffende Elektronen verursachen eine helle Stelle (= wenig Struktur) und wenige Elektronen eine dunkle Stelle (= viel Struktur).

In der Praxis enden die Möglichkeiten des LM bei 1000-facher Vergrößerung [Abb. 1 a], während man im TEM biologische Objekte routinemäßig mit 10 000-facher bis 100 000-facher Vergrößerung betrachtet b. Auch die optische Auflösung ist beim TEM wesentlich besser: Die Auflösungsgrenze liegt bei 0,1 nm, gegenüber 200 nm beim LM. Das LM verhilft zu einem guten Überblick a, c, doch erst das TEM liefert die Detailinformation b, d). Dennoch wird in der Biologie neben dem TEM auch das LM weiter intensiv genutzt. Der Grund: Die Einsatzbereiche sind unterschiedlich. Mit dem LM schauen Sie in die Mikrowelt und mit dem TEM in die Nanowelt [3.1].

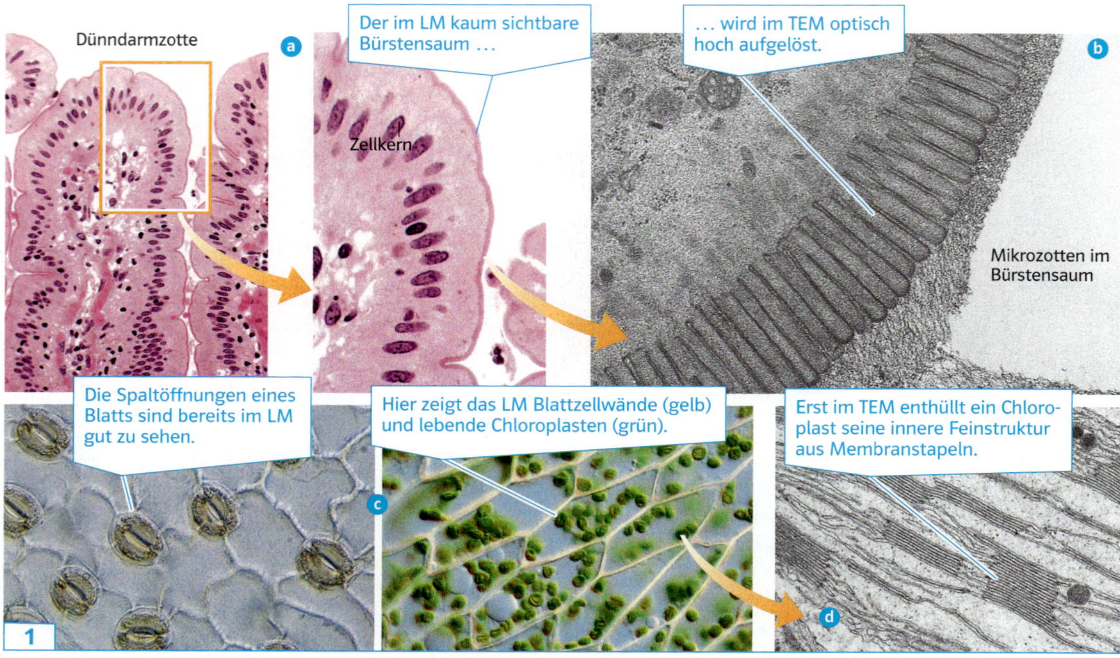

1 Das Lichtmikroskop (LM) liefert farbige Übersichtsbilder von Schnittebenen und mithilfe spezifischer Färbemethoden Informationen zur Natur der beobachteten Strukturen. Es erlaubt auch Lebendbeobachtung. Das Transmissions-Elektronenmikroskop (TEM) liefert außerordentlich detailreiche Schwarzweißbilder von Schnittebenen.

In beiden Mikroskopen müssen Sie das Bild mit der Optik scharf stellen, und Sie sehen dann vom betrachteten Objekt wegen der geringen Tiefenschärfe nur eine dünne Ebene. Diese ist beim LM jedoch 100-mal dicker als beim TEM. Zudem ist der sichtbare Ausschnitt in einem TEM-Bild im Vergleich zum LM-Bild winzig. Stellen Sie sich die Zelle als ein Parkhaus mit vielen Etagen vor. Das LM liefert Ihnen einen Übersichtsplan des gesamten Gebäudes, das TEM den detaillierten Bauplan eines der abgestellten Autos. Wenn Sie dann noch herausfinden, wo dieser Wagen im Gebäude steht, dann haben Sie beide Betrachtungsebenen zur Übereinstimmung gebracht („korreliert"). Die sogenannte ***Korrelationsmikroskopie*** löst genau diese Aufgabe, indem sie ein LM direkt mit einem TEM kombiniert.

TEM-Aufnahmen haben gegenüber LM-Aufnahmen zwei Nachteile, die die Möglichkeiten des TEM etwas einschränken:

- TEM-Bilder sind stets schwarz-weiß [b, d], weil beim TEM die Elektronenstrahlen erst über einen Leuchtschirm sichtbar werden. Der Vorteil spezifischer Färbungen entfällt somit beim TEM, was dort die Identifizierung unbekannter Strukturen oft schwierig macht.
- Lebendbeobachtungen sind im TEM nicht möglich, weil das Objekt chemisch fixiert wird. Zudem wird es während der Betrachtung harten Elektronenstrahlen und einem Vakuum ausgesetzt. Ganze Zellen wären für das TEM auch viel zu dick.

LM und TEM sind somit keine Konkurrenten, sondern ergänzen sich mit ihren Einsatzbereichen ideal. Beide gehören zu den wichtigsten Instrumenten in der gesamten Biologie. Sie werden auch heute noch ständig weiter verbessert und für spezielle Zwecke optimiert.

Mit einer einfachen Lupe, oder besser mit einer Stereolupe (Binokular), schauen Sie in die Makrowelt [Abb. 2]. Stereolupen sind mit bis zu 40-facher Vergrößerung gebräuchlich und z. B. beim Bestimmen eines Insekts äußerst nützlich. Sie betrachten dabei keine

2 Die Makrofunktion einer Digitalkamera liefert ähnliche Bilder wie eine Stereolupe (Binokular).

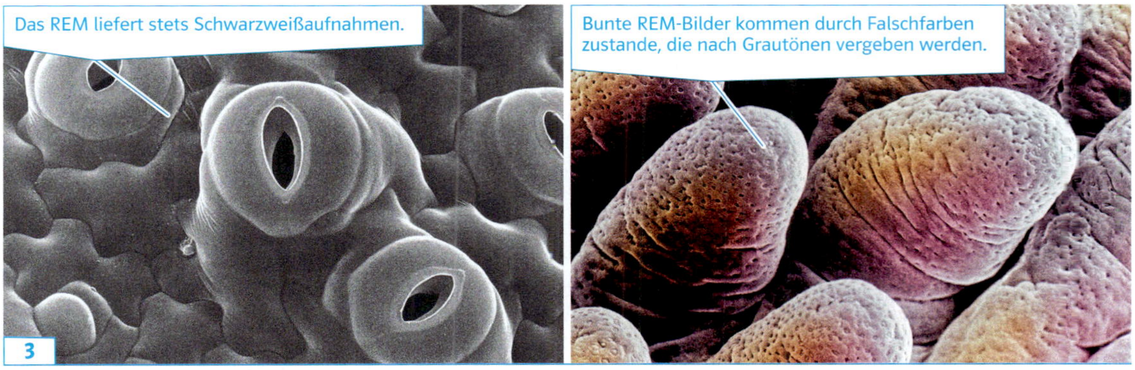

3
Im Raster-Elektronenmikroskop (REM) kann man dreidimensional und mit großer Tiefenschärfe winzige Einzelheiten von Oberflächen sehen: Spaltöffnungen eines Blatts (links) und Darmzotten im Dünndarm (rechts, coloriert).

zweidimensionalen Schnittebenen durch das Objekt, sondern dessen dreidimensionale Oberfläche.

Weit stärkere Vergrößerungen von dreidimensionalen Oberflächen ermöglicht das 1965 erfundene ***Raster-Elektronenmikroskop*** (REM). Zuerst wird die Oberfläche des Objekts mit Gold bedampft. Gold glänzt und wirft den im REM erzeugten Elektronenstrahl zurück, der sonst das Objekt durchdringen würde. Dann tastet der Elektronenstrahl Punkt für Punkt den Goldüberzug ab. Dadurch werden kleinste Strukturdetails sichtbar. Routinemäßig ist mit dem REM eine Auflösung von 50 nm erreichbar, mit Spezialgeräten sogar 10 nm [Abb. 2, S. 16]. Die Tiefenschärfe von REM-Bildern ist grandios [Abb. 3]. REM-Aufnahmen sind ebenfalls stets schwarzweiß [Abb. 3 links], doch oft werden die Bilder nachträglich per Software anhand der Graustufen coloriert [Abb. 3 rechts].

REM-Studien sind technisch viel aufwendiger als ein Blick durchs Binokular, und Lebendbeobachtungen entfallen. Dafür sieht man im REM ungeahnte Details. Stereolupe und REM ergänzen sich also ähnlich wie LM und TEM. Was die beiden Elektronenmikroskope betrifft: Das REM zeigt die Oberfläche in hoher Auflösung, das TEM zeigt im Detail, was darunter liegt. Also ergänzen sich beide Geräte ideal, wenn man wissen will, wie eine biologische Struktur aufgebaut ist. Nun sieht man allerdings keinem Auto von außen an, wie es eigentlich funktioniert. Um zu verstehen, wie eine biologische Struktur ihre Aufgabe erfüllen kann, ist der genaue Blick ins Innere nötig. Das macht das TEM für die Biologie besonders wertvoll.

A1 Vergleichen Sie Lichtmikroskopie und Transmissions-Elektronenmikroskopie tabellarisch.

A2 In populärwissenschaftlichen Zeitschriften werden oft beeindruckende farbige REM-Bilder abgedruckt. Erklären Sie, was bei der Interpretation solcher Farbbilder zu beachten ist.

1.6 Organellen grenzen in der Zelle Funktionsräume ab

Struktur und Funktion

Sie wissen nun, dass Zellen in Größe und Form unterschiedlich sein können, und dass dies von ihrer biologischen Funktion abhängt. Sie haben auch erfahren, dass sich Tier- und Pflanzenorgane aus verschiedenen Geweben zusammensetzen, die ihrerseits aus gleichartigen Zellen bestehen. All dies hat Ihnen das Lichtmikroskop enthüllt. Da Sie nun in Kapitel [1.5] auch das Elektronenmikroskop und dessen Möglichkeiten kennengelernt haben, werden wir uns jetzt näher mit dem Inhalt von Tier- und Pflanzenzellen befassen.

Alle lebenden Zellen sind von einer dünnen **Zellmembran** umhüllt und mit zähflüssigem **Cytoplasma** (Zellplasma) gefüllt. Bei Tier- und Pflanzenzellen befindet sich im Cytoplasma ein großes, auffälliges Objekt, der **Zellkern**. Er enthält die Erbsubstanz und wird später näher besprochen [2.1]. Weil sie einen „echten“, das heißt voll entwickelten, Zellkern besitzen, gehören Tiere und Pflanzen zu den „Echtkernigen“, den **Eukaryoten** (Stammbaum im [Buchdeckel hinten]). Die eukaryotische Zelle wird auch **Eucyte** genannt. Das Cytoplasma enthält verschiedene membranumhüllte **Funktionsräume** (*Kompartimente*) ❀. Man nennt sie **Zellorganellen** („kleine Zellorgane“) oder kurz „Organellen“. Es herrscht in der Zelle eine strenge Arbeitsteilung, die durch die getrennten Funktionsräume unterstützt bzw. erst ermöglicht wird. Nur bestimmte Stoffe gelangen durch die Membran in ein Organell hinein oder aus ihm heraus. Innen im Organell laufen besondere Prozesse ab, die sich von den äußeren Vorgängen deutlich unterscheiden.

In [Abb. 1] und [Abb. 2] sind die wichtigsten Zellorganellen schematisch und als TEM-Aufnahmen gezeigt. Dort wird auch ihre jeweilige Aufgabe in der Zelle genannt. Näheres zu diesen Organellen und zu Biomembranen erfahren Sie später.

Bei einer Tierzelle, die Sie in [Abb. 1] als Schemazeichnung sehen, kann man im LM oft die Zellmembran als dünne Linie erkennen. Im Zellinneren kann man im LM bei entsprechender Färbung den Zellkern deutlich vom Cytoplasma unterscheiden. Große Lysosomen und Speichervesikel sind oft ebenfalls gut zu erkennen, weil ihr Inhalt dunkel ist oder sich einfärben lässt. Solche Tierzellen wirken dann „granuliert". Doch das übrige Endomembransystem (endoplasmatisches Reticulum, Golgi-Apparat und die meisten Vesikel) sowie die Mitochondrien sind trotz ihrer Größe erst im TEM deutlich zu erkennen. Cytoskelett-Fasern sieht man im LM nur, wenn sie sehr dicke Bündel bilden (z. B. während der Zellteilung beim Spindelapparat [6.2]). Centriolen oder Ribosomen sind im LM gar nicht zu sehen, doch dies gilt lediglich für das konventionelle LM. Wie Sie in [1.7] erfahren werden, kann

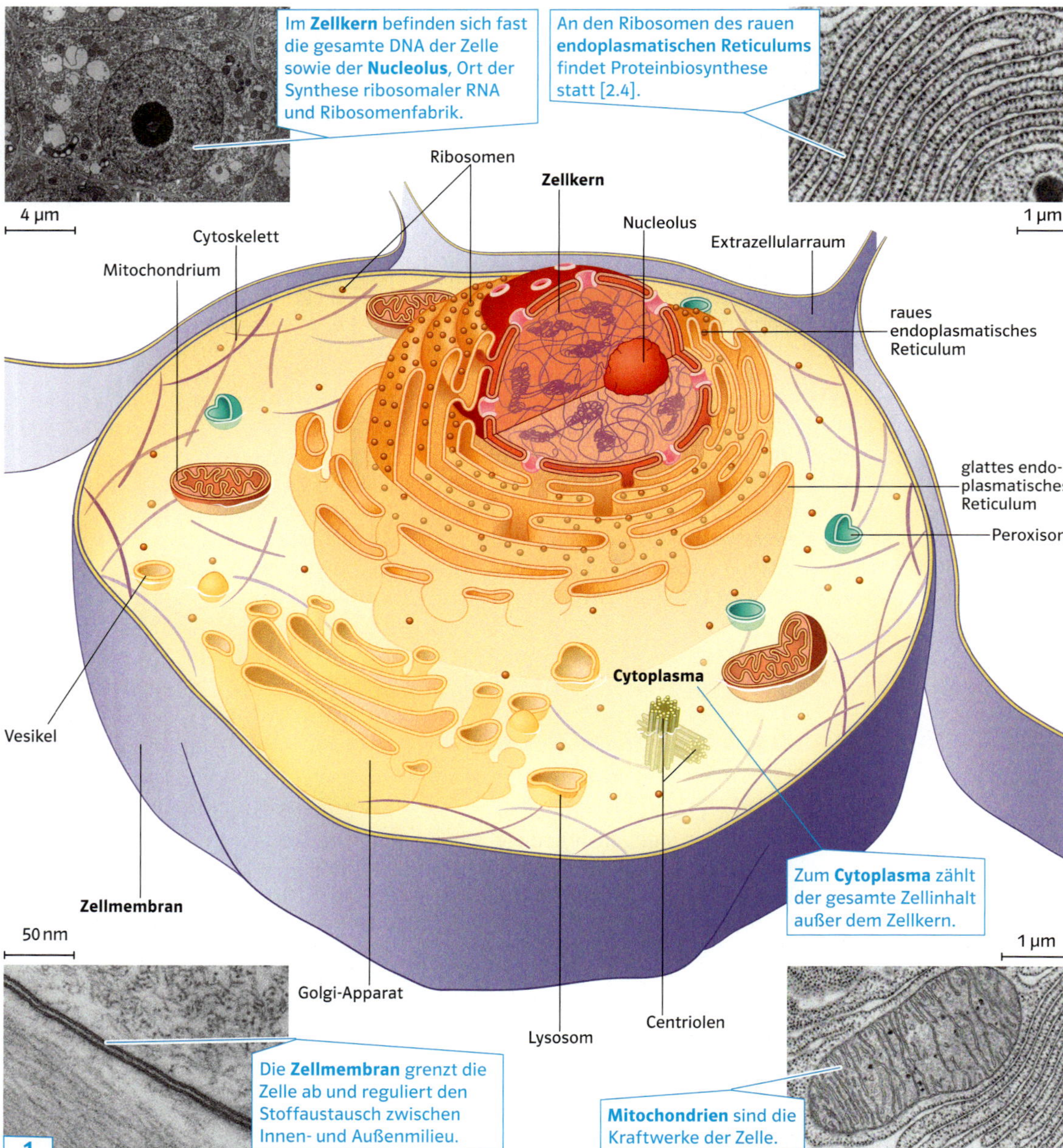

1 Tierzellen besitzen keine Zellwand, aber ein dichtes, oft netzartig verzweigtes Cytoskelett.

man selbst kleinste Zellstrukturen im LM sichtbar machen, indem man dafür sorgt, dass sie Fluoreszenzlicht abstrahlen. Eine durchschnittliche Tierzelle von 20 µm Durchmesser hat vielleicht einen 8 µm großen Zellkern und 2 µm dicke Mitochondrien, wie Ihnen die Maßstäbe der betreffenden TEM-Aufnahmen in [Abb. 1] zeigen. Die schematische Zeichnung in [Abb. 1] stellt diese Größenverhältnisse also einigermaßen real dar. Ein Ribosom misst dagegen nur 25 nm ($1 nm = 10^{-6} mm$), und Biomembranen sind etwa 7 nm dick. Diese Zellstrukturen sind hier demnach viel zu dick gezeichnet. Anders wären sie hier jedoch nicht abbildbar. Damit Sie die realen Größenverhältnisse richtig einschätzen können: Nehmen Sie Ihre Küche als Eucyte, Kühlschrank als Zellkern, Wassermelonen als Mitochondrien und Oliven als Ribosomen. Biomembranen hätten in diesem Maßstab die Dicke einer Bananenschale. Dieses „Küchen-Modell" dient dazu, die Größenverhältnisse in der Zelle zu verdeutlichen. Um zu versinnbildlichen, wie die verschiedenen Teile chemisch zusammengesetzt sind, oder wie sie funktionieren und zusammenarbeiten, wäre dieses Modell ungeeignet. Ein Modell kann immer nur bestimmte Aspekte der Wirklichkeit widerspiegeln, niemals alle.

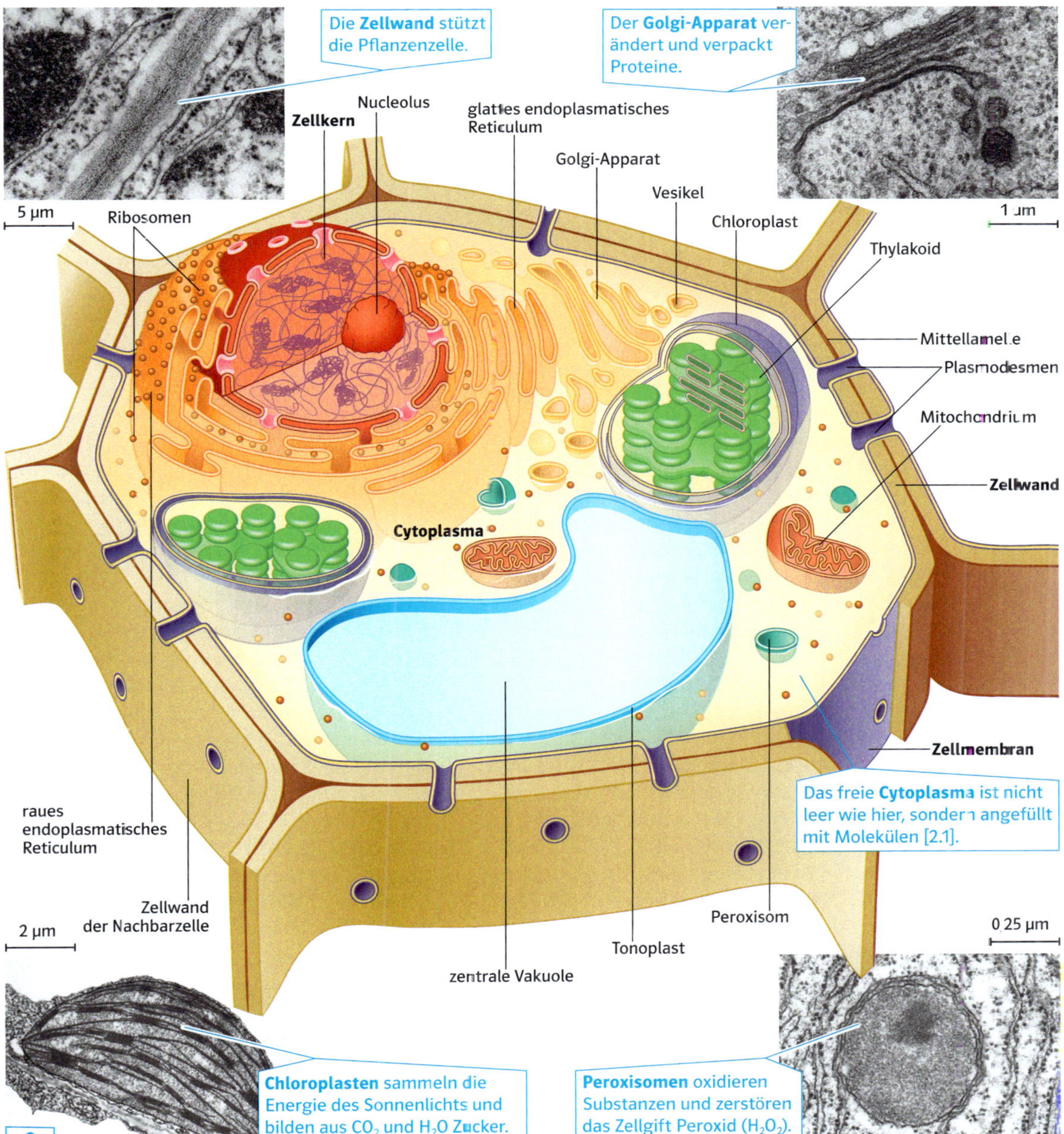

2 Pflanzenzellen sind mit einer festen Zellwand, einer zentralen Vakuole und oft mit Chloroplasten ausgestattet.

Die meisten in der Tierzelle vorkommenden Organellen finden sich auch in der oft deutlich größeren Pflanzenzelle [Abb. 2]. Dieser fehlen lediglich Lysosomen und Centriolen. Die Pflanzenzelle besitzt zudem drei auffällige Strukturen, die bei der Tierzelle fehlen und die Sie schon im LM deutlich erkennen [Abb. 1, S. 16]: eine dicke ***Zellwand***, die ***zentrale Vakuole*** sowie ***Plastiden***. Plastiden können je nach Zelltyp der Nährstoffspeicherung, der Farbstoffspeicherung oder der Fotosynthese dienen. Nur im dritten Fall handelt es sich bei den Plastiden um ***Chloroplasten***. Wie Sie in [Abb. 2] auch sehen, stehen benachbarte Pflanzenzellen trotz ihrer Zellwand in Stoffaustausch, und zwar über besondere Kanäle, die man ***Plasmodesmen*** nennt.

Seit Jahrzehnten ist die Forschung dabei, die Funktion der verschiedenen Zellorganellen immer genauer aufzuklären. Eine Voraussetzung ist dabei, sie voneinander zu trennen. Dies gelingt in einer sehr schnellen Zentrifuge, mit einer Zuckerlösung von zunehmender Dichte im Zentrifugenröhrchen (***Dichtegradientenzentrifugation***). Die in einem Zellextrakt vorhandenen Organellen sortieren sich darin nach ihrer Dichte, und im Überstand bleibt das freie Cytoplasma. Anders als in [Abb. 1] und [Abb. 2] ist dieses keineswegs „leer", sondern darin herrscht ein dichtes Gedränge an großen und kleinen Molekülen [2.1].

A1 Stellen Sie die Funktion und Anzahl der begrenzenden Membranen für alle Zellorganellen, die in [Abb. 1 und 2] auch als TEM-Bilder gezeigt werden, in einer Tabelle dar.

A2 Die Zellorganellen sind Reaktionsräume in den Zellen. Vergleichen Sie Zellorganellen mit Reagenzgläsern (also den Reaktionsräumen im Chemieunterricht), nach Größe, Material, Stoffaustausch und möglichen Reaktionsbedingungen.

1.7 Fluoreszenzmikroskopie macht das Cytoskelett sichtbar

Lebende Zellen enthalten viel Wasser und würden ohne besondere Stützstrukturen einfach zerfließen. Die dünne Zellmembran könnte ihre Stabilität nicht gewährleisten. Pflanzenzellen besitzen eine stützende Zellwand, die jedoch bei Tierzellen fehlt [1.6]. Dennoch sind Tierzellen erstaunlich widerstandsfähig und können ihre Form sowohl stabil halten als auch gezielt ändern. Ermöglicht wird dies durch ein kompliziertes **Cytoskelett** im Cytoplasma [Abb. 1]. Es besteht aus langen „Fäden", die man als ***Filamente*** bezeichnet. Das Cytoskelett ist nicht statisch, sondern die Zelle kann bei Bedarf jederzeit einzelne Filamente auf- oder abbauen. Chemisch handelt es sich um Eiweißstoffe (Proteine).

Im Lichtmikroskop können Sie das Cytoskelett in konventionell gefärbten Gewebeschnitten kaum erkennen. Mithilfe der ***Fluoreszenzmikroskopie*** sieht man es jedoch ausgezeichnet [Abb. 1 grün]. Ein ***Fluoreszenzmikroskop*** ist ein LM mit einer UV-Lichtquelle und einer speziellen Optik für Fluoreszenzlicht. ***Fluoreszenz*** bedeutet, dass ein Stoff, der mit (energiereichem) UV-Licht angestrahlt wird, spontan selbst in einer (energieärmeren) Farbe leuchtet. Solche Stoffe heißen ***Fluoreszenzfarbstoffe***. Die grüne Fluoreszenz des Cytoskeletts in [Abb. 1] kam folgendermaßen zustande: Auf dem Objektträger flach ausgebreitete, sehr durchsichtige Zellen wurden mit einer besonderen Lösung behandelt. Sie enthielt einen „molekularen Marker", das heißt ein Molekül, von dem man wusste, dass es spezifisch an die hier sichtbare Komponente des Cytoskeletts als sein „Zielprotein" binden würde. Der Marker trug huckepack einen Fluoreszenzfarbstoff, der bei Bestrahlung mit UV-Licht grün leuchtet. Im Fluoreszenzmikroskop wurde das Präparat dann mit UV-Licht bestrahlt und das grüne Fluoreszenzlicht stark vergrößert betrachtet. Man sieht die Cytoskelett-Filamente also indirekt über den an ihnen (über den Marker) haftenden Fluoreszenzfarbstoff.

Mit diesem Verfahren kann man in einem mikroskopischen Präparat jedes Protein lokalisieren, für das man im Labor einen spezifischen molekularen Marker vorliegen hat. „Spezifisch" heißt hier, dass der Marker ausschließlich an sein Zielprotein bindet und an nichts anderes. Als Marker werden meistens bestimmte Abwehrproteine des Immunsystems verwendet, sogenannte ***Antikörper***, die Sie in [5.4] kennenlernen werden. In [Abb. 1] wurde nicht das gesamte Cytoskelett „fluoreszenzmarkiert", sondern nur ein bestimmtes Cytoskelettprotein von mehreren möglicherweise vorhandenen. Das Verfahren lokalisiert das Protein also nicht nur in der Zelle, sondern es sagt auch aus, um welchen Proteintyp es sich handelt.

In [Abb. 1] ist noch ein zweites Protein markiert, diesmal mit einem roten Fluoreszenzfarbstoff. Die Filamente scheinen bei diesen roten Punkten zu enden, und tatsächlich handelt es sich hier um ein Protein der Zellmembran, an dem das Cytoskelett verankert ist. Mit solchen Doppelmarkierungen kann man erfahren, ob zwei Proteine in der Zelle miteinander wechselwirken. Die blaue Fluoreszenz in der Abbildung dient der Sichtbarmachung des Zellkerns.

Im LM lassen sich eigentlich nur Strukturen ab 200 nm Dicke einzeln erkennen, ohne dass sie optisch verschwimmen. Im Fluoreszenzmikroskop leuchten die markierten Filamente des Cytoskeletts jedoch wie Neonröhren in der Nacht, und so kann man sie nicht nur dann sehen, wenn sie gebündelt auftreten, sondern nachweislich auch einzeln. Einzelne Filamente sind jedoch, je nach Typ, lediglich 5 – 25 nm dick. Das Membranprotein, das sich in [Abb. 1] in Form der roten Leuchtpunkte zeigt, ist auch nicht dicker. Doch werden diese Strukturen dadurch, dass sie selbst leuchten, optisch stark vergrößert. Auch die Fluoreszenzmarkierung kann die Auflösungsgrenze des LM nicht verschieben, aber sie umgeht sie. So konnte die Fluoreszenzmikroskopie seit den 1980er Jahren die Zellbiologie revolutionieren.

Die Cytoskelett-Filamente sind nicht alle gleich, sondern es existieren drei Grundtypen, die in der Zelle drei getrennte Netzwerke bilden: Diese ergänzen sich in ihrer Funktion, doch sie sind aus jeweils anderen Proteinen aufgebaut:

- ***Intermediärfilamente*** [Abb. 1] durchziehen das Cytoplasma und können an der Zellmembran verankert sein. So sorgen sie für Formkonstanz und Reißfestigkeit der Tierzelle. Auch umspinnen sie den Zellkern und halten ihn so in Position. Im Zellkern selbst bilden sie ein gesondertes Skelett.
- ***Actinfilamente*** können ebenfalls an der Zellmembran verankert sein und bilden einen Hauptbestandteil von Muskelzellen. Sie sorgen aber auch dafür, dass viele Zelltypen kriechen können, oder dass beispielsweise die Saumzellen in der Darmschleimhaut [Abb. 1 b, S. 24] ihre Mikrozotten wie Tentakel bewegen können.
- ***Mikrotubuli*** bilden den Spindelapparat bei der Zellteilung [6.2] und sind die Hauptkomponente der Geißel, mit denen sich zum Beispiel Spermienzellen im wässrigen Milieu vorantreiben. Zudem bilden sie im Cytoplasma eine Art Schienensystem, auf dem Vesikel transportiert werden.

A1 Tierzellen benötigen im Gegensatz zu Pflanzenzellen ein robustes Cytoskelett. Begründen Sie das.

A2 Ermitteln Sie die Anzahl der Zellen, die in [Abb. 1] mindestens gezeigt sind, und erläutern Sie die Methode, die das ermöglicht.

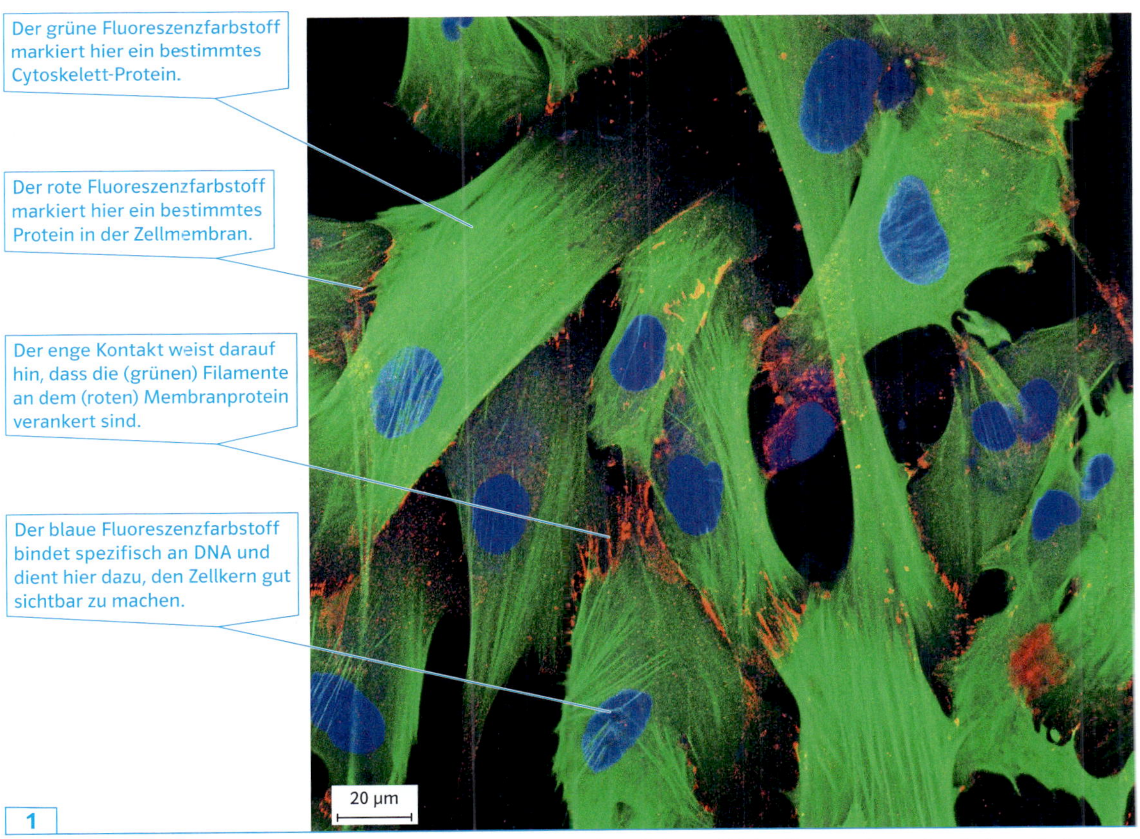

1

Diese menschlichen Bindegewebszellen ließ man in Zellkultur direkt auf einem Objektträger wachsen, damit sie so flach ausgebreitet waren. In diesem Zustand wurden sie fixiert und drei ihrer Bestandteile wurden fluoreszenzmarkiert.

Lösungen
js528v

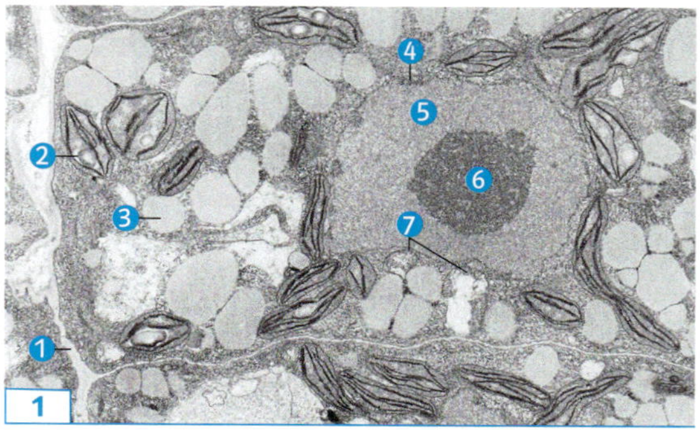

1

2

3

A1 ○ [Abb. 1] zeigt das mikroskopische Bild einer Zelle.

a Begründen Sie, ob es sich bei der dargestellten Zelle um eine Tier- oder eine Pflanzenzelle handelt.

b Ordnen Sie den Ziffern Zellorganellen zu.

c Begründen Sie anhand der Abbildung, mit welchem Mikroskoptyp das Bild erstellt wurde.

A2 ○ Vergleichen Sie den Bau einer typischen Pflanzenzelle und einer typischen Tierzelle tabellarisch.

A3 ◒ Schematische Zeichnungen von Zellen und Geweben biologischer Strukturen sind idealisierte Darstellungen, denen oft viele mikroskopische Bilder zugrunde liegen.

a Fertigen Sie eine schematische Zeichnung einer Zelle nach [Abb. 1] an. Der Feinbau der Organellen muss nicht ausgeführt werden.

b In [Abb. 1, S. 20] sind eine schematische Zeichnung und eine lichtmikroskopische Aufnahme der Netzhaut zu sehen. Geben Sie an, welche Strukturen in der schematischen Zeichnung nahe dem Original und welche stark idealisiert sind. Beschreiben Sie die Idealisierung.

A4 ◒ In Zellen gibt es membranumhüllte Funktionsräume (Kompartimente), die Zellorganellen. Einige davon sind in [Abb. 1] zu sehen.

a Nennen sie vier wichtige Zellorganellen und geben Sie deren Funktion an.

b Auf der Hauptplatine (dem Mainboard) eines Computers befinden sich verschiedene größere Bauelemente wie Prozessoren, Steckplätze und Chipsätze [Abb. 2]. Die Chipsätze bestehen aus mehreren Schaltkreisen, und diese wiederum aus Dioden, Widerständen usw. Beurteilen Sie, ob der Begriff „Kompartimentierung" auch auf solche Hauptplatinen angewendet werden kann.

A5 ● Die Ackerschmalwand (*Arabidopsis thaliana*) ist eine unscheinbare und wirtschaftlich unbedeutende Blütenpflanze [Abb. 3 a]. Dennoch ist sie biologisch bestens untersucht, da sie für viele Forschungsaspekte als Modellorganismus dient. In [Abb. 3 b] sehen Sie von dieser Pflanze eine Seitenwurzel mit einem Meristem an der Spitze. Die Wurzelhaarzellen erkennen Sie an den fingerartigen Ausstülpungen der Deckzellen. Die Zellwände wurden hier rot, die Zellkerne grün angefärbt.

a Definieren Sie die Begriffe Meristem und Zelldifferenzierung.

b Begründen Sie die unterschiedliche Verteilung der Zellkerne.

c Erläutern Sie den Zusammenhang zwischen Struktur und Funktion bei Wurzelhaarzellen.

d Geben Sie an, mit welcher Art der Mikroskopie das Bild in b entstanden ist.

Das Zusammenwirken von Zellbestandteilen

Kapitel **2**

Konzepte

2.1 Die Abläufe im Cytoplasma werden vom Zellkern gesteuert

2.2 Im Cytoplasma laufen viele Reaktionen gleichzeitig ab

2.3 Ein Membransystem organisiert in der Zelle Produktion und Versand

2.4 Lysosomen zerlegen Makromoleküle in ihre organischen Bausteine

2.5 Die Zelle verwendet einen kleinen regenerierbaren Energiespeicher: ATP

2.6 Mitochondrien und Chloroplasten dienen der Bereitstellung von Energie

2.7 Bakterienzellen sind kleiner und anders gebaut als Eucyten

2.8 Die Eucyte entstand durch Endosymbiose von Procyten

Was haben unsere Körperzellen mit dem Münchner Oktoberfest zu tun?

So ähnlich, wie es dort zugeht, können Sie sich das Gedränge der Makromoleküle im Cytoplasma einer lebenden Zelle vorstellen. Scheinbar herrscht ein völliges Chaos, aber dennoch wissen (fast) alle, zu wem sie gehören und wohin sie wollen. Das Gedränge der Moleküle unserer Zellen spielt sich um und in sehr unterschiedlichen membranumhüllten Bereichen ab, den Zellorganellen. Im Bild sind sie symbolisiert durch Fahrgeschäfte, Zelte und Buden. Sie alle erfüllen in diesem Gewimmel spezielle Aufgaben. Weltweit arbeiten zahlreiche Forschungslabors daran, das komplizierte Zusammenwirken der verschiedenen Zellbestandteile aufzuklären.

2.1 Die Abläufe im Cytoplasma werden vom Zellkern gesteuert

Möchten Sie schnell mal ein essbares Modell einer lebenden Zelle herstellen? Verrühren Sie ein paar rohe Eier, geben Sie etwas Milch dazu, noch eine Prise Salz, und füllen Sie die glibberige Masse in einen Gefrierbeutel. Der Beutel ist die **Zellmembran** und der Inhalt das **Cytoplasma** (*Zellplasma*). Das Cytoplasma einer Zelle besteht aus Wasser, in dem eine Vielfalt an großen und kleinen Molekülen und Ionen gelöst ist. Das alles ist auch in den Hühnereiern gewesen, denn das Eigelb ist eine einzige lebende Zelle. Die frei im Cytoplasma verteilten, sehr großen Moleküle (sogenannte *Makromoleküle*) sind vor allem **Eiweißstoffe** (**Proteine**), im Beutel natürlich das Hühnereiweiß. Die Fette aus dem Eigelb bilden in Ihrem Beutel Tröpfchen und membranartige Schlieren, und so ist es auch mit den **Fettstoffen** (**Lipiden**) in einer lebenden Zelle. Sie bilden im Cytoplasma zahlreiche Membranen. Im Fall der Zelle sind diese jedoch nicht ungeordnet wie in Ihrem Modell, sondern zu einem komplexen *Membransystem* organisiert, das zahlreiche Reaktionsräume abgrenzt [2.3].

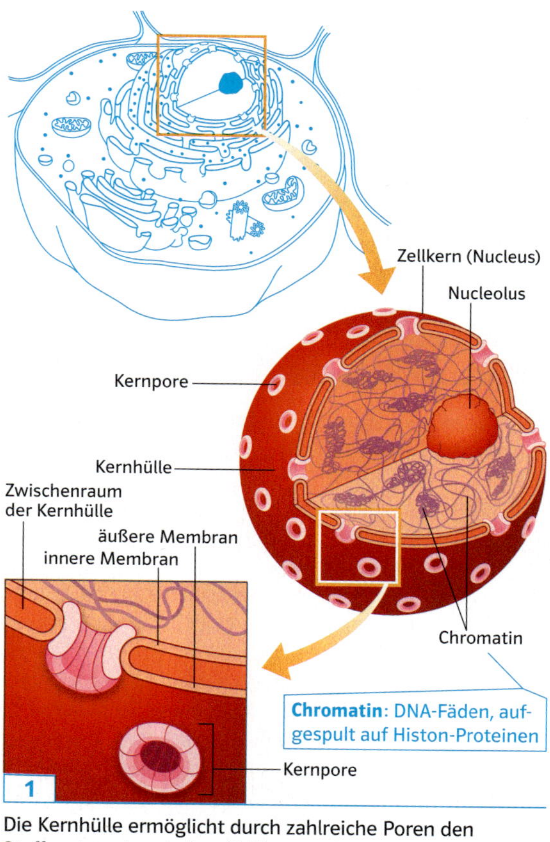

Die Kernhülle ermöglicht durch zahlreiche Poren den Stoffaustausch zwischen Zellkern und Cytoplasma.

Die Milch und das Salz haben Ihr „Cytoplasma" im Beutel etwas verfeinert und noch weiter mit Proteinen und Ionen angereichert, sodass Sie sich damit ein Omelett machen können. Einfach den Gefrierbeutel fest verschließen und 11 Minuten in kochendes Wasser legen. Probieren Sie es aus – es funktioniert wirklich prima. Sie können Ihr „Omelett-Modell" der Zelle aber vorher noch verbessern, denn noch fehlen in Ihrem Modell der Zellkern und verschiedene Zellorganellen, die Sie von [1.5] kennen. Geben Sie also einfach in Ihren Beutel vor dem Kochen noch verschiedene feste Zutaten, die zu einem Gemüseomelett passen: kleine Karotten (als Mitochondrien), einen Stapel Pilzscheiben (als Golgi-Apparat), Erbsen (als Vesikel) und so weiter, und schließlich noch eine gekochte Kartoffel als Zellkern.

Nach diesem kulinarischen Exkurs befassen wir uns jetzt näher mit der „Kartoffel", also dem Zellkern [Abb. 1]. Sie haben hier zwei Zellmodelle kennengelernt: das Oktoberfest-Modell, dann das Omelett-Modell. Beide Modelle zeigen, dass die Zelle eine Vielfalt an Komponenten enthält. Das Omelett-Modell vermittelt zudem, aus welchen chemischen Stoffen das Cytoplasma besteht. Doch im Omelett-Modell ist der Zellinhalt ein funktionsloses Chaos. Das Oktoberfest-Modell verrät uns nichts über die chemische Zusammensetzung der Zelle, aber es verdeutlicht: Das Cytoplasma ist kein Chaos, sondern trotz der Wuselei ein perfekt funktionierendes Räderwerk. Für unsere nähere Betrachtung, wie der Zellinhalt funktioniert, ist das Oktoberfest-Modell besser geeignet.

Der Zellkern enthält das ***Chromatin***, ein Verbund aus der Erbsubstanz **DNA** und bestimmten Proteinen, die man ***Histone*** nennt [6.3]. In der DNA sind die Bauanweisungen für alle Proteine des betreffenden Organismus gespeichert. Da Proteine an sämtlichen Aktivitäten der Zelle maßgeblich beteiligt sind und der Zellkern ihre Herstellung kontrolliert, ist er die Steuerzentrale der Zelle. Im Oktoberfest-Modell wäre das ein Container, in dem Menschen sitzen, die über Videokameras alles überwachen und über Lautsprecher und per Funk Anweisungen geben. Der Innenraum des Zellkerns wird vom Cytoplasma durch die ***Kernhülle*** getrennt. Er steht mit dem Cytoplasma im laufenden Stoff- und Informationsaustausch, und zwar über Tausende von ***Kernporen***. Diese können den Durchtritt kontrollieren.

Der Informationsfluss aus dem Zellkern über die Poren in das Cytoplasma erfolgt vor allem durch einen bestimmten Molekültyp, die **Messenger-RNA** (**mRNA**). Eine mRNA ist die Abschrift eines kurzen DNA-Abschnitts mit der Bauanleitung für ein bestimmtes Protein, das im Cytoplasma hergestellt werden soll. Umgekehrt müssen Proteine, die im Zellkern benötigt werden, aus dem Cytoplasma über die Kernporen dorthin gelangen. Da die Proteine und RNA-Moleküle selbst nicht wissen, wohin sie sollen, muss der gesamte Verkehr in und aus dem Zellkern organisiert werden. Dazu dient ein lichtmikroskopisch unsichtbares Geflecht von Molekülsträngen, an denen die zu transportierenden Moleküle wie auf Schienen durch die Kernpore bewegt werden. Das kostet die Zelle Energie [2.5]. Damit sie auf diese Weise transportiert werden, müssen sich die Moleküle „ausweisen". Dies geschieht durch molekulare „Zucker-Etiketten" [vorderer Buchdeckel], anhand derer die Pore sie erkennt.

Die Bedeutung des Zellkerns als genetische Steuerzentrale wurde bereits 1932 durch Kernaustausch an der einzelligen Schirmalge ***Acetabularia*** nachgewiesen [Abb. 2].

EXPERIMENT Der Zellkern als genetische Steuerzentrale

Vorbetrachtung
Schirmalgen der Gattung *Acetabularia* leben in tropischen und subtropischen Meeren. Mit 0,5 bis 10 cm Wuchshöhe sind sie relativ große Lebewesen, die aber nur aus einer einzigen Zelle bestehen. Zerschneidet man diese langen Zellen, so regenerieren sie sich wieder.

Hypothese 1
Die Faktoren zur Steuerung der Stoffwechselprozesse für die Regeneration befinden sich im Cytoplasma.

Hypothese 2
Der Zellkern steuert die Stoffwechselprozesse in der Zelle.

Durchführung

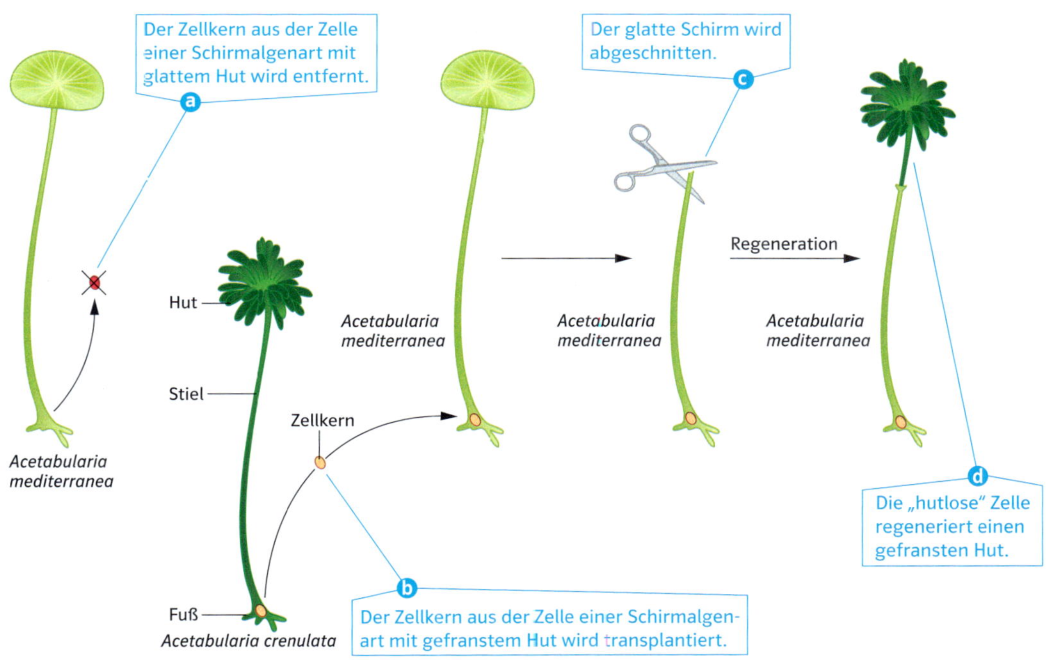

Ergebnis
Die Zelle von *A. mediterranea* mit ursprünglich glattem Hut bildete den gefransten Hut von *A. crenulata* aus, deren Zellkern in *A. mediterranea* übertragen wurde.

Schlussfolgerung
Die Informationen für den Zellstoffwechsel zur Hutbildung liegen also im Zellkern und nicht im Cytoplasma. Hypothese 2 wurde experimentell gestützt.

2
Ein Kernaustausch bei *Acetabularia* zeigt: Der Zellkern bestimmt die Wuchsform des Hutes.

Im Zellkern ist die auffälligste Struktur das ***Kernkörperchen***, der **Nucleolus** [Abb. 1]. Je nach Zelltyp kann es auch mehrere Nucleoli geben. Der Nucleolus ist an der Herstellung der **Ribosomen** beteiligt. Das sind winzige molekulare „Werkbänke", an denen im Cytoplasma anhand eines mRNA-Bauplans ein Protein hergestellt wird [2.2]. Ribosomen bestehen aus zwei sehr komplex aufgebauten Untereinheiten. Im Nucleolus werden diese beiden Untereinheiten aus ihren vielen Bestandteilen zusammengebaut. Die fertigen Untereinheiten werden dann getrennt durch die Kernporen in das Cytoplasma transportiert, wo sie sich selbstständig zu funktionsfähigen Ribosomen zusammenfinden.

Hier hinkt das Oktoberfest-Modell natürlich: Wir können sagen, die Proteinmoleküle in der Zelle entsprechen den Menschen auf dem Oktoberfest, aber natürlich werden sie dort nicht auf Anweisung einer Steuerzentrale „hergestellt". Kein Modell bildet die gesamte Wirklichkeit ab.

A1 Modelle bilden Teile der Wirklichkeit vereinfacht ab, aber nie die komplette Wirklichkeit. Erläutern Sie das am „Oktoberfest-Modell" und „Omelett-Modell" der Zelle.

A2 Beschreiben Sie den Informationsfluss aus dem Zellkern ins Cytoplasma.

2.2 Im Cytoplasma laufen viele Reaktionen gleichzeitig ab

In [Abb. 1] sehen Sie einen fundamentalen Aufbauprozess im Cytoplasma: die Synthese von Eiweißstoffen (Proteinen) aus ihren Bausteinen, den Aminosäuren. Diese **Proteinbiosynthese** verwendet einen im Zellkern von der DNA abgeschriebenen Bauplan, eine Messenger-RNA (mRNA) (a), und erfolgt an einer Art „Werkbank", dem Ribosom (b).

Ribosomen sind in diesem Buch entweder als winzige Kugeln dargestellt [Abb. 2, S. 27] oder wie in [Abb. 1] als glatte zweiteilige Gebilde. In [Abb. 2] sehen Sie, wie kompliziert ein Ribosom in Wirklichkeit aufgebaut ist. Daran wird schon seit Jahrzehnten geforscht. Diese Molekülgrafik soll Ihnen lediglich vor Augen führen, wie stark vereinfacht die in [Abb. 1] gezeigte

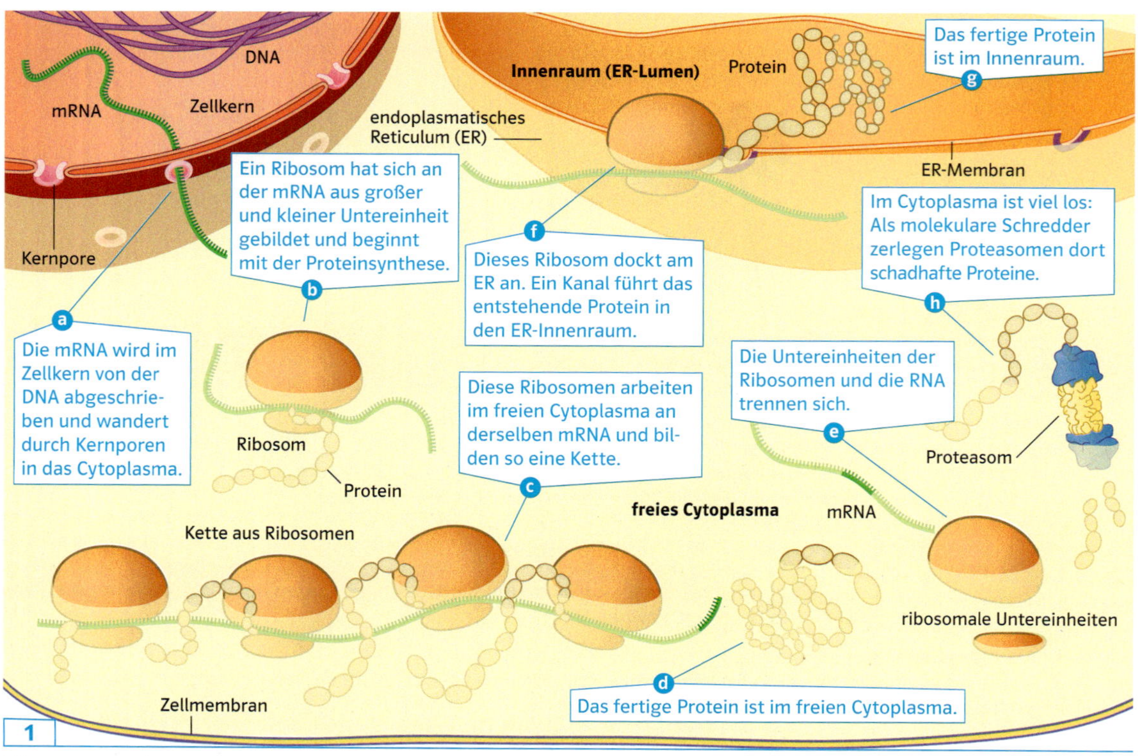

1 Ribosomen synthetisieren Proteine in das freie Cytoplasma oder in den ER-Innenraum. In der Abbildung sind Ribosomen und ER relativ zum Zellkern zu groß dargestellt.

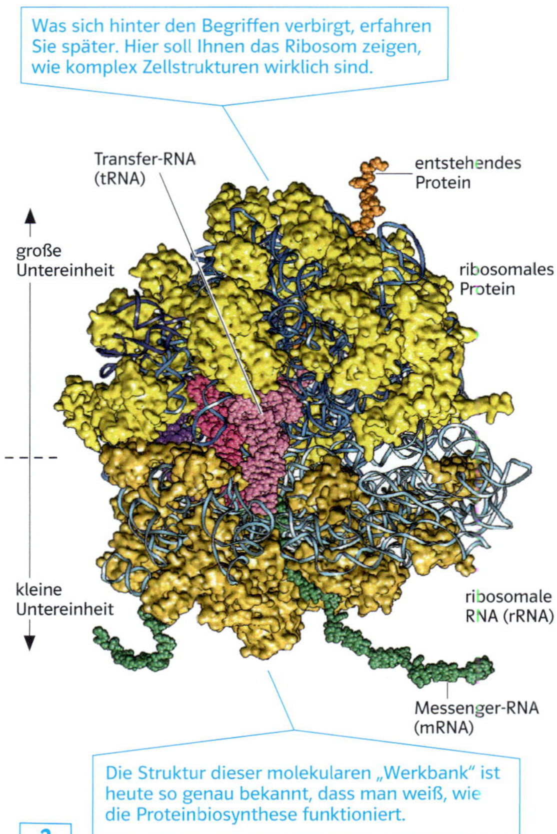

2

Ein bakterielles Ribosom bei der Herstellung eines Proteins. [Abb. 1] zeigt Ihnen das große und [Abb. 2, S. 27] das kleine in diesem Buch verwendete Ribosomen-Symbol.

schematische Zeichnung ist. Andererseits genügt sie hier völlig, um den prinzipiellen Ablauf der Proteinbiosynthese zu verstehen.

Wie Sie in [Abb. 1] sehen, kann die Proteinbiosynthese an zwei verschiedenen Zellorten ablaufen: (c)–(e) frei im Cytoplasma, oder (f)–(g) am endoplasmatischen Reticulum (ER). Das hängt davon ab, für was die Proteine bestimmt sind und wohin sie anschließend gelangen sollen. Näheres dazu erfahren Sie in [2.3] und [2.4]. Molekulare Details der Proteinbiosynthese lernen Sie erst später kennen.

Zu den Abbauprozessen im Cytoplasma gehört der Einsatz molekularer Schredder, **Proteasomen** genannt. Das Proteasom ist ein Proteinkomplex, der schadhafte oder nicht mehr benötigte Proteine in kurze Stücke aus wenigen Aminosäuren zerlegt, in sogenannte Peptide (h).

Das Cytoplasma ist ein wässriges Milieu, das neben unterschiedlich großen Zellorganellen und zahlreichen kleinen Ribosomen und auch Millionen gelöster RNA- und Proteinmoleküle enthält. Durch diese Makromoleküle werden die zellulären Abläufe gesteuert, Stoffe transportiert, Reaktionen beschleunigt. Ihr Gedränge im Cytoplasma ist groß. Zudem ist da ein Gewimmel von kleinen organischen Molekülen wie Zucker, Aminosäuren (Bausteine der Proteine) und zahlreichen Zwischenprodukten des Zellstoffwechsels. Außerdem gibt es noch sehr viele anorganische Ionen, und schließlich die allgegenwärtigen Wassermoleküle. Nicht zu vergessen sind auch die gelösten Gase, insbesondere der lebenswichtige Sauerstoff und das ebenfalls lebenswichtige Kohlenstoffdioxid. Oft werden im Cytoplasma auch noch Substanzen gespeichert. Was in diesem Gedränge genauer abläuft, hängt stark vom Zelltyp ab.

A1 Vergleichen Sie die Herstellung eines Proteins im freien Cytoplasma und am ER tabellarisch.

A2 Erläutern Sie die Funktion des Proteasoms.

2.3 Ein Membransystem organisiert in der Zelle Produktion und Versand

Struktur und Funktion

Waren Sie schon mal auf einem Volksfest in einem dieser gläsernen Irrgärten? Sie sehen darin auf kleinstem Raum viele Menschen laufen, die sich wegen der Trennwände nur selten begegnen. Ein solcher Irrgarten ist kaum größer als ein Wohnzimmer, hat aber eine enorm vergrößerte Wandfläche und zahlreiche miteinander verbundene Räume. Durch den Einbau von Türen könnte man diese sogar getrennt nutzen.

Im Cytoplasma einer Tier- oder Pflanzenzelle erzeugen Membranwände auf ähnliche Weise zahlreiche Räume. So entsteht ein System aus membranumhüllten Kanälen, Bläschen (**Vesikeln**) und größeren Hohlräumen (***Zisternen*** oder **Vakuolen** genannt). Dieser „zelluläre Irrgarten" wird als ***Endomembransystem*** bezeichnet (*endo* (gr.): innen). Es dient der ***Kompartimentierung*** der Zelle, also ihrer Aufteilung in unterschiedliche Reaktionsräume ❀. Dadurch können in der Zelle zahlreiche Stoffwechselvorgänge, die unterschiedliche Bedingungen erfordern, parallel ablaufen. Zudem führt das Endomembransystem zu einer enormen Vergrößerung der Kontaktfläche zwischen Membranen und freiem Cytoplasma. Dadurch erhöht sich der Platz, an dem membrangebundene Stoffwechselreaktionen stattfinden können. Während der Irrgarten auf dem Volksfest Verwirrung stiften soll, ist bei diesem zellulären Irrgarten das Gegenteil der Fall. Er führt zu einem hochgradig durchstrukturierten Ablauf der zellulären Prozesse.

Falls Sie jemanden mit Diabetes mellitus (umgangssprachlich Zuckerkrankheit) kennen, dann wissen Sie vielleicht, dass diese Krankheit zu einem erhöhten Blutzuckerspiegel führt. Biochemische Vorgänge (Stoffwechselprozesse), genauer gesagt, die Regulation des Blutzuckerspiegels, sind beeinträchtigt. Der Blutzuckerspiegel wird über den körpereigenen Botenstoff Insulin reguliert. Da Insulin über die Blutbahn transportiert wird, spricht man bei diesem Botenstoff von einem Hormon. Personen mit Diabetes haben aus unterschiedlichen Ursachen einen Mangel an Insulin. Das Hormon Insulin ist ein Protein, das in der Bauchspeicheldrüse hergestellt und von ihr in die Blutbahn abgegeben wird. In der Bauchspeicheldrüse selbst erfolgt die Insulinsynthese in einem bestimmten Zelltyp, und dort an einem zentralen Teil des Endomembransystems, dem **endoplasmatische Reticulum (ER)**. Es durchzieht das Cytoplasma in Form zahlreicher Kanäle und flacher Hohlräume [Abb. 1]. Wenn Sie in [Abb. 1] das ER genauer betrachten, dann sehen Sie, dass ein Teil davon dicht mit Ribosomen besetzt ist, während diese an der übrigen ER-Membran fehlen. Der dicht mit Ribosomen besetzte Bereich wird als **raues ER** bezeichnet (a). Dort findet ein großer Teil der Proteinbiosynthese der Zelle statt [Abb. 1, S. 34] und so auch die Insulinsynthese.

Die gebildeten Insulinmoleküle werden im Inneren des ER weitertransportiert. Dabei werden sie chemisch verändert und so in ihre biologisch wirksame Form überführt. Schließlich werden sie wie Postpakete in ***Transportvesikel*** verpackt (b), die sich vom ER abschnüren. Wie Postautos bringen diese Vesikel dann ihre Ladung zum großen Paketzentrum des Endomembransystems, dem **Golgi-Apparat** (c). Er besteht aus einem Stapel abgeflachter Membranräume, sogenannten Zisternen, und hat eine Empfangsseite sowie eine Versandseite für Vesikel. Sind in der Zelle mehrere solcher Stapel vorhanden, wird jeder von ihnen als ***Dictyosom*** bezeichnet; die Gesamtheit der Dictyosomen ist dann der Golgi-Apparat. Im Golgi-Apparat treffen außer dem Insulin noch andere am ER hergestellte Proteine ein. Sie werden hier sortiert, eventuell nochmal verändert und dann in Transportvesikeln wie mit Auslieferfahrzeugen zu ihren endgültigen Zielorten gesendet.

In solchen Transportvesikeln gelangt das Insulin zur Zellmembran. Dort wird es in die Umgebung freigesetzt, indem das Transportvesikel mit der Zellmembran verschmilzt. Diese Art der Abgabe (***Sekretion***) von Stoffen aus einer Zelle bezeichnet man als **Exocytose** (d). Den umgekehrten Vorgang, die Aufnahme, nennt man ***Endocytose*** (e); sie ist Thema von [2.4]. Die Zellmembran bildet also mit dem Endomembransystem eine Funktionseinheit.

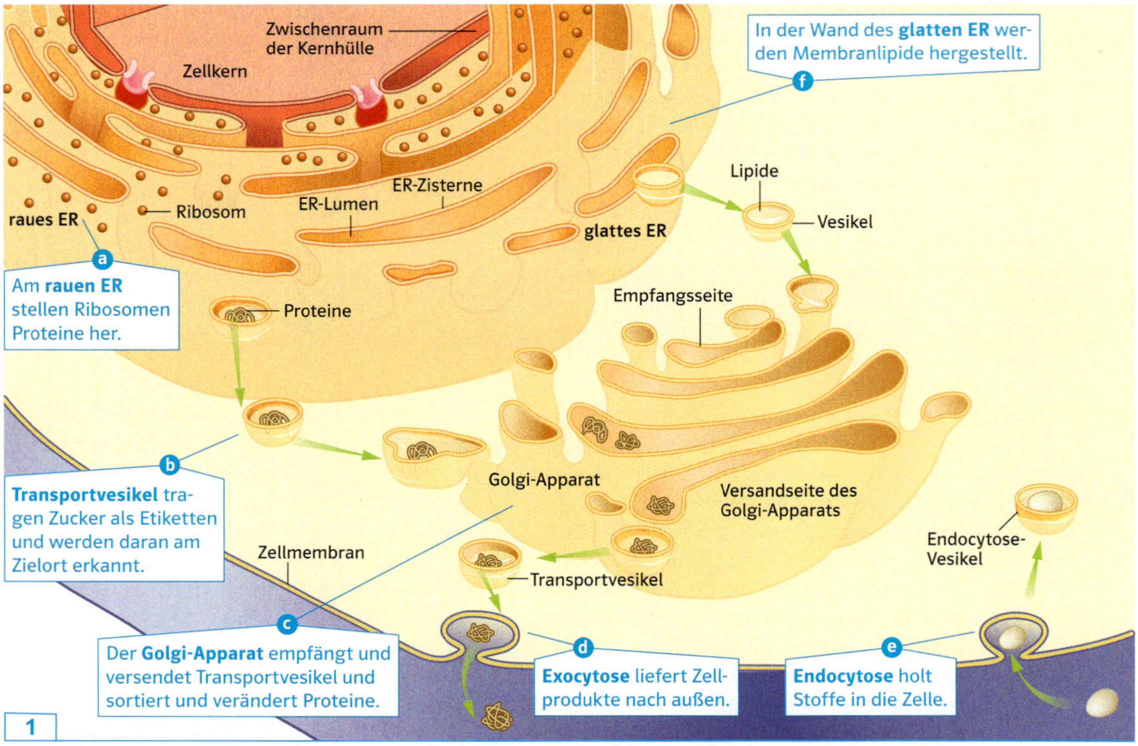

1 Alle Bereiche des Endomembransystems dieser Tierzelle arbeiten zusammen. Es besteht ein ständiger Membranfluss.

Die Grundbausteine aller Membranen der Zelle sind bestimmte Fettstoffe (***Lipide***), das heißt fettähnliche Makromoleküle [vorderer Buchdeckel]. Sie werden in einem Bereich des ER hergestellt, der keine Ribosomen trägt und daher **glattes ER** genannt wird f. Die Lipide verlassen das ER in Form von Transportvesikeln. Diese verschmelzen dann mit derjenigen Membran, für die diese Lipide bestimmt sind. Raues und glattes ER sind durch die An- bzw. Abwesenheit von Ribosomen definiert.

Wie Sie in [Abb. 1] sehen, arbeiten die Bestandteile des Endomembransystems über Transportvesikel zusammen, die sich laufend von den größeren Organellen abschnüren oder mit diesen verschmelzen. Dieses Transportsystem wird über molekulare Etiketten organisiert. Diese bestehen meist aus kurzen Zuckerketten [vorderer Buchdeckel]. Sie werden den Vesikeln und häufig auch den Proteinen selbst als Versandadressen angehängt.

A1 Vergleichen Sie Struktur und Funktion der beiden Formen des ER.

A2 Unser Speichel enthält das Protein Amylase, das die Verdauung der Kohlenhydrate einleitet. Amylase entsteht durch das Zusammenwirken der Bereiche des Endomembransystems. Wählen Sie im Folgenden die Begriffe, die zur Herstellung der Amylase passen, und ordnen Sie diese in der richtigen Reihenfolge:
Versandseite des Golgi-Apparats – genetische Information für Amylase – Zellkern einer Speicheldrüsenzelle – Endocytose der Amylase, raues ER – Lysosom – Transportvesikel – Zisterne des Golgi-Apparats – Ausführgang der Speicheldrüse zur Mundhöhle – Empfangsseite des Golgi-Apparats – Exocytose der Amylase, glattes ER

2.4 Lysosomen zerlegen Makromoleküle in ihre organischen Bausteine

Ein Pantoffeltierchen im Lichtmikroskop [Abb. 1]: Dieser Einzeller rudert mit seinen Wimpern unentwegt durchs Wasser. Dabei frisst er ständig winzige Teilchen. Er nimmt sie auf, indem er an einem „Zellmund" die Zellmembran einstülpt und sehr große Vesikel („Nahrungsbläschen") bildet. Diese wandern dann unter Verdauung ihres Inhalts durch das Cytoplasma. Sie sind damit eine Art „Verdauungstrakt" dieses Einzellers.

Das Pantoffeltierchen [Abb. 1] wurde mit Hefezellen gefüttert, die einen bestimmten Farbstoff (Kongorot) enhielten. Er ist im neutralen Milieu rot und im sauren blauviolett und färbt die Vesikel entprechend. Er ist ein ***pH-Indikator***. In [Abb. 2] sehen Sie die Vorgänge beim Pantoffeltierchen schematisch.

Die Aufnahme von Stoffen aus der Umwelt durch Einstülpen der Zellmembran ist auch bei den Körperzellen von Tieren ein häufig beobachtetes Phänomen. Man nennt es allgemein **Endocytose** [Abb. 3]. Sie ist die Umkehrung der soeben in [2.3] besprochenen Exocytose. Sogenannte ***Endocytosevesikel*** schnüren sich nach innen ab und befördern so die eingeschlossenen Substanzen in das Cytoplasma.

Wie kommt es anschließend zur intrazellulären Verdauung der aufgenommenen Teilchen? Am rauen ER werden als Verdauungsenzyme wirkende Proteine synthetisiert und gelangen von dort über Vesikel in den Golgi-Apparat. Dieser erkennt sie an ihren molekularen Etiketten und verpackt sie in besondere ***Verdauungsvesikel***. Die Enzyme sind in diesem Zustand noch inaktiv. Die Verdauungsvesikel verschmelzen mit

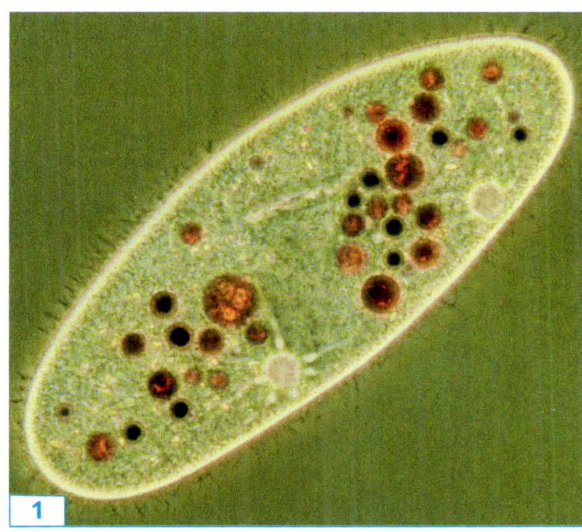

1

Das Pantoffeltierchen *Paramecium* ist ein Einzeller mit einem Wimpernkleid zur Fortbewegung, zwei pulsierenden Bläschen (hell) zur Entwässerung und zahlreichen Nahrungsbläschen (rot und blauviolett) zur Verdauung. (LM, Lebendbeobachtung).

Endocytosevesikeln zu größeren Verdauungsvesikeln, auch **Lysosomen** genannt [Abb. 3]. Lysosomen sind in ihrer Gesamtheit der auf Verdauung spezialisierte Reaktionsraum des Endomembransystems, eine Art „Verdauungstrakt" der Zelle. Im Lysosom entsteht als nächstes ein saures Milieu wie in unserem Magen. Das aktiviert die Verdauungsenzyme und entspricht damit genau den Verhältnissen beim Pantoffeltier-

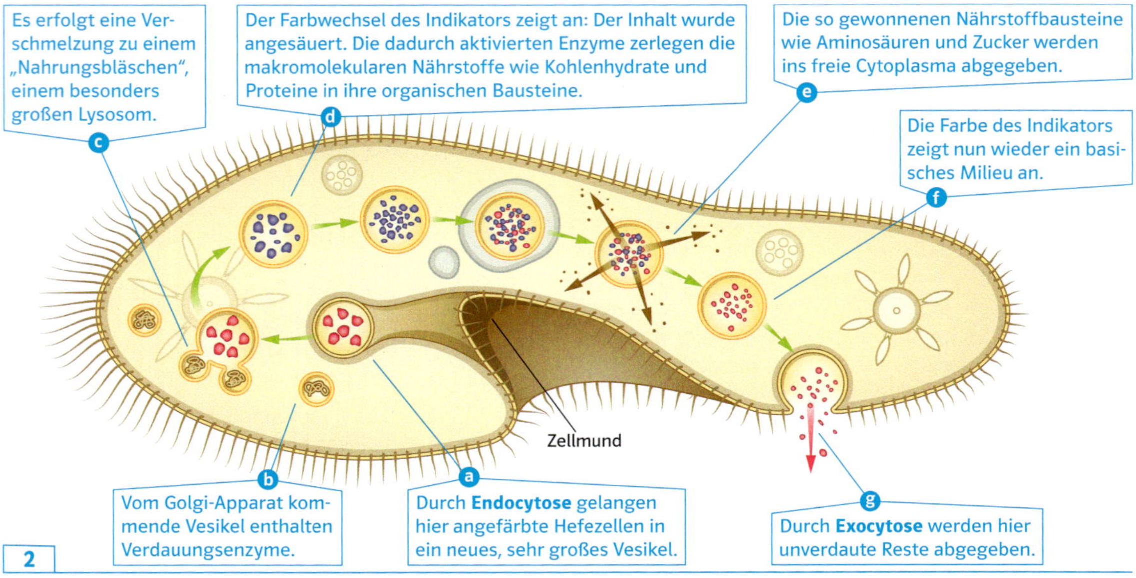

Das Pantoffeltierchen ist zwar ein Einzeller und kein Tier, doch es zeigt modellhaft, wie in einer Tierzelle mithilfe von Lysosomen die Verdauung erfolgt. Der pH-Indikator „Kongorot“ ist im neutralen Milieu rot und im sauren Milieu blauviolett.

chen [Abb. 2]. Dessen Nahrungsbläschen sind nichts anderes als Lysosomen, nur sind sie außergewöhnlich groß. Dadurch kann man sie mit einem einfachen Lichtmikroskop gut sehen und ihre Aktivitäten beobachten [Abb. 1].

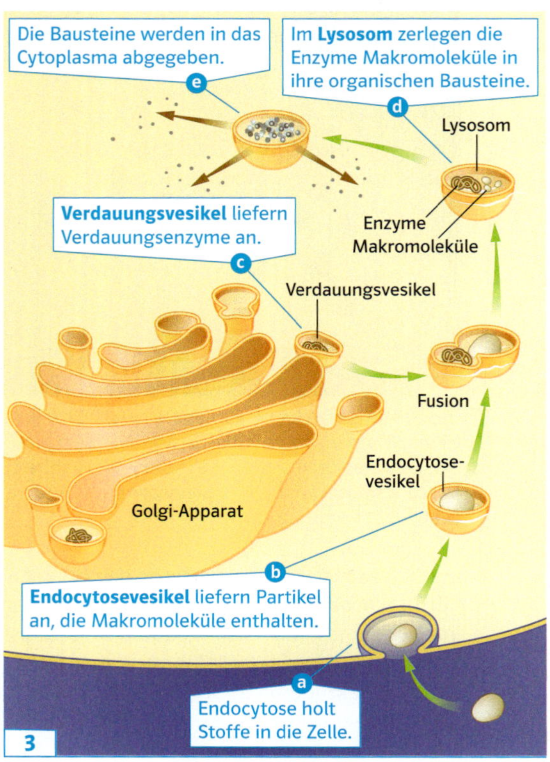

Lysosomen entstehen durch Vereinigung (Fusion) zweier Vesikeltypen.

Struktur und Funktion

Die abbauenden Enzyme in den Lysosomen sind darauf spezialisiert, biologische Makromoleküle in ihre organischen Bausteine zu zerlegen: Kohlenhydrate in Zucker, Proteine in Aminosäuren, Fettstoffe in Fettsäuren und Glycerol, sowie Nucleinsäuren. Diese Bausteine werden dann vom Lysosom in das freie Cytoplasma abgegeben [Abb. 3 e] und von der Zelle in ihrem eigenen Stoffwechsel verwertet. Was unser eigener Verdauungstrakt im Großen macht, das machen Lysosomen auf Zellebene. Anders als unser Verdauungstrakt zerlegen Lysosomen auch körpereigene Strukturen: sogar ganze Organellen, die aus der Zelle selbst stammen und von dieser wegen eines Defekts ausgemustert werden. Sie werden dazu in Transportvesikel verpackt, die dann mit Verdauungsvesikeln fusionieren. Damit betreibt die Zelle perfektes Recycling.

Warum verdaut sich die Zelle mit ihren Verdauungsenzymen nicht selbst? Die Antwort liegt hier wieder einmal in der Kompartimentierung, der Bildung von Reaktionsräumen. Die Verdauungsenzyme werden erst im Lysosom aktiviert. Dies geschieht durch das Ansäuern, und das wiederum findet statt, indem das Lysosom aus dem umgebenden Cytoplasma Protonen (H^+-Ionen) aktiv aufnimmt. In ihrem aktivierten, aggressiven Zustand sind die Verdauungsenzyme durch die Lysosomenmembran vom übrigen Zellinhalt getrennt. Eine ungeregelte Selbstverdauung der Zelle kann daher nur stattfinden, wenn sie verletzt wird und dabei Lysosomen aufplatzen.

Eine geregelte Selbstverdauung von Zellen existiert allerdings auch, nämlich dann, wenn sie der Körper nicht mehr braucht. Dann werden sie gezielt einem „programmierten Zelltod“ (***Apoptose***) unterworfen und von ihren eigenen Lysosomen verdaut. Ihre organischen Bausteine werden anschließend von anderen Zellen weiterverwendet.

Pflanzenzellen fehlen Lysosomen. Stattdessen gibt es dort die zentrale Vakuole [Abb. 2, S. 27] die neben zahlreichen anderen Aufgaben auch die Verdauung von Makromolekülen übernimmt.

A1 Erklären Sie Kompartimentierung am Beispiel des Lysosoms.

A2 Stellen Sie Vorgänge von der Nahrungsaufnahme beim Pantoffeltierchen bis zur Abgabe der Verdauungsprodukte in das Cytoplasma in einem Flussdiagramm dar.

2.5 Die Zelle verwendet einen kleinen regenerierbaren Energiespeicher: ATP

Manche Fernbedienungen, Wecker, PC-Mäuse und zahlreiche weitere Kleingeräte werden auch heute noch mit AAA-Batterien betrieben. Diese genormten Energiespeicher sind überall erhältlich, und es gibt sie praktischerweise auch als wiederaufladbare Akkus. Unsere Zellen verwenden ebenfalls einen kleinen, universellen und wiederaufladbaren Energiespeicher, der sogar ähnlich heißt: ATP. Das bedeutet **Adenosintriphosphat**.

Schauen Sie sich das Molekül an [Abb. 1], so sehen Sie, dass es aus drei Komponenten aufgebaut ist: dem (stickstoffhaltigen) Ringsystem Adenin, dem Zucker Ribose und drei Phosphatgruppen, die hier vereinfacht auch als „P" dargestellt sind. Und genau diese Phosphate sind wichtig, um die Funktionsweise des Energiespeichers ATP zu verstehen. Die endständige Phosphatgruppe (das endständige P) lässt sich leicht abtrennen. Dabei entsteht aus Adenosin**TRI**phosphat (A**T**P) Adenosin**DI**phosphat (A**D**P) und es wird Energie freigesetzt. Wie ein Akku wieder geladen werden kann, so kann auch ATP aus ADP + P unter Energieaufwand wieder zusammengebaut werden. Es steht dann erneut als Energielieferant bereit.

Da dieses Energiepaket stets gleich ist, kann es der Zelle völlig egal sein, woher ihre ATP-Moleküle gerade kommen. Sie sind universell einsetzbar, um energiepflichtige Prozesse anzutreiben – unabhängig davon, ob es ein Transportvorgang, eine Muskelkontraktion oder eine chemische Umwandlung ist.

Wir sprechen oft von „Energieerzeugern" und „Energieverbrauchern", aber physikalisch gesehen kann Energie weder „erzeugt" noch „verbraucht" werden. Stattdessen wird stets eine Energieform in eine andere Energieform umgewandelt, beispielsweise chemische Energie von ATP in die Bewegungsenergie eines Muskels. Auch zahlreiche Transportprozesse sowie die Funktion der Nervenzellen erfordern ATP als Energiequelle. Um ATP aus ADP zu regenerieren [Abb. 1], also um den Akku wieder aufzuladen, nutzt die Zelle als Energiequelle verschiedene organische Stoffe, insbesondere den Zucker Glucose. Dieses äußerst energiereiche Molekül wird im Energiestoffwechsel schrittweise in zwei energiearme anorganische Stoffe umgewandelt: Kohlenstoffdioxid und

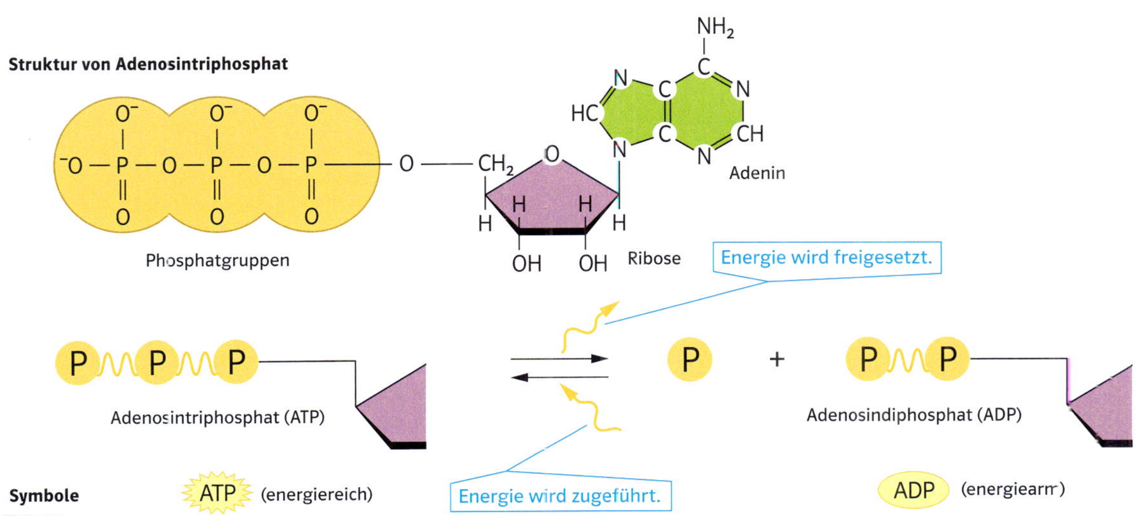

1
Das ATP-Molekül ist ein genormter Energiespeicher. Durch Umkehr der chemischen Reaktion ist er wiederaufladbar.

Wasser. Dabei wird Sauerstoff (O_2) verbraucht. Mit der dabei freigesetzten Energie wird die Regeneration von ATP aus ADP betrieben. So sind die Energiespeicher der Zelle wieder voll [2.6].

Netto liefert die Umwandlung ATP ⟶ ADP + P 30,5 kJ/mol an freigesetzter Energie. Damit kann ATP jeden energiepflichtigen Vorgang der Zelle antreiben, der weniger als 30,5 kJ/mol benötigt. Da dies auf die meisten energiepflichtigen Prozesse der Zelle zutrifft, ist ATP als Energieträger universell einsetzbar.

Aus dem Chemieunterricht kennen Sie wahrscheinlich die Begriffe ***exotherm*** und ***endotherm***. In einen endothermen Vorgang muss Energie investiert werden, bei einer exothermen Reaktion wird Energie frei. Das kann jeweils Wärmeenergie sein, aber chemische Energie wie die von ATP ist ebenso möglich.

Doch muss beispielsweise die Glucose, um wie oben erwähnt als Energielieferant dienen zu können, zunächst einmal noch etwas energiereicher gemacht werden – etwa so, wie man Holz zum Verbrennen anzünden muss. Diese „Aktivierung" der Glucose erfolgt, indem ATP ein Phosphat auf sie überträgt, wodurch Glucose-6-Phosphat (Glucose-6-P) entsteht:

Glucose + ATP ⟶ Glucose-6-P + ADP

Die exotherme Reaktion ATP ⟶ ADP + P treibt den endothermen Vorgang Glucose + P ⟶ Glucose-6-P an. Wie dies energetisch möglich ist, zeigt Ihnen die folgende ***Energiebilanz***: Die Umwandlung von ATP in ADP liefert 30,5 kJ/mol, während die Bildung von Glucose-6-P aus Glucose und P nur 16,8 kJ/mol erfordert. Die Differenz von 13,7 kJ/mol geht als Wärme verloren; die Gesamtreaktion ist also stark exotherm und damit irreversibel. Glucose-6-P ist 16,8 kJ/mol energiereicher als Glucose und kann nun im Gegensatz zur Glucose in den Energiestoffwechsel eintreten und dort schrittweise abgebaut werden. Näheres dazu erfahren Sie später.

Die gerade beschriebene Reaktion von Glucose mit ATP ist ein Beispiel für ***energetische Kopplung***. Ein endothermer Vorgang wird mit einer exothermen Reaktion gekoppelt und dadurch erst ermöglicht. Energetische Kopplung findet bei vielen Stoffwechselreaktionen statt, und oft wie hier durch Übertragung einer Phosphatgruppe.

A1 Nennen Sie mehrere Vorgänge im Körper, die
- **a** chemische Energie in Form von ATP bereitstellen.
- **b** chemische Energie in Form von ATP verbrauchen.

A2 Die Abbildung zeigt das Energiediagramm für die Bildung und Spaltung von ATP. Ordnen Sie den Buchstaben die richtigen Wortgruppen zu: chemische Energie des ATP – Energie, die bei der ATP-Bildung benötigt wird – chemische Energie – Energie, die bei der ATP-Spaltung frei wird – chemische Energie des ADP
Erläutern Sie D und E.

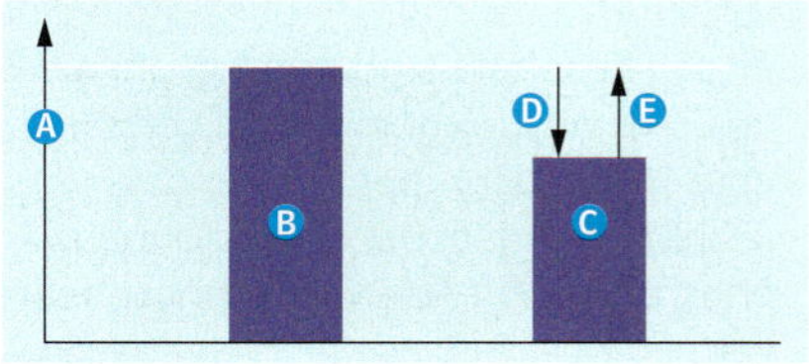

2.6 Mitochondrien und Chloroplasten dienen der Bereitstellung von Energie

Unser ATP-Bedarf ist enorm: Die ATP-Menge, die wir täglich auf- und abbauen, entspricht etwa unserem halben bis ganzen Körpergewicht. Die gleichzeitig vorhandene ATP-Menge ist dagegen sehr gering (bei 70 kg Körpergewicht etwa 150 g), weil es sofort wieder verbraucht wird. Die Zelle besitzt spezielle Zellorganellen, in denen die ATP-Bildung aus ADP mit hoher Effizienz stattfindet: die **Mitochondrien** (Einzahl: Mitochondrium, [Abb. 1]). Diese sogenannten „Kraftwerke der Zelle" sind von zwei Membranen umhüllt, wobei die innere stark gefaltet ist. So entsteht neben einem Innenraum (***Matrix***) noch ein weiterer Reaktionsraum, der ***Zwischenmembranraum***, auch ***Intermembranraum*** genannt. Mitochondrien sind darauf spezialisiert, energiereiche organische Moleküle unter Verbrauch von Sauerstoff (O_2) in Kohlenstoffdioxid (CO_2) und Wasser (H_2O) umzusetzen. Mit der dabei freigesetzten Energie regenerieren die Mitochondrien aus ADP das energiereichere ATP und versorgen so die ganze Zelle laufend mit ATP-Molekülen. Mitochondrien dienen der Zelle dabei vor allem als Energiewandler: Sie wandeln die in verschiedenen organischen Energieträgern wie Glucose und Fettsäuren steckende chemische Energie in die einheitliche chemische Energieform des ATP um. Da hierbei der durch Atmung aus der Umwelt zugeführte Sauerstoff verbraucht wird, fasst man die unter Beteiligung der Mitochondrien ablaufenden Vorgänge als **Zellatmung** zusammen. Einzelheiten zur Zellatmung erfahren Sie später, aber hier sehen Sie die chemische Gesamtgleichung der Zellatmung, bezogen auf den Abbau von Glucose (Traubenzucker, chemisch $C_6H_{12}O_6$):

$C_6H_{12}O_6 + 6\ O_2 \rightarrow 6\ CO_2 + 6\ H_2O$
(Energie wird freigesetzt)

Dabei werden 2870 kJ/mol an Energie freigesetzt. Es gelingt der Zelle, damit aus ADP 36 Portionen ATP aufzubauen und so 36 × 30,5 kJ/mol = 1098 kJ/mol an chemischer Energie zu „retten". Nur diese 38 % kann sie für andere Zwecke nutzen. Die restliche Energie, also 62 %, verpufft als nicht nutzbare Wärmeenergie. Man spricht auch von „entwerteter" Energie. Die Zellatmung hat somit einen Wirkungsgrad von 38 %, was dem Wirkungsgrad von Verbrennungsmotoren gleichkommt, die unter optimalen Bedingungen laufen.

Struktur und Funktion

Tiere versorgen sich mit energiereichen Stoffen, wie etwa Glucose, indem sie andere Lebewesen, oder Teile davon, als Nahrung zu sich nehmen. Pflanzen können dagegen Glucose mithilfe der Solarenergie aus Kohlenstoffdioxid und Wasser selbst herstellen. Das ist chemisch die Umkehrung der Zellatmung. Aus der Glucose produzieren sie dann alle anderen organischen Substanzen ihres Körpers. Der pflanzliche Herstellungsprozess von Glucose mithilfe von Solarenergie ist als **Fotosynthese** bekannt. Ihre chemische Gesamtgleichung sieht folgendermaßen aus:

$6\ CO_2 + 6\ H_2O \rightarrow C_6H_{12}O_6 + 6\ O_2$
(Energie wird aufgewendet)

Auf diese Weise gelangt durch die Fotosynthese von Pflanzen, Algen und diversen Bakterien seit über zwei Milliarden Jahren Sauerstoff kontinuierlich in die Erdatmosphäre. Die pflanzliche Fotosynthese findet in speziellen Zellorganellen statt, den **Chloroplasten** (Einzahl: Chloroplast, [Abb. 1]). Chloroplasten sind also ebenfalls Energiewandler. Sie wandeln Solarenergie in chemische Energie um. Einzelheiten zur Fotosynthese erfahren Sie später. Auch Chloroplasten sind von zwei Membranen umhüllt, sodass ein Zwischenmembranraum entsteht. Aus der Innenmembran haben sich flache Membransäckchen komplett abgeschnürt. Sie sind zu münzrollenartigen Stapeln angeordnet und werden ***Thylakoide*** genannt. Bei den Thylakoiden handelt es sich um ein komplexes Endomembransystem, das von dem der Zelle [2.3] unabhängig ist ❀. Sein Inneres stellt in seiner Gesamtheit einen eigenen Reaktionsraum zur Verfügung, den außerordentlich großen ***Thylakoid-Innenraum***. Der umgebende Reaktionsraum wird ***Stroma*** genannt. Durch diesen komplexen Aufbau können die vielen Einzelreaktionen der Fotosynthese reibungslos ablaufen.

Auch Chloroplasten stellen laufend große Mengen ATP aus ADP her. Allerdings verbrauchen sie einen Teil davon sofort wieder, um mit dessen Energie die Glucosesynthese anzutreiben. Der andere Teil wird aus den Chloroplasten exportiert und steht der Zelle für allgemeine Zwecke zur Verfügung. Pflanzen besitzen ebenfalls Mitochondrien und betreiben neben der Fotosynthese auch Zellatmung. Den Tieren fehlen in der Regel Chloroplasten. Korallenpolypen nehmen beispielsweise einzellige Algen in ihre Gewebe auf und profitieren von deren Fotosyntheseprodukten. Indirekt ist fast das ganze Tierreich auf Fotosynthese angewiesen, indem viele Tiere Pflanzen fressen und dann selbst als Nahrung für andere Tiere dienen.

In beiden Organellen verursacht die innere Membran eine Trennung in Reaktionsräume, in denen unterschiedliche chemische Prozesse ohne gegenseiti-

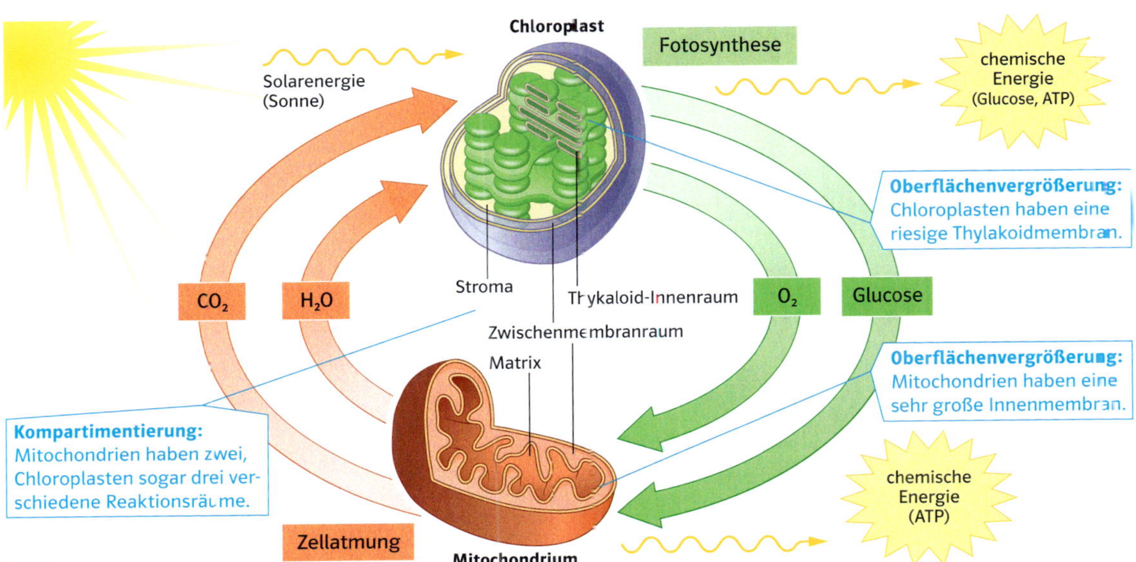

1
Fotosynthese baut auf, Zellatmung baut ab; beide ergänzen sich funktionell.

Struktur und Funktion

tige Störung ablaufen können. An diesen Membranen sitzen wesentliche Proteinkomplexe, die für die Fotosynthese bzw. die Zellatmung arbeiten. Durch die Oberflächenvergrößerung wird deren Anzahl und damit der Umsatz erheblich gesteigert ❀. Bei Mitochondrien und Chloroplasten gilt also gleichermaßen die Devise: Arbeitsteilung durch Kompartimentierung, Effizienzsteigerung durch Oberflächenvergrößerung.

A1 Vergleichen Sie Struktur und Funktion von Chloroplast und Mitochondrium tabellarisch.

A2 Sie wandeln an einem Tag ca. Ihr halbes bis gesamtes Körpergewicht an ATP in ADP um. Begründen Sie, weshalb das möglich ist, obwohl Ihr Körper nur sehr wenig ATP enthält.

2.7 Bakterienzellen sind kleiner und anders gebaut als Eucyten

Man schätzt, dass der menschliche Körper ebenso viele Bakterienzellen enthält wie eigene Körperzellen – jeweils etwa 30 Billionen! Das Gesamtgewicht der Bakterien bei einem erwachsenen Menschen beträgt etwa 0,2 kg. Manche davon schaden uns, viele sind für uns dagegen nützlich oder sogar für unsere Gesundheit unverzichtbar. Bakterien sind einzellige Lebewesen und meistens nur 1–5 µm groß [1.1]. Sie treten in vielen Formen auf, z. B. als runde Kokken, längliche Bazillen oder schraubige Spirillen.

Bakterien sind **Prokaryoten**. Das bedeutet „Vorkernige“, denn diesen Lebewesen fehlt der typische Zellkern, den die **Eukaryoten** („Echtkernige“) besitzen. Die prokaryotische Zelle, die **Procyte**, unterscheidet sich auch sonst sehr von der bisher besprochenen eukaryotischen Zelle, der **Eucyte**. Vor allem ist diese im Durchschnitt zehnmal so groß. Das bedeutet, dass sie das 1000-fache Volumen hat. In [Abb. 1] sehen Sie einen Größenvergleich. Wäre Ihr Klassenzimmer die Eucyte, wären Sie selbst die Bakterien. In [Abb. 1] sehen Sie auch die wichtigsten Merkmale einer Procyte.

Struktur und Funktion

Noch ein weiterer wesentlicher Unterschied: Die Eucyte weist verschiedenartige Kompartimente ❀ in Form von membranumhüllten Zellorganellen auf [1.5]. Dagegen sind die meisten Procyten bis auf kleine Vesikel zur Speicherung von Substanzen nicht kompartimentiert. Die Procyte ist zwar klein und vergleichsweise einfach gebaut, aber ist sie deshalb ineffizient? Keineswegs, sondern das Gegenteil ist der Fall, wie Sie gleich sehen werden. In Vielfalt und Anpassungsfähigkeit steht die Procyte der Eucyte nicht nach.

Die Procyte besitzt wie die Eucyte ein Cytoplasma und eine Zellmembran. Diese ist bei Bakterien von einer festen Zellwand umhüllt, die chemisch jedoch nichts mit der pflanzlichen Zellwand gemeinsam hat. Viele ***Antibiotika*** hemmen die bakterielle Zellwandsynthese und wirken deshalb spezifisch nur gegen Bakterien. Oft folgt außen auf die Zellwand noch eine widerstandsfähige Kapsel [Abb. 1], die fest oder schleimig sein kann. Andere Bakterien haben stattdessen außen eine zweite Membran [Abb. 2]. Beides kommt bei Eucyten nicht vor. Zellwand und Kapsel schützen das Bakterium vor schädlichen Umwelteinflüssen. Für zahlreiche Bakterienarten ist diese Umwelt das Körperinnere anderer Lebewesen.

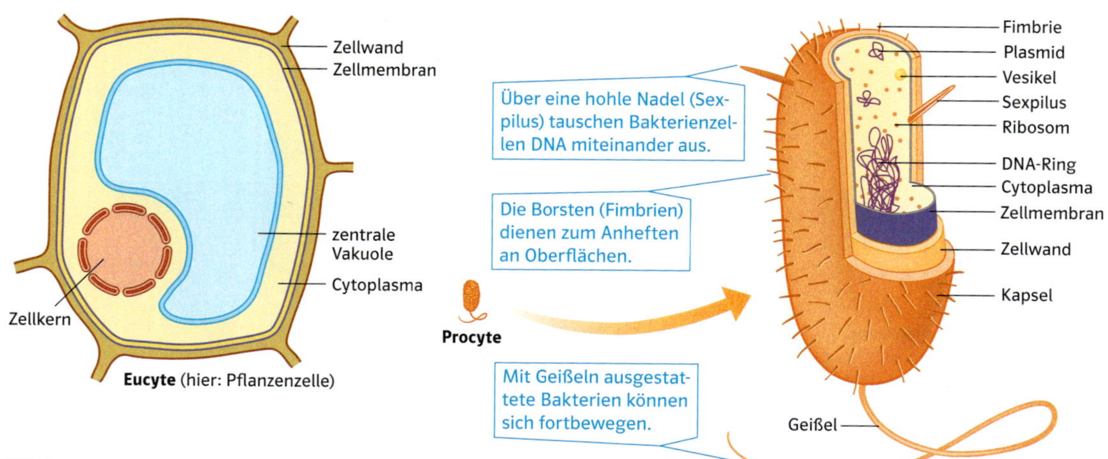

1

Eine Procyte ist im Verhältnis so klein, dass von ihr Hunderte in eine Eucyte passen würden.

Die Oberfläche vieler Bakterienzellen trägt Fortsätze, wobei sich drei Typen (Fimbrien, Geißeln, Pili) unterscheiden lassen, die unterschiedliche Funktionen haben [Abb. 1]. Am auffälligsten sind Geißeln zur aktiven Fortbewegung. Doch anders als die eucytische Geißel, die eine Ruderbewegung durchführt, wird die Bakteriengeißel von einem winzigen Rotationsmotor angetrieben [Abb. 2]. Beide Geißeltypen bestehen aus Proteinen, die jedoch völlig unterschiedlich sind.

Wie bei der Eucyte ist auch das Cytoplasma der Procyte keineswegs „leer", sondern es findet ein dichtes Gedränge zahlloser Moleküle statt [Abb. 2]. Anstelle eines Zellkerns hat die Procyte einen Bereich mit einem ringförmigen DNA-Molekül (Chromosom [6.1]). Zum Ring geschlossene DNA kommt im Zellkern von Eucyten nicht vor. Viele Bakterien besitzen zusätzlich noch sehr kleine DNA-Ringe, die man Plasmide nennt [Abb. 2]. Außerdem finden sich im Cytoplasma Speichervesikel sowie zur Proteinbiosynthese Tausende von Ribosomen. Die procytischen Ribosomen sind etwas kleiner und etwas anders zusammengesetzt als die eucytischen Ribosomen, doch im Aufbau ähnlich [Abb. 2, S. 35].

Stoff- und Energieumwandlung

Ganz überwiegend pflanzen sich Bakterien ungeschlechtlich (asexuell) durch Zweiteilung fort, wobei zwei genetisch identische Nachkommen entstehen [Abb. 3] ❀. Das entspricht genetisch der Vermehrung unserer Körperzellen. Geschlechtliche (sexuelle) Fortpflanzung, wie sie bei eucytischen Organismen gängig ist und die zu genetisch unterschiedlichen Nachkommen führt, erfolgt bei Bakterien nur gelegentlich und keineswegs bei allen Arten. Genetisch unterschiedliche Bakterien tauschen gelegentlich über eine als Sexpilus bezeichnete hohle Nadel [Abb. 1] Teile ihres Erbguts aus, was bei Eucyten nicht vorkommt. Das gewährleistet genetische Vielfalt bei diesen Bakterien.

Individuelle und evolutive Entwicklung

Bakterien können aufgrund ihrer geringen Größe enorme Vermehrungsraten erreichen. So teilt sich das Darmbakterium ***Escherichia coli*** (***E. coli***) alle 20 Minuten. Ein eucytischer Einzeller wie das Pantoffeltierchen [Abb. 1, S. 37] teilt sich dagegen bestenfalls alle drei bis vier Stunden. Bei unbegrenzter Nährstoffzufuhr würde eine Bakterienkolonie, ausgehend von einem einzelnen Individuum, rasch den ganzen Globus überwuchern. Natürlich ist ein solch rasantes Wachstum (Verdopplung der Anzahl alle 20 Minuten) nur kurzzeitig möglich, da die Nahrung bald knapp wird. Dann geht es der Kolonie zunehmend schlechter, und schließlich sterben die meisten Individuen an ihren eigenen Stoffwechselprodukten, also am eigenen „Müll". Unter „Bakterienwachstum" versteht man somit die Zunahme der Zellenzahl durch fortlaufende Zellteilungen. Diese werden dann makroskopisch als Wachstum einer Kolonie für unser Auge sichtbar.

Wie und wovon leben Bakterien? In erster Linie von organischen Stoffen, die sie abbauen. Viele leben wie auch Eucyten unter ***aeroben*** Bedingungen (in Anwesenheit von Sauerstoff) und haben die Fähigkeit zur Zellatmung, können also mithilfe von Nährstoffen und Sauerstoff Energie in Form von ATP bereitstellen. Viele andere Bakterien existieren jedoch unter völligem Luftabschluss (***anaerob***) und gewinnen ihr ATP ausschließlich durch einen als ***Gärung*** bezeichneten Prozess. Andere können wie die Pflanzen Solarenergie für die Glucosesynthese nutzen. Wieder andere verwerten anorganische Verbindungen oder bestimmte chemische Elemente.

Als Mineralisierer sind Bakterien in allen Ökosystemen unabdingbar, denn ohne **Mineralisierung** – die natürliche Rückführung organischer Stoffe in anorganische Ionen als Mineralstoffe für Pflanzen (z. B. Nitrate, Sulfate, Carbonate) – würden die Stoffkreisläufe auf der Erde schnell zum Erliegen kommen. Bakterien nutzen insgesamt eine erheblich größere Vielfalt an Energiequellen für die ATP-Synthese als Eucyten ❀. Für solche Zwecke haben Bakterien oft sehr spezielle Stoffwechselwege, die bei der Eucyte nicht vorkom-

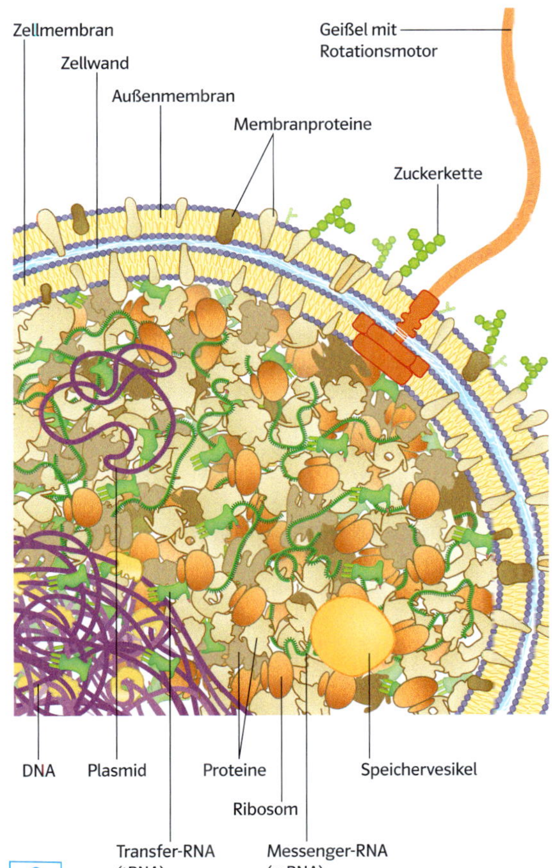

2 In einer Bakterienzelle (*E. coli*) herrscht molekulares Gedränge.

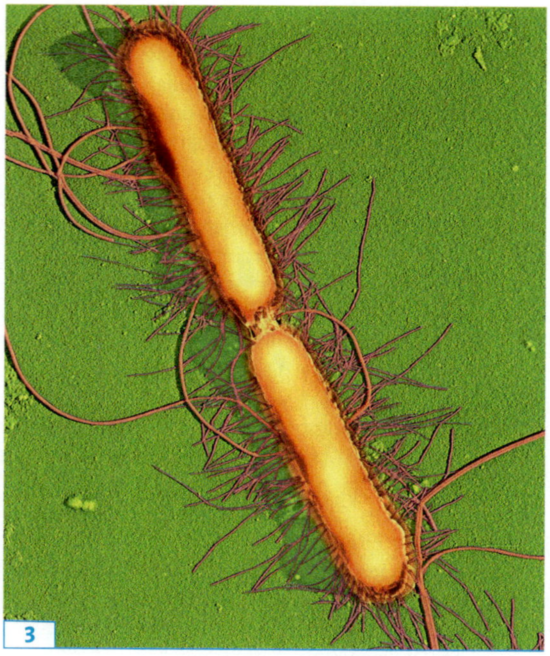
3

Bakterien vermehren sich durch Zweiteilung, wie dieses Darmbakterium (*Proteus vulgaris*). Die langen Geißeln lassen sich gut von den kurzen Fimbrien unterscheiden. Sexpili sind hier nicht vorhanden. (REM, coloriert)

men. Es gibt deshalb keinen Lebensraum, der nicht von Bakterien besiedelt ist. Ihr Erfolg beruht auf ihrer Winzigkeit, Energieeffizienz, Vermehrungsrate, Vielfalt und Anpassungsfähigkeit.

Wenn Sie den Stammbaum der Organismen betrachten [hinterer Buchdeckel], dann sehen Sie, dass neben den Bakterien (wissenschaftlich: Bacteria) noch eine zweite Prokaryoten-Großgruppe existiert, die ***Archaeen*** (wissenschaftlich: Archaea). Sie sind ebenfalls winzige Einzeller, unterscheiden sich aber in vielen biochemischen Details von den Bakterien. Archaeen wurden zunächst vor allem in extremen Lebensräumen entdeckt, wie heißen Quellen oder Salzseen. Man fand sie später jedoch in vielen weiteren Lebensräumen und auch als Bewohner anderer Organismen. Ob es krankmachende Archaeen gibt, ist noch nicht klar. Bekannt sind die Methanbildner, die im Verdauungstrakt z. B. von Rindern große Mengen Methangas produzieren und in der Biogasherstellung sowie in Kläranlagen eine wichtige Rolle spielen.

A1 Vergleichen Sie Eucyte und Procyte tabellarisch miteinander.

A2 Bakterien können ganz unterschiedliche Lebensräume besiedeln. Begründen Sie das.

2.8 Die Eucyte entstand durch Endosymbiose von Procyten

Wie ist die im Vergleich zur Procyte so viel größere und komplexere Eucyte im Verlauf der Evolution entstanden? Dazu das folgende evolutionäre „Szenario", also die Darstellung einer Abfolge mehrerer hypothetischer Ereignisse, für die es wissenschaftliche Begründungen gibt.

Vor mehr als 3 Milliarden Jahren gab es auf der Erde nur Procyten, also bakterienähnliche Einzeller ohne Zellkern und ohne membranumhüllte Zellorganellen [Abb. 1 a]. Viele dieser Prokaryoten waren wohl in der Lage, über ihre Oberfläche Nährstoffe aus der Umgebung aufzunehmen. Daraus entwickelten manche die **Endocytose**, das Einschleusen von Stoffen in die Zelle, indem die Zellmembran Endocytosevesikel bildet [2.4]. Solche Zellen konnten aufgrund der durch die Endocytose verbesserten Nährstoffaufnahme erheblich größer werden b.

Dieses Wachstum erforderte jedoch parallel eine verbesserte innere Organisation durch Kompartimentierung ❀. Diese wurde durch Entwicklung eines Endomembransystems erreicht, das schrittweise aus Einstülpungen der Zellmembran entstand. Dazu gehörte auch eine Kernhülle zum Schutz der DNA b.

Struktur und Funktion

Die zunehmende Zellgröße wurde durch folgende Entwicklungen unterstützt, die ebenfalls schrittweise stattfanden: bessere Formkonstanz durch Entwicklung eines Cytoskeletts [1.7], bessere Verdauungsprozesse durch Entwicklung von Lysosomen [2.4], bessere Fortbewegung durch Entwicklung einer Geißel c. Das ermöglichte diesen „Ur-Eukaryoten" neue Lebensweisen. Bis hierher basiert das geschilderte Szenario der Evolution der Eucyte allerdings sehr stark auf Vermutungen. Die einzelnen Ereignisse müssen zwar irgendwann stattgefunden haben, aber wir kennen ihre genaue Reihenfolge nicht. Die nun folgenden entscheidenden Schritte sind dagegen sehr gut belegt [hinterer Buchdeckel].

Durch Entwicklung der Fotosynthese bei einigen Bakteriengruppen reicherte sich die Erdatmosphäre vor rund 2,3 Milliarden Jahren allmählich mit Sauerstoff an. Sauerstoff ist jedoch zunächst einmal ein Zellgift, und viele Prokaryoten können auch heute nur in einer O_2-freien Umwelt existieren, zum Beispiel im Bodenschlamm von Gewässern. Sie leben *anaerob*, also ohne freien Sauerstoff. Manche Bakterien entwickelten O_2-verbrauchende (das heißt ***aerobe***) Stoffwechselwege – zunächst wohl nur zur Entgiftung,

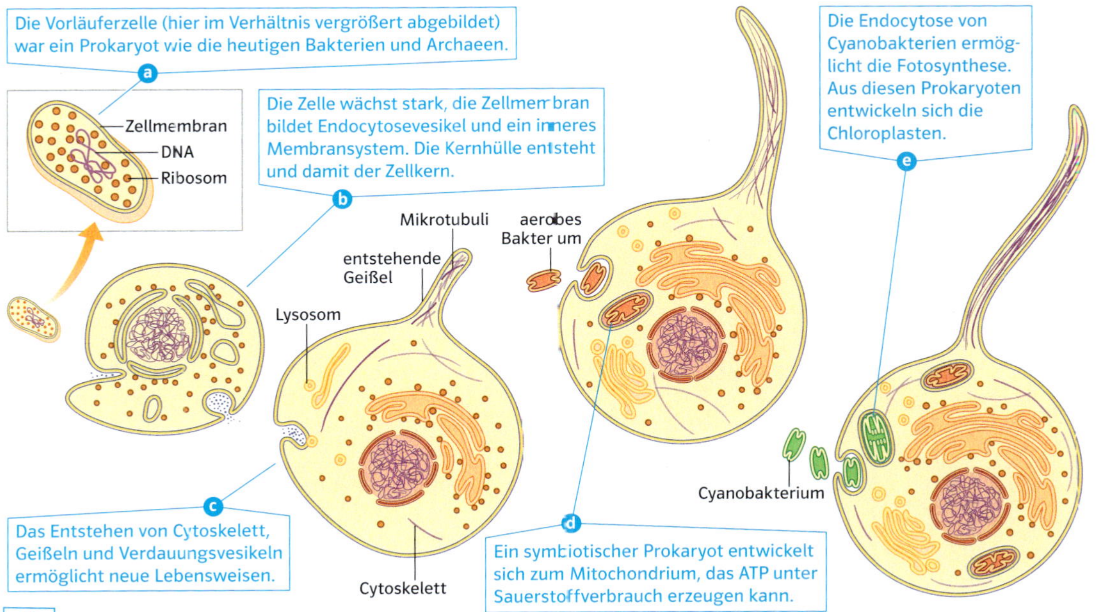

1 Mitochondrien und Chloroplasten entstanden aus endosymbiotischen Bakterien.

aber dann zu einer deutlich gesteigerten ATP-Synthese. Große Ur-Eukaryoten nahmen solche aeroben Bakterien in Endocytosevesikel auf d. In manchen dieser Fälle wurden diese Bakterien nicht verdaut, sondern in der großen Zelle als ***Endosymbionten*** am Leben gehalten und dauerhaft in der Vesikelmembran eingeschlossen. Eine **Symbiose** ist eine körperlich sehr enge Lebensgemeinschaft von zwei unterschiedlichen Organismenarten zum gegenseitigen Vorteil. Bei einer **Endosymbiose** lebt der eine Partner im schützenden Inneren des anderen. So konnten diese Ur-Eukaryoten dauerhaft die bakteriellen Stoffwechselprodukte nutzen, beispielsweise ATP, und wurden gleichzeitig vom giftigen Sauerstoff befreit. Das ermöglichte ihnen eine aerobe Lebensweise d.

In einer Linie dieser mit aeroben Bakterien ausgestatteten Ur-Eukaryoten geschah es nun, dass diese Endosymbionten nicht nur am Leben gehalten, sondern viel stärker integriert wurden, indem der Zellkern einen Teil ihres Erbguts übernahm. So wurden sie zu **Mitochondrien** [Abb. 1, S. 26]. Ihr „Geschenk" an die Wirtszelle ist die Zellatmung. Damit war die moderne Eucyte entstanden, die typische Körperzelle der Eukaryoten. Als einstige Endosymbionten besitzen die Mitochondrien eine Hülle aus zwei Membranen: außen die von der Wirtszelle stammende ehemalige Endocytosemembran und innen die ehemalige Zellmembran des Bakteriums.

Manche dieser neuen Eukaryoten nahmen später durch Endocytose Bakterien auf, die zur Fotosynthese in der Lage waren e. Aus diesen wurden schließlich **Chloroplasten**. Tierzellen besitzen lediglich Mitochondrien, Pflanzenzellen haben dagegen beides: Mitochondrien und Chloroplasten [Abb. 2, S. 27].

Das Szenario, nach dem diese Zellorganellen durch Endosymbiose von Bakterien entstanden sind, bezeichnet man als ***Endosymbionten-Theorie.*** Neben weiteren Argumenten gibt es fünf besonders überzeugende Belege für die Endosymbionten-Theorie:
- Intrazelluläre Endosymbiose findet auch bei vielen heutigen Organismen statt.
- Beide Organellen vermehren sich innerhalb der Zelle stets durch Teilung.
- Die innere Membran beider Organellen ist bakterientypisch aufgebaut. Ihre äußere Membran ist eine typische Eucytenmembran.
- Beide Organellen besitzen den kleineren, sonst nur bei Procyten vorkommenden Ribosomentyp.
- Beide Organellen enthalten eine eigene DNA, deren Sequenz ihre Abstammung belegt: Mitochondrien bestimmter Proteobakterien, Chloroplasten von bestimmten Cyanobakterien.

Seit diese DNA-Analysen vorliegen, hat man die frühere „Endosymbionten-Hypothese" zur Theorie erhoben. Eine naturwissenschaftliche Hypothese ist lediglich eine begründete Vermutung. Eine naturwissenschaftliche Theorie ist dagegen ein durch viele unterschiedliche Belege gestütztes Wissensgebäude.

A1 Stellen Sie die Entwicklung einer pflanzlichen Eucyte aus Procyten als Flussdiagramm dar. Markieren Sie die Übergangsstelle zur Eucyte.

A2 Erklären Sie, warum die Endosymbionten-Theorie als naturwissenschaftliche Theorie gilt und nicht als naturwissenschaftliche Hypothese.

Lösungen js528v

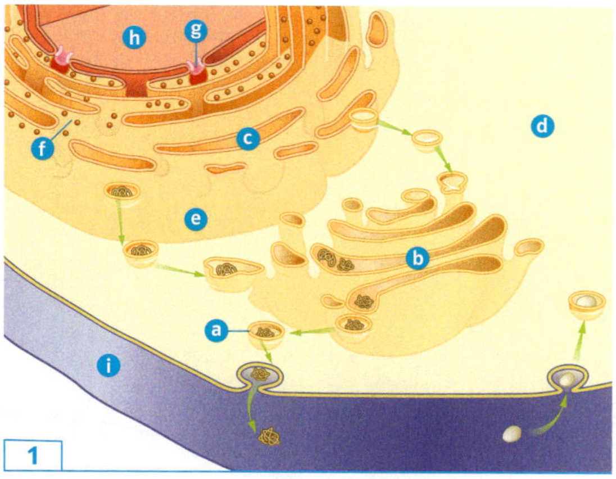

1

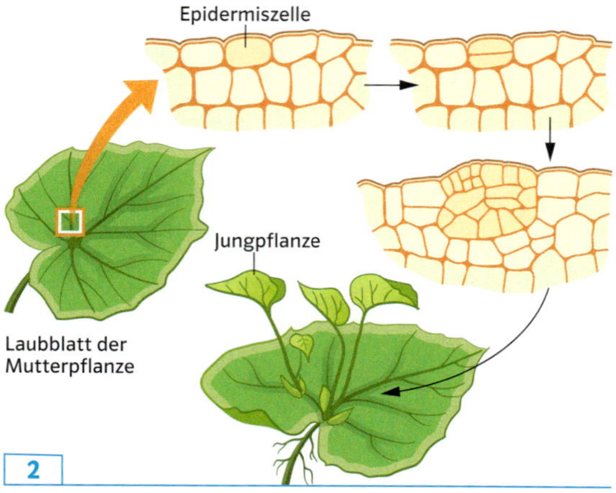

2

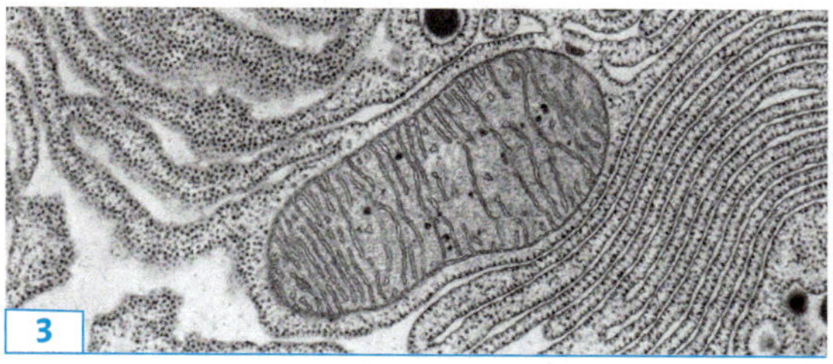
3

4

A1 Der Zellkern (Nucleus) ist die Steuerzentrale eukaryotischer Zellen; er arbeitet eng mit den Zellorganellen zusammen.

a ○ Benennen Sie die mit Buchstaben versehenen Strukturen in [Abb. 1].

b ○ Chromatin enthält die Erbinformation. Geben Sie die Bestandteile des Chromatins an sowie den Ort, an dem sich das Chromatin in [Abb. 1] befindet.

c ● Erläutern Sie den Zusammenhang zwischen Struktur und Funktion am Zellkern und Endoplasmatischem Retikulum.

A2 ◒ Stellen Sie den Prozess der Herstellung eines Proteins [Abb. 1, S. 34] in einem Flussdiagramm dar. Beginnen Sie bei der DNA und geben Sie die Orte an, an denen die Vorgänge ablaufen.

A3 ◒ Die meisten Landpflanzen vermehren sich durch Samen. Ihre Entwicklung beginnt in der Blüte mit der Befruchtung der Eizellen. Bei einigen Pflanzen, wie z. B. Begonien, gibt es auch andere Wege der Fortpflanzung [Abb. 2].

a Beschreiben Sie die in [Abb. 2] gezeigte Fortpflanzung.

b Jede kernhaltige Zelle enthält die gesamte Erbinformation eines Organismus. Bestätigen Sie diese Aussage anhand dieser Fortpflanzung.

c Die Jungpflanzen in [Abb. 2] besitzen die gleiche Erbinformation wie die Mutterpflanze. Begründen Sie.

A4 [Abb. 3] zeigt eine elektronenmikroskopische Aufnahme aus dem Inneren einer Zelle.

a ◒ Benennen Sie das Zellorganell im Zentrum und beschreiben Sie dessen Bau.

b ○ ATP ist an zahlreichen zellulären Prozessen beteiligt. Begründen Sie das.

c ◒ Ordnen Sie die folgenden Begriffe und Wortgruppen tabellarisch den Chloroplasten und Mitochondrien zu: in Pflanzenzellen – in Tierzellen – produzieren ATP – bauen energiereiche organische Stoffe ab – verbrauchen Sauerstoff – vergrößerte innere Oberfläche – bauen Glucose auf – innere Kompartimentierung – in Wurzelzellen zumeist nicht vorhanden – wandeln Lichtenergie in chemische Energie um – bilden als Produkte CO_2 und H_2O

A5 ● Die Solarzellen in den Solarmodulen einer PV-Anlage (Photovoltaik-Anlage) [Abb. 4 links] wandeln Lichtenergie der Sonnenstrahlung in elektrische Energie um. In [Abb. 4 rechts] sehen Sie Chloroplasten in den Zellen eines Pflanzenblatts. Chloroplasten werden manchmal als Solarzellen der Pflanzen bezeichnet. Beurteilen Sie diese Aussage.

Biomembranen – Ein- und Ausfuhrkontrolle der Zelle

Kapitel **3**

Konzepte

3.1 Die Grundstruktur von Biomembranen ist eine Lipid-Doppelschicht

3.2 Modelle zur Biomembran wurden anhand experimenteller Befunde verfeinert

3.3 Substanzen bewegen sich entlang ihres Konzentrationsgefälles

3.4 Durch Osmose können Zellen Wasser aufnehmen oder abgeben

3.5 Kanal- und Transportproteine erleichtern die Diffusion durch Membranen

3.6 Der Transport gegen ein Konzentrationsgefälle kostet die Zelle Energie

3.7 Der osmotische Druck von Körperflüssigkeiten kann reguliert werden

3.8 Größere Teilchen werden durch Membraneinstülpung ein- und ausgeschleust

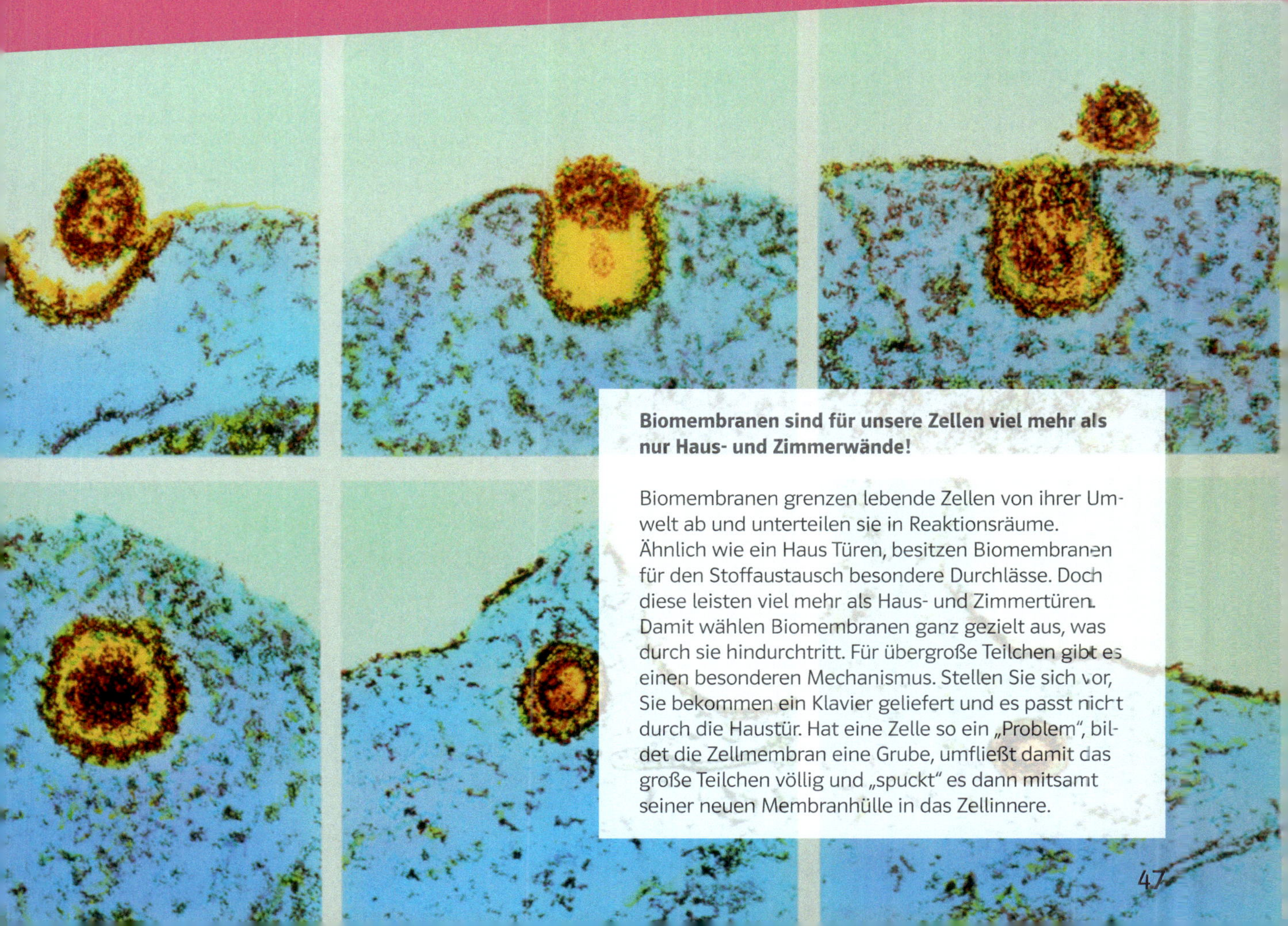

Biomembranen sind für unsere Zellen viel mehr als nur Haus- und Zimmerwände!

Biomembranen grenzen lebende Zellen von ihrer Umwelt ab und unterteilen sie in Reaktionsräume. Ähnlich wie ein Haus Türen, besitzen Biomembranen für den Stoffaustausch besondere Durchlässe. Doch diese leisten viel mehr als Haus- und Zimmertüren. Damit wählen Biomembranen ganz gezielt aus, was durch sie hindurchtritt. Für übergroße Teilchen gibt es einen besonderen Mechanismus. Stellen Sie sich vor, Sie bekommen ein Klavier geliefert und es passt nicht durch die Haustür. Hat eine Zelle so ein „Problem", bildet die Zellmembran eine Grube, umfließt damit das große Teilchen völlig und „spuckt" es dann mitsamt seiner neuen Membranhülle in das Zellinnere.

3.1 Die Grundstruktur von Biomembranen ist eine Lipid-Doppelschicht

1
Nach Spülmittelzusatz (rechts) verliert Rotkohl seinen Zellsaft.

Alle lebenden Zellen sind durch ***Biomembranen*** von ihrer Umwelt abgegrenzt; ohne diese Abgrenzung ist Leben nicht möglich. Dabei sind diese Membranen hauchdünn. 6000 von ihnen müssten übereinandergelegt werden, um die Dicke einer Buchseite zu erreichen.

Diese hauchdünnen Abgrenzungen halten den Zellinhalt offenbar sehr wirkungsvoll zusammen. Gegenüber bestimmten Einflüssen sind sie hingegen anfällig. Wenn Sie ein Stück Rotkohl in Wasser geben und eine Lösung von Spülmittel zusetzen, sehen Sie nach kurzer Zeit roten Saft austreten [Abb. 1]. Es ist Zellsaft aus dem Inneren der Rotkohlzellen. Offenbar hat das Spülmittel den Zusammenhalt der Membranmoleküle aufgelöst. Da Spülmittel Fett bindet, ist das ein Hinweis darauf, dass die Membranbausteine **Fettstoffe** (**Lipide**) sind.

Diese fettartigen Membranbausteine werden als ***Membranlipide*** bezeichnet. Sie bestehen aus einer ***hydrophilen***, also gut mit Wasser benetzbaren Kopfgruppe und ***hydrophoben***, also wasserabweisenden Fettsäureresten [Abb. 2]. Wenn man Membranlipide in Wasser gibt, dann richten sich die wasserabweisenden Fettsäurereste zur Luft hin aus, während die hydrophilen Kopfgruppen in die Wasseroberfläche eintauchen [Abb. 2 a]. Es bildet sich ein einschichtiger flächiger Film, in dem die Membranlipide eng nebeneinander angeordnet sind. Diese Anordnung wird nach ihrem Entdecker Irving Langmuir als ***Langmuir-Film*** bezeichnet.

Langmuir-Filme besitzen immerhin die ausgebreitete dünne Struktur, die man für die Begrenzung von Zellen erwarten würde. Sie können jedoch nicht als Modell von Biomembranen gelten, denn sie sind auf einer Seite hydrophob, d.h. nicht von Wasser benetzbar. Biomembranen sind hingegen beidseitig von Wasser umgeben. Die Lösung des Problems sind zwei aneinander geheftete Langmuir-Filme, deren hydrophile Köpfe den Kontakt zum Wasser herstellen und dadurch die hydrophoben Fettsäurereste vom Wasser abschirmen. Hierbei gibt es zwei Möglichkeiten: Entweder die Langmuir-Filme berühren sich bloß (***Lipid-Doppelschicht*** mit dicht stehenden Kopfgruppen [Abb.

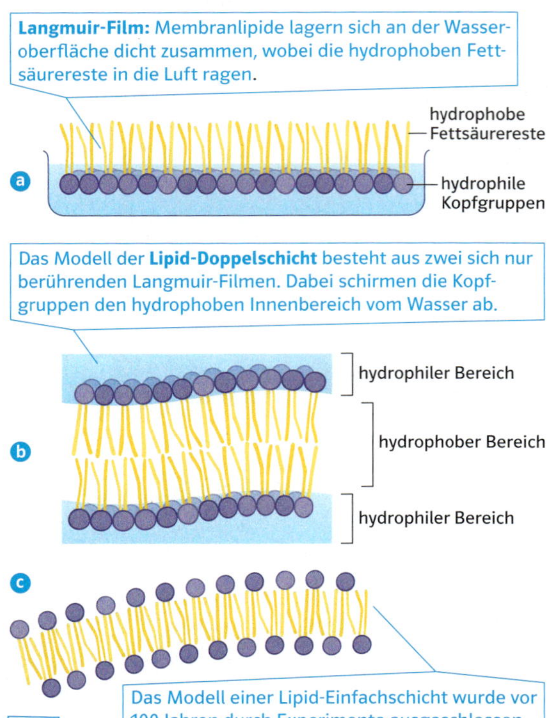

2
Biomembranen bestehen aus zwei aufeinanderliegenden Langmuir-Filmen.

2 ⓑ]), oder sie stecken ineinander (dünnere ***Lipid-Einfachschicht*** mit locker stehenden Kopfgruppen ⓒ). Die zweite Möglichkeit wurde durch die Experimente von EVERT GORTER und FRANCOISE GRENDEL ausgeschlossen [Abb. 3]. Seither gilt das in ⓑ gezeigte Modell der ***Lipid-Doppelschicht*** als die Grundstruktur der Biomembranen.

Allgemeines zu Lipiden finden Sie im [vorderen Buchdeckel]. Die Kopfgruppen der Membranlipide können unterschiedlich aufgebaut sein. Häufig enthalten sie Phosphatgruppen [Abb. 4], dann sprechen wir von ***Phospholipiden***. Die Fettsäuren besitzen oft 16 oder 18 C-Atome und können gesättigt oder ungesättigt sein. Gesättigte Fettsäuren besitzen keine C-C-

EXPERIMENT Aufklärung der Struktur der Biomembran

Vorbetrachtung
Aus dem Wissen über die zwischenmolekularen Kräfte zwischen den Membranlipiden konnte man zwei Modelle zum Aufbau der Membran ableiten. Zur Klärung, welche der Modellvorstellungen zum Bau der Biomembran richtig ist, wurden von den Forschern EVERT GORTER und FRANCOISE GRENDEL bereits 1925 folgende Experimente durchgeführt:

Hypothese 1
Die Lipide bilden in der Zellmembran eine Doppelschicht [Abb. 2 ⓑ]

Hypothese 2
Die Lipide bilden in der Zellmembran eine einfache Schicht [Abb. 2 ⓒ]

Durchführung und Beobachtung
Rote Blutzellen (Erythrocyten) sind leicht verfügbar. Sie haben (bei Säugern) keinen Zellkern und kaum Organellen; ihre Membranlipide stammen daher fast alle aus der Zellmembran. Die Zahl an Erythrocyten in einem ml Blut ist bekannt, ebenso die Größe ihre Oberfläche. Zudem weiß man, dass Lipide auf Wasseroberflächen stets einen Langmuir-Film bilden. Nach dem Schema unten wurde menschliches Blut untersucht.

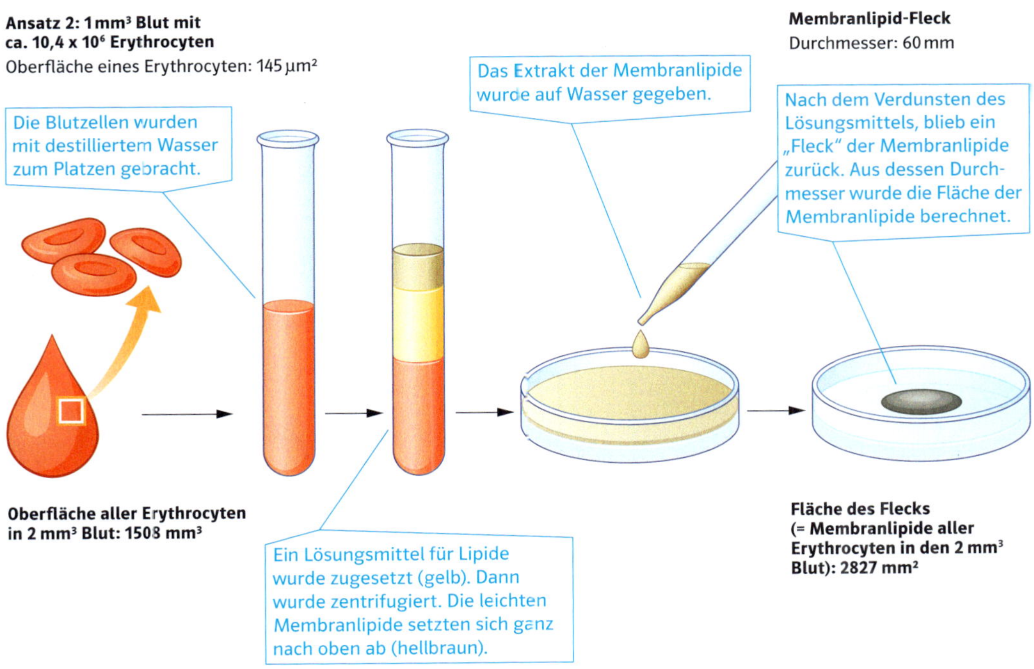

Schlussfolgerung
Gilt Hypothese 2, müsste die Fläche der Membranlipide gleich der errechneten Oberfläche der Erythrocytenmembranen sein. Das Experiment zeigt aber, dass die Fläche etwa doppelt so groß ist wie der Membranfläche der Erythrocyten. Das spricht gegen Hypothese 2 und stützt das Modell der **Lipid-Doppelschicht**.

3
Das Experiment von GORTER und GRENDEL konnte die Struktur von Biomembranen aufklären.

Doppelbindungen und tragen daher die maximale Anzahl an H-Atomen (sind also mit diesen „gesättigt"). Ungesättigte Fettsäuren besitzen eine oder mehrere C-C-Doppelbindungen. Solche Doppelbindungen erzeugen einen Knick in den hydrophoben C-Ketten der Fettsäuren [Abb. 2].

Daher können ungesättigte Fettsäurereste in der Lipid-Doppelschicht nicht so dicht gepackt sein wie gesättigte. Membranlipide mit ungesättigten Fettsäureresten führen somit zu einer erhöhten Beweglichkeit der Membran. Das gilt umso mehr, je höher der Anteil an ungesättigten Fettsäuren ist, und je mehr Doppelbindungen diese tragen. Die Membranbeweglichkeit (die sogenannte ***Membranfluidität***) wird von der Art der eingebauten Lipide stark beeinflusst. Sie spielt für die Funktion von Biomembranen eine sehr wichtige Rolle [3.2].

A1 Erläutern Sie die Ausrichtung eines Phospholipid-Moleküls an der Grenzfläche zwischen Wasser und einem nichtwässrigen Medium wie z. B. Öl mithilfe von [Abb. 2].

A2 Erklären Sie das Experiment von Gorter und Grendel [Abb. 3]. Gehen Sie dabei auf dessen Bedeutung für die Modellentwicklung bei Biomembranen ein.

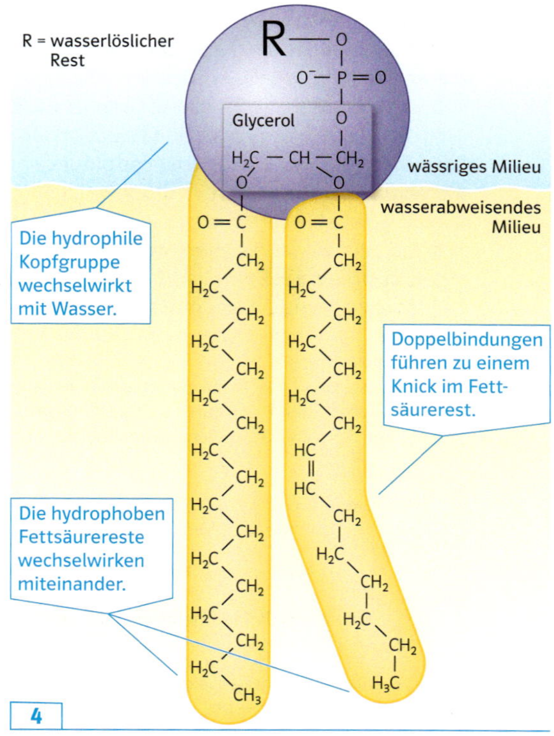

4

Membranlipide besitzen eine hydrophile Kopfgruppe (violett) und zwei hydrophobe Fettsäurereste (gelb).

3.2 Modelle zur Biomembran wurden anhand experimenteller Befunde verfeinert

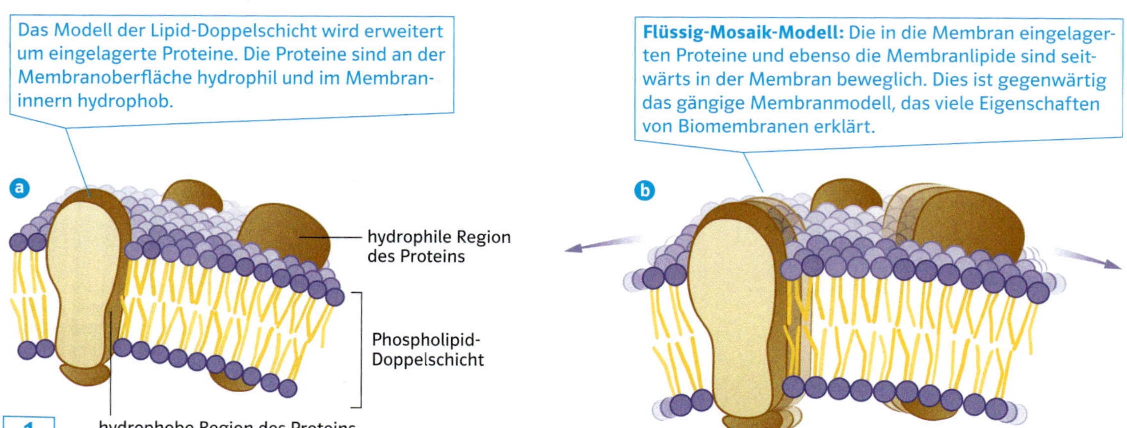

1

Das Flüssig-Mosaik-Modell beschreibt Membranlipide und Proteine als bewegliche Bestandteile der Biomembran.

Auch die Zellorganellen wie Chloroplasten, Mitochondrien und Lysosomen [1.6], sind von Biomembranen umhüllt. In diesen Zellorganellen finden jeweils andere Stoffwechselvorgänge statt als im umgebenden Cytoplasma, weshalb ihr Inhalt sich nicht vermischen darf. Dafür sorgen Biomembranen als wirksame Abgrenzungen. Stellen Sie sich vor, Sie gehen in ein Gebäude. Das Gebäude ist in verschiedene Funktionsräume wie z. B. Küche oder Bad unterteilt. Ähnlich sind auch Zellen durch Biomembranen in Reaktions-

Struktur und Funktion

räume unterteilt. Man bezeichnet diese Unterteilung als *Kompartimentierung* und die Reaktionsräume als **Kompartimente** ❀.

Mit der Modellvorstellung einer Lipid-Doppelschicht [Abb. 2 b, S. 48] lässt sich gut erklären, wie Biomembranen wässrige Kompartimente voneinander abgrenzen. Die innere hydrophobe Schicht der Membran stellt eine wirkungsvolle Schranke für Wasser und alle wasserlöslichen Stoffe dar. Sie sorgt z. B. dafür, dass kein Zuckermolekül aus den Chloroplasten diffundiert und dass Salz-Ionen in der Zellumgebung die Zelle nicht überschwemmen können. Daher wurde vor 100 Jahren die Lipid-Doppelschicht zur gängigen Modellvorstellung von der Biomembran. Andererseits war bereits damals klar: Lebende Zellen müssen in der Lage sein, kontrolliert Substanzen mit ihrer Umgebung auszutauschen, und auch Zellorganellen stehen im streng geregelten Stoffaustausch mit dem Rest der Zelle. Es muss also in den Biomembranen Strukturen geben, die diesen kontrollierten Austausch ermöglichen: Es sind **Membranproteine** [Abb. 1].

Auch diesen Strukturen kommen Sie mit einem einfachen Experiment auf die Schliche. So wie Sie die Membran von Rotkohlzellen mit Spülmittel zerstören

EXPERIMENT Beweglichkeit von Membranmolekülen

Hypothese 1
Die Moleküle in der Zellmembran sind gegeneinander beweglich.

Hypothese 2
Die Moleküle in der Zellmembran sind starr und unbeweglich.

Durchführung und Beobachtung
An viele Lipid- und Proteinmoleküle in der Biomembran sind andere Moleküle gebunden (z. B. Kohlenhydrate), die sich dadurch auf der Membran befinden. An diese Oberflächenmoleküle können im Labor fluoreszierende Farbstoffmoleküle gebunden werden. Diese markieren dann die Lipide oder Proteine, die sich in der Membran befinden.
Durch verschiedene Verfahren ist es außerdem möglich, zwei Zellen miteinander zu verschmelzen. Es entstehen Mosaikzellen.

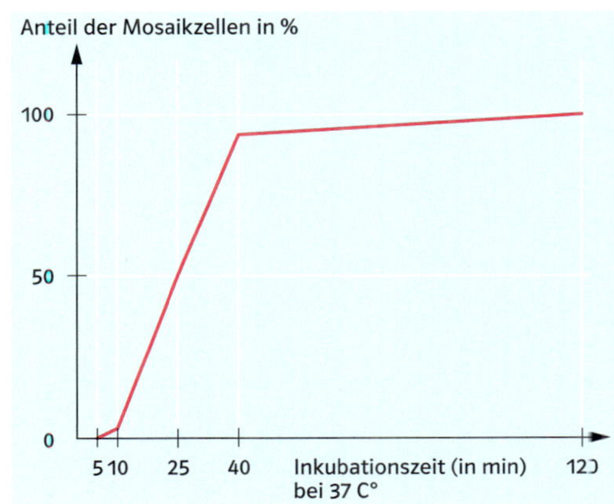

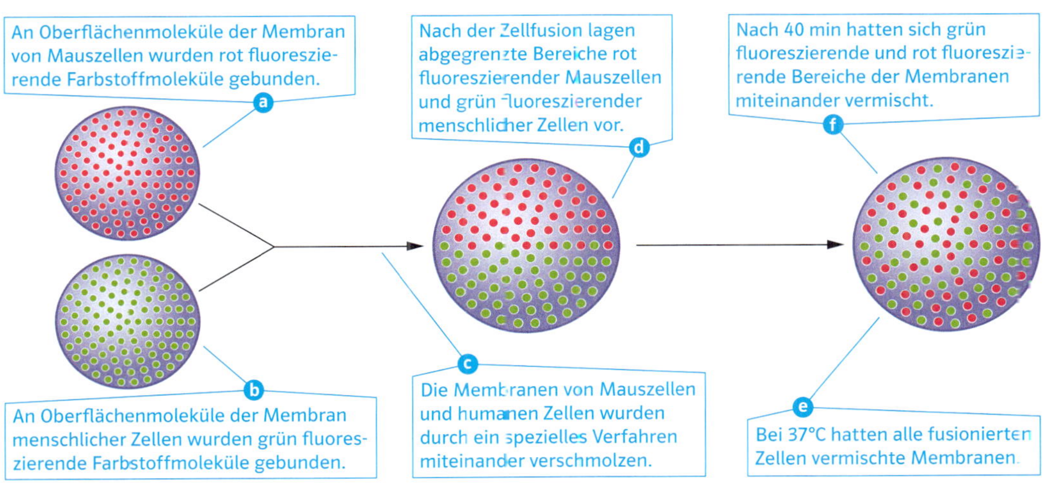

Ergebnisse und Schlussfolgerung
Die rot markierten Membranmoleküle der Mauszellen vermischten sich mit den grünmarkierten Membranmolekülen der menschlichen Zellen. Die Membranmoleküle waren demzufolge in diesem Versuch in der Membran frei beweglich. Hypothese 2 wird dadurch geschwächt und Hypothese 1 gestützt.

2
Durch fluoreszierende Farbstoffe kann man die Beweglichkeit von Membranbestandteilen nachweisen.

können [3.1], können Sie sie auch mit Säure, z.B. Haushaltsessig, zerstören. Chemisch greift jedoch die Säure die Membranlipide nicht an, sodass eine Lipid-Doppelschicht intakt bleiben würde. Trotzdem tritt der rote Zellsaft aus dem Rotkohl aus, wenn man Haushaltsessig zusetzt. Die Säure muss andere Bestandteile der Membran angreifen. Es kann sich dabei nur um Eiweiße (**Proteine**) handeln. Sie können leicht erkennen, dass Säure Proteine chemisch verändert, indem Sie Haushaltsessig in ein Hühnereiweiß tropfen. Das zuvor klare Hühnereiweiß wird milchig weiß. Die Proteine werden durch die Säure verändert. Das Experiment mit Rotkohl und Essig zeigt: Neben Lipiden enthalten Biomembranen Proteine. Deren allgemeine Struktur sehen Sie im [vorderen Buchdeckel].

Auch durch viele andere Versuchsansätze konnte gezeigt werden, dass in Biomembranen Proteine vorkommen. Nach der Zerlegung von Zellen in ihre Bestandteile waren von Biomembranen immer wieder Proteine zusammen mit Lipiden isoliert worden. Im Elektronenmikroskop konnte man an aufgebrochenen Membranen die Proteine direkt sehen. Dabei war zu erkennen, dass manche auf der Membran sitzen, andere darin stecken und wieder andere sie ganz

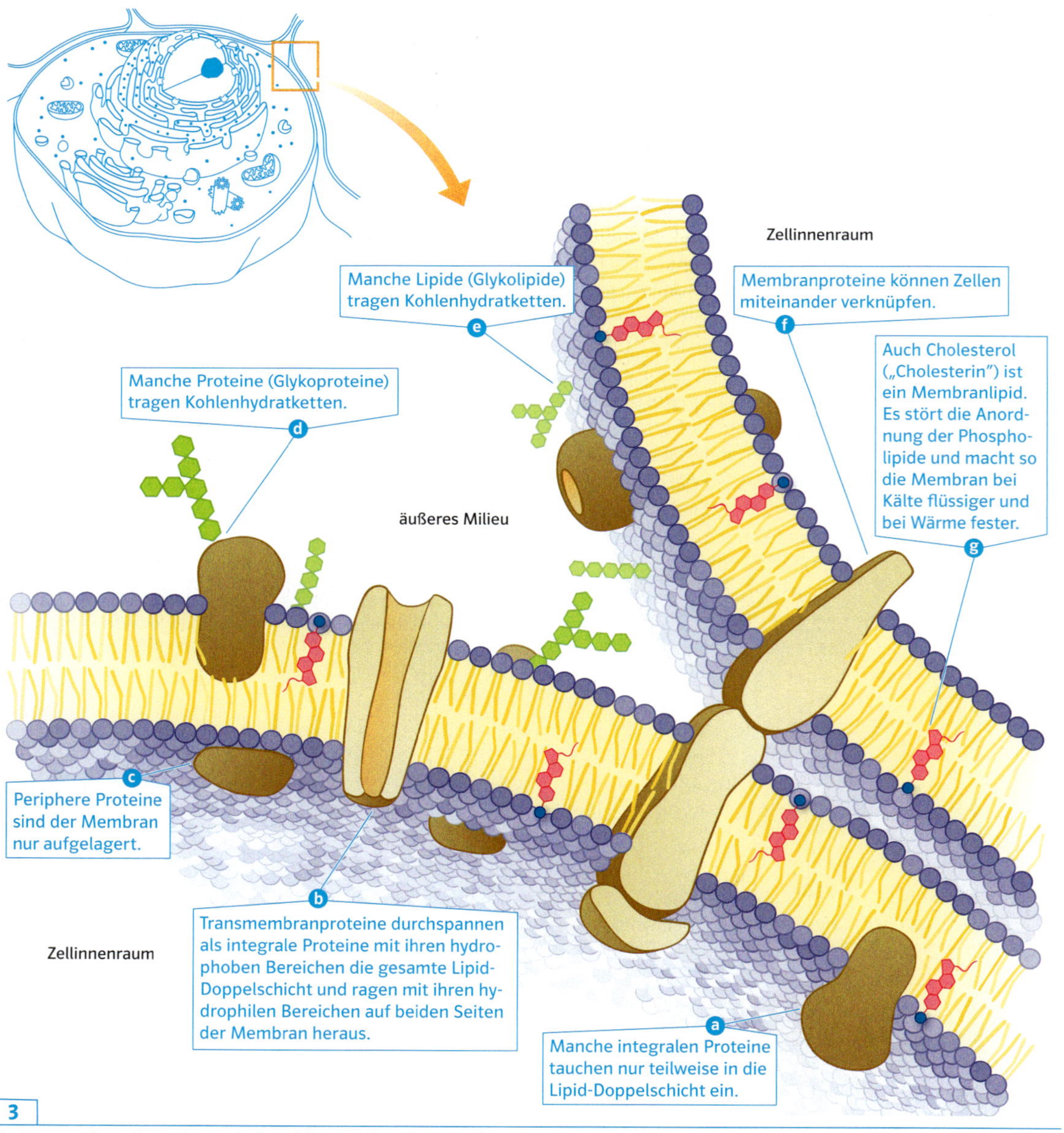

3

Die Biomembran besteht nach dem Flüssig-Mosaik-Modell aus einer Lipid-Doppelschicht sowie auf- und eingelagerten Proteinen. Sie ist eine dynamische Struktur, in der sich sowohl die Proteine als auch die Lipide seitwärts bewegen können.

durchspannen. Aufgrund dieser Beobachtungen wurde das Modell der Biomembran um Proteine erweitert, die wie bunte Steine in einem Mosaik in die Lipid-Doppelschicht eingestreut sind [Abb. 1 a]. Wie Sie später sehen werden [3.5], erklärt dieses Modell den kontrollierten Stofftransport durch Membranen mithilfe von Proteinen, die in die Membran eingelagert sind und sie ganz durchspannen.

Auch dieses Modell geriet jedoch in Widerspruch zu Membraneigenschaften, die im Laufe der Zeit neu entdeckt wurden. Wenn Membranproteine gemeinsam verschiedene Aufgaben erfüllen, lagern sie sich in immer wieder veränderten Allianzen zusammen. Und wenn man unterschiedliche Membranen miteinander verschmilzt, dann vermischen sich die Proteine und Lipide rasch miteinander. Das zeigt Ihnen das Experiment in [Abb. 2].

Das derzeit aus allen Beobachtungen resultierende Membranmodell ist dynamisch: Die Membranproteine können sich in ihrer Membran seitwärts frei bewegen, so wie Schiffe oder Eisberge im Wasser driften [Abb. 1 b]. Diese Beweglichkeit betont der Name des Modells: **Flüssig-Mosaik-Modell**. Proteine und Lipide können allerdings nicht einfach die Membranseite wechseln. Dadurch behält die Membran ihre Asymmetrie im Aufbau bei, d.h. ihre Innenseite ist anders zusammengesetzt als ihre Außenseite.

Das Flüssig-Mosaik-Modell steht in Übereinstimmung mit vielen experimentellen Resultaten und liegt damit heutzutage den meisten Überlegungen über Biomembranen zugrunde. In neuerer Zeit gibt es allerdings immer mehr Hinweise darauf, dass die Proteine und auch die Lipidmoleküle nicht in allen Bereichen einer Membran gleichermaßen beweglich sind. Kleine starrere Membranbereiche mit veränderter Lipid- und Proteinzusammensetzung treiben wie Flöße in der Membran. Solche Bereiche treten immer wieder neu auf, existieren für kurze Zeit und vermischen sich dann wieder mit der umgebenden Membran. Die biologische Funktion solcher Lipidflöße (***lipid rafts***) ist allerdings noch weitgehend unklar, ja sogar ihre Existenz wird angezweifelt. An diesem Beispiel erkennen Sie, dass auch das Flüssig-Mosaik-Modell in der Zukunft von einem noch besseren Modell abgelöst werden könnte.

[Abb. 3] zeigt das Flüssig-Mosaik-Modell einer Zellmembran. Die **Membranproteine** können, je nach ihrer Lage, unterschieden werden in integrale Proteine (z.B. Transmembranproteine) und periphere Proteine. Diese Proteine üben vielfältige Funktionen aus. Einige dienen in der Membran als eine Art Türen, die Molekülen die Passage erlauben. Ihre Funktion als Kanal- oder Transportproteine werden Sie noch näher kennenlernen [3.6].

Ebenfalls in die Membran eingelagerte Rezeptorproteine melden der Zelle, dass an der Außenseite eine bestimmte Molekülsorte eingetroffen ist. Bindet ein solches Signalmolekül, z.B. ein Hormon, an sein Rezeptorprotein, dann ändert dieses auf der Membraninnenseite seine Struktur und löst damit in der Zelle als Antwort auf das Signal bestimmte Stoffwechselreaktionen aus.

Neben Membranlipiden und Proteinen enthalten Biomembranen Kohlenhydrate als dritten Hauptbestandteil. Diese sind entweder an Membranproteine gebunden oder an Lipide [Abb. 3]. Wir sprechen dann von Glykoproteinen bzw. Glykolipiden. Die Kohlenhydrate finden sich häufig auf der Außenseite von Zellmembranen, also auf der Zelloberfläche. Sie sind als ***molekulare Etiketten*** [vorderer Buchdeckel] notwendig für die Erkennung von Zellen untereinander.

Die im Flüssig-Mosaik-Modell beschriebene Beweglichkeit der Membrankomponenten ist nicht nur für die Membranproteine wichtig, die sich so immer wieder neu gruppieren können. Auch die Dynamik der Membranlipide hat Vorteile. Sie macht die Membran elastisch und widerstandsfähiger. Wird durch mechanische Verletzung ein kleines Loch in eine Membran gerissen, fließen seitwärts Lipidmoleküle ein und verschließen es sofort wieder.

Wie sie sehen, haben die Modellvorstellungen von der Biomembran eine sehr wechselvolle Geschichte. Immer wieder gab es Beobachtungen oder Experimente, die zu einer bestehenden Modellvorstellung im Widerspruch standen. Folglich wurde das Modell angepasst. Modelle sind keine fertigen Abbilder von der Realität, sondern lediglich vorläufige und unvollständige Vorstellungen von etwas oder Hypothesen zu etwas, die jederzeit durch experimentelle Befunde hinterfragt und verändert werden können. Erkenntnisse lassen sich nicht aufgrund von Modellen allein ableiten, da man immer damit rechnen muss, dass die Modelle sich als unvollständig oder ungenau herausstellen. Erkenntnisfortschritt erfordert das Zusammenspiel von Modellen und Experimenten, wie bei dem in [Abb. 2] gezeigten Versuch.

A1 Biomembranen begrenzen Kompartimente.
- **a** Erklären Sie den Begriff Kompartimente.
- **b** Skizzieren und beschriften Sie den Querschnitt einer Biomembran, die eine Zelle begrenzt. Sie soll folgende Bestandteile enthalten: Lipidmolekül, ein Glykolipid, ein für Transporte geeignetes Transmembranprotein und ein peripheres Protein.
- **c** Ordnen Sie die Begriffe hydrophil, hydrophob, Zellinnenraum und äußeres Milieu zu.

A2 Erläutern Sie an drei Beispielen, wie Ergebnisse von Experimenten die Modellvorstellung den Bau der Biomembranen bestätigen oder zur Weiterentwicklung der Modellvorstellung beigetragen haben.

3.3 Substanzen bewegen sich entlang ihres Konzentrationsgefälles

In manchen Fantasyfilmen gibt es Steinwesen, die aktiv umherwandern. Echte Steine oder Sandkörner können das bekanntlich nicht. Doch in Wasser gelöste Moleküle und Ionen wandern spontan und ohne äußeres Zutun in vorhersagbarer Richtung. Das können Sie mit dem in [Abb. 1] dargestellten Experiment sehen. Dort wurden einige Kristalle von Kaliumpermanganat, einem tiefvioletten Salz, ganz langsam und vorsichtig in ein Glas mit Wasser gelegt. Die Kristalle lösen sich allmählich auf und bilden am Boden des Glases eine intensiv violett gefärbte Zone. Mit der Zeit wandern immer mehr Teilchen in die obere Zone, wo sie sich weiter gleichmäßig verteilen. Schließlich, nach längerer Zeit, ist alles einheitlich gefärbt. Das gelöste Salz verteilt sich also immer weiter nach oben, ohne dass jemand schüttelt oder umrührt. Wie kommt das zustande?

In der Flüssigkeit sind alle winzigen Teilchen ständig in Wärmebewegung, und zwar auf einem ungerichteten Zickzackkurs, weil sie immer wieder zusammenstoßen. Diese Wärmebewegung wurde schon 1827 von Robert Brown vermutet. Er beobachtete im Mikroskop ein Pollenkorn, das auf einer Wasseroberfläche in allen Richtungen hin und her zappelte. Dieses Zappeln zeigte ihm indirekt an, dass die nicht beobachtbaren Wassermoleküle selbst in Wärmebwegung sein müssen und durch ständige Zusammenstöße das Pollenkorn zum Zappeln bringen. Diese Wärmebewegung, die **Brownsche Molekularbewegung**, sorgt dafür, dass sich ein gelöster Stoff allmählich und gleichmäßig in der gesamten Flüssigkeit verteilt. In allen flüssigen oder gasförmigen Gemischen werden daher Konzentrationsunterschiede automatisch ausgeglichen, indem Teilchen vom Ort höherer Konzentration zum Ort geringerer Konzentration umverteilt werden oder etwas salopp gesagt „fließen". Diese spontane Bewegung von Substanzen entlang ihres Konzentrationsgefälles nennt man **Diffusion**.

Wie der Konzentrationsausgleich durch Wärmebewegung zustande kommt, zeigt Ihnen die Darstellung im Teilchenmodell in [Abb. 2]. Die Brownsche Molekularbewegung jedes einzelnen Teilchens erfolgt in vollkommen zufälliger Richtung. Solange jedoch die Teilchenkonzentration im unteren Gefäßteil größer ist, existiert eine Grenzzone, die mehr Teilchen enthält als die Zone darüber. Daher diffundieren dort pro Zeiteinheit mehr Teilchen von unten nach oben als in umgekehrter Richtung. Das ergibt insgesamt eine Nettobewegung der Teilchen vom Bereich mit höherer Konzentration zu dem mit niedrigerer Konzentration. Erst wenn die Konzentration unten und oben gleich ist, hört die Nettobewegung auf, obwohl einzelne Teilchen immer noch von einem Gefäßteil in einen anderen wechseln. Aufgrund dieser Vorgänge bewegt sich das gelöste Kaliumpermanganat in unserem Experiment vom Bereich hoher Konzentration am Glasboden zum Bereich geringer Konzentration weiter oben, bis das Gefäß von oben bis unten gleichmäßig gefärbt ist.

In der Mitte der Gefäße in [Abb. 2] können Sie sich auch eine quer liegende Membran vorstellen mit Poren, die groß genug sind, dass die gelösten Teilchen hindurchschlüpfen können. An ihrer Nettobewegung ändert das nichts. Selbstverständlich können auch die kleineren Wassermoleküle ungehindert durch die Poren in der Membran passieren. Wenn auf beiden Seiten einer Membran Substanzen mit jeweils unterschiedlicher Konzentration gelöst vorliegen, können

1

Ein gelöster Stoff verteilt sich durch Diffusion allmählich in der Lösung (Kaliumpermanganat in Wasser bei 20°C Raumtemperatur; die Aufnahmen erfolgten nach 0, 3, 30 Minuten und 24 Stunden).

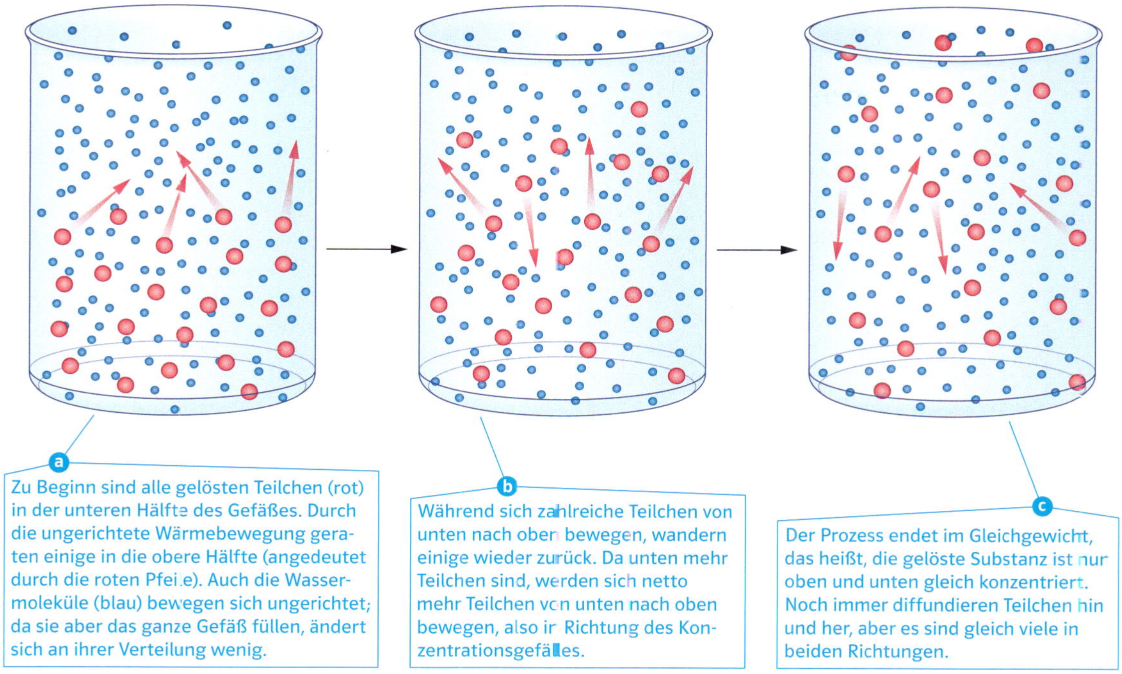

2

Die Diffusion einer Substanz entlang ihres Konzentrationsgefälles ist eine Nettobewegung.

diese Stoffe durch die Membran hindurch diffundieren. Voraussetzung ist, dass die Membran für diese Substanzen ***permeabel***, das heißt durchlässig ist. Jede Substanz diffundiert dann entlang ihres Konzentrationsgefälles, also in Richtung der niedrigeren Konzentration. Das ist für alle Zellen ein lebenswichtiges physikalisches Grundprinzip. Manche krankmachenden Bakterien missbrauchen es, indem sie Porenproteine produzieren, die Zellmembranen für fast alle Substanzen permeabel machen. Das endet für die betroffenen Zellen tödlich.

Die Geschwindigkeit des Vorgangs, die **Diffusionsgeschwindigkeit**, hängt von mehreren veränderbaren Faktoren (Variablen) ab. Sie ist umso größer,
- je höher die Temperatur ist,
- je kleiner die diffundierenden Partikel sind,
- je größer das Konzentrationsgefälle ist.

Biomembranen sind aufgrund ihres hydrophoben Innenbereichs für kleine, hydrophobe Moleküle permeabel. Für Gase wie Sauerstoff oder Stickstoff bildet die Membran daher keine nennenswerte Diffusionsbarriere. Auch hydrophobe organische Lösungsmittel, wie sie z. B. in Treibstoffen oder Farben verwendet werden, können die Membran passieren. So können sie auch die Zellschichten unserer Haut durchdringen, und deshalb sollten Sie den direkten Kontakt mit solchen Stoffen vermeiden.

Wasser kann nur langsam durch eine Lipid-Doppelschicht hindurch diffundieren, da es schlecht durch die hydrophobe (wasserabweisende) Innenschicht der Lipid-Doppelschicht gelangt. In den meisten Biomembranen erleichtern und beschleunigen spezielle Kanäle die Wasserdiffusion [3.5].

Größere Biomoleküle und Ionen benötigen Kanäle oder Transporter, um die Membran zu durchqueren [3.5], denn die hydrophobe Innenschicht der Biomembran stellt für sie eine ganz massive Diffusionsbarriere dar.

A1 Wählen Sie aus den folgenden Wortgruppen die aus, die für [Abb. 2] zutreffen, und ordnen Sie diese den Situationen a, b oder c zu.
1 höchste Konzentration gelöster Teilchen
2 kein Konzentrationsgefälle
3 Mehr gelöste Teilchen gelangen pro Minute von oben nach unten.
4 größtes Konzentrationsgefälle
5 Keine gelösten Teilchen gelangen von unten nach oben.
6 Unten ist die Konzentration der gelösten Teilchen kleiner als oben.
7 Gelöste Teilchen bewegen sich im gesamten Gefäß.

A2 Sie bringen Zellen in eine Lösung mit einem Farbstoff, für den die Zellmembran permeabel ist. Der Farbstoff diffundiert hinein und färbt das Cytoplasma an. Nun wollen Sie die Zellen wieder entfärben. Erläutern Sie Ihr Vorgehen.

3.4 Durch Osmose können Zellen Wasser aufnehmen oder abgeben

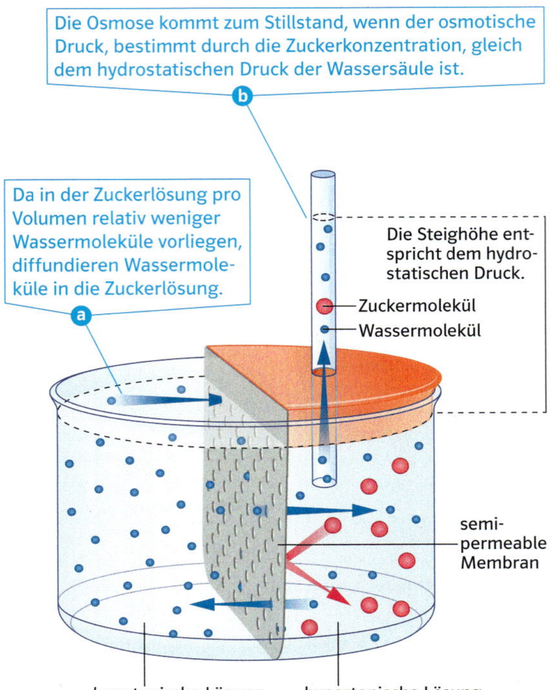

1

Im Osmometer sind die Lösung und das Lösungsmittel durch eine semipermeable Membran getrennt, durch die nur die Wassermoleküle diffundieren können.

Sie haben Bekannte eingeladen und wollen ihnen einen frischen Blattsalat servieren. Eine Viertelstunde vor Ankunft Ihrer Gäste gießen Sie eine würzig-salzige Soße über den Salat. Eine halbe Stunde später sitzen alle vor einem Häufchen kläglich zusammengefallener grüner Blätter! Dieses Missgeschick wird Ihnen nicht passieren, wenn Sie diesen Abschnitt über Osmose lesen.

Biomembranen sind in erster Näherung ***semipermeabel*** („halbdurchlässig“). Das ist so gemeint: Wassermoleküle können sie passieren, nicht aber die darin gelösten Teilchen wie Ionen oder Zuckermoleküle. Trennt eine semipermeable Membran eine Zuckerlösung von reinem Wasser, dann wird Wasser dorthin diffundieren, wo sein Gehalt geringer ist, nämlich in die Zuckerlösung [Abb. 1]. Anders ausgedrückt, wenn eine semipermeable Membran zwei wässrige Lösungen mit unterschiedlicher Konzentration eines gelösten Stoffes trennt, wird Wasser von der Seite mit niedrigerer Konzentration des gelösten Stoffes zur Seite höherer Konzentration diffundieren, also von der Seite mit höherem Wassergehalt zu der Seite mit niedrigerem Wassergehalt. Wenn Sie eine Zelle mit ihrer semipermeablen Zellmembran in destilliertem Wasser baden, dann ist die Konzentration gelöster Stoffe im Zellinnern höher als außen, und Wasser wird in die Zelle strömen. Wenn Sie umgekehrt Ihre gut gesalzene Soße über Ihren Salat gießen, dann ist die Salzkonzentration außerhalb der Zellen größer als innen, Wasser diffundiert heraus, und Ihre Salatblätter fallen zusammen.

Diese Wasserdiffusion durch eine semipermeable Membran nennt man **Osmose**. Dabei ist die Wanderung der Wassermoleküle nur vom unterschiedlichen Wassergehalt in den beiden Lösungen abhängig. Die Art des gelösten Stoffes spielt keine Rolle, es kann sich z. B. um eine Zucker- oder Salzlösung handeln. Durch einen Konzentrationsunterschied bestimmter Größe wird ein ganz bestimmter ***osmotischer Druck*** aufgebaut, der den Wasserfluss antreibt. Je größer der Konzentrationsunterschied zwischen den Lösungen ist, desto größer wird dieser osmotische Druck. Die

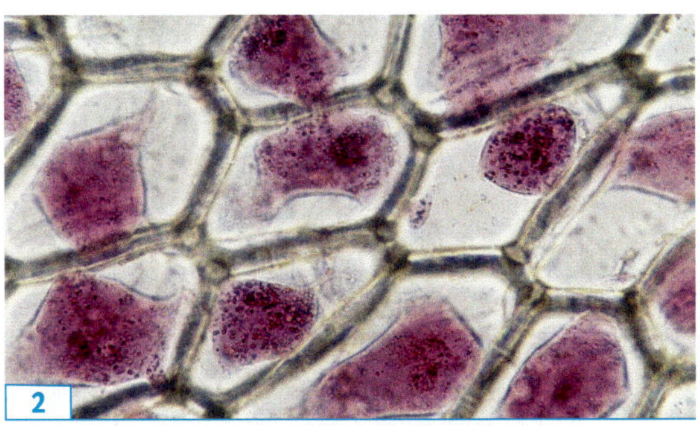

2

Plasmolyse. Befinden sich Pflanzenzellen in einer hypertonischen Lösung (beispielsweise Salzwasser), strömt Wasser aus. Der schrumpfende Zellkörper löst sich von der Zellwand. Dieses Pflanzengewebe welkt.

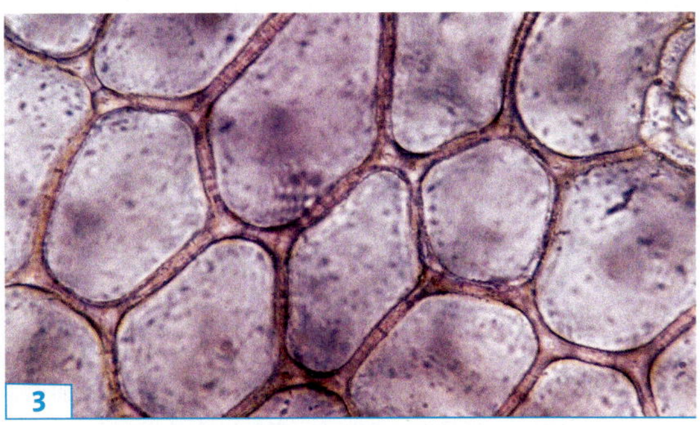

3

Deplasmolyse. Tauscht man die Salzlösung in der Umgebung plasmolysierter Zellen gegen Wasser aus (hypotonische Umgebung), strömt Wasser osmotisch wieder ein. Der Zellkörper legt sich wieder an die Zellwand.

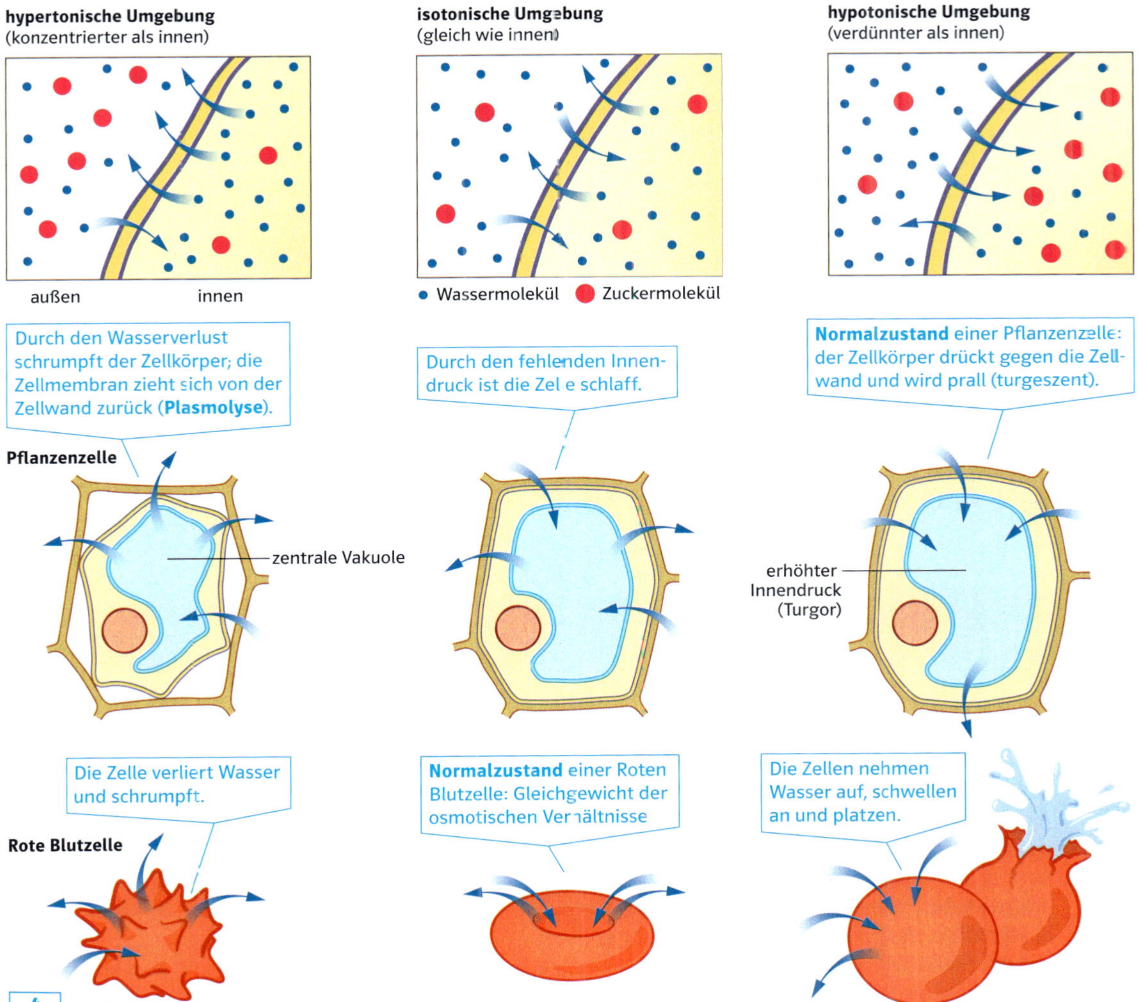

4 Bei Tier- und Pflanzenzellen kann die äußere Form durch Osmose verändert werden.

Lösung mit der höheren Konzentration an gelösten Teilchen bezeichnet man als **hypertonisch** und demgegenüber die verdünnte Lösung mit der geringeren Konzentration an Gelöstem als **hypotonisch**. Sie können sich also auch merken, dass bei Osmose das Wasser durch die semipermeable Membran stets von der hypotonischen zur hypertonischen Lösung übertritt, also die höher konzentrierte Lösung immer weiter verdünnt wird. Die Folgen dieser Effekte für Ihren Blattsalat können Sie in [Abb. 2] und [Abb. 3] betrachten. Lösungen mit gleicher Konzentration an Gelöstem nennt man **isotonisch**.

Steuerung und Regelung

Die Osmose spielt für alle lebenden Zellen eine wichtige Rolle, es gibt aber deutliche Unterschiede. Tierzellen brauchen eine isotonische Umgebung. Nur unter dieser Bedingung zeigen z. B. Rote Blutzellen (*Erythrocyten*) ihre normale linsenförmige Gestalt [Abb. 4]. Befinden sich Tierzellen in einer hypertonischen Flüssigkeit, schrumpfen sie. In hypotonischer Flüssigkeit dagegen dehnen sie sich durch Wasseraufnahme in das Cytoplasma aus, bis sie platzen. Daher ist für viele Tiere die **Homöostase** (das heißt die Konstanz) der osmotischen Verhältnisse in den Körperflüssigkeiten extrem wichtig ❀. Pflanzenzellen dagegen befinden sich normalerweise in hypotonischer Umgebung. Der Zellsaft in der zentralen Vakuole [Abb. 4] weist eine relativ hohe Konzentration an gelösten Salzen auf. Wie bei den Tierzellen strömt osmotisch Wasser ein. Aber anders als Tierzellen haben Pflanzen eine relativ starre Zellwand. Dadurch dehnt die Zelle sich nicht bis zum Platzen aus, sondern baut in ihrem Innern einen Gegendruck auf, den **Turgor** [Abb. 4]. Der Turgor gibt den einzelnen Zellen ihre Form und verleiht so auch nicht verholzten Pflanzen ihre Standfestigkeit ❀. Wie bei einem Osmometer [Abb. 1] kommt auch hier die Osmose zum Stillstand, wenn der Turgor, der Innendruck der Zelle, gleich groß wird wie der osmotische Druck. Dieser wird vom Konzentrationsun-

Struktur und Funktion

terschied an gelösten Substanzen innerhalb und außerhalb der Zelle bestimmt. In isotonischer Umgebung verlieren pflanzliche Zellen ihren Turgor und werden schlaff – die Pflanze welkt.

Wenn Sie Pflanzenzellen in eine hypertonische Umgebung bringen, z.B. indem Sie Ihren Blattsalat mit salziger Salatsoße begießen, dann strömt, wie bei Tierzellen, Wasser aus und der Zellinnenraum schrumpft. Da die Zellwand aber starr ist, löst sich beim Schrumpfen die Zellmembran von der Zellwand. Wir sprechen dann von **Plasmolyse** [Abb. 2]. Dieser Vorgang kommt durchaus in lebenden Pflanzen vor, wenn sie aufgrund langer Trockenheit welken. Falls die Trockenheit nicht zu lange anhält, überleben Pflanzen die Plasmolyse. Bei einsetzendem Regen wird die Zellumgebung wieder hypotonisch, der osmotische Druck baut sich auf und die Zellmembran legt sich wieder an die Zellwand an (**Deplasmolyse**, [Abb. 3]). Auch wenn dieser Effekt in der Pflanze auf Zellebene stattfindet, können Sie ihn sogar von außen beobachten, indem sich eine welke Pflanze nach dem Gießen aufrichtet. Wenn Sie allerdings das Gießen zu lange vergessen haben, dann ist die Plasmolyse unumkehrbar und Ihre Pflanze verwelkt endgültig.

A1 Zerschneiden Sie einen Apfel oder eine Kartoffel und trocken Sie die Schnittflächen mit einem Papiertuch. Streuen Sie nun etwas Salz oder Zucker auf die Schnittfläche. Erklären Sie Ihre Beobachtungen.

A2 Bei Infusionen in den Blutkreislauf ist es extrem wichtig, als Infusionsflüssigkeit eine „physiologische Salzlösung" zu nehmen, da diese die gleiche Salzkonzentration wie das Blut aufweist. Begründen Sie.

3.5 Kanal- und Transportproteine erleichtern die Diffusion durch Membranen

Die Lipid-Doppelschicht ist in ihrem Inneren hydrophob, also wasserabweisend. Daher können wasserlösliche Substanzen wie z.B. Glucose sie ohne Hilfe nicht passieren. Wassermoleküle selbst sind so klein, dass sie durch Biomembranen hindurch diffundieren können, allerdings nur recht langsam. Andererseits erfordert der Prozess der Osmose eine semipermeable Membran, die für Wasser gut durchlässig ist, aber nicht für gelöste Substanzen. Sehr oft muss eine Zelle auch Glucose oder andere ganz bestimmte kleine und

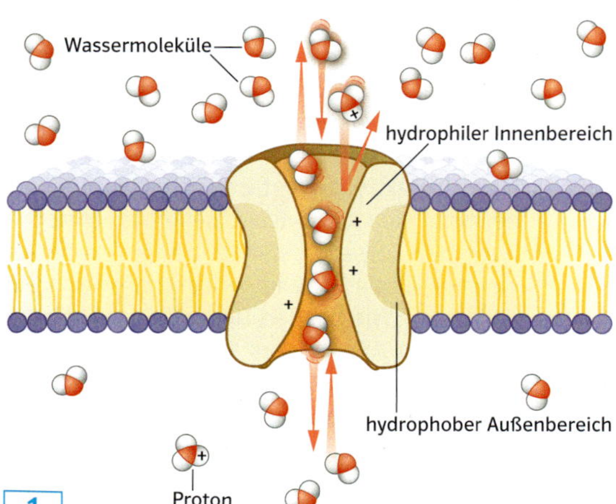

1

Aquaporine sind Kanalproteine, die Wassermolekülen die Diffusion durch die Membran erleichtern. Durch den Flaschenhals des Aquaporins passen nur die kleinen Wassermoleküle. Die positiven Ladungen hindern Protonen am Durchtritt (formal H^+, tatsächlich H_3O^+).

große Biomoleküle mit ihrer Umgebung oder mit anderen Zellen rasch und gezielt austauschen können.

Wie erfüllen Biomembranen diese verschiedenen Aufgaben? Membranproteine ermöglichen vielen Substanzen eine schnelle Diffusion, die durch eine reine Lipid-Doppelschicht gar nicht möglich wäre. Sie wird daher auch **erleichterte Diffusion** genannt. Membranproteine als Diffusionshelfer bieten zwei weitere wichtige Vorteile: Sie sind spezifisch, d.h. nur für eine bestimmte Teilchensorte durchlässig, für andere jedoch undurchlässig. Wir sprechen dann von einer ***selektiv permeablen Membran***. Alle Biomembranen sind selektiv permeabel. Der Öffnungszustand der Membrankanäle kann verändert werden, z.B. indem regulierende Moleküle den Kanal sperren.

Für die Osmose in lebenden Systemen sind zunächst einmal Membranproteine wichtig, die die Membran wasserdurchlässig, also semipermeabel machen. Die wichtigsten Vertreter solcher Wasserkanäle, die **Aquaporine**, sind erstaunlich effiziente Diffusionshelfer. Durch ein Aquaporin [Abb. 1] können pro Sekunde 3 Milliarden Wassermoleküle passieren! Und durch eine bierdeckelgroße Membran mit Aquaporinen könnte in wenigen Sekunden ein ganzer Liter Wasser diffundieren. Daher findet man besonders viele Aquaporine dort in Zellmembranen, wo eine sehr schnelle Wasserdiffusion wichtig ist, etwa bei Nierenzellen oder schnell wachsenden Zellen.

Andere Kanalproteine ermöglichen es größeren Molekülen oder Ionen, die Membran zu durchqueren, machen sie also selektiv permeabel [Abb. 2]. In vielen Fällen sind solche Kanäle gesteuert, das heißt, auf ein

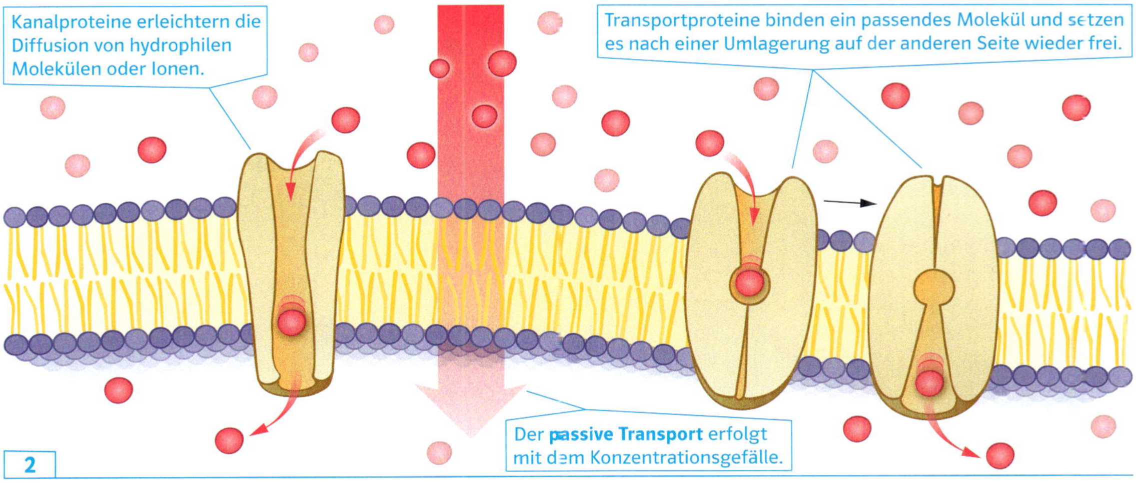

2 Kanalproteine und Transportproteine erleichtern die Diffusion durch eine Membran entlang des Konzentrationsgefälles. Sie ermöglichen den Transport prinzipiell in beide Richtungen. Der Transport erfolgt passiv.

elektrisches oder chemisches Signal hin können sie geöffnet oder geschlossen werden. Ein wichtiges Beispiel sind Ionenkanäle, die häufig verschieden große Ionen wie Natrium- und Kalium-Ionen selektiv durchlassen. Im Zusammenhang mit dem Nervensystem werden Sie Natrium- und Kalium-Ionenkanäle kennenlernen, die sich durch eine benachbarte elektrische Erregung sehr schnell öffnen und wieder schließen.

Durch **Kanalproteine** können nur bestimmte Moleküle oder Ionen diffundieren, andere passen nicht hindurch. Das kommt auf den Typ des Kanalproteins an. Es geht aber noch selektiver: **Transportproteine** binden die zu transportierenden Moleküle an einer passgenauen Bindestelle, in die das Molekül so exakt hineinpasst wie ein Schlüssel in sein Schloss. Nachdem die Transportproteine ihre räumliche Struktur umgelagert haben, entlassen sie das gebundene Molekül auf der anderen Membranseite wieder [Abb. 2]. Solche Transportproteine nennt man auch **Carrier**. Wenn Sie zum Beispiel einen Schokoriegel gegessen haben und Ihr Blutzuckerspiegel ansteigt, dann bewirkt ein Glucose-Carrier, dass Glucose entlang ihres Konzentrationsgefälles aus dem Blutplasma in Blut-, Leber- oder Muskelzellen hinein diffundieren kann. Der Carrier hat eine Bindestelle, die für Glucose spezifisch ist.

Sie sollten Folgendes im Gedächtnis behalten: Bei allen bisher beschriebenen Möglichkeiten, eine Membran zu durchqueren, wandern Substanzen entlang ihres Konzentrationsgefälles. Die bisher genannten Kanäle und Carrier können alle die Diffusion im Prinzip in beiden Richtungen zulassen. Da die Diffusion durch das Konzentrationsgefälle angetrieben wird, erfolgt der Transport der gelösten Substanz netto immer von derjenigen Membranseite, auf der die höhere Konzentration dieser Substanz vorliegt, auf die andere Seite. Dabei erfordert der Transport kein weiteres Zutun und vor allem auch keine Energie der Zelle. Er wird daher auch **passiver Transport** genannt [Abb. 2].

A1 Vergleichen Sie Bau und Funktion von Kanalproteinen und Transportproteinen in einer Tabelle.

A2 Erklären Sie den Begriff „passiver Transport“ am Beispiel der Aquaporine.

3.6 Der Transport gegen ein Konzentrationsgefälle kostet die Zelle Energie

Pflanzen benötigen wie wir Menschen Kalium-Ionen (K^+-Ionen) als wichtigen Mineralstoff. Die Konzentration dieser Ionen in einer Pflanzenzelle liegt üblicherweise bei etwa 10 mg/ml. Die im Bodenwasser für Pflanzen verfügbaren Kalium-Ionen sind oft um den Faktor 1000 geringer konzentriert. Wie kommen die Ionen in die Pflanzenzellen hinein? Ganz sicher ist, dass Kalium-Ionen nicht einfach in die Pflanzenzellen diffundieren, denn Diffusion kann immer nur entlang eines Konzentrationsgefälles geschehen.

Gegen ein Konzentrationsgefälle ist der Transport nur durch Aufwendung von Energie möglich. Häufig wird diese Energie durch die Spaltung des energiereichen Moleküls ATP in seine Spaltprodukte

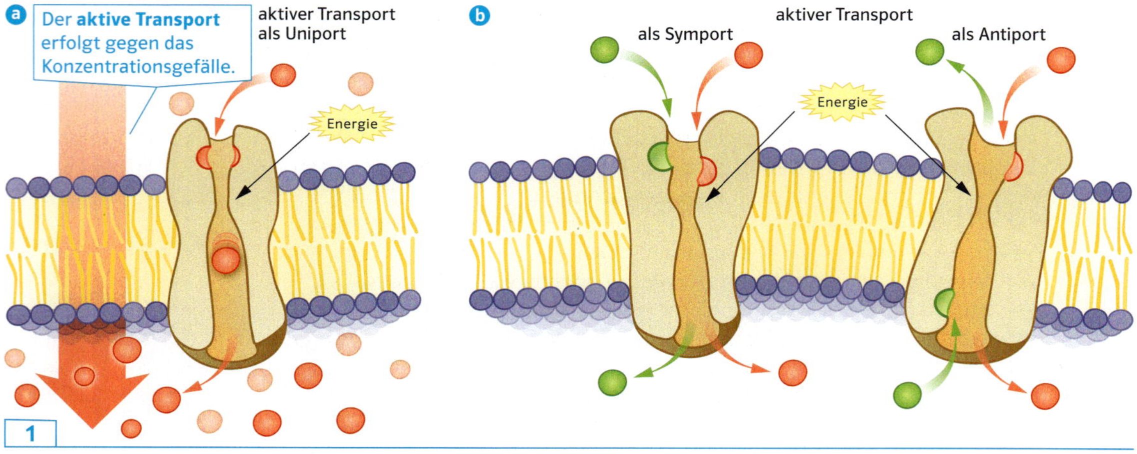

1 Aktiver Transport erfordert Stoffwechselenergie und ist gerichtet.

ADP und Phosphat geliefert [2.5]. Die Energie ist für die Umwandlung des Transportproteins nötig, da diese ja gegen das Konzentrationsgefälle erfolgt. Da die Energie aus einem anderen Prozess stammt – der Spaltung von ATP – spricht man von ***energetischer Kopplung***. Dieser energieabhängige Transport wird **aktiver Transport** genannt. Dabei bindet ein Transportprotein sein Passagiermolekül auf der Membranseite niedrigerer Konzentration und entlässt es auf der anderen Membranseite, obwohl dort schon eine höhere Konzentration dieses Moleküls herrscht [Abb. 1 a].

Wird nur eine einzige Substanz transportiert wie in [Abb. 1 a], sprechen wir von einem **Uniport**. Viele Transportproteine befördern jedoch zwei Substanzen zugleich durch die Membran [Abb. 1 b], und zwar entweder in die gleiche Richtung (**Symport**) oder entgegengesetzt (**Antiport**).

Ein Beispiel für ein Uniport ist der Transport von Protonen (H^+-Ionen) durch Protonenpumpen. Dieser H^+-Transport ist unmittelbar mit dem Verbrauch des Energieträgers ATP verknüpft, daher sprechen wir von ***primär aktivem Transport*** [Abb. 2 a].

Auch der ***sekundär aktive Transport*** [Abb. 2 b] ist energiegekoppelt. An ihm ist ATP jedoch nur indirekt beteiligt. Es wird nämlich dazu benutzt, um zunächst ein Konzentrationsgefälle von anderen Molekülen aufzubauen, häufig von Protonen (H^+-Ionen) oder Natrium-Ionen (Na^+-Ionen). Dieses Gefälle liefert dann die Energie für den sekundären Transport. Denn wenn die H^+- oder Na^+-Ionen entlang ihres Konzentrationsgefälles durch das Transportprotein hindurch zurück-

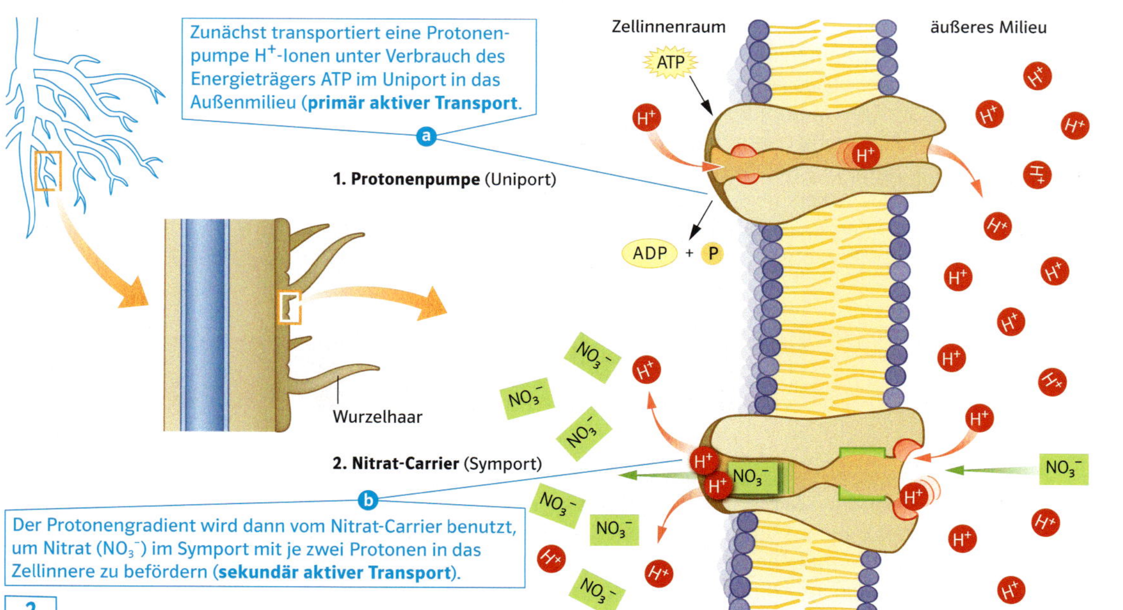

2 Der Nitrat-Carrier in Wurzelhaarzellen der Pflanzenwurzeln ist ein sekundär aktiver Transporter.

strömen, sorgen sie dafür, dass die Substanz, die aktiv transportiert werden soll, gegen ihr Konzentrationsgefälle die Membran durchquert. Voraussetzung dafür ist ein Transportprotein, das bei jedem Transportvorgang beide Substanzen gleichzeitig transportiert, als Symport (in gleicher Richtung durch die Membran) oder als Antiport (in entgegengesetzter Richtung).

Beim Beispiel, das Sie in [Abb. 2] sehen, handelt es sich um die Aufnahme des Nitrat-Ions (NO_3^--Ions) in Pflanzenwurzeln. Hier pumpt eine Protonenpumpe zunächst in primär aktivem Transport Protonen aus einer Pflanzenwurzelzelle heraus. Da nur eine einzige Substanz transportiert wird, ist es ein Uniport. Wenn diese Protonen durch den Nitrat-Carrier entlang ihres Konzentrationsgefälles zurückströmen, nehmen sie gleichsam huckepack (im Symport) ein Nitrat-Ion mit. Es kann damit gegen sein Konzentrationsgefälle aufgenommen werden.

Stoff- und Energieumwandlung

Wie bereits erwähnt, wird die Energie für den aktiven Transport in den allermeisten Fällen vom Energieträger ATP bereitgestellt ❀. Im Zusammenhang mit dem Thema Fotosynthese werden Sie aber auch aktive Transportvorgänge kennenlernen, die durch Lichtenergie angetrieben werden. Und bei der Zellatmung spielen Protonenpumpen eine Rolle, deren Antrieb die chemische Energie nicht aus ATP, sondern aus anderen Molekülen bezieht.

A1 Auch Kalium-Ionen (K^+-Ionen) spielen in vielen Zellen eine große Rolle für Symporte und Antiporte anderer Teilchen. Gramicidin ist ein Antibiotikum, das sich in Bakterienmembranen einlagert und diese für positiv geladene Ionen wie K^+-Ionen durchlässig macht. Danach kommen im Bakterium fast alle sekundär aktiven Transportgänge durch diese Membranen zum Erliegen. Erklären Sie das beobachtete Ergebnis.

A2 Nennen Sie zwei Merkmale des aktiven Transports und stellen Sie die Formen aktiver Transporte in einer Mind-Map dar.

3.7 Der osmotische Druck von Körperflüssigkeiten kann reguliert werden

Das kennen Sie sicher: „Trink kein Meerwasser, das macht dich noch durstiger". Und es stimmt tatsächlich: Gelangt das Meersalz in unser Blut, dann steigt die Konzentration gelöster Teilchen dort über die in unseren Körperzellen – das Blut wird hypertonisch. Durch Osmose [3.4] strömt Wasser entlang seines Konzentrationsgefälles aus den Körperzellen, und diese werden immer trockener. Um das zu verhindern, bilden die Nieren viel salzigen Harn (Urin). Allerdings müssen 3 Liter Harn abgegeben werden, um das Trinken von 2 Litern Meerwasser auszugleichen, und so wird man dabei immer durstiger.

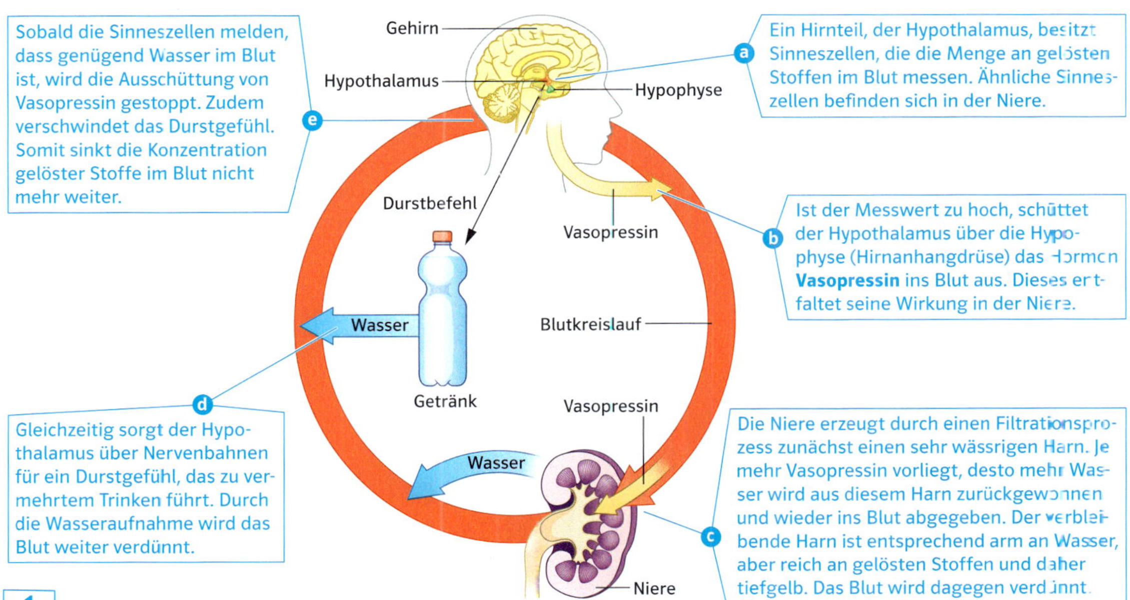

1 Osmoregulation hält die Konzentration gelöster Stoffe im Blut konstant.

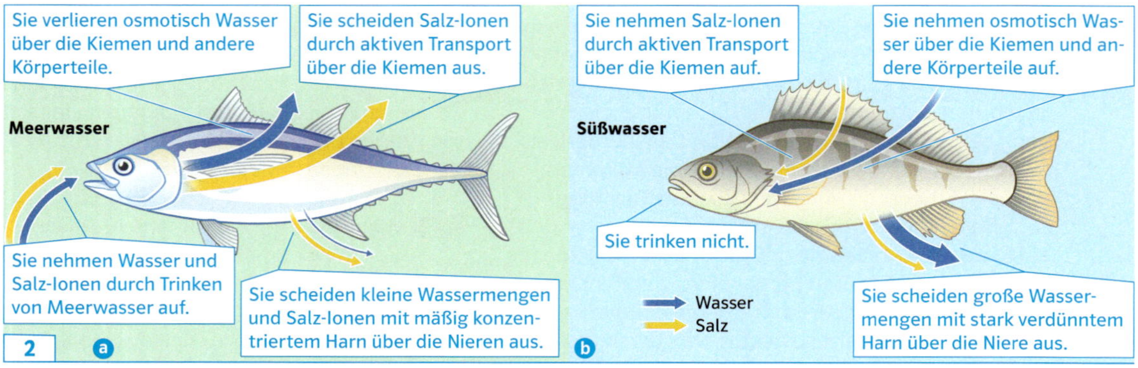

2 Meeresfische (hier Makrele a) osmoregulieren genau umgekehrt wie Süßwasserfische (hier Flussbarsch b).

Die Regulation des osmotischen Drucks von Körperflüssigkeiten nennt man **Osmoregulation**. An der Osmoregulation der Blutflüssigkeit sind bei Wirbeltieren Teile des Gehirns, nämlich der Hypothalamus und die Hypophyse (Hirnanhangdrüse), sowie das Hormon Vasopressin und die Niere beteiligt [Abb. 1]. Die Niere kann jedoch auch bei hoher Ausschüttung von Vasopressin den Harn nicht so weit aufkonzentrieren, dass sein Salzgehalt dem des Meerwassers entspricht. Damit ist klar, dass wir nach der Aufnahme von Meerwasser unbedingt Süßwasser trinken müssen, um unsere Blutflüssigkeit wieder auf einen verträglichen Salzgehalt zu verdünnen.

Möwen und andere Seevögel sowie viele Meeresfische trinken Meerwasser. Auch sie haben Nieren, aber wie werden sie das überschüssige Salz los? Möwen besitzen zusätzlich über den Augen besondere Salzdrüsen. Diese entziehen dem Blut unter Energieaufwand eine Salzlösung, die dann außen zur Schnabelspitze fließt und von dort abtropft. Viele Meeresfische scheiden das überschüssige Salz per aktiven Transport über besondere Zellen in ihren Kiemen aus [Abb. 2 a].

3 Möwen trinken Meerwasser und scheiden überschüssiges Salz über Salzdrüsen aus.

Meeresfische der Gruppe Strahlenflosser [hinterer Buchdeckel] müssen sogar viel trinken, um nicht auszutrocknen, da ihnen ihr hypertonischer Lebensraum ständig Wasser entzieht. Süßwasserfische trinken dagegen nicht, weil ihr Körper aus ihrem hypotonischen Lebensraum sowieso ständig durch Osmose sowie beim Fressen zu viel Wasser aufnimmt. Um es wieder loszuwerden, scheiden ihre Nieren laufend einen sehr verdünnten Harn aus b.

Zu viel Salz wie im Meerwasser ist problematisch, aber zu wenig Salz wie im Süßwasser ebenso, weil Lebewesen bestimmte Salze dringend brauchen. Die gleichen Zellen, die in den Kiemen vieler Meeresfische Salz-Ionen aktiv aus dem Blut nach außen befördern, nehmen bei Süßwasserfischen aktiv Salz-Ionen von außen in das Blut auf b.

Ein ganz anderes Problem haben Pflanzen, die in salzigen Böden wachsen, z. B. Queller im norddeutschen Watt oder Strandhafer in den Dünen. Sie müssen durch Osmoregulation erst einmal dafür sorgen, dass das Wasser aus dem salzigen Boden überhaupt in Pflanzenzellen aufgenommen wird. Dafür pumpen sie aktiv Ionen in die Zellen hinein und häufen zusätzlich kleine organische Moleküle im Zellsaft an. Sobald die Gesamtkonzentration gelöster Teilchen in den Pflanzenzellen höher ist als im salzigen Bodenwasser, strömt Wasser osmotisch in die Pflanze hinein.

A1 Müssen Fische trinken? Begründen Sie Ihre Antwort.

A2 Salzpflanzen, wie Queller, transportieren Salz-Ionen in die Zelle, um Wasser aufnehmen zu können. Erläutern Sie, weshalb es sich beim Salz um einen aktiven Transport handeln muss.

3.8 Größere Teilchen werden durch Membraneinstülpung ein- und ausgeschleust

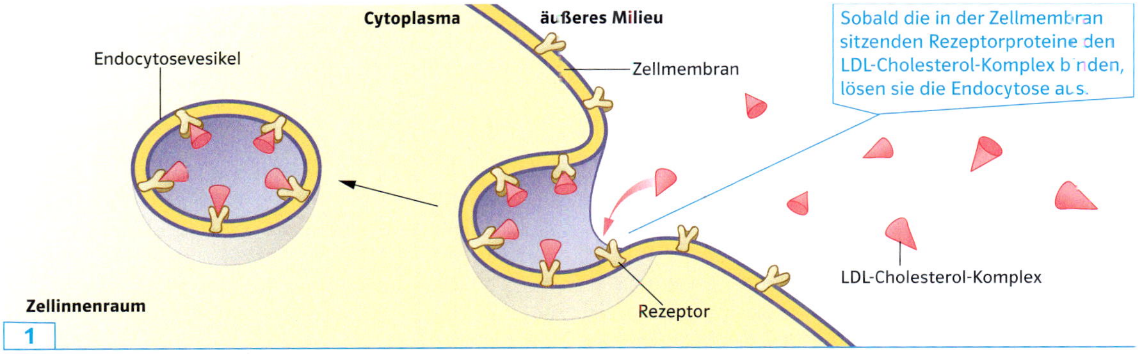

1 Cholesterol (auch „Cholesterin"genannt) wird durch rezeptorvermittelte Endocytose aufgenommen.

Manchmal nehmen Zellen Teilchen auf, die für Kanal- oder Transportproteine zu groß sind, etwa wenn Einzeller Bakterien fressen. Die Aufnahme geschieht durch **Endocytose** [Abb. 1]: Die Membran stülpt sich ein, umfließt das aufzunehmende Teilchen und schnürt sich nach innen als Vesikel ab. Für den Transport kleiner Moleküle wäre dieser Weg ungünstig, da sie die Membran durch Kanäle und Carrier um ein Vielfaches schneller überqueren können. Außerdem kommen alle Substanzen, die durch Endocytose aufgenommen werden, in der Zelle im Innern eines Vesikels an und müssen daraus befreit werden, wenn sie für den Verbleib im Zellplasma bestimmt sind. Aber für größere Teilchen und Membranbestandteile ist die Endocytose der einzige Weg, Membranen zu passieren. Der Transport muss selektiv sein, damit nur die gewünschten Teilchen in die Zelle gelangen.

Zu den Substanzen, die durch selektive Endocytose in menschliche Zellen aufgenommen werden, gehört ***Cholesterol*** („Cholesterin"). Dieses Lipid können Sie im [vorderen Buchdeckel] betrachten. Es ist für unsere Zellen überlebenswichtig, da es trotz wechselnder Temperaturen für eine gleichbleibende Beweglichkeit (Fluidität) der Zellmembranen sorgt [Abb. 3, S. 52]. Cholesterol wird in der Blutbahn zu den Zellen transportiert. Es ist als Lipid im Blutplasma unlöslich und wird daher an andere Moleküle gekoppelt und so befördert. Diese Transportmoleküle bestehen aus einem Protein- und Lipidteil und heißen aufgrund ihrer geringen Dichte auch ***Low-Density-Lipoproteine*** (LDL). Zellen im Körper, die Cholesterol aufnehmen müssen, besitzen auf der Außenseite der Zellmembran Membranproteine mit einer Bindestelle für diese Low-Density-Lipoproteine. Wenn die LDL an diesen für sie passenden Ankerplätzen angedocken, löst das die Bildung einer Membraneinstülpung aus [Abb. 1]. Dadurch wird LDL zusammen mit vielen gebundenen Cholesterol-Molekülen in einem Vesikel ins Zellinnere befördert. Dieser Prozess heißt ***rezeptorvermittelte Endocytose***.

Menschen mit der Erbkrankheit Familiäre Hypercholesterinämie fehlt das Rezeptorprotein für den LDL-Cholesterol-Komplex. Dadurch kann Cholesterol nicht ausreichend in die Zellen aufgenommen werden und liegt in sehr hohen Konzentrationen im Blut vor. Das ist gefährlich, denn der zu hohe Cholesterolspiegel verursacht frühzeitige Ablagerungen an den Innenwänden der Blutgefäße. Dieses als ***Arteriosklerose*** bekannte Krankheitsbild verursacht Folgeerkrankungen wie Herzinfarkt und Schlaganfall.

Auch alle anderen Membranbestandteile werden ständig ergänzt. So synthetisieren Tier- und Pflanzenzellen Phospholipide, Membranproteine und Membrankohlenhydrate mithilfe des Endoplasmatischen Reticulums. Dieses schnürt Vesikel ab, die aus den neu hergestellten Bestandteilen bestehen und die dann mit den zu ergänzenden Membranen verschmelzen. Mithilfe von Vesikeln findet ein intensiver Membranfluss zwischen verschiedenen Reaktionsräumen einer Zelle statt [2.3].

Coronaviren nutzen die rezeptorvermittelte Endocytose, um in die Zellen der menschlichen Atemwege zu gelangen. Dazu bindet das Virus mit einem seiner stachelartigen „Spikeproteine" [Abb. 3, S. 70] an einen bestimmten Rezeptor in der Zellmembran. Dieser hat eigentlich einen ganz anderen Bindungspartner und wird vom Virus zweckentfremdet. Mit dem Virus gelangt auch dessen Erbgut in die Zelle. Anhand dieses Erbguts produziert die Zelle nun massenhaft Viren und setzt sie in die Umgebung frei [5.3].

A1 Erläutern Sie die Bildung eines Vesikels.

A2 Beschreiben Sie, auf welche Weise der Membranbaustein Cholesterol aus dem Blut in die Zelle gelangt.

Lösungen js528v

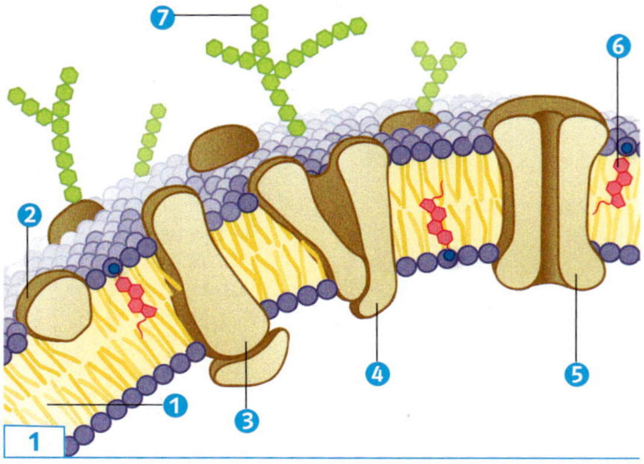

1

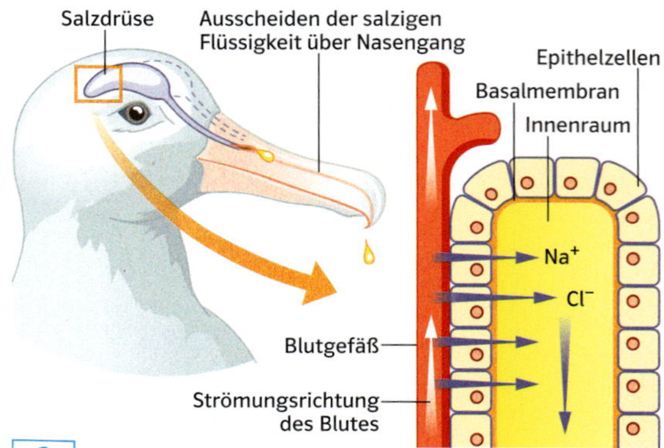

3

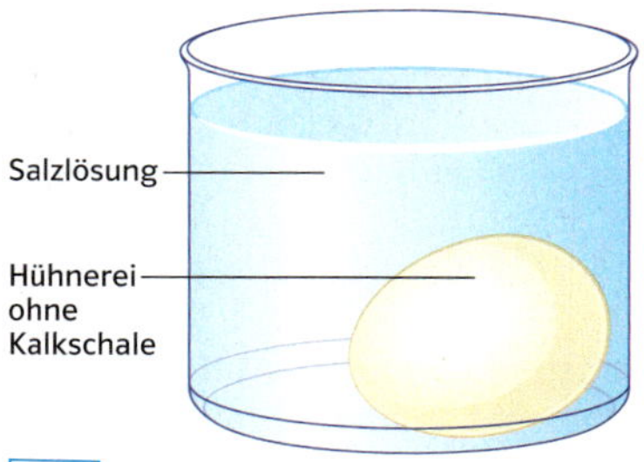

2

Zeit (min)	Masse der Eier ohne Schale in g nach Lagerung in:		
	destilliertes Wasser (Ei 1)	5 %ige NaCl-Lösung (Ei 2)	15%ige NaCl-Lösung (Ei 3)
0	50,1	49,4	49,1
60	55,3	51,4	47,0
120	59,9	55,1	44,8
180	63,2	58,0	43,0
240	65,3	59,3	42,0

A1

- **a** Benennen Sie die Bestandteile der Zellmembran in [Abb. 1].
- **b** Geben Sie die Funktionen von Zellmembranen an.

A2 Welche der folgenden Aussagen ist falsch? Benennen Sie die falschen Aussagen und berichtigen Sie diese.

- **a** Die Bestandteile der Zellmembranen sind gegeneinander beweglich.
- **b** Aquaporine sind Wasser transportierende Lipide.
- **c** Zwischen zwei Zellen ist eine Zellmembran.
- **d** Membranproteine halten die Lipid-Doppelschicht zusammen.
- **e** Zellmembranen sind für Wassermoleküle permeabel.

A3 Ein Dialyseschlauch ist eine für große Moleküle, wie Zucker und Proteine, nicht permeable Membran. Für kleine Moleküle, wie z. B. Wasser, ist er durchlässig. Ein Dialyseschlauch wird mit destilliertem Wasser gefüllt und in Zuckerwasser gelegt. Stellen Sie eine begründete Vermutung über die Veränderung von Masse und Volumen des Schlauchs an.

A4 Das Experiment in [Abb. 2] wurde mit drei Hühnereiern durchgeführt, deren Eihaut durch Entfernen der Kalkschale freigelegt wurde. Die Kalkschale von Vogeleiern ist porös sowie durchlässig für Luft und Wasserdampf. Im Inneren der Eihaut liegt das Eiklar, das den Eidotter im Zentrum umgibt. Das Eiklar besteht zu ca. 90 % aus Wasser und ca. 10 % aus Proteinen. Kohlenhydrate und Fette gibt es im Eiklar kaum. Das Eidotter enthält ca. 50 % Wasser. Es ist reich an Proteinen und Fetten.

- **a** Stellen Sie die Messwerte der Tabelle in [Abb. 2] in einem Diagramm dar.
- **b** Begründen Sie die Lage der Graphen.
- **c** Erläutern Sie den folgenden Befund: Eier von Vögeln und Reptilien können austrocknen und sind dann fast leer.

A5 Viele Seevögel, wie z. B. Albatrosse, trinken Meerwasser und ernähren sich von Fischen und wirbellosen Tieren aus dem Meerwasser. In ihrem Kopf befinden sich Salzdrüsen [Abb. 3], die über einen Nasengang mit den Nasenlöchern verbunden sind. Mit den Salzdrüsen scheiden die Tiere ein Sekret aus, dessen Konzentration an Na^+- und Cl^--Ionen doppelt so hoch sein kann wie die des Meerwassers.

- **a** Erläutern Sie die Bedeutung dieser osmoregulatorischen Prozesse für Seevögel.
- **b** Beschreiben Sie einen Transportvorgang, durch den Natrium- bzw. Chlorid-Ionen aus dem Blut durch die Epithelzellen in die Salzdrüsen gelangen könnten.

Proteine – Strukturgeber und Hauptakteure der Zelle

Kapitel **4**

Konzepte

4.1 Jedes Protein hat eine andere Aminosäuresequenz

4.2 Die räumliche Struktur eines Proteins beruht auf seiner Aminosäuresequenz

4.3 Die Proteinstruktur wird durch chemische Wechselwirkungen stabilisiert

4.4 Proteine beschleunigen als Biokatalysatoren chemische Reaktionen

4.5 Enzyme sind substratspezifisch und wirkungsspezifisch

4.6 Enzym- und Substratkonzentration bestimmen die Reaktionsgeschwindigkeit

4.7 pH-Wert und Temperatur beeinflussen die Enzymaktivität

4.8 Enzyme werden durch Hemmstoffe und Förderstoffe reguliert

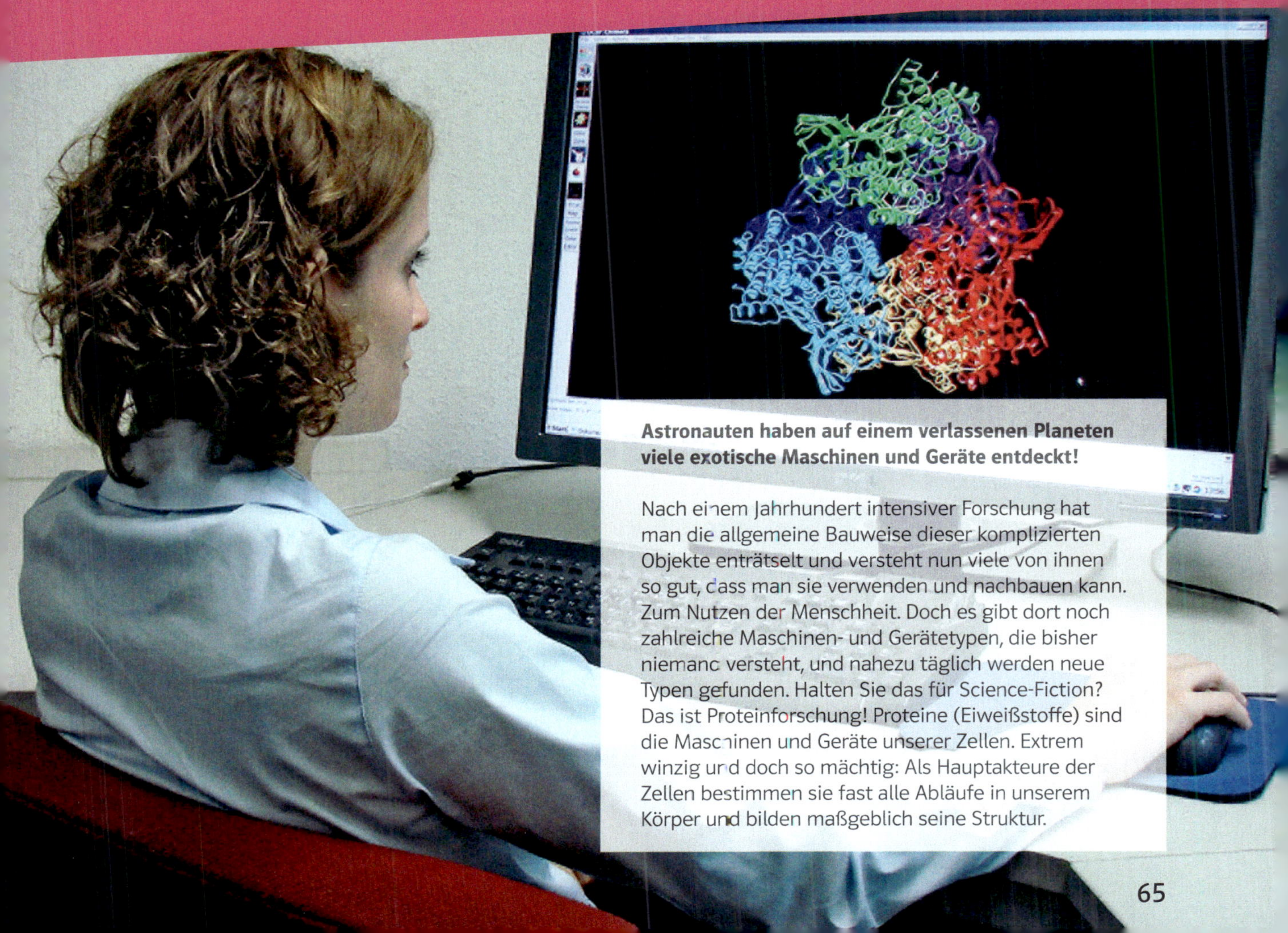

Astronauten haben auf einem verlassenen Planeten viele exotische Maschinen und Geräte entdeckt!

Nach einem Jahrhundert intensiver Forschung hat man die allgemeine Bauweise dieser komplizierten Objekte enträtselt und versteht nun viele von ihnen so gut, dass man sie verwenden und nachbauen kann. Zum Nutzen der Menschheit. Doch es gibt dort noch zahlreiche Maschinen- und Gerätetypen, die bisher niemand versteht, und nahezu täglich werden neue Typen gefunden. Halten Sie das für Science-Fiction? Das ist Proteinforschung! Proteine (Eiweißstoffe) sind die Maschinen und Geräte unserer Zellen. Extrem winzig und doch so mächtig: Als Hauptakteure der Zellen bestimmen sie fast alle Abläufe in unserem Körper und bilden maßgeblich seine Struktur.

4.1 Jedes Protein hat eine andere Aminosäuresequenz

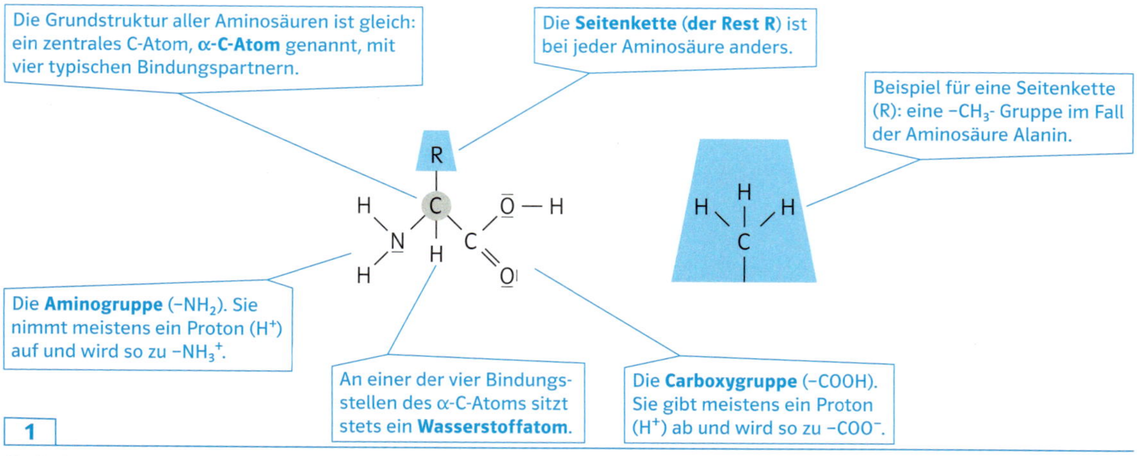

1

Die in Proteinen vorkommenden Aminosäuren sind im Grundaufbau alle gleich, doch es gibt 20 verschiedene Seitenketten.

Proteine (Eiweißstoffe) sind die vielfältigste Stoffgruppe in Zellen. Sie sind daher ideale Hauptakteure für vielfältige Funktionen. Dabei sind alle Proteine einheitlich aus einem Satz von Grundbausteinen aufgebaut, den **Aminosäuren**. Sie sind zu langen Ketten miteinander verbunden. Vielfältig und doch einheitlich, das klingt unvereinbar. Um diesen scheinbaren Widerspruch aufzulösen, müssen Sie sich sowohl mit den Grundbausteinen, also den Aminosäuren, als auch mit den Wechselwirkungen zwischen verschiedenen Aminosäuren in einem Protein beschäftigen.

In Proteinen taucht stets die gleiche Palette aus 20 unterschiedlichen Aminosäuren auf. Sie haben folgende Gemeinsamkeiten [Abb. 1]: Sie besitzen ein zentrales Kohlenstoffatom, das α-C-Atom. Es trägt vier Bindungspartner, von denen drei immer gleich sind, nämlich eine Aminogruppe ($-NH_2$), eine „Säuregruppe" bzw. Carboxygruppe (-COOH), und ein H-Atom. In organischen Molekülen häufig vorkommende Atomgruppen wie $-NH_2$ und -COOH nennt man allgemein ***funktionelle Gruppen***. Der vierte Bindungspartner des α-C-Atoms wird als „Rest R" oder „Seitenkette" bezeichnet. Er unterscheidet sich bei den 20 Aminosäuren [Abb. 2]. Dies erklärt ihre unterschiedlichen chemischen und physikalischen Eigenschaften. [Abb. 3] bietet eine Gesamtübersicht.

Es gibt auch den Begriff „Aminosäurerest". Er meint jedoch die ganze im Polypeptid vorhandene Aminosäure und nicht nur deren Seitenkette.

In Proteinen sind meist über 100, manchmal sogar über 1000 Aminosäuren wie Glieder einer Kette miteinander verknüpft. Aber fangen wir klein an: Zwei Aminosäuren lassen sich unter Abspaltung eines Moleküls Wasser (H_2O) miteinander verknüpfen [Abb. 2].

Man nennt diese Verbindung ein **Peptid**, genauer ein ***Dipeptid***. Entsprechend bezeichnet man die so entstandene, verbindende Atomgruppe -CO-NH- als ***Peptidgruppe***. Wird daran – ebenfalls unter Abspaltung

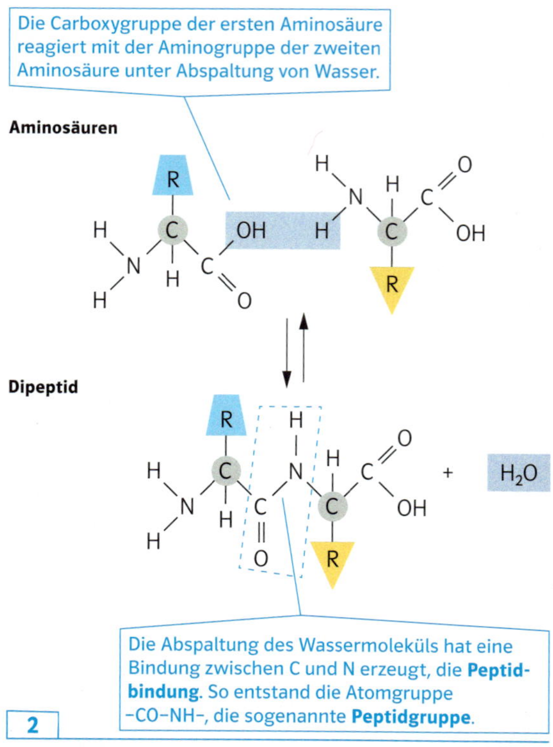

2

Die Peptidgruppe entsteht durch Abspaltung eines Wassermoleküls.

Aminosäuren			Seitenketten (Rest R)		
G	Gly	Glycin	–H		unpolar
A	Ala	Alanin	$-CH_3$		
V	Val	Valin	$-CH(CH_3)_2$		
L	Leu	Leucin	$-CH_2-CH(CH_3)_2$		
I	Ile	Isoleucin	$-CH(CH_3)-CH_2-CH_3$		
M	Met	Methionin	$-(CH_2)_2-S-CH_3$		
F	Phe	Phenylalanin	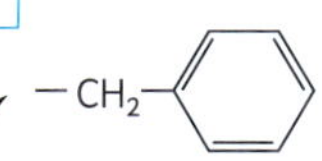		
W	Trp	Tryptophan	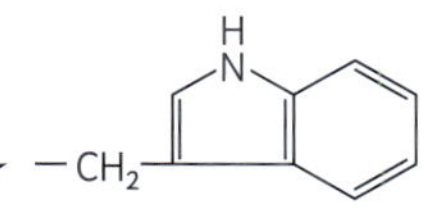		
P	Pro	Prolin	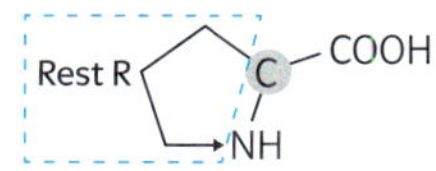		
S	Ser	Serin	$-CH_2-OH$		polar
T	Thr	Threonin	$-CH(OH)-CH_3$		
C	Cys	Cystein	$-CH_2-SH$		
Y	Tyr	Tyrosin	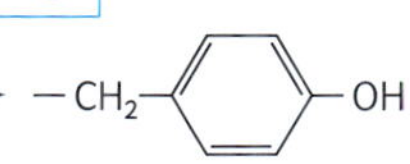		
N	Asn	Asparagin	$-CH_2-(CO)NH_2$		
Q	Gln	Glutamin	$-(CH_2)_2-(CO)NH_2$		
K	Lys	Lysin	$-CH_2-(CH_2)_3-NH_3^+$		positiv geladen
R	Arg	Arginin	$-(CH_2)_3-NH-C(NH_2^+)NH_2$		
H	His	Histidin	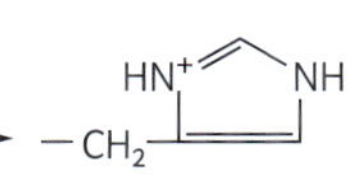		
D	Asp	Aspartat *	$-CH_2-COO^-$	* Salz der Asparaginsäure	negativ geladen
E	Glu	Glutamat **	$-(CH_2)_2-COO^-$	** Salz der Glutaminsäure	

Der 1-Buchstaben-Code in Spalte 1 und der 3-Buchstaben-Code in Spalte 2 sind international festgelegt.

Bei Prolin bildet R als Besonderheit mit der Aminogruppe einen Ring.

3 Die 20 Aminosäuren der Proteine unterscheiden sich in ihrer Seitenkette (Rest R). Hier sehen Sie die gesamte Palette.

von Wasser – eine dritte Aminosäure gebunden, ist dies ein *Tripeptid* und so weiter.

Bis neun Aminosäuren Kettenlänge spricht man allgemein von einem „Oligopeptid", ab zehn von einem ***Polypeptid*** (*poly* (gr.): viele) oder auch von einer **Polypeptidkette** [Abb. 4]. Sie besitzt ein „Rückgrat" aus der sich wiederholenden Abfolge -NH-CH-CO-. Von diesem Rückgrat stehen die Seitenketten (R) so ab, dass sie nicht überlappen. Das ist die Grundstruktur eines jeden Proteins.

Information und Kommunikation

Proteine haben im Körper essenzielle Aufgaben: als Strukturprotein, Muskelprotein, Abwehrprotein (Antikörper), Transportprotein, Signalprotein, Kanalprotein, Rezeptorprotein, Biokatalysator (***Enzym***), molekulare Maschine [S. 14] und vieles andere mehr.

Bei einem Polypeptid aus 100 Aminosäuren gibt es bei 20 verschiedenen Aminosäuren theoretisch 20^{100} verschiedene Möglichkeiten der Anordnung in einer Kette. Die Vielfalt möglicher Proteine ist damit praktisch unendlich. Ein erster Schritt, um ein Protein zu verstehen ist, seine **Aminosäuresequenz** zu bestimmen, d.h. die Abfolge der Aminosäuren in der Polypeptidkette. Früher war das ein zeitraubender chemischer Prozess, der oft Jahre dauerte. Heute kennt man von vielen Organismen die Sequenz des Erbguts, der DNA, und darin sind die Aminosäuresequenzen über den sogenannten ***genetischen Code*** [vorderer Buchdeckel] festgelegt. Die Übersetzung dauert mit der passenden Software nur Sekunden.

Erst die Kenntnis der Aminosäuresequenz eröffnet die Möglichkeit, Proteine überhaupt im Detail zu erforschen. Nur wenn wir diese Hauptakteure der Zellen verstehen, verstehen wir, wie Zellen und Organismen auf der molekularen Ebene funktionieren. Da zahlreiche Krankheiten auf der Fehlfunktion von Proteinen beruhen, ist dies auch in der Medizin von hoher Bedeutung. Es lohnt sich also, die Proteinstruktur noch etwas genauer zu betrachten.

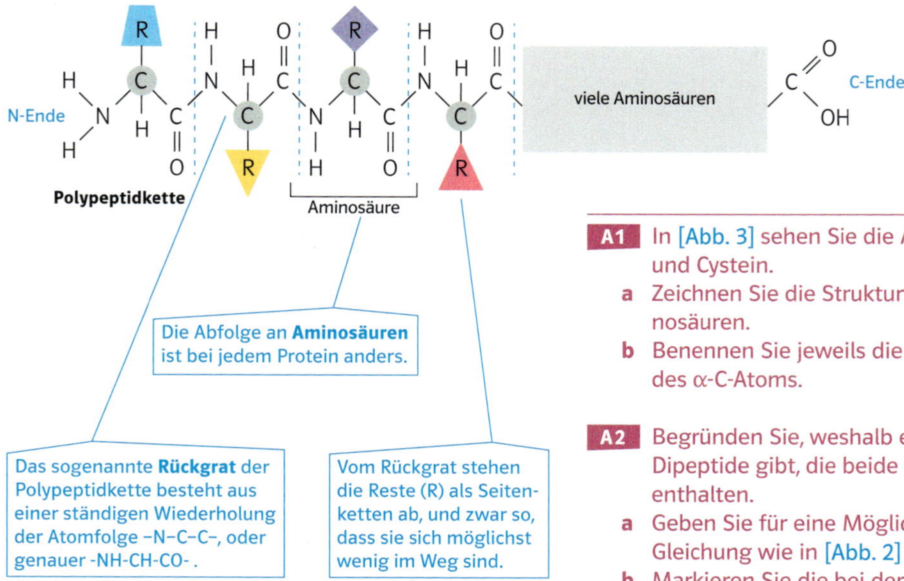

4

Alle Polypeptidketten sind nach diesem Muster aufgebaut.

A1 In [Abb. 3] sehen Sie die Aminosäuren Glycin und Cystein.

a Zeichnen Sie die Strukturformeln beider Aminosäuren.

b Benennen Sie jeweils die vier Bindungspartner des α-C-Atoms.

A2 Begründen Sie, weshalb es zwei verschiedene Dipeptide gibt, die beide Glycin und Cystein enthalten.

a Geben Sie für eine Möglichkeit die chemische Gleichung wie in [Abb. 2] an.

b Markieren Sie die bei der Reaktion neu gebildete Peptidbindung.

4.2 Die räumliche Struktur eines Proteins beruht auf seiner Aminosäuresequenz

Lippen und Mundhöhle sind perfekte Einfalltore für Bakterien. Trotzdem kommt es selten zu Infektionen, was an einem Protein im Mundspeichel liegt, dem ***Lysozym***. Es bewirkt, dass Bakterienzellen abgetötet werden. Am Beispiel des Lysozyms sollen Sie verstehen, dass Proteine viel mehr sein müssen als nur Abfolgen von Aminosäuren, damit sie ihre speziellen Funktionen erfüllen können.

Um Bakterien töten zu können, ist es nicht damit getan, dass das Lysozym als eine Kette aus Aminosäuren daherkommt. Die Aminosäuresequenz der Polypeptidkette ist lediglich die **Primärstruktur** des

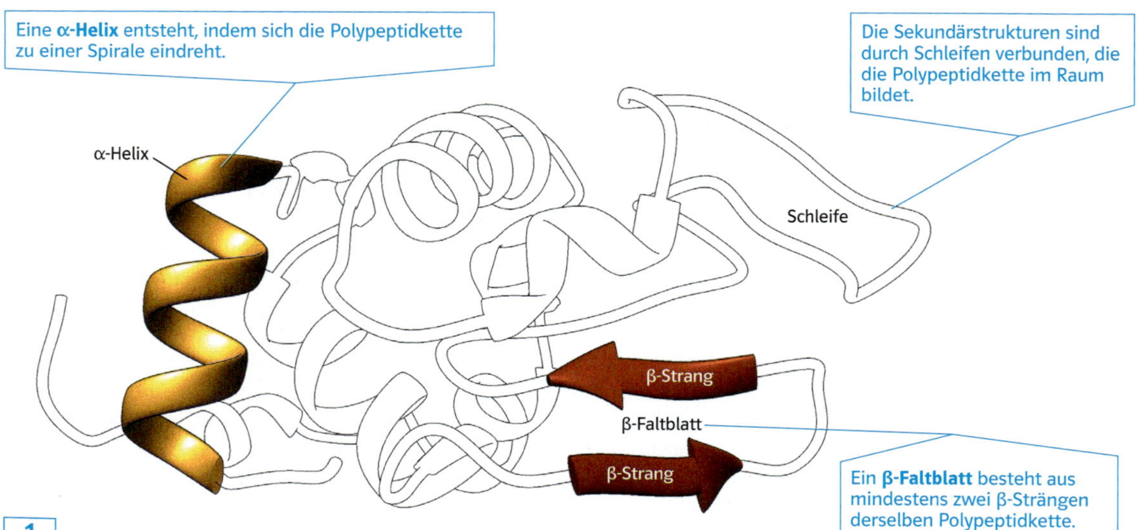

1

Dieses Bändermodell des Lysozyms zeigt die Sekundärstrukturen (davon zwei hervorgehoben) sowie den gesamten räumlichen Verlauf der Polypeptidkette. Die Pfeilspitzen der β-Stränge deuten in Richtung C-Ende der Polypeptidkette.

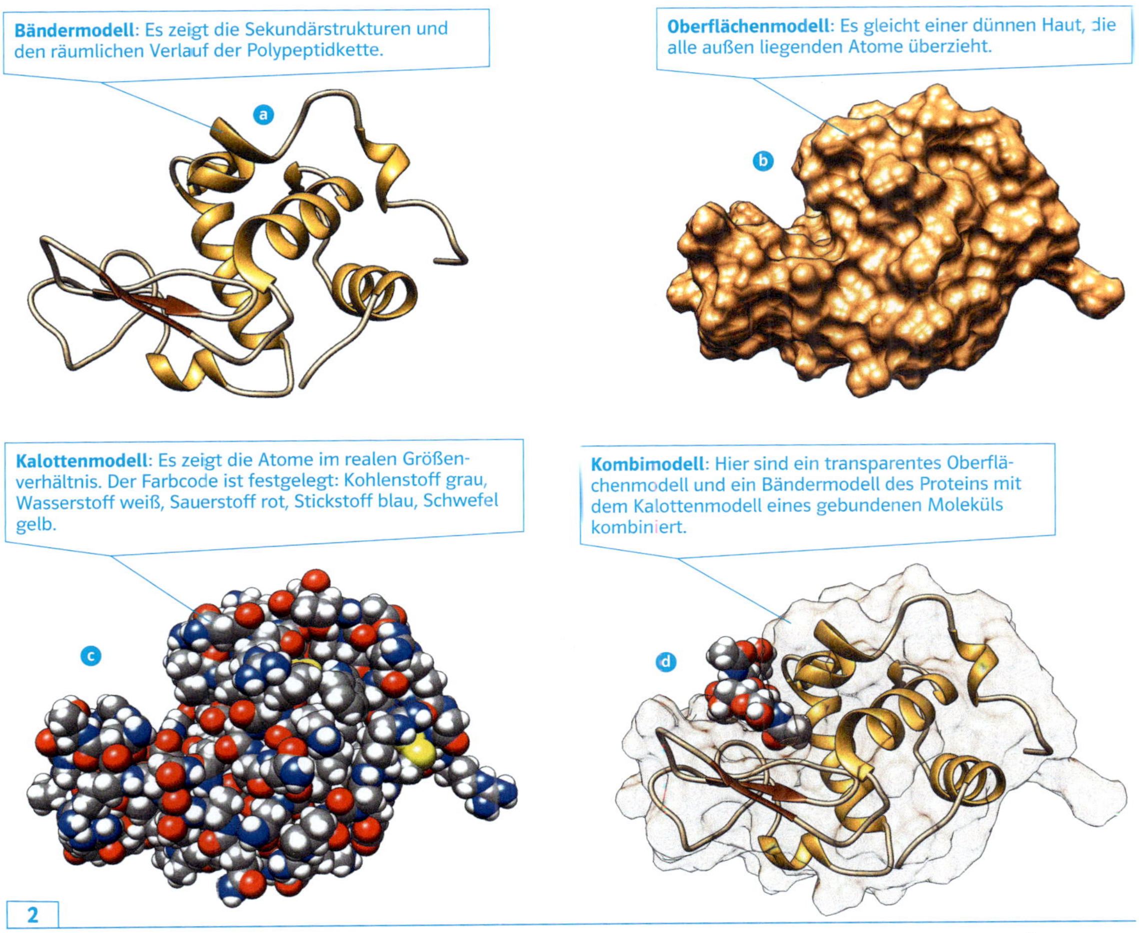

2

Die Tertiärstruktur von Proteinen (hier Lysozym) ist sehr kompliziert. Um sie übersichtlicher zu machen, setzt man die Grundmodelle a, b und c meistens kombiniert ein (d). Der Blickwinkel auf das Lysozym ist hier anders als in [Abb. 1].

Lysozyms. Entscheidend für die biologische Funktion ist jedoch die räumliche Faltung dieser Polypeptidkette. Diese hängt von der Primärstruktur ab und ist daher für jedes Protein unterschiedlich. Doch wie sieht sie beim Lysozym aus?

Die Polypeptidkette des Lysozyms besteht aus 129 Aminosäuren – es ist damit ein recht kleines Protein. Wie bei jedem Protein bildet die Kette aufgrund ihrer typischen Primärstruktur in bestimmten Abschnitten sogenannte **Sekundärstrukturen**. Davon gibt es zwei grundlegende Typen: eine stabförmige Spirale, die ***α-Helix*** [Abb. 1], und eine wellige Platte, das ***β-Faltblatt***. Letzteres entsteht aus zwei oder mehr Strängen derselben Polypeptidkette, die dicht nebeneinander liegen. Sie sind in [Abb. 1] als zwei breite Pfeile zu sehen. Das Lysozym besitzt mehrere α-Helices und ein β-Faltblatt [Abb. 1].

Zwischen den Sekundärstrukturen verläuft die Polypeptidkette in unregelmäßig geformten Schleifen, wobei deren Verlauf ebenfalls durch die Primärstruktur festgelegt ist. Die Gesamtheit der räumlichen Anordnung der Polypeptidkette ist die **Tertiärstruktur** des Proteins. Diese lässt sich auf unterschiedliche Weise darstellen, wobei die Kombination mehrerer Modellformen besonders zweckdienlich ist [Abb. 2].

Bei manchen Proteinen ist für deren biologische Funktion noch eine vierte Strukturebene erforderlich, die **Quartärstruktur**. In dieser sind zwei oder mehr Polypeptidketten als sogenannte ***Untereinheiten*** zu einem definierten, oft symmetrischen Gebilde zusammengelagert. Die Untereinheiten können gleich oder verschieden sein. Als Beispiel für eine Quartärstruktur sehen Sie hier das ***Spikeprotein*** [Abb. 3]. Mit seiner Hilfe dringen Coronaviren in Zellen unserer Atemwege ein. Eine Quartärstruktur macht ein Protein bei Bedarf auf einfache Weise erheblich größer. Zusätzlich erlaubt sie eine Zusammenarbeit der Untereinheiten, was neue Funktionen ermöglicht. Modulbauweise ist nicht nur bei Proteinen gängig, wie Sie wissen: große Gewebe bestehen aus vielen kleinen Zellen.

Die Aufklärung der Tertiärstruktur eines Proteins war bis zum Jahr 2020 eine schwierige und technisch sehr aufwendige Angelegenheit. 2020 gaben mehrere Arbeitsgruppen bekannt, dass sie mithilfe Künstlicher

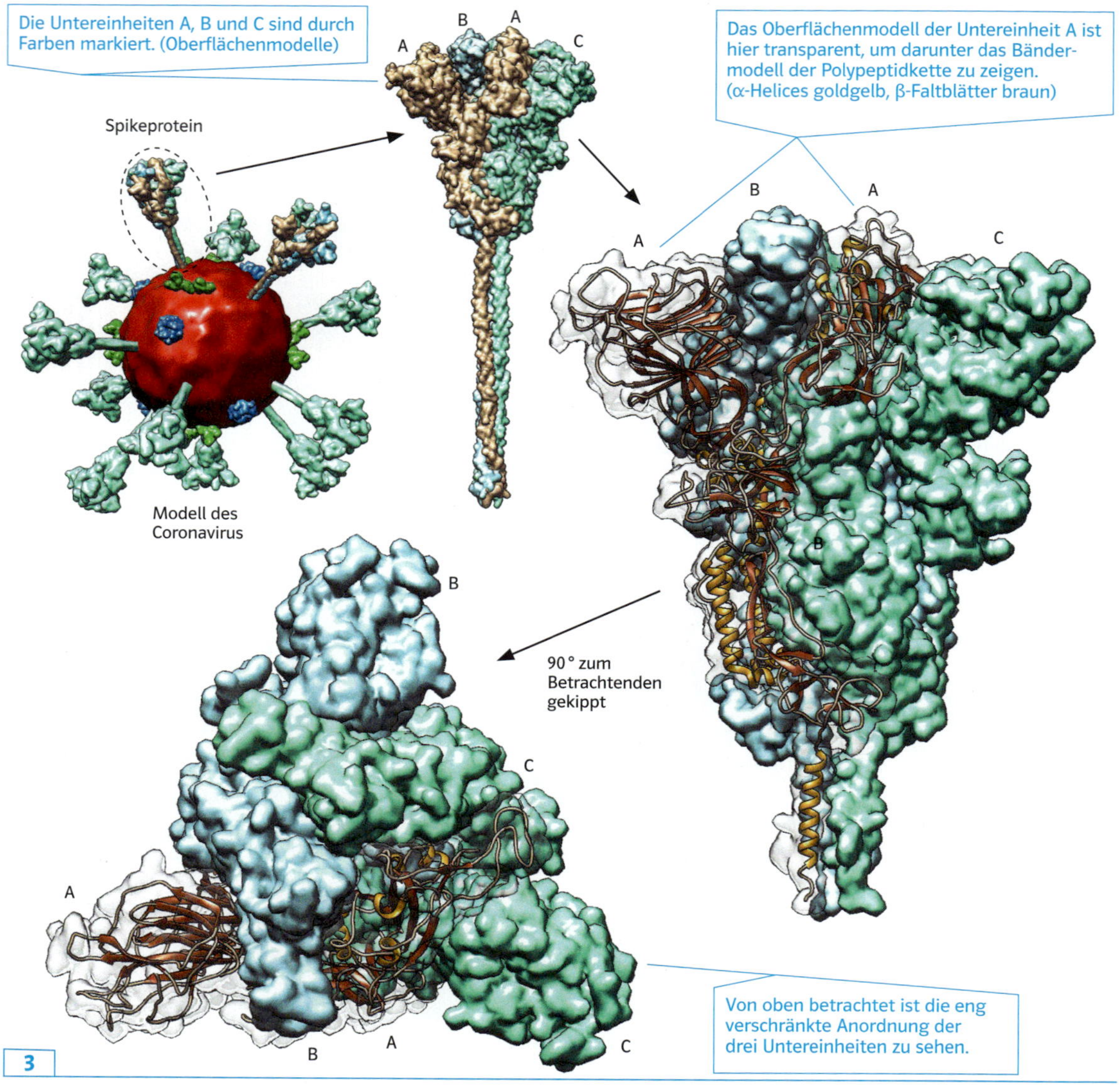

3 Das Spikeprotein des Coronavirus hat eine Quartärstruktur aus drei gleichen Untereinheiten (A, B, C), jede mit einer Polypeptidkette aus 1273 Aminosäuren. Die Quartärstruktur macht das Protein viel größer und erweitert seine Funktionen.

Intelligenz (KI) die ultimative Herausforderung der Proteinforschung gelöst haben: die Vorhersage der Tertiärstruktur von Proteinen direkt aus der Aminosäuresequenz. Der Algorithmus berücksichtigt unsere detaillierten Kenntnisse Zehntausender von Proteinstrukturen. 2021 ging ein Online-Service ans Netz, bei dem Sie eine Aminosäuresequenz hochladen können und nach kurzer Wartezeit eine daraus vorhergesagte Tertiärstruktur erhalten. Die Ergebnisse halten bisher jeder Überprüfung durch experimentelle Methoden stand. Dieses Verfahren bedeutet für die molekulare Biologie und damit auch für die Biomedizin einen absoluten Quantensprung.

Bereits vor den bahnbrechenden Modellierungen Künstlicher Intelligenz (KI) haben andere Methoden dafür gesorgt, dass die Proteinstrukturforschung in den vergangenen 20 Jahren große Erfolge erzielte. Wie wichtig das sein kann, zeigt die Bekämpfung der Corona-Pandemie: Vom Spikeprotein des Erregers SARS-CoV-2 hatte man Anfang 2020 bereits nach wenigen Wochen das in [Abb. 3] gezeigte Modell, für das man um die Jahrtausendwende noch mehrere Jahre gebraucht hätte. Das hat die Entwicklung von Impfstoffen [5.6] außerordentlich beschleunigt.

A1 Erstellen Sie eine Mind-Map zu den verschiedenen Strukturebenen von Proteinen.

A2 Ermitteln Sie mithilfe der [Abb. 2], welche Informationen zum Bau eines Proteins aus dem Bändermodell gewonnen und welche daraus nicht gewonnen werden können.

4.3 Die Proteinstruktur wird durch chemische Wechselwirkungen stabilisiert

Eine Polypeptidkette entsteht in der Zelle zunächst ungefaltet. Sie ist in diesem Zustand biologisch inaktiv. Unmittelbar nach ihrer Bildung nimmt sie ihre räumliche Struktur ein und wird zum funktionellen Protein. Proteine sind darauf spezialisiert, mit anderen Molekülen in Wechselwirkung zu treten. Das Lysozym in unserem Speichel bindet bestimmte Zuckerketten, die in der Zellwand von Bakterien vorkommen. Es spaltet diese Zuckerketten und tötet so die Bakterien. Deshalb wirkt unser Speichel leicht desinfizierend. Das Binden der Zuckerkette verändert die Form des Lysozyms etwas. Erst dadurch ist die Bindung passgenau. Das Lysozym kann zwei ähnliche, aber doch voneinander abweichende Gestalten einnehmen, zwei sogenannte **Konformationen** [Abb. 1].

Ein Protein muss also einerseits sehr stabil sein, doch andererseits zwischen seinen Konformationen wechseln können. Das wird erreicht, indem seine Struktur durch sehr unterschiedlich starke chemische Wechselwirkungen stabilisiert wird.

In [Abb. 4, S. 68] ist die chemische Struktur einer Polypeptidkette zu sehen. Dabei handelt sich durchweg um **kovalente Bindungen**. Bei diesem Bindungstyp teilen sich zwei Atome ein Elektronenpaar. Das macht ihn sehr stark. Deshalb ist die Polypeptidkette, d.h. die Primärstruktur, äußerst stabil. Wie stabil, zeigt Ihnen dieser Versuch: Um im Labor eine Polypeptidkette in ihre Aminosäuren zu zerlegen, muss man sie stundenlang unter O_2-Ausschluss in konzentrierter Salzsäure kochen. Selbst das zerstört nur die Peptidbindungen, doch die Bindungen innerhalb der Aminosäuren bleiben weiterhin intakt.

Die Sekundärstrukturen werden dagegen von **Wasserstoffbrücken** (**H-Brücken**) stabilisiert. Sie sind höchstens 10 % so stark wie eine kovalente Bindung. Doch α-Helices und β-Faltblätter behalten trotzdem dauerhaft ihre typische Form, weil diese durch zahlreiche H-Brücken zwischen den Peptidgruppen stabilisiert wird [Abb. 2 ⓐ, ⓑ]. In Peptidgruppen (–CO-NH–) trägt das Sauerstoffatom eine negative Teilladung (δ^-) und das Wasserstoffatom eine positive Teilladung (δ^+). Eine H-Brücke ist die elektrostatische Anziehungskraft zwischen solchen Teilladungen. Die Spiralform der α-Helices und die Anordnung der β-Stränge in β-Faltblättern kommen von selbst zustande, weil nur diese Formen es ermöglichen, dass dort jede Peptidgruppe eine H-Brücke mit einer anderen Peptidgruppe ausbilden kann.

Die Sache mit den Teilladungen kennen Sie vielleicht bereits von den Wassermolekülen: Auch dort hat das O-Atom eine negative Teilladung, während die H-Atome eine positive Teilladung aufweisen. Wassermoleküle ziehen sich dadurch über H-Brücken an ⓒ, und sie binden über H-Brücken an der Oberfläche von Proteinen. Das verleiht diesen eine Hülle aus Wasser (*Hydrathülle*). Man sagt, das H_2O-Molekül zeige *Polarität*, beziehungsweise es sei **polar**. Auch die Peptidgruppe ist polar.

Wenn Sie die beiden Bilder einscannen und mithilfe der Rahmen exakt zur Deckung bringen, können Sie damit eine Animation der Konformationsänderung erstellen: Daumenkino, oder GIF-Animation, oder hintereinander in eine Präsentations-Software einbinden und im Präsentationsmodus hin und her klicken. Um den Effekt nicht zu stören, ist der Zucker hier nur zart angedeutet.

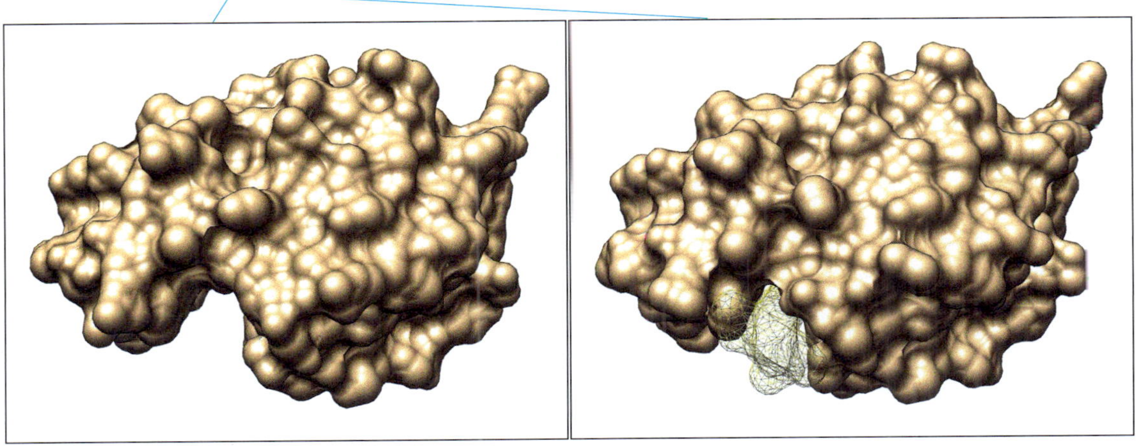

1 ruhende Konformation: kein Zucker gebunden — aktive Konformation: Zucker (gelbes Netz) gebunden

In diesen „Suchbildern" können Sie viele kleine Unterschiede zwischen den beiden Konformationen des Lysozyms entdecken.

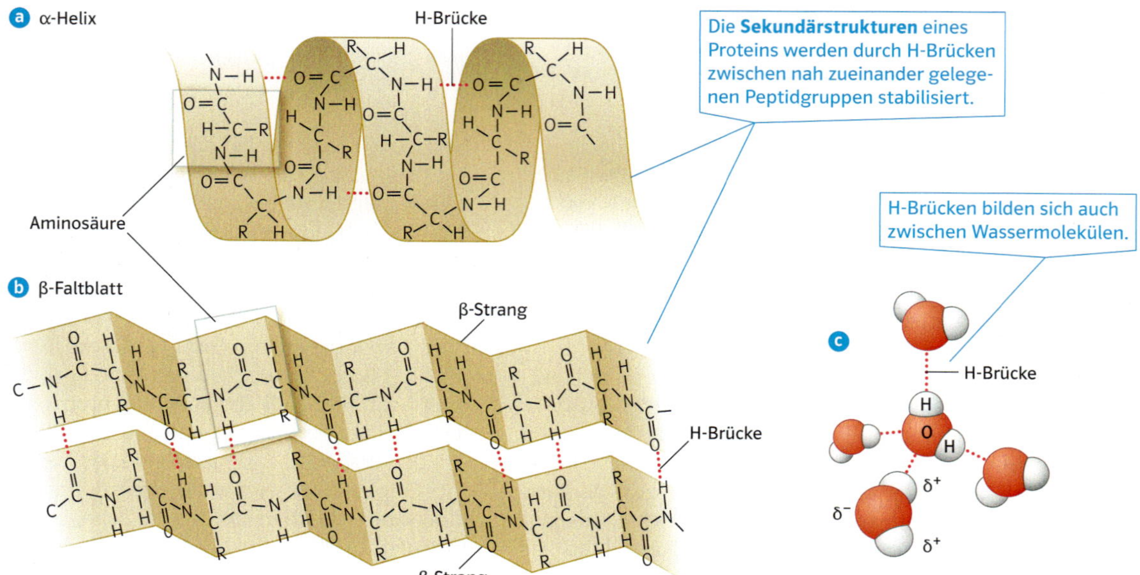

2

Wasserstoffbrücken (H-Brücken) zwischen Peptidgruppen stabilisieren die α-Helices und β-Faltblätter von Proteinen.

H-Brücken sind von enormer biologischer Bedeutung. Einzeln sind sie so schwach, dass sie unter den in der Zelle herrschenden Bedingungen sehr leicht gebildet und wieder gelöst werden können. Sie sind damit für eine flüchtige Bindung ideal. Mehrere H-Brücken gemeinsam entwickeln dagegen eine erhebliche Bindungskraft und können so die Sekundärstrukturen eines Proteins dauerhaft stabilisieren.

Die Tertiärstruktur eines Proteins wird durch chemische Wechselwirkungen zwischen den Aminosäure-Seitenketten stabilisiert. Dabei gibt es verschiedene Möglichkeiten [Abb. 3]. Bei ***polaren Aminosäuren*** [4.1] trägt die Seitenkette R eine polare Gruppe ($-NH_2$, –OH oder –SH). Zwischen solchen Seitenketten können sich daher im Protein H-Brücken ausbilden. Bei einer ***geladenen Aminosäure*** [4.1] trägt die Seitenkette nicht nur Teilladungen, sondern eine vollständige negative oder positive Ladung. Stehen sich zwei solche Aminosäuren mit entgegengesetzter Ladung in einem Protein nah genug gegenüber, kommt es zwischen ihnen zu einer **Ionenbindung** [Abb. 3]. Ebenso ist eine Anziehungskraft zwischen einer geladenen und einer polaren Seitenkette möglich. Zudem gibt es zwischen eng benachbarten Atomen aller Art auf Ladung beruhende schwache **Van-der-Waals-Kräfte**. Alle bisher besprochenen Bindungen sind **elektrostatische Wechselwirkungen**. Ihre Stärke ist abhängig von der Distanz elektrischer Ladungen.

Seitenketten, die überwiegend oder ganz aus C- und H-Atomen bestehen, tragen keine Teilladungen. Solche Aminosäuren sind **unpolar** [4.1] und damit „wasserabweisend" oder ***hydrophob*** (***phobos*** (gr.): Furcht). Sie finden sich oft im Inneren eines Proteins, wo sie sich dicht zusammenballen, um das Wasser auszuschließen. Das nennt man **hydrophobe Wechselwirkungen** [Abb. 3].

Bei vielen Proteinen wird die Tertiärstruktur durch sogenannte ***Disulfidbrücken*** besonders stark stabilisiert. In [Abb. 3, S. 67] sehen Sie auch die Aminosäure Cystein. Ihre Seitenkette enthält ein Schwefelatom in Form einer –SH-Gruppe. Eine Disulfidbrücke (–S-S–) entsteht durch kovalente Bindung zwischen den Schwefelatomen zweier Cysteine [Abb. 3]. Damit lassen sich auch solche Cysteine, die in der Polypeptidkette weit voneinander entfernt sind, zu einem festen „Druckknopf" verbinden.

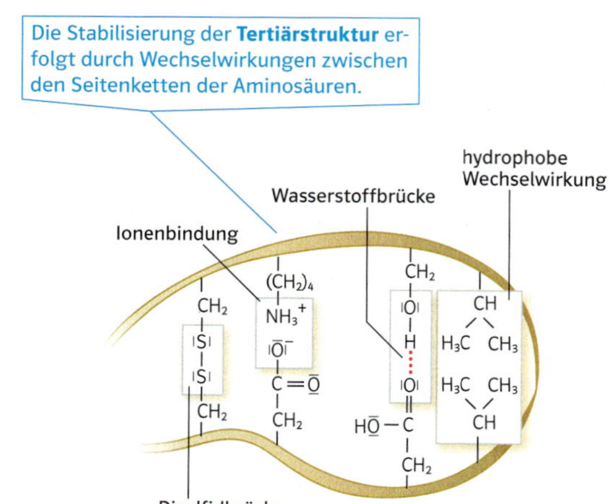

3

Verschiedene chemische Wechselwirkungen stabilisieren die Tertiärstruktur eines Proteins.

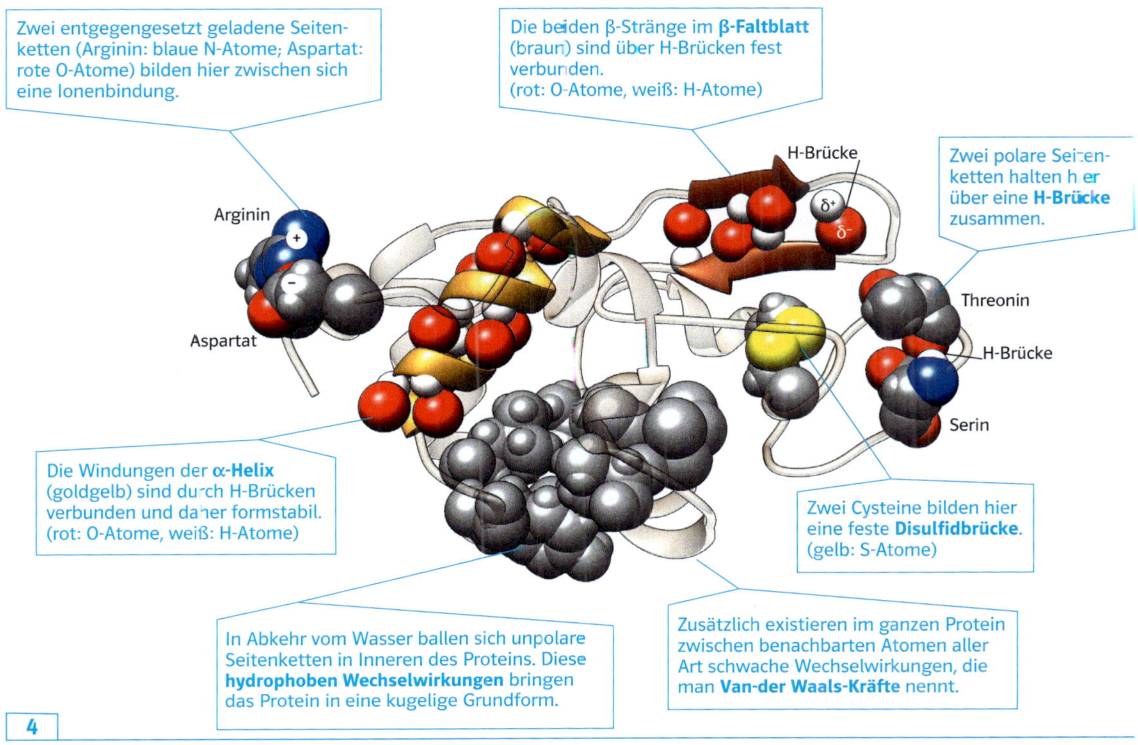

4

Beispiele der vielen Wechselwirkungen, die beim Lysozym die räumliche Struktur stabilisieren. Insgesamt sind unter anderem vier Disulfidbrücken und 115 H-Brücken vorhanden. Das Bändermodell ist zum größten Teil transparent dargestellt.

In [Abb. 4] sehen Sie einige Beispiele, wie beim Lysozym die Stabilisierung der Tertiärstruktur durch diverse Wechselwirkungen ganz genau aussieht. Es ist nur eine kleine Auswahl der tatsächlich in diesem Protein vorhandenen chemischen Bindungen und Brücken zwischen den einzelnen Aminosäuren. Bei der Vorhersage der Tertiärstruktur berücksichtigt die Künstliche Intelligenz (KI) alle diese Möglichkeiten.

Quartärstrukturen, beispielsweise die des Spikeproteins [Abb. 3, S. 70], werden ebenfalls über die Seitenketten von Aminosäuren stabilisiert, und zwar mit den gleichen chemischen Wechselwirkungen wie innerhalb einer Tertiärstruktur. Nur finden sie dann zwischen den Untereinheiten statt.

A1 Stellen Sie die in Proteinen wirkenden Bindungstypen tabellarisch dar.

Art der Wechselwirkung	In welcher Strukturebene tritt sie auf?	Wie stark ist sie?
...	...	...

A2 Stellen Sie mithilfe von [Abb. 3, S. 67] eine begründetet Vermutung über die Wasserlöslichkeit eines Proteins auf, auf dessen Oberfläche sich zahlreich die Aminosäuren Valin und Leucin befinden.

4.4 Proteine beschleunigen als Biokatalysatoren chemische Reaktionen

Im bisherigen Teil von Kapitel 4 haben Sie erfahren, wie Aminosäuren aufgebaut sind, wie sie miteinander zu Polypeptidketten verknüpft sind und wie sich solche Polypeptidketten räumlich zu einem funktionellen Protein falten. Sie haben zudem verschiedene Möglichkeiten gesehen, wie man Proteine bildlich darstellen kann. Proteine erfüllen im Körper sehr unterschiedliche Aufgaben. Essenziell für die chemischen Abläufe in der Zelle und damit für den ganzen Organismus ist die Rolle, die bestimmte Proteine dort als Reaktionsbeschleuniger spielen, als sogenannte **Biokatalysatoren**. Man bezeichnet solche Proteine als **Enzyme**. Im Rest des Kapitels wird es darum gehen, was Enzyme machen und wie sie arbeiten.

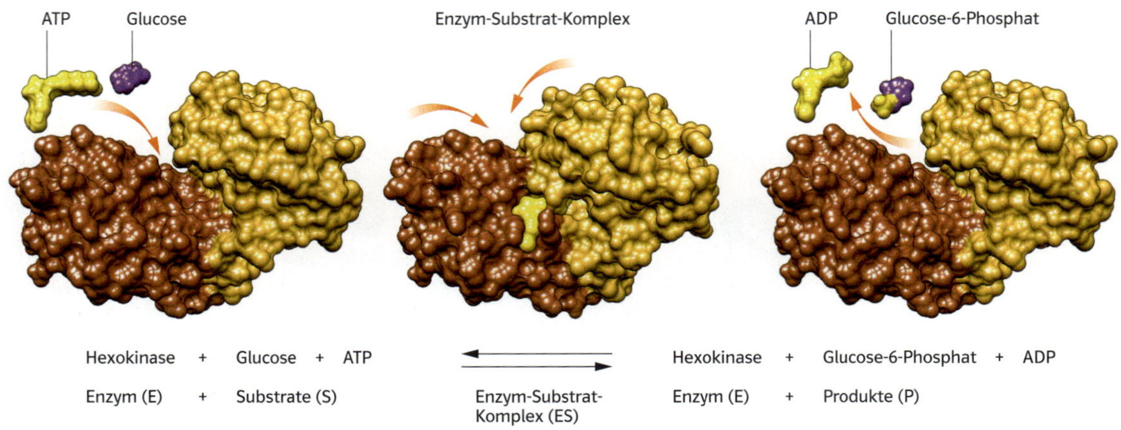

Struktur und Funktion

1 Das Enzym Hexokinase umschließt die beiden Substrate (Glucose und ATP) in einer passenden Orientierung (Enzym-Substrat-Komplex). Dadurch kann vom ATP eine Phosphatgruppe auf die Glucose übertragen werden.

Wie Sie in [2.6] erfahren haben, ist Traubenzucker (**Glucose**) ein zentraler Energieträger unserer Zellen. Glucose enthält viel nutzbare Energie, und diese wird freigesetzt, indem der Zucker in unseren Zellen zu Kohlenstoffdioxid (CO_2) und Wasser (H_2O) abgebaut wird. Tatsächlich können Sie Zucker verbrennen und die freiwerdende Energie in Form von heißen Flammen wahrnehmen. Die chemische Reaktion $C_6H_{12}O_6 + 6\ O_2 \rightarrow 6\ CO_2 + 6\ H_2O$ liefert also Wärmeenergie – solche Reaktionen nennt man ***exotherm***.

Allerdings ist die Reaktion gehemmt und läuft bei Zimmertemperatur extrem langsam ab. Deshalb können Sie ein Stück Zucker trotz Gegenwart von O_2 jahrelang aufbewahren ohne, dass es sich sichtbar verändert. Und genau deshalb zerfallen die energiereichen Biomoleküle unseres Körpers nicht spontan in CO_2 und H_2O (wodurch wir mit einem lauten Knall verschwinden würden). Auf der Sonne oder in einem Hochofen dagegen würde Zucker oder unser Körper keine Millisekunde überdauern. Organische Moleküle werden bei extremer Hitze sofort abgebaut. Mit O_2 verbrennen sie zu Gasen, ohne O_2 werden sie zu Teer und Pech zersetzt.

Doch haben Sie schon mal versucht, ein Stück Würfelzucker tatsächlich anzuzünden? Nicht einmal das geht ohne Weiteres. In eine Flamme gehalten schmilzt und karamellisiert der Zucker lediglich. Wenn Sie den Zuckerwürfel jedoch mit etwas Asche, z. B. von abgebrannten Streichhölzern „beschmutzen", dann lässt er sich plötzlich problemlos entzünden und brennt unter Rauchentwicklung ab. Der Grund: Mineralstoffe in der Asche wirken als Reaktionsbeschleuniger (***Katalysatoren***).

Auf analoge Weise können wir mit unserer unglaublich langsamen Zellchemie existieren: Indem unsere Zellen einzelne chemische Reaktionen durch Biokatalysatoren gezielt beschleunigen. Die meisten Biokatalysatoren sind Proteine – man bezeichnet sie dann, wie erwähnt, als Enzyme. Manche Enzyme können die Reaktionsgeschwindigkeit gegenüber der spontanen, unkatalysierten Reaktion auf das bis zu 10^{12}-Fache steigern. Dies ist wie die Steigerung der Kriechgeschwindigkeit einer Schnecke (etwa 3×10^{-3} m/s) auf Lichtgeschwindigkeit (3×10^{8} m/s).

Wie ist diese unglaubliche Beschleunigung möglich? Ein Enzym besitzt für sein **Substrat** oder seine Substrate eine genau passende Tasche, ***aktives Zentrum*** genannt. („Substrat" ist ein allgemeiner Begriff für einen Ausgangsstoff.) Das sehen Sie in [Abb. 1] am Beispiel des Enzyms ***Hexokinase***. Sie setzt Glucose mithilfe von ATP zu Glucose-6-Phosphat um. Diese chemische Reaktion kennen Sie schon von [2.5]. Die Hexokinase hat also zwei Substrate (Glucose und

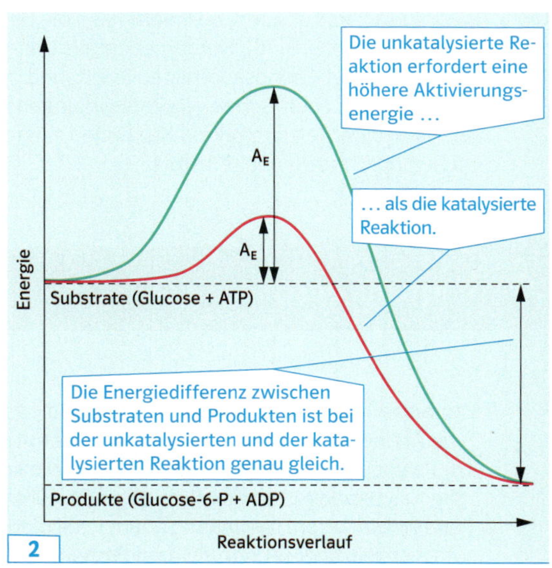

2 Der Biokatalysator senkt die Aktivierungsenergie (A_E).

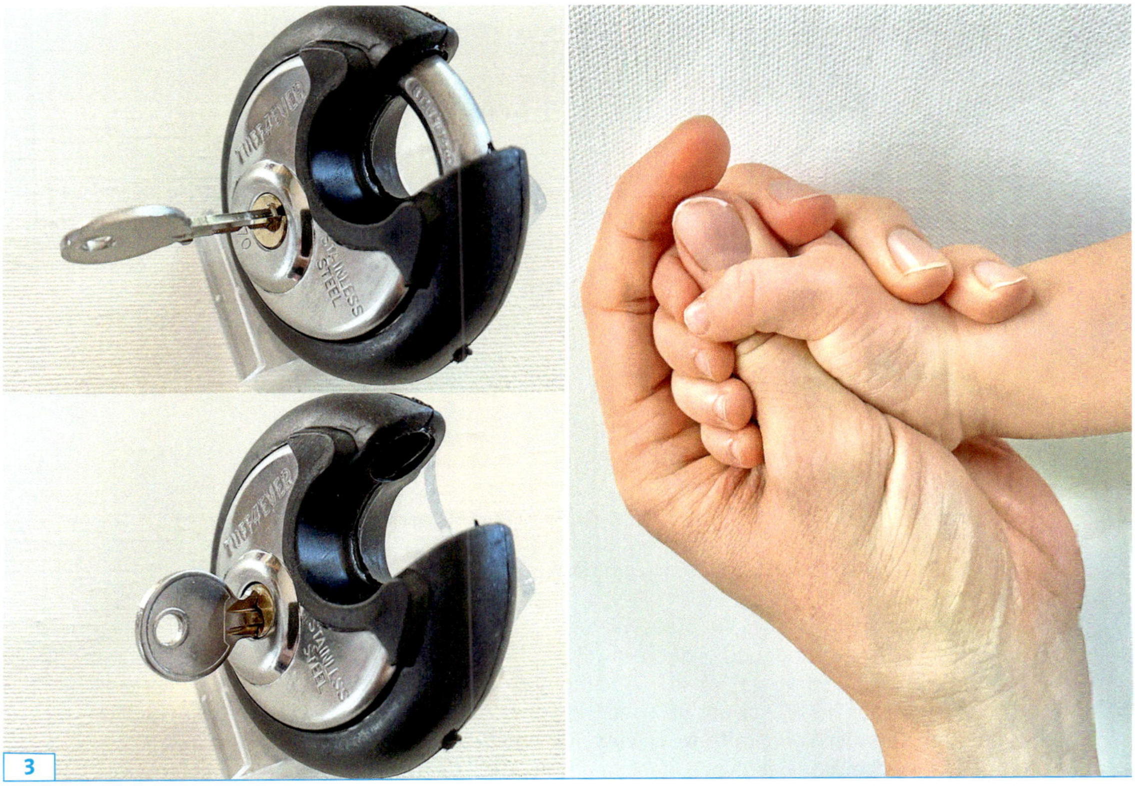

3

Die Bildung des Enzym-Substrat-Komplexes veranschaulicht das Schlüssel-Schloss-Modell (links) durch starre Strukturen und einen ruckhaften Übergang, das *Induced-fit-Modell* (rechts) dagegen durch weiches Zusammenfinden flexibler Strukturen

Struktur und Funktion

ATP), und daraus bilden sich bei der Umsetzung zwei Produkte (Glucose-6-Phosphat und ADP). Enzym und Substrat(e) bilden im aktiven Zentrum des Enzyms einen ***Enzym-Substrat-Komplex***. Dieser kann sehr leicht weiter zu Enzym und Produkt(en) reagieren.

Das Enzym geht aus dieser Reaktion unverändert hervor [Abb. 1] und kann sofort das nächste Substratmolekül binden. Die Enzymreaktion ist umkehrbar (reversibel), wie der Doppelpfeil in der Reaktionsgleichung andeutet. Wie alle Enzyme kann die Hexokinase auch die Rückreaktion katalysieren. Diese findet z. B. dann statt, wenn sehr viel Produkt und sehr wenig Substrat vorhanden ist.

Die Reaktion läuft nicht spontan ab, weil zunächst ein Energiebetrag investiert werden muss, die sogenannte ***Aktivierungsenergie*** [Abb. 2]. Die Hitze der Streichholzflamme reicht nur dann als Aktivierungsenergie zum Entzünden des Zuckers, wenn die Asche-Katalysatoren sie abgesenkt haben. Enzyme binden ihre Substrate (hier Glucose und ATP) im Enzym-Substrat-Komplex auf eine Weise, die für die anstehende chemische Reaktion energetisch besonders günstig ist. Der Enzym-Substrat-Komplex senkt damit die Aktivierungsenergie, die aufgebracht werden muss, um die Reaktion zu starten.

Meistens wird der Enzym-Substrat-Komplex durch das ***Schlüssel-Schloss-Modell*** veranschaulicht. Der Schlüssel passt genau zum Schloss [Abb. 3 links]. In unserer Version des Schlüssel-Schloss-Modells entspricht das Einführen und Drehen des Schlüssels dem Bilden des Enzym-Substrat-Komplexes. Das Schloss ist das Enzym. Dieses liegt zunächst in seiner ruhenden Konformation vor (= Schloss zu). Durch Binden des Substrats (= Schlüssel) wird es in seine aktive Konformation gebracht (= Schloss offen). Der Ruck beim Aufschließen entspricht dem Absenken der Aktivierungsenergie. Nach Auflösen des Komplexes ist das Enzym unverändert (= Schloss wieder zu).

Dieses Modell hat jedoch einige Schwächen. Der Übergang zwischen beiden Konformationen erfolgt sehr ruckhaft; der Schlüssel bleibt dabei starr, und er dreht sich nicht von selbst. Das ***Induced-fit-Modell*** ist da anders. Es betrachtet Enzym und Substrat als zwei flexible, sich aneinander anpassende Strukturen, wie hier zwei Hände, die einander greifen [Abb. 3 rechts].

A1 Erklären Sie die folgende Symbolik.

$$E + S \rightleftharpoons ES \rightleftharpoons E + P$$

(Pfeil von E rechts zurück zu E links)

A2 Vergleichen Sie mithilfe von [Abb. 2] eine chemische Reaktion ohne Enzym und mit Enzym aus energetischer Sicht.

4.5 Enzyme sind substratspezifisch und wirkungsspezifisch

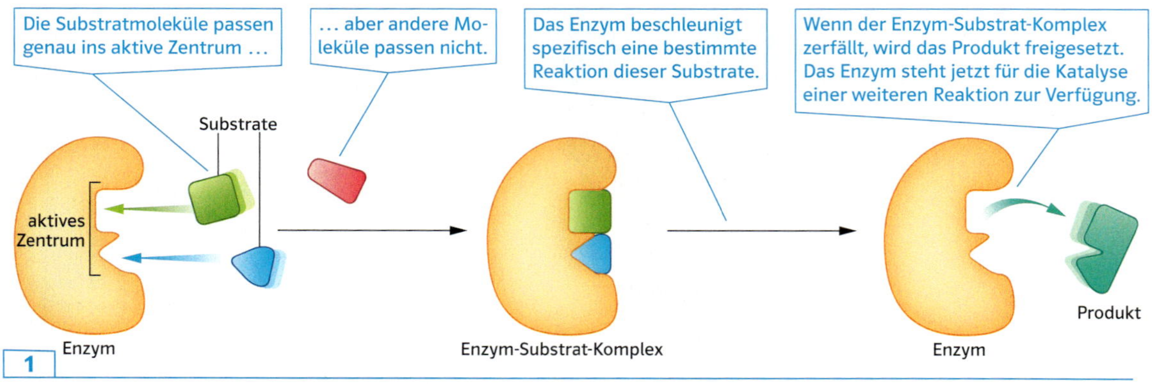

1 Enzyme sind substratspezifisch und wirkungsspezifisch.

Warum funktioniert ein großes Volksfest wie das Oktoberfest [S. 31] geordnet und bildet kein völliges Chaos, trotz großen Gedränges? Weil die Budenbetreiber ihre Kunden aus der Masse der Besucher heraus für kurze Zeit spezifisch an ihre Theke binden und sie dort auf spezifische Weise bedienen. Auch in Zellen herrscht ein großes (molekulares) Gedränge [Abb. 2, S. 43]. Dort laufen chemische Reaktionen in immenser Zahl gleichzeitig ab, oft auch im gleichen Zellorganell. Was verhindert hier das Chaos? Es ist die Substratspezifität und Wirkungsspezifität der Enzyme. Sie binden entweder nur ein einziges Substrat oder eine spezielle Substratfamilie. Das ist ihre **Substratspezifität**. Dann katalysieren sie eine bestimmte chemische Reaktion dieses Substrats und keine andere. Das ist ihre **Wirkungsspezifität** [Abb. 1].

Hinkt der „Budenvergleich", weil die Kunden unterschiedliche Buden anlaufen können? Nein, denn jedes Substratmolekül hat unterschiedliche Möglichkeiten, chemisch zu reagieren. Dazu muss es jedoch an unterschiedliche Enzyme andocken. Das bedeutet: Enzyme sind substratspezifisch, doch Substrate, z. B. Glucose [Abb. 2], sind nicht enzymspezifisch. Allerdings kann jedes Substrat aufgrund seiner Struktur

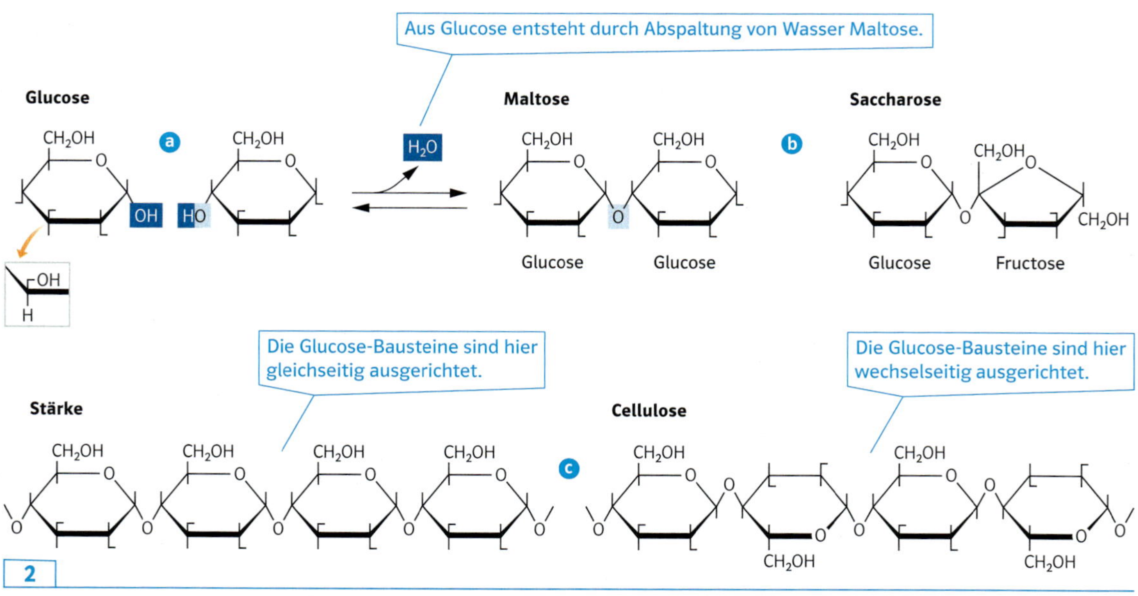

2 Einfachzucker (Monosaccharide) ⓐ werden unter Wasserabspaltung zu Zweifachzuckern (Disacchariden) ⓑ verknüpft und können so auch langkettige Vielfachzucker (Polysaccharide) ⓒ bilden.

und seiner Reaktionsmöglichkeiten nur von einer kleinen Zahl an Enzymen „bedient" werden.

Die Spezifität von Enzymen kann tatsächlich extrem sein. [Abb. 2] zeigt Ihnen Abschnitte zweier Vielfachzucker (Polysaccharide), nämlich Getreidestärke und Papiercellulose. Beide bestehen aus Glucosemolekülen, nur sind diese etwas anders verknüpft. Ein Enzym unseres Verdauungstrakts kann den Stärke-Bindungstyp spalten, aber nicht den Cellulose-Bindungstyp. Für diesen besitzen wir kein Enzym. Nur aus diesem Grund können wir uns zwar von Brot, aber nicht von Zeitungspapier ernähren.

Das Ihnen bereits bekannte Enzym Hexokinase [4.4] bindet als Substrat Glucose, doch auch andere Hexosen (Zucker mit sechs C-Atomen [vorderer Buchdeckel]). Ihre Substratspezifität ist demnach etwas breiter gestreut. Zweifachzucker wie Maltose oder unseren Haushaltszucker Saccharose [Abb. 2], die Glucose enthalten, bindet sie jedoch nicht. Die Hexokinase setzt die Glucose in Glucose-6-Phosphat um. Dabei kann sie ausschließlich Phosphat auf Hexosen übertragen. Das Phosphat holt sie sich stets von ATP. Etwas anderes macht die Hexokinase nicht und kann sie auch nicht (Wirkungsspezifität).

Jedes Enzym besitzt eine schützende Tasche oder Höhle, in der sie ihr Substrat bzw. ihre Substrate bindet und zum Produkt umwandelt [Abb. 1]. Es ist das in [4.4] erwähnte ***aktive Zentrum*** des Enzyms. In [Abb. 3] sehen Sie ganz genau, wie bei der Hexokinase das aktive Zentrum aussieht und wie dort die beiden Substrate – Glucose und ATP – gebunden werden. Die Glucose erkennen Sie an ihrer sechseckigen Ringstruktur. Das ATP ist im Bild als „ADP–P" dargestellt. Die Hexokinase trennt nun von ATP die endständige Phosphatgruppe ab und überträgt sie auf das C-Atom Nr. 6 der Glucose. Durch diese molekulare Präzisionsarbeit entsteht Glucose-6-Phosphat.

[Abb. 3] zeigt Ihnen auch, wie das aktive Zentrum der Hexokinase die Glucose festhält, nämlich über ein **Asp**artat und zwei **Glu**tamat vermittels Wasserstoffbrücken (H-Brücken [4.3], hier als rote gepunktete Linien). Das endständige P des ATP wird im aktiven Zentrum durch drei H-Brücken gebunden, über ein **Lys**in, ein **Thr**eonin und ein **Ser**in. Das sind insgesamt sechs H-Brücken. Die sechs Aminosäure-Seitenketten passen in ihrer räumlichen Anordnung ganz genau zur molekularen Struktur von Glucose und ATP, aber nur, wenn beide Substrate in einer bestimmten Orientierung beieinander liegen. Zwischen ihnen entsteht dabei eine siebte H-Brücke.

Die Übertragung des Phosphats von ATP auf die Glucose wird von dieser siebten H-Brücke direkt unterstützt: Sie senkt die für diese chemische Reaktion erforderliche Aktivierungsenergie [Abb. 2, S. 74]. Die anderen sechs H-Brücken helfen dabei indirekt mit. Die sechs in [Abb. 3] gezeigten Aminosäuren sorgen also durch ihre besondere räumliche Anordnung im aktiven Zentrum und durch ihre chemischen Eigenschaften gemeinsam für die Substratspezifität und die Wirkungsspezifität der Hexokinase. Die Struktur des aktiven Zentrums passt damit optimal zur Funktion des Enzyms. Das übrige Protein mit seiner speziellen Struktur dient dazu, dieses aktive Zentrum zu bilden, zu stabilisieren und zu schützen.

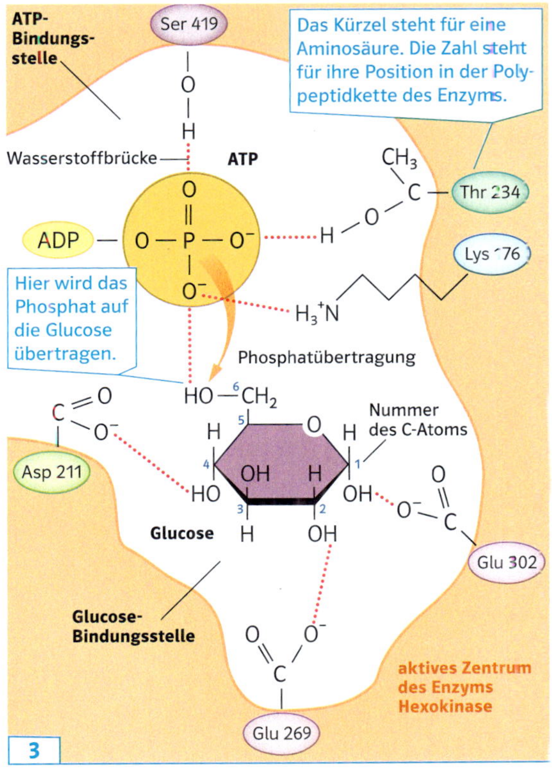

Im aktiven Zentrum der Hexokinase sorgen sechs Aminosäuren über H-Brücken für die Katalyse. Entscheidend sind dabei die räumliche Anordnung und die chemischen Eigenschaften ihrer Seitenketten R.

A1 Erklären Sie die Begriffe Wirkungs- und Substratspezifität von Enzymen.

A2 An Fructose kann die Hexokinase ebenfalls eine Phosphatgruppe anhängen. Begründen Sie das mithilfe der [Abb. 3]. Stellen Sie eine begründete Vermutung an, ob Fructose oder Glucose im aktiven Zentrum besser bindet.

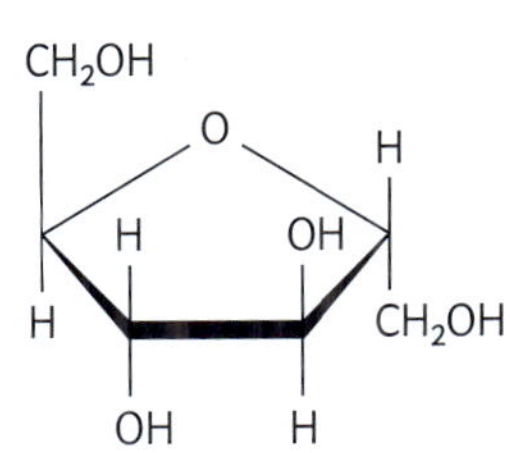

4.6 Enzym- und Substratkonzentration bestimmen die Reaktionsgeschwindigkeit

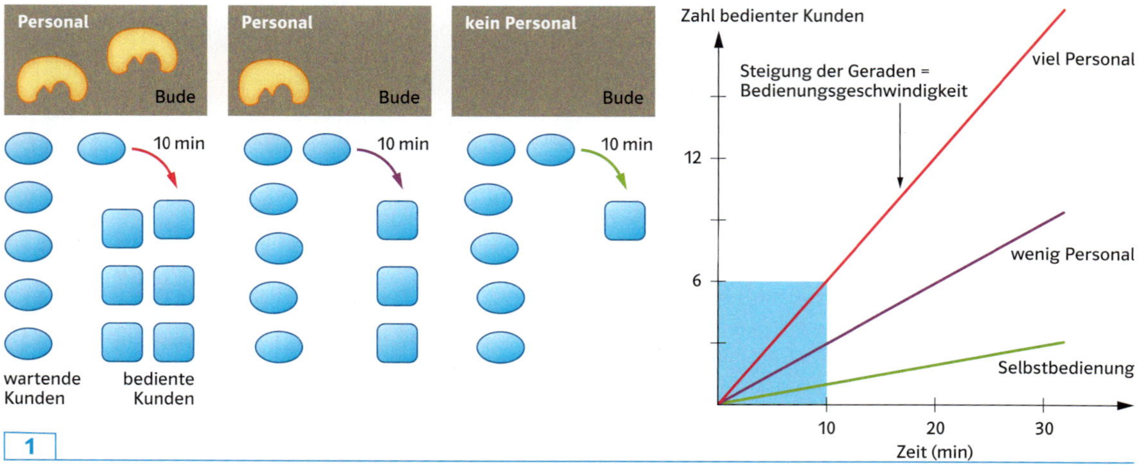

1

An dieser Jahrmarktsbude warten jedes Mal gleich viele Kunden auf Bedienung. Je weniger Personal, desto kleiner ist die Zahl bedienter Kunden pro Zeiteinheit (= Bedienungsgeschwindigkeit).

Wenn auf einem Volksfest an einer bestimmten Bude genügend Kunden anstehen, dann können Sie Folgendes beobachten: Die Anzahl bedienter Kunden pro Zeiteinheit (die „Bedienungsgeschwindigkeit") hängt linear von der Anzahl des Personals ab [Abb. 1], zumindest wenn alle Angestellten gleich schnell arbeiten, was wir hier voraussetzen.

Das hat erstaunliche Parallelen in der Enzymwelt: Ein Enzym setzt als Reaktionsbeschleuniger (Biokatalysator) sein Substrat („wartende Kunden") in ein Produkt („bediente Kunden") um. Wie bestimmen Sie die vom Enzym bewirkte Reaktionsgeschwindigkeit? Indem Sie zu einem Überschuss an Substrat und damit konstant bleibender Substratmenge („wartende Kunden") unterschiedliche Enzymmengen („Personal") geben und jeweils über die Zeit die entstehende Produktmenge (Anzahl „bedienter Kunden") messen. Das Ergebnis ist wie beim „Budenmodell" eine Gerade [Abb. 2 a]. Ihre Steigung ist die Geschwindigkeit der betreffenden chemischen Reaktion bei der gegebenen Substratkonzentration.

Reduzieren Sie bei diesem Versuch die Enzymkonzentration (die Menge an „Personal"), dann nimmt die Reaktionsgeschwindigkeit ab b. Lassen Sie das Enzym ganz weg, findet zwar noch eine Reaktion statt, aber sie ist nun äußerst langsam c. Im „Buden-

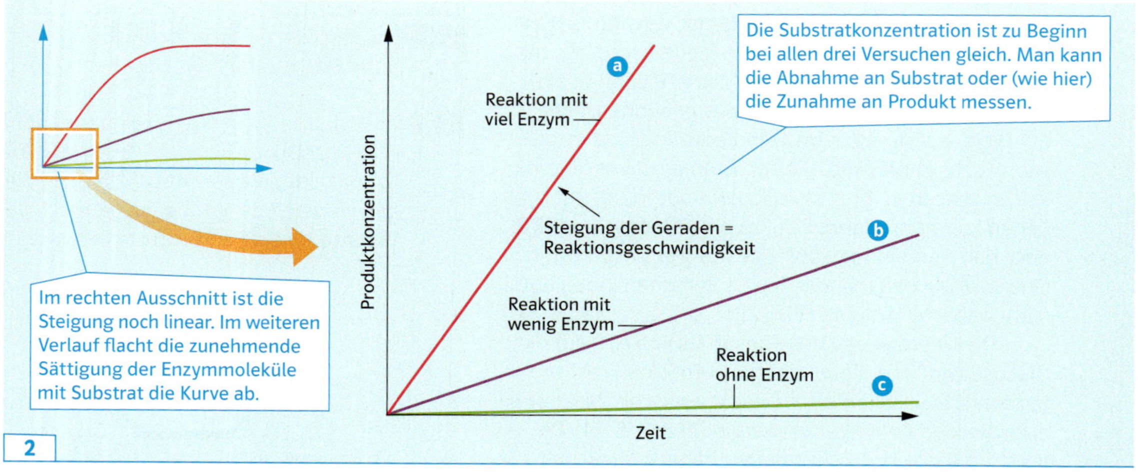

2

Hier ist die Substratmenge beim Start jedes Mal gleich. Je weniger Enzym vorhanden ist, desto geringer ist die Produktmenge pro Zeiteinheit (= Reaktionsgeschwindigkeit).

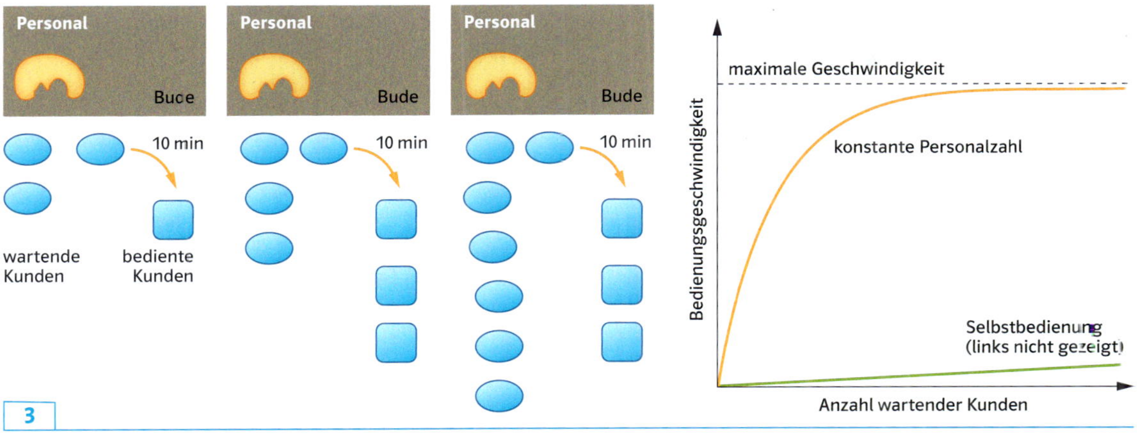

3

Hier bleibt die Personalmenge konstant. Bei steigender Kundenzahl macht das Personal immer kürzere Pausen zwischen den Kunden, erreicht jedoch schließlich eine maximale Bedienungsgeschwindigkeit.

modell" müssen sich die Kunden jetzt selbst bedienen, was ebenfalls sehr lange dauert.

Bleibt in einer Bude die Personalmenge gleich, werden die kleinen Pausen zwischen den Kunden immer kürzer, je mehr von ihnen anstehen. Doch ab einem gewissen Punkt lässt sich die Bedienungsgeschwindigkeit nicht weiter steigern, egal wie viele Kunden noch dazukommen [Abb. 3 links]. Um das zu sehen, muss man die Bedienungsgeschwindigkeit gegen die Anzahl der noch nicht bedienten Kunden auftragen [Abb. 3 rechts]. Der anfangs steile Anstieg geht in eine Sättigungskurve über, die sich asymptotisch der maximalen Geschwindigkeit annähert.

Exakt das Gleiche passiert, wenn Sie die Enzymkonzentration („Personal") konstant halten und nun schrittweise die Substratkonzentration („Kundenmenge") erhöhen. Dabei messen Sie jedes Mal die Reaktionsgeschwindigkeit und tragen diese gegen die jeweilige Substratkonzentration auf. Sie erhalten ebenfalls eine Sättigungskurve [Abb. 4 a]. Wie ist diese molekular zu erklären? Das Enzym bildet mit dem Substrat einen Enzym-Substrat-Komplex, wie Sie das bei der Hexokinase schon gesehen haben [4.5]. Je mehr solche Komplexe vorliegen, desto schneller läuft die Reaktion. Sind jedoch alle vorhandenen Enzymmoleküle mit Substrat beladen, geht es nicht noch schneller.

Wie viel Substrat für die Sättigung genügt, ist enzymspezifisch und hängt davon ab, wie schnell aus dem Enzym-Substrat-Komplex das Produkt gebildet wird (wie lange die Abwicklung eines Kunden dauert). Ohne Enzym steigt die Reaktionsgeschwindigkeit mit der Substratkonzentration linear sehr langsam an [Abb. 4 b]. Die Lücken zwischen den sich selbst Bedienenden werden kleiner. Schließlich wird hier auf niedrigem Niveau ebenfalls ein Plateau erreicht.

Die Geschwindigkeit einer Enzymreaktion hängt sowohl von der Enzymkonzentration als auch von der Substratkonzentration ab. Zudem sind keineswegs alle Enzyme in ihrer Wirksamkeit gleich, sondern es gibt riesige Unterschiede. Auf einem Volksfest werden die Kunden an den verschiedenen Buden und Fahrgeschäften ebenfalls unterschiedlich schnell bedient. Manche Vorgänge dauern eben länger als andere,

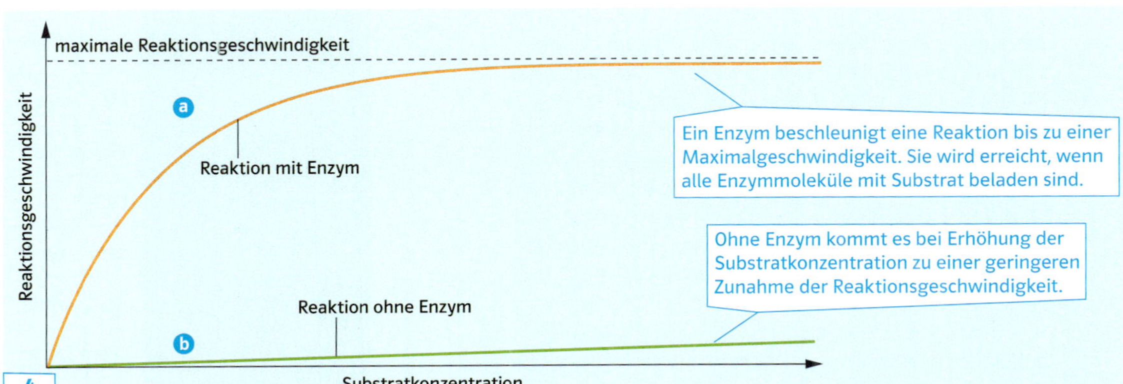

4

Hier bleibt die Enzymmenge konstant. Steigt die Substratkonzentration, so erhöht sich die Produktmenge pro Zeiteinheit (= Reaktionsgeschwindigkeit), bis es nicht mehr schneller geht.

und das jeweilige Personal arbeitet unterschiedlich schnell.

Um die katalytische Wirksamkeit von Enzymproben vergleichen zu können, hat man die ***Enzymaktivität*** definiert. Sie sagt aus, wie viel Mol Substrat unter standardisierten Bedingungen pro Zeiteinheit umgesetzt wird. Ein noch genaueres Maß ist die ***Wechselzahl*** von Enzymen. Sie gibt an, wie viele Substratmoleküle pro Sekunde umgesetzt werden (bei vollständiger Substratsättigung des Enzyms). Die Wechselzahl von Enzymen ist sehr unterschiedlich. Sie bewegt sich zwischen etwa 0,5/s (bei dem in [4.2] vorgestellten Lysozym) und bis 38 Millionen/s bei der ***Katalase***. Dieses Enzym zerlegt in unserem Blut das laufend im Zellstoffwechsel entstehende, gefährliche Wasserstoffperoxid sofort in Wasser und Sauerstoff ($2\,H_2O_2 \rightarrow 2\,H_2O + O_2$). Bei der Hexokinase beträgt die Wechselzahl etwa 1000/s.

A1 Betrachtet man chemische Reaktionen auf der Teilchenebene, braucht es drei Voraussetzungen, damit zwei Teilchen A und B zu AB reagieren können:
- A und B müssen vorhanden sein.
- A und B müssen zusammenstoßen.
- Beim Zusammenstoß muss für die Reaktion notwendige Aktivierungsenergie vorhanden sein.

Begründen Sie mithilfe dieser Voraussetzungen die Konzeptüberschrift „Enzym- und Substratkonzentration bestimmen die Reaktionsgeschwindigkeit".

A2
- **a** Zeichnen Sie das rechte „Budenmodell" aus [Abb. 3] mit doppeltem Personal und 7 Kunden neu.
- **b** Beschreiben und begründen Sie die Veränderung gegenüber der [Abb. 3] rechts mit den Fachbegriffen für Enzymreaktionen.

4.7 pH-Wert und Temperatur beeinflussen die Enzymaktivität

Das Budenpersonal auf einem Volksfest wird in seiner Aktivität durch Wind und Wetter stark beeinflusst. Sind die Bedingungen ungünstig, funktioniert es mit der Bedienung der Kundschaft nicht mehr so gut. Dabei gibt es aber durchaus individuelle Unterschiede. Dem einen wird schnell zu warm, der andere friert nicht gerne. Auch Proteine brauchen für ein optimales Arbeiten bestimmte Umweltbedingungen, die je nach Protein unterschiedlich sein können. Die räumliche Struktur und damit die Funktion von Enzymen wird vor allem von zwei Umweltfaktoren beeinflusst: Temperatur und pH-Wert (Säuregrad). Sind diese zu weit weg vom Optimum, wird das Enzym inaktiviert, wie Sie weiter unten sehen werden.

[Abb. 1] zeigt Ihnen pH-Werte mit dazu passenden Beispielen aus dem Alltag. Jedes Enzym hat einen pH-Wert, bei dem es besonders gut funktioniert. Diesen Bereich nennt man das ***pH-Optimum*** dieses Enzyms [Abb. 2]. Es liegt bei dem im Mundspeichel vorkommenden Verdauungsenzym ***Amylase*** bei pH 7, und tatsächlich herrscht in unserem Speichel ein pH-Wert von 7. Das Verdauungsenzym Pepsin hat dagegen sein pH-Optimum bei pH 2. Es kommt im Magensaft vor, wo je nach Mageninhalt ein pH-Wert zwischen 1 und 4 herrscht.

Doch wie erklärt sich, dass die Enzymwirkung bei einem bestimmten pH-Wert besonders gut ist? In [Abb. 3 links] sehen Sie das aktive Zentrum der Hexokinase so, wie Sie es von [4.6] bereits kennen. Bei neutralem pH-Wert, der für dieses Enzym optimal ist.

	pH-Wert	Beispiel
sauer (H^+ im Überschuss)	0	Salzsäure
	1	Magensaft
	2	Zitronensaft
	3	Essig, Cola
	4	Wein, Säfte
	5	Kaffee, Bier
	6	Mineralwasser
neutral	7	reines Wasser
basisch (OH^- im Überschuss)	8	Meerwasser
	9	Backpulver
	10	Seife
	11	Salmiakgeist
	12	Bleichmittel
	13	Ofenreiniger
	14	Natronlauge

1 Die pH-Skala ist in 14 Stufen unterteilt.

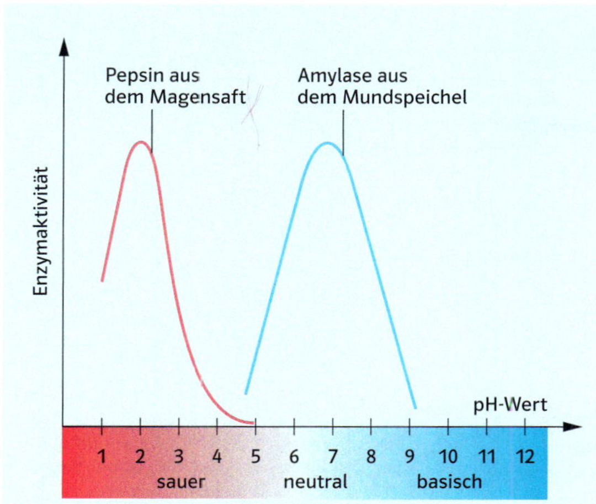

2

Die Aktivität eines Enzyms hängt vom pH-Wert ab und zeigt ein pH-Optimum.

Sehen Sie sich nun an, wie sich dort die Verhältnisse ändern, wenn der pH-Wert zu niedrig ist, das Milieu also zu sauer ist [Abb. 3 rechts]. Saurer bedeutet, dass mehr freie Protonen (H^+) in der Lösung vorhanden sind. Dann nimmt die $-COO^-$-Gruppe von **Asp**artat und **Glu**tamat ein Proton auf und wird zu $-COOH$. Die jeweilige Seitenkette ist jetzt ungeladen und es liegt Asparaginsäure bzw. Glutaminsäure vor. Auch die Phosphatgruppen des ATP werden protoniert. Dadurch gehen insgesamt sechs der sieben für die Katalyse essenziellen H-Brücken verloren, was die Enzymaktivität zum Erliegen bringt. In [Abb. 4] sehen Sie ein Experiment zum Einfluss des pH-Werts auf die Aktivität eines Verdauungsenzyms, der Amylase.

Proteine, also auch Enzyme, sind bei 0 °C sehr stabil [Abb. 5 a]. Eine Erhöhung der Temperatur verstärkt die Bewegung aller vorhandenen Moleküle, die sich dadurch öfter begegnen und mit mehr Energie zusammenstoßen. Das beschleunigt alle chemischen Reaktionen und insbesondere auch enzymatisch katalysierte. Bei 0 °C arbeiten unsere eigenen Enzyme gar nicht. Mit steigender Temperatur nimmt die Enzymaktivität immer mehr zu, und zwar alle 10 °C um das 2- bis 3-Fache b. Das ist die ***RGT-Regel*** enzymatischer Reaktionen (**R**eaktions-**G**eschwindigkeits-**T**emperatur-Regel).

Zwischen 30 und 40 °C erreicht die Enzymaktivität ein Optimum c. Oberhalb dieser optimalen Temperatur nimmt sie jedoch stark ab und verschwindet schließlich. Der Grund: Mit weiter steigender Temperatur wird die räumliche Struktur der Enzyme zunehmend instabil, bis sie schließlich verloren geht – das Protein denaturiert d. Übrig bleibt die entfaltete Polypeptidkette. Sie ist biologisch völlig inaktiv, und

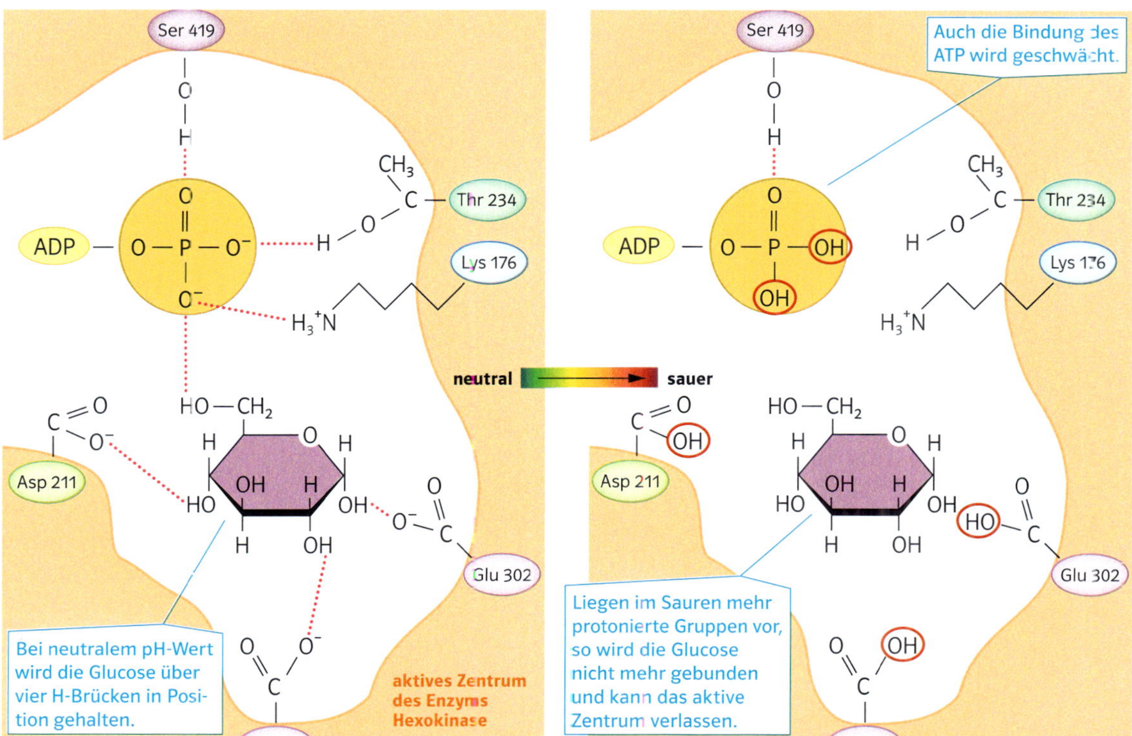

3

Sinkt der pH-Wert zu weit ab, werden die Carboxy-Gruppen saurer Seitenketten protoniert (rechtes Bild). Dadurch gehen sechs der sieben für die Katalyse notwendigen H-Brücken und damit die Enzymaktivität verloren.

KOMPETENZ Experimentieren

Zu jeder Frage werden zwei gegensätzliche **Hypothesen** (= begründete Vermutungen) so formuliert, dass sie experimentell überprüft werden können.

Frage
Beeinflussen Säuren und Basen die Aktivität des Enzyms Amylase?

Hypothese
Säuren und Basen inaktivieren das Enzym Amylase.

Gegenhypothese
Säuren und Basen inaktivieren das Enzym Amylase nicht.

Methode
Die Amylase katalysiert den Abbau von Stärke zu Maltose, einem Zweifachzucker [Abb. 2, S. 76]. Stärke bildet mit Iod aus Iod-Kalium-Iodid-Lösung einen blauen Komplex (Iodstärke). Maltose bildet mit Iod keinen blauen Komplex.

Das Experiment sollte möglichst einfach durchzuführen sein und ein gut beobachtbares Ergebnis liefern.

Experiment

Die Chemikalienlösungen werden bei jedem der vier Versuchsansätze in gleicher Konzentration und Menge verwendet.

Die **Negativkontrolle** (Rg 1) und die **Positivkontrolle** (Rg 2) sollen bestätigen, dass der Versuchsansatz prinzipiell funktioniert. Sie sollen auch die möglichen Ergebnisse anzeigen.

Reagenzglas (Rg)	Stärke-Lösung (Substrat) 1 ml	Amylase-Lösung (Enzym) 1 ml	Salzsäure 1 ml c = 1 mol/l	Natronlauge 1 ml c = 1 mol/l	T	Iod-Kalium-Iodid-Lösung 1 ml
1	x	–	–	–	20 °C	x
2	x	x	–	–	20 °C	x
3	x	x	x	–	20 °C	x
4	x	x	–	x	20 °C	x

Die zu untersuchenden Faktoren werden **einzeln verändert** (Rg 3 und Rg 4). Alle anderen Versuchsbedingungen bleiben gleich.

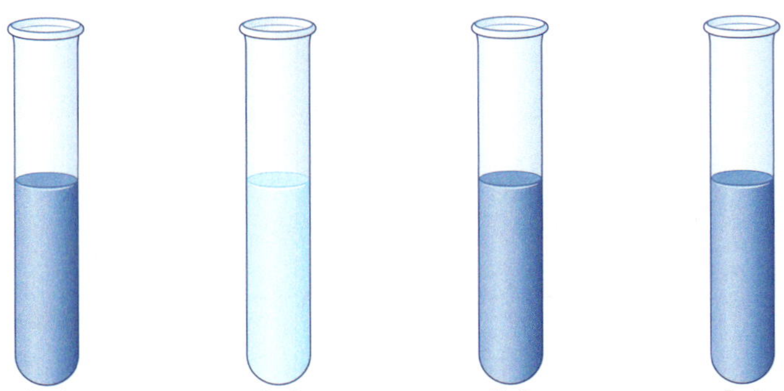

Ergebnisse
In Rg 1, Rg 2 und Rg 3 war die Stärke noch vorhanden (Blaufärbung), in Rg 2 dagegen nicht.

Interpretation der Ergebnisse
Die Negativkontrolle (Rg 1) zeigt, dass die Färbung funktionierte und ohne Enzym kein Abbau erfolgte.
Das Positivkontrolle (Rg 2) zeigt, dass das eingesetzte Enzym aktiv war.
Die Proben in Rg 3 und Rg 4 zeigen, dass das Enzym sowohl durch Salzsäure (niedriger pH-Wert) als auch durch Natronlauge (hoher pH-Wert) inaktiviert wurde.

Mithilfe der Ergebnisse und ihrer Interpretation werden die Hypothesen neu bewertet.

Schlussfolgerung
Die Hypothese wurde gestützt, die Gegenhypothese geschwächt.

Ganz widerlegt ist die Gegenhypothese damit noch nicht: Vielleicht schützen ja Säuren und Basen die Stärke vor dem Abbau. Das müssten Forschende auch noch überprüfen.

4
Mit Experimenten werden Hypothesen überprüft.

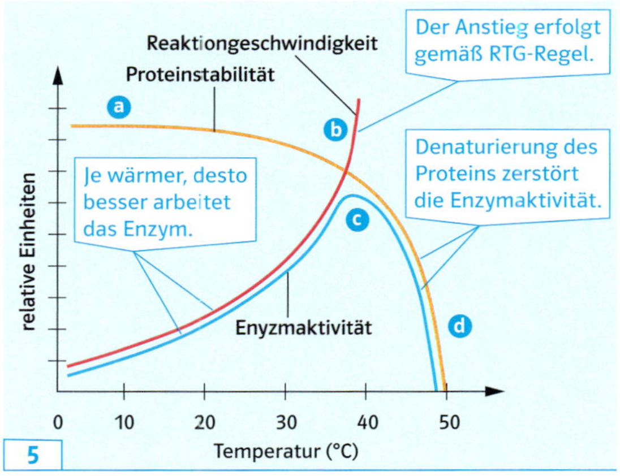

5 Die Enzymaktivität und die Proteinstabilität sind temperaturabhängig.

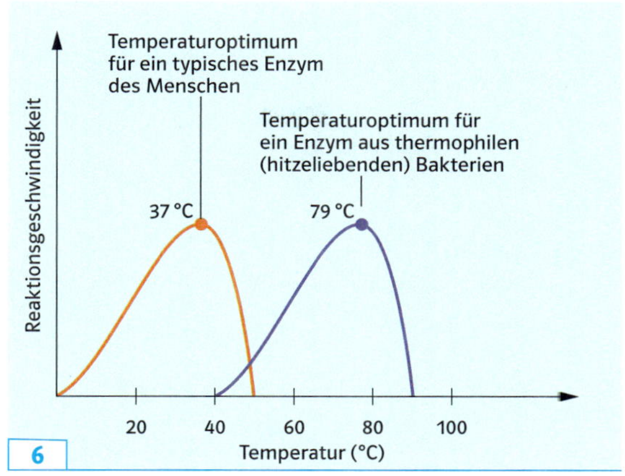

6 Das Temperaturoptimum der Enzymaktivität passt zur üblichen Temperatur der Zellen des Organismus.

meist verfilzen die Ketten miteinander. Der Vorgang ist daher meist irreversibel. Aus gekochtem Hühnereiweiß kann niemand mehr Eiklar machen. Die ***Denaturierung*** erfolgt zwar bei vielen Proteinen erst oberhalb von 50 °C, aber bei Enzymen nimmt die Aktivität meistens schon vorher stark ab. Aus diesem Grund ist Fieber über 42 °C beim Menschen so gefährlich.

Unser Organismus hält eine konstante Körpertemperatur von knapp 37 °C aufrecht. Die meisten unserer Enzyme arbeiten bei genau dieser Temperatur optimal. Die biologische Forschung interessiert sich aber nicht nur für die menschlichen Enzyme, sondern auch für die Enzyme von Lebewesen, deren Zellen an viel niedrigere oder viel höhere Temperaturen angepasst sind. So funktionieren die Enzyme des antarktischen Eisfischs bei 0 °C optimal, die von manchen hitzeliebenden (***thermophilen***) Bakterien bei über 70 °C.

Die Temperatur-Optimumskurven der Enzyme solcher Lebewesen gleichen in der Form den unseren, sind aber entsprechend verschoben [Abb. 6]. Die Enzyme von thermophilen Bakterien oder von Eisfischen arbeiten dafür bei unserer Körpertemperatur nicht.

A1 Die Geschwindigkeit von Enzymreaktionen ist von Umweltfaktoren abhängig. Nennen Sie diese und erklären Sie die Ursachen.

A2 Lebensmittel verderben, weil Mikroorganismen sie besiedeln und als Nahrung benutzen. Dabei entstehen oft übelriechende und giftige Stoffe. Begründen Sie, warum dagegen folgendes hilft: Ansäuern (Sauerkraut, saure Gurken), Einkochen (Früchte, Fleisch), Kühlen und Tiefrieren (alle Lebensmittel).

4.8 Enzyme werden durch Hemmstoffe und Förderstoffe reguliert

Trinken Menschen Alkohol (Ethanol), beginnt das Leberenzym Alkohol-Dehydrogenase (ADH) sofort mit dessen Abbau. Doch die ADH ist weniger substratspezifisch als die meisten Enzyme. Ihr aktives Zentrum akzeptiert auch die Alkohole Ethylenglycol und Methanol als Substrat. Diese können in illegalen alkoholischen Getränken vorkommen und werden von der ADH zu hochgiftigen Produkten umgewandelt. So kommen Menschen in Lebensgefahr. Um solche Patienten zu entgiften, gibt es im Krankenhaus die Möglichkeit, die Aktivität der ADH so lange zu hemmen, bis diese Alkohole über die Nieren ausgeschieden sind. Dazu verwendet man einen ***Hemmstoff*** (***Inhibitor***) namens 4-Methylpyrazol. Dieser besetzt anstelle der Alkohole das aktive Zentrum der ADH, wird jedoch nicht zum Produkt umgesetzt und blockiert das Enzym dadurch. Einen Vorgang wie diesen, bei dem ein Hemmstoff mit dem Substrat um das aktive Zentrum des Enzyms konkurriert und es zeitweise besetzt, bezeichnet man als **kompetitive Hemmung** [Abb. 1 a].

Kompetitive Hemmung kann bei jedem Enzym vorkommen. In unserem „Budenmodell" wäre es eine Situation, in der eine am Angebot desinteressierte Person die Verkaufstheke blockiert [Abb. 2 a, b]. Doch ebenso wie eine solche Person von immer mehr wartenden Kunden schließlich vertrieben wird, kann ein kompetitiver Hemmstoff durch eine Erhöhung der Substratkonzentration aus dem aktiven Zentrum des Enzyms verdrängt werden. Eine kompetitive Hemmung ist umkehrbar (***reversibel***).

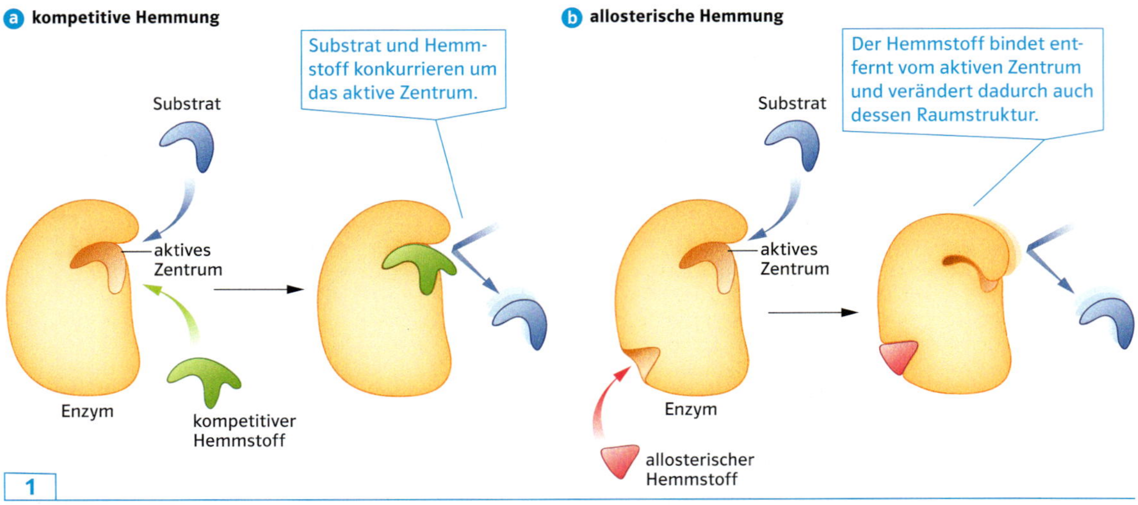

1 Hemmstoffe können mit Substraten um das aktive Zentrum konkurrieren a, oder dessen räumliche Struktur beeinflussen b.

Tatsächlich kann man im Labor die kompetitive Hemmung eines Enzyms genau daran erkennen. Eine Erhöhung der Substratkonzentration beseitigt sie. In [Abb. 3] können Sie das anhand eines Experiments durchspielen.

Kompetitive Hemmung erfolgt nicht nur durch zellfremde Stoffe wie im Beispiel oben, sondern ist ein zentraler Mechanismus der Stoffwechselregulation. Der einfachste Fall ist, dass ein Produkt in der Umgebung des Enzyms bereits in so großer Menge vorkommt, dass es vom Substrat nicht mehr aus dem aktiven Zentrum verdrängt werden kann. Im Budenmodell wäre das eine Situation, in der die bereits bedienten Kunden die Theke noch blockieren.

Eine ***nichtkompetitive Hemmung*** funktioniert anders. Durch sie arbeitet das Enzym langsamer oder gar nicht mehr. Typ 1 ist die ***unkompetitive Hemmung***. Der Hemmstoff bindet an den Enzym-Substrat-Komplex und verhindert die Reaktion. Typ 2 ist die ***allosterische Hemmung***. Der Hemmstoff bindet an einer ganz anderen Stelle des Enzyms (***allo ster*** (gr.): anderer Ort). Das verändert dessen Konformation, und zwar so, dass im aktiven Zentrum die Enzymaktivität sinkt [Abb. 1 b]. Im Budenmodell wäre der allosterische Hemmstoff jemand, der nicht an der Theke, sondern anderweitig stört [Abb. 2 c]. Man erkennt diesen Hemmungstyp daran, dass mehr Substrat (mehr Kunden) die Hemmung nicht aufhebt.

Passend zur allosterischen Hemmung gibt es auch eine ***allosterische Förderung***. Ein Förderstoff (***Aktivator***) bindet abseits vom aktiven Zentrum und verändert dabei die Konformation des Enzyms so, dass

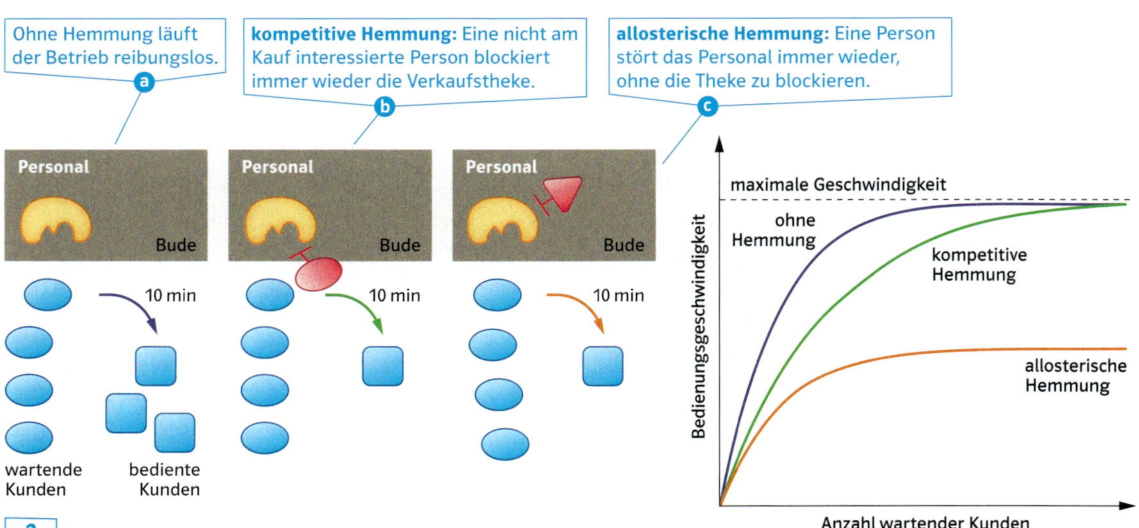

2 Die Abläufe beim Verkauf können auf zweierlei Weise gehemmt werden.

EXPERIMENT Kompetitive Hemmung eines Enzyms erkennen

Fragestellung
Kann Malonat das Enzym Succinatdehydrogenase, das Succinat in Fumarat umwandelt, kompetitiv hemmen?

Hypothese und Gegenhypothese
Malonat ist ein/kein kompetitiver Hemmstoff des Enzyms Succinatdehydrogenase.

Methode
Die Umwandlung von Succinat in Fumarat wird durch das Enzym Succinatdehydrogenase katalysiert. Die Konzentration des dabei entstehenden Produktes Fumarat wird durch ein Analyseverfahren bestimmt a. In einer zweiten Versuchsserie wird zusätzlich Malonat zugesetzt, das dem Substrat strukturell ähnlich ist, doch vom Enzym nicht umgewandelt werden kann. Nun wird die Konzentration des Substrats Succinat schrittweise erhöht, und jedes Mal eine Messkurve wie in a erstellt. Die Steigung im linearen Anfangsbereich dieser Messkurven entspricht der Reaktionsgeschwindigkeit. Die so ermittelten Reaktionsgeschwindigkeiten werden dann gegen die jeweils verwendete Konzentration des Substrates Succinat aufgetragen b.

Ergebnis und Interpretation
Aus der Serie von Messkurven wie in a ergeben sich zwei Sättigungskurven b, wobei die mit Malonat zunächst tiefer liegt, aber sich dann der gleichen Maximalgeschwindigkeit nähert wie beim reinen Succinat. Malonat senkt also die Reaktionsgeschwindigkeit und wirkt demnach als Hemmstoff des Enzyms. Die Hemmung kann jedoch durch mehr Substrat aufgehoben werden. Das zeigt eine kompetitive Hemmung an.

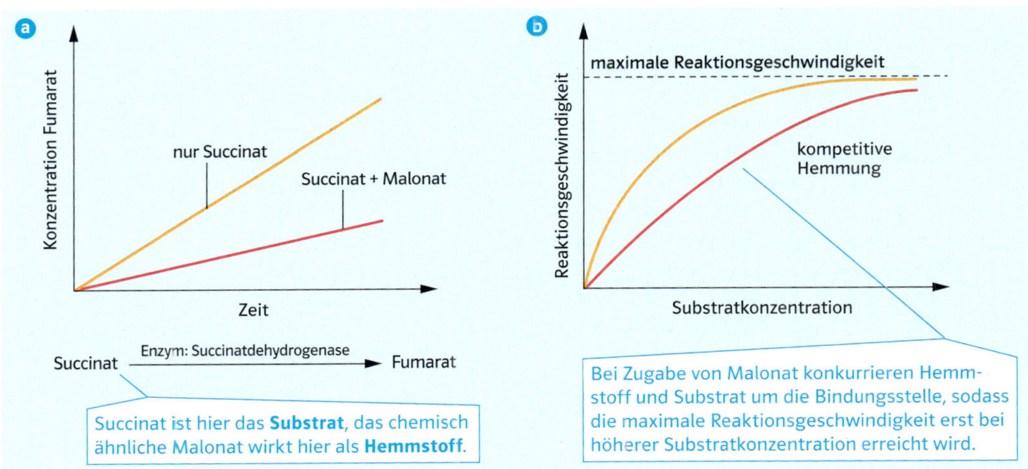

Schlussfolgerung
Die Hypothese wurde gestützt. Die Gegenhypothese wurde geschwächt oder sogar widerlegt.

3

Die kompetitive Hemmung eines Enzyms kann man daran erkennen, dass sie von mehr Substrat aufgehoben wird.

im aktiven Zentrum die Enzymaktivität steigt. Im Budenmodell treibt jemand das Personal an.

Die Regulation von Enzymen durch Hemmstoffe und Förderstoffe spielt im Stoffwechsel der Zelle eine zentrale Rolle. Zahlreiche Medikamente sind Hemmstoffe bestimmter Enzyme. Die Liste der Beispiele reicht von Schmerzmitteln und Blutdrucksenkern bis hin zu Mitteln gegen Krebs. Manche Schwermetalle wie Blei oder Quecksilber können Enzyme *irreversibel* (unumkehrbar) hemmen und sind daher giftig, wenn sie sich im Körper anreichern.

A1 Vergleichen Sie die kompetitive und die allosterische Enzymhemmung tabellarisch.

A2 Beschreiben Sie die abgebildete Enzymreaktion. Verwenden Sie die Fachbegriffe aus [4.8].

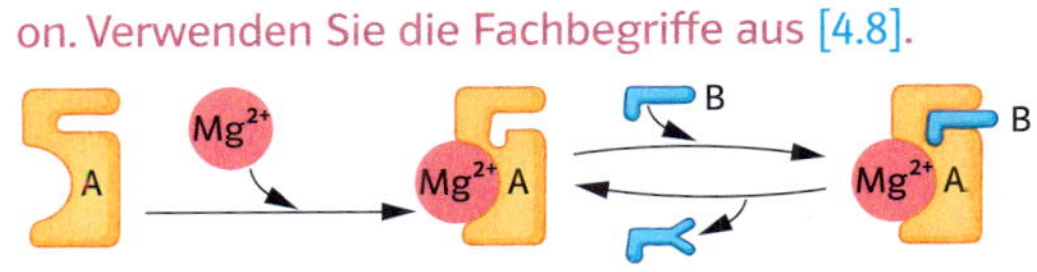

Lösungen js528v

Nr.	Temperatur (°C)	Anzahl der Bläschen/ min
1	5	1
2	15	5
3	25	15
4	35	33
5	45	30
6	55	10
7	65	3

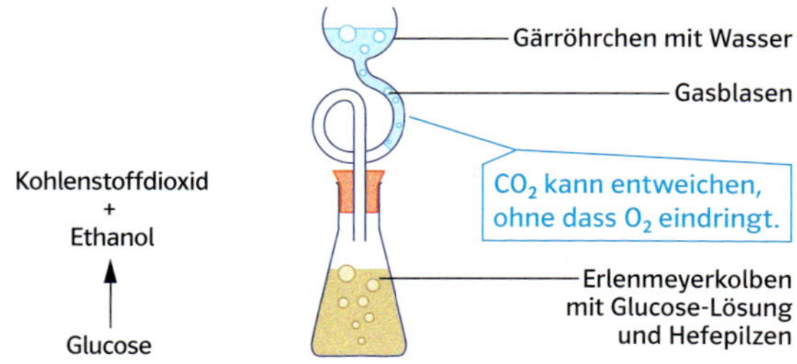

1

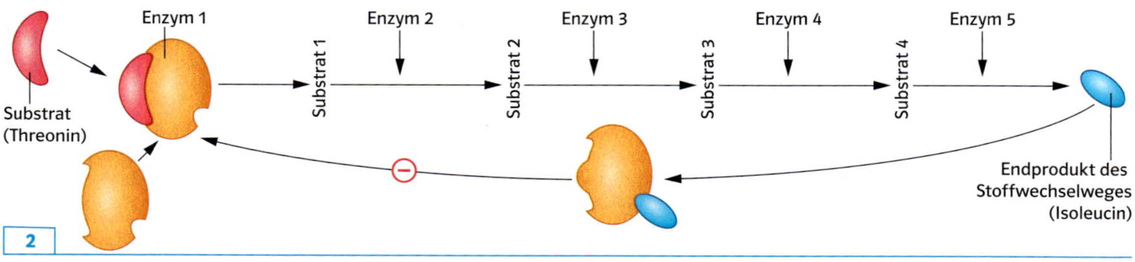

2

A1 Wenn Sie etwas Traubenzucker (Glucose) im Mund zergehen lassen, nimmt er Ihre 37° Körpertemperatur an. Er reagiert trotzdem nicht mit dem Sauerstoff der Luft. Dagegen kann Glucose, die von Ihren Körperzellen aufgenommen wird, dort bei 37 °C nach Bedarf schrittweise zu Kohlenstoffdioxid und Wasser abgebaut werden. Dabei wird Energie für den Aufbau von ATP freigesetzt.
Erklären Sie, weshalb Traubenzucker bei 37 °C in der Zelle, aber nicht im Mund reagiert.

A2 Erläutern Sie die Bedeutung des Enzym-Substrat-Komplexes für eine biochemische Reaktion.

A3 Bier und Wein enthalten Alkohol (genauer Ethanol). Hefepilze bauen die in Gerste und Weintrauben enthaltenen Kohlenhydrate zu Traubenzucker (Glucose) um, den sie als Nährstoff nutzen.
Im Prozess der alkoholischen Gärung wird Glucose in Abwesenheit von Sauerstoff schrittweise enzymatisch unter Freisetzung von Energie abgebaut. Als Stoffwechselendprodukte entstehen Ethanol und Kohlenstoffdioxid.
Die Aktivität der Enzyme in den Hefepilzen kann experimentell untersucht werden. Dazu werden Hefepilze in einer Glucose-Lösung aufgeschwemmt und in Erlenmeyerkolben kultiviert, die mit einem Gärröhrchen versehen sind [Abb 1. rechts]. Die Anzahl der Kohlenstoffdioxid-Bläschen pro Minute, die durch das Gärröhrchen entweichen, ist ein Maß für die Aktivität der Gärungsenzyme.

a Stellen Sie eine Hypothese zur Aktivität von Enzymen bei unterschiedlichen Temperaturen auf.
b Die Überprüfung der Hypothese erfolgt experimentell, mit dem beschriebenen Gärungsversuch als Messmethode. Die Tabelle in [Abb. 1 links] enthält die Beobachtungs- und Messergebnisse. Stellen Sie diese in einem Diagramm dar.
c Bewerten Sie mit den Ergebnissen des Experiments Ihre Hypothese aus Teilaufgabe a).
d Begründen Sie den Kurvenverlauf aus Teilaufgabe b).

A4 Isoleucin ist eine Aminosäure, die für den Aufbau funktionsfähiger Proteine im Körper unverzichtbar ist. Der Mensch kann Isoleucin nicht selbst herstellen. Deshalb muss Isoleucin mit der Nahrung aufgenommen werden. Viele Bakterien können jedoch Isoleucin synthetisieren. Dabei kann beobachtet werden, dass die Herstellung von Isoleucin in der Bakterienzelle langsam gedrosselt wird, wenn der Isoleucin-Spiegel im Cytoplasma ansteigt. Die [Abb. 2] zeigt Reaktionen zur Herstellung von Isoleucin im Bakterienstoffwechsel vereinfacht.
a Beschreiben Sie die Herstellung von Isoleucin in der Bakterienzelle.
b Erläutern Sie die Regulierung der Isoleucin-Produktion in der Bakterienzelle.
c Beim Abfall der Isoleucin-Konzentration in der Bakterienzelle kommt die Produktion dieser Aminosäure wieder in Gang. Stellen Sie eine Hypothese über die Ursache auf.

Zellen in Aktion – Die Abwehr von Infektionen

Kapitel **5**

Konzepte

5.1 Viele Eindringlinge werden sofort erkannt und von Immunzellen gefressen

5.2 Erworbene Immunität beruht auf dem spezifischen Erkennen von Antigenen

5.3 Viren dringen in Zellen ein und veranlassen sie zur Virenproduktion

5.4 Bestimmte Immunzellen stellen Antikörper her und setzen sie frei

5.5 Bei Allergien und Autoimmunkrankheiten reagiert das Immunsystem falsch

5.6 Impfstoffe simulieren im Körper eine Infektion mit einem Erreger

5.7 Schutzimpfungen helfen einem selbst und auch anderen Personen

Unser Immunsystem macht unseren Körper zu einer wehrhaften Burg gegen Eindringlinge!

Doch dieser Schutz kann versagen. Der internationale Reiseverkehr machte die Infektionskrankheit Covid-19 in kürzester Zeit zur Pandemie: Burg in Gefahr! Aber die globale Vernetzung ermöglichte auch, dass Forschende aus aller Welt ihre Ergebnisse zur Pandemie kontinuierlich teilen und miteinander diskutieren konnten. Diese Kooperation, viel Geld und immense Fortschritte seit dem Jahr 2000 in der Immunologie, Molekularbiologie und Datenverarbeitung brachten uns in Rekordzeit wirksame Impfstoffe. Doch auch Falschmeldungen und Verschwörungsmythen zum Thema verbreiteten sich schnell und halten sich hartnäckig. Fakt oder Fake? Bei guter Kenntnis dessen, was uns zur „Burg" macht – der Geheimnisse des Immunsystems – fällt die Unterscheidung leichter.

5.1 Viele Eindringlinge werden sofort erkannt und von Immunzellen gefressen

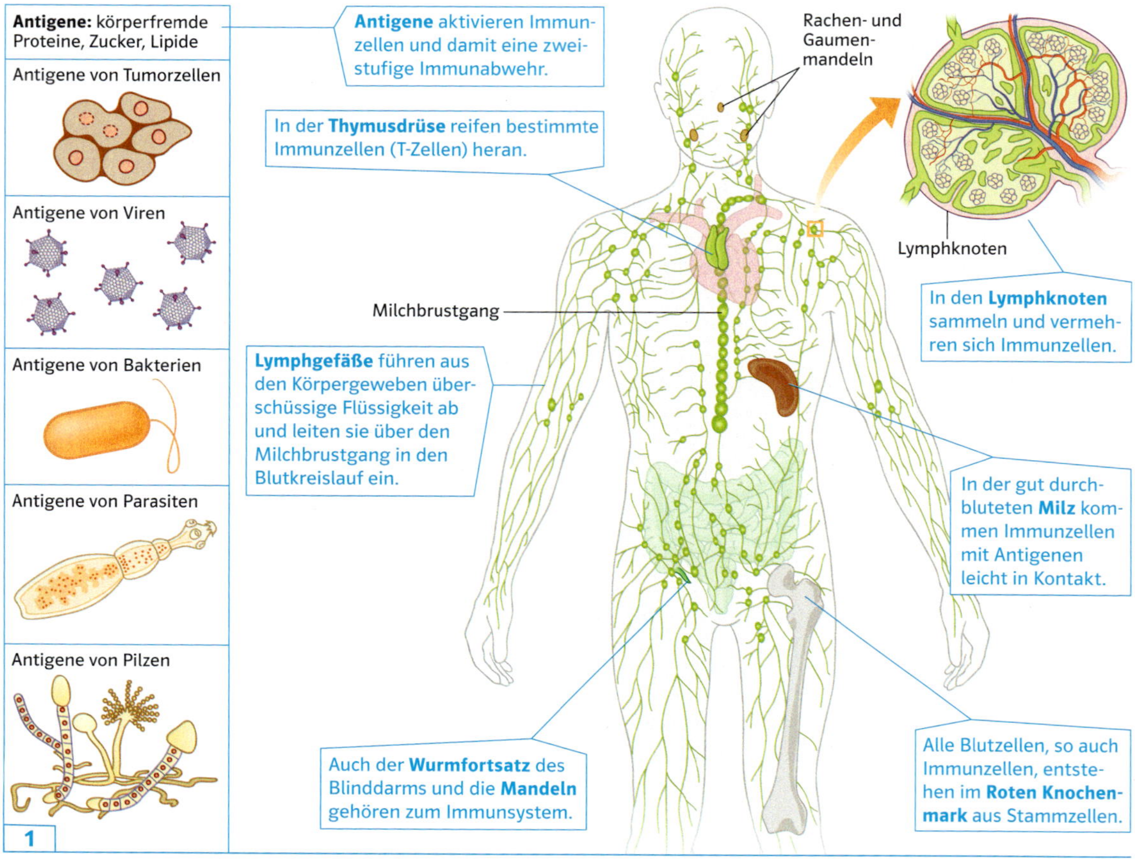

Das Lymphsystem ist das zentrale Verkehrsnetz unseres Immunsystems. Es verbindet alle seine Teile.

Wenn Sie eine fiebrige Erkältung haben, sind an Ihrem Hals oftmals die Lymphknoten geschwollen. Wie kommt das? Unser Lymphsystem hat verschiedene Aufgaben [Abb. 1], dient aber vor allem als zentrales Verkehrsnetz der körpereigenen Abwehr – unseres **Immunsystems**. Die Lymphflüssigkeit enthält ebenso wie das Blut viele **Immunzellen**, auch ***Weiße Blutzellen*** oder ***Leukocyten*** genannt. Sie sind die Kampftruppe des Immunsystems. Kommen sie mit Eindringlingen in Kontakt und erkennen diese als fremd, dann werden sie aktiviert, wandern in die Lymphknoten ein und vermehren sich dort massenhaft. Das lässt die Lymphknoten anschwellen. So verstärkt, fallen die Immunzellen über die Eindringlinge her und vernichten sie. Eine Armee, deren Krieger sich bei Gefahr selbst vermehren, ist nahezu unschlagbar – außer in zwei Fällen: Die Eindringlinge vermehren sich noch schneller, oder sie werden vom Abwehrsystem nicht erkannt.

Wen oder was kann unser Immunsystem bekämpfen? Gegen große Raubtiere hilft das Immunsystem natürlich nicht, doch es wird alles attackiert, das winzig ist und uns potenziell schaden könnte: Viren, Bakterien, Parasiten, Pilze, doch auch entartete körpereigene Zellen [Abb. 1]. Wie Sie in der Abbildung auch sehen, werden diese Krankheitserreger nicht als Ganze erkannt, sondern an molekularen Strukturen auf ihrer Oberfläche, die für unseren Körper fremd sind. Das sind meistens bestimmte Proteine oder Zuckerketten, die in unserem Körper in dieser Art nicht vorkommen. Molekulare Strukturen, die unser Immunsystem als fremd einstuft und abwehrt, bezeichnet man ganz allgemein als **Antigene**. Dieser Ausdruck ist historisch bedingt und aus heutiger Sicht ungeschickt gewählt, weil Antigene mit den Genen unseres Erbguts überhaupt nichts zu tun haben.

[Abb. 1] zeigt Ihnen auch, welche Organe neben den Lymphknoten noch zu unserem Immunsystem gehören: die Mandeln, der Wurmfortsatz unseres Blinddarms, die Milz und die Thymusdrüse. Besonders wichtig für das Immunsystem ist zudem das rote Knochenmark, denn hier entwickeln sich aus **Stammzellen** alle Blutzellen [6.1], und damit auch die verschiedenen Typen von Immunzellen [Abb. 2]. Ihre unterschiedlichen Aufgaben werden Sie im Verlauf des Kapitels kennenlernen.

Stellen Sie sich eine mittelalterliche Burg vor. Sie besitzt einen Wassergraben, Mauern, Türme und Wachtposten. Diese Barrieren sind sofort wirksam und hindern Ankömmlinge am Betreten der Burg. Auch unser Immunsystem besitzt eine sofort wirksame Komponente: die **angeborene Immunität** [Abb. 3]. Sie ist von Geburt an voll einsatzbereit und besteht zunächst einmal aus einer dichten mechanischen ***Infektionsbarriere***, unserer Haut. Sie ist vergleichbar mit den Burgmauern und Türmen. Dazu kommen chemische Infektionsbarrieren in Form von Sekreten (unser „Wassergraben"): z. B. die Magensäure, der bakterizid wirkende Mundspeichel [4.2] und die Tränenflüssigkeit. Wegen des unspezifischen Charakters dieser Barrieren wird die angeborene Abwehr auch ***unspezifische Immunität*** genannt.

Eine Burg hat Wachtposten, die deren Zugang regeln. Auch die angeborene Immunität ist nicht gänzlich unspezifisch, sondern verfügt über zelluläre „Wachtposten", die „Einheimische" von „Fremden" unterscheiden können: Es sind ***Makrophagen*** und ***Granulocyten*** [Abb. 2]. Diese Immunzellen können Zellbestandteile oder auch ganze Zellen in sich aufnehmen und verdauen. Sie heißen deshalb auch „Fresszellen"

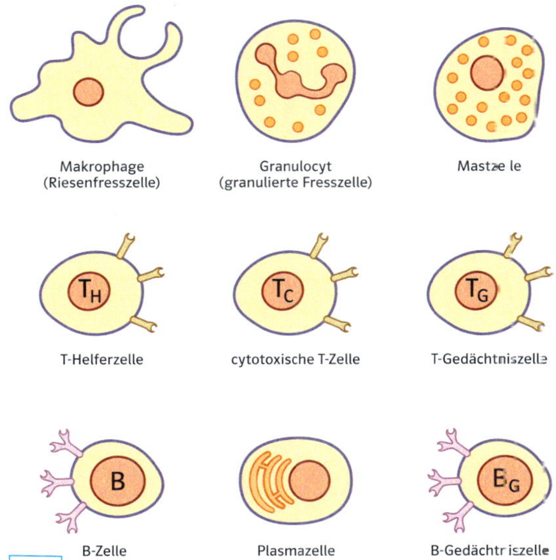

2

Die verschiedenen Immunzellen haben unterschiedliche Aufgaben.

(oder fachsprachlich ***Phagocyten***). Sobald die Fresszellen, z. B. in einer Hautwunde, auf bestimmte Bakterien treffen, erkennen und binden sie diese über deren Antigene [Abb. 4]. Das erfolgt durch Rezeptorproteine in der Zellmembran der Immunzellen, sogenannte ***Toll-Rezeptoren***. Diese heißen tatsächlich so, weil ihre Entdeckerin, eine deutsche Forscherin, diese Sache „toll" fand.

Immunsystem (bekämpft Mikroorganismen, Viren und entartete Zellen)

angeborene Immunität

- reagiert unmittelbar, jedoch wenig spezifisch und nicht anpassungsfähig
- verfügt über unspezifische Infektionsbarrieren (Haut, Sekrete)
- erkennt mithilfe weniger „Toll-Rezeptoren" erdgeschichtlich sehr alte Erreger und vernichtet sie
- hat mit dem „Komplementsystem" auch wasserlösliche Abwehrproteine (hier nicht besprochen)
- bewirkt durch Fresszellen und Mastzellen über Botenstoffe eine Entzündungsreaktion, die Erreger vernichtet
- bewirkt durch Fieber, das Körperzellen aushalten, eine Schädigung der Erreger

erworbene Immunität

- reagiert viel langsamer, ist aber hochspezifisch und anpassungsfähig
- erkennt jede Art von Antigen mithilfe spezifischer Rezeptoren
- benötigt eine Aktivierungsphase
- entwickelt für jedes neue Antigen ein immunologisches Gedächtnis
- verfügt über zwei Handlungsarme:

humorale Immunantwort	zelluläre Immunantwort
Wasserlösliche Antikörper binden Erreger in den Körperflüssigkeiten.	Cytotoxische T-Zellen greifen infizierte oder entartete Zellen direkt an.

3

Das Immunsystem verfügt über angeborene und über erworbene Abwehrmöglichkeiten.

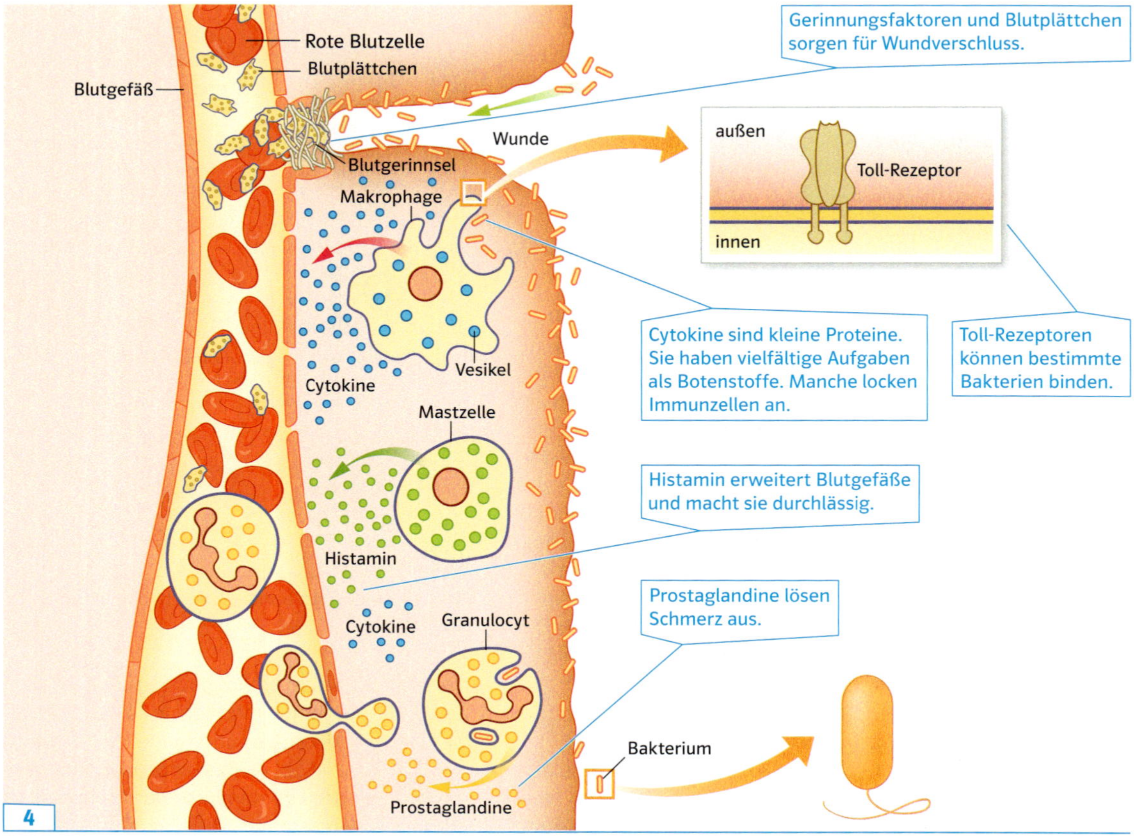

4 Dringen Krankheitserreger durch eine Hautwunde ein, reagiert die angeborene Immunität mit einer Entzündungsreaktion.

Die von Toll-Rezeptoren erkannten Antigene dieser Bakterien sind seit Jahrmillionen unverändert geblieben, und deshalb ist diese Abwehrmethode vererbbar und sofort einsetzbar. Die Fresszellen nehmen die so gebundenen Bakterien in sich auf und verdauen sie.

Gleichzeitig locken die Fresszellen über bestimmte Botenstoffe (***Cytokine***) weitere Immunzellen an [Abb. 4], und damit startet eine koordinierte Abfolge von Abwehrreaktionen. So bewirkt der Botenstoff ***Histamin***, der aus angelockten ***Mastzellen*** freigesetzt wird, eine Erweiterung lokaler Blutgefäße. Das äußert sich durch Rötung und Erwärmung. Gleichzeitig kommt es auch zu einer Schwellung, weil die Blutgefäße durchlässig werden und Blutplasma austritt. Das erleichtert weiteren Immunzellen das Einwandern aus dem Blut in das geschädigte Gewebe. Dort sondern Granulocyten schmerzauslösende Botenstoffe (***Prostaglandine***) ab. Das Ganze bezeichnet man als ***Entzündungsreaktion***.

Information und Kommunikation

Der Entzündungsherd gleicht einem Schlachtfeld aus toten Zellen, Zelltrümmern and massenhaft angelockten Immunzellen. Diese Ansammlung kennen Sie als Eiter. Wenn es nicht gelingt, die Entzündung lokal unter Kontrolle zu bringen, wird schließlich der ganze Körper in die Abwehrmaßnahmen einbezogen – die Entzündung wird systemisch. In diesem Stadium kann sich unser Körper zusätzlich durch Temperaturerhöhung wehren – wir bekommen Fieber. Das ist hilfreich, denn viele Krankheitserreger sind hitzeempfindlich und sterben bereits bei Temperaturen ab, die unsere Körperzellen noch aushalten. Das Fieber darf allerdings nicht zu hoch werden, denn sonst wird es wegen der einsetzenden Denaturierung von Proteinen [4.7] für uns selbst kritisch.

A1 Recherchieren Sie zu den in [Abb. 1] angegebenen Antigenen bzw. Krankheitserregern konkrete Beispiele und nennen Sie die dazugehörigen Krankheiten/Beschwerden.

A2
- **a** Erläutern Sie das Zusammenspiel der in [Abb. 4] dargestellten Immunzellen bei der Bekämpfung von in eine Wunde eingedrungenen Erregern auch unter Berücksichtigung des Basiskonzepts „Information und Kommunikation“ ⚘.
- **b** Erklären Sie, warum das Erkennen von Erreger-Antigenen Voraussetzung für die Immunabwehr ist.

5.2 Erworbene Immunität beruht auf dem spezifischen Erkennen von Antigenen

Sollten die Wachtposten überwältigt werden, treffen die Eindringlinge im Inneren der Burg auf ein zweites Abwehrsystem: eine Söldnertruppe. Diese wurde von den Wachtposten alarmiert und hat einige Zeit gebraucht, um gegen diesen speziellen Feind aufzurüsten. Sie kann ihn aber jetzt ganz gezielt und daher besonders effizient bekämpfen. Die Parallele dazu in unserem Immunsystem ist die **erworbene Immunität**. Sie wird durch Immunzellen der angeborenen Abwehr aktiviert, muss sich erst entwickeln und reagiert

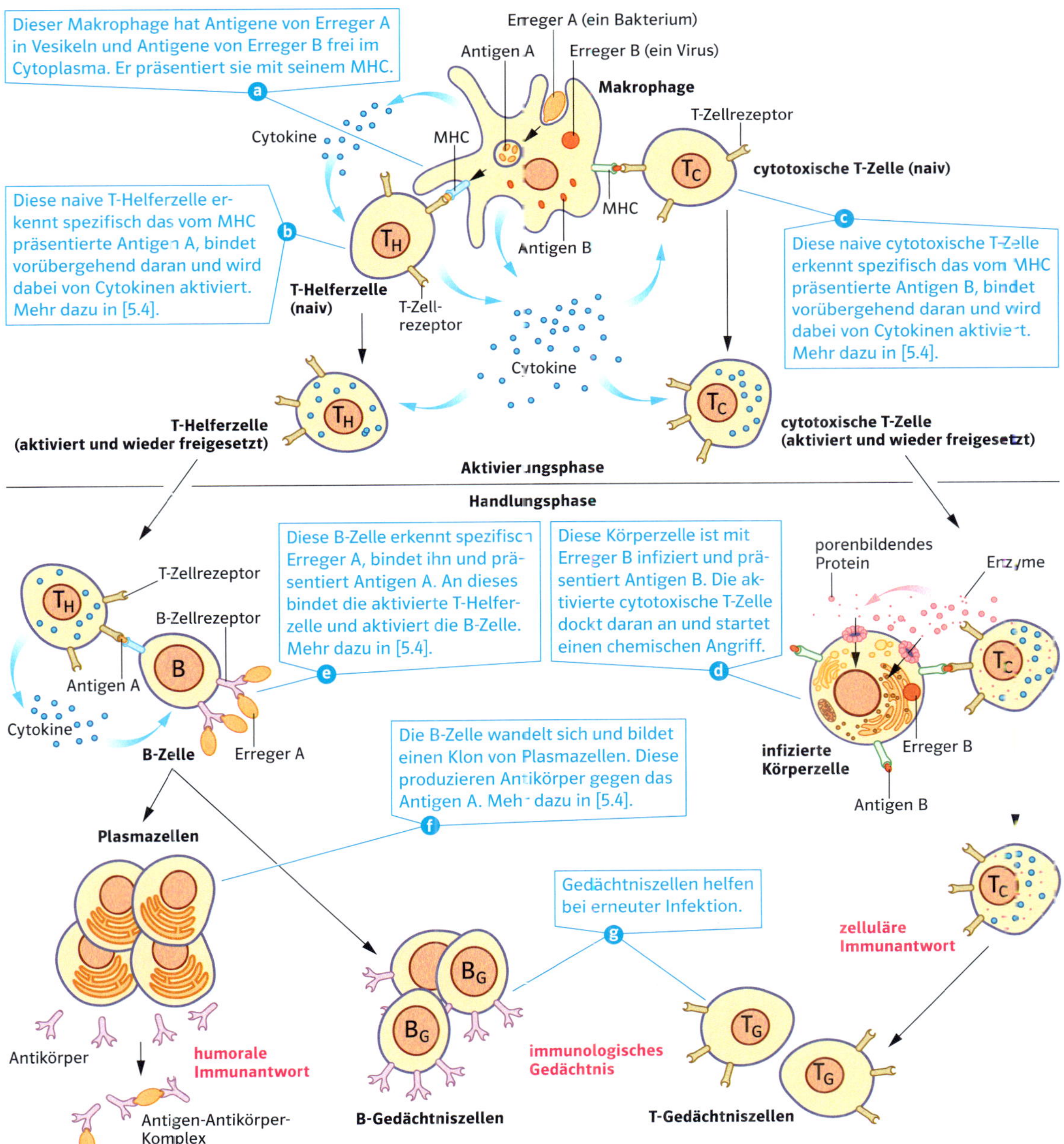

1

Bei der erworbenen Immunität gibt es eine Aktivierungsphase, eine zweigleisige Handlungsphase und ein Gedächtnis.

dadurch später. Aber sie erkennt den Erreger und kann deshalb ganz spezifisch gegen ihn vorgehen. Sie ist auch äußerst anpassungsfähig (adaptiv), was die Art der „Feinde" betrifft. Die erworbene Immunität wird deshalb oft auch „spezifische" oder „adaptive" Immunität genannt [Abb. 3, S. 89].

Die Grundlage der erworbenen Immunität ist eine besondere Fähigkeit aller kernhaltigen Zelltypen unseres Körpers: Sie können auf der Oberfläche ihrer Zellmembran **Peptide** präsentieren (d.h. Einheiten aus wenigen Aminosäuren), die aus zelleigenen Proteinen stammen. Die Peptide entstehen laufend im freien Cytoplasma, indem dort molekulare Schredder Proteine zerlegen [2.2]. Die Peptide werden dann ins ER transportiert.

Die Präsentation erfolgt durch einen bestimmten Proteinkomplex, dessen umständlichen englischen Namen man mit **„MHC"** abkürzt.

Der MHC ist eine Art Halterung, in der das Peptid so steckt, dass es von Immunzellen mit deren membranständigen Rezeptoren erkannt wird – als eine Art von außen ertastbares Etikett der Zelle. Da sich solche Peptide auch als Antigen eignen, spricht man von ***Antigen-Präsentation***. Die MHC-Moleküle werden am rauen ER hergestellt und gelangen dann eingebaut in eine Vesikelmembran zur Zellmembran [2.3]. Noch im ER treffen sie auf die Peptide und binden eines, um es dann zu präsentieren. Warum machen die Körperzellen das? Weil sie so dem Immunsystem signalisieren können, ob sie Tumorzellen oder infiziert sind (indem sie dann fremdartige Peptide präsentieren). Ist das der Fall, wird die Zelle vom Immunsystem vernichtet.

Struktur und Funktion

Makrophagen nehmen am Infektionsort Zelltrümmer der Eindringlinge auf, verdauen diese in Lysosomen und präsentieren Bruchstücke ihrer Antigene, sogenannte ***Antigenfragmente***, auf ihrer Zellmembran [Abb. 1 a]. Im Vergleich zu anderen Körperzellen ist der MHC der Makrophagen etwas anders beschaffen: Er dient dazu, ganz bestimmte Immunzellen, die noch nicht aktiviert („naiv") sind, zu kontaktieren. Diese Immunzellen nennt man T-Zellen. Sie werden über ihren ***T-Zellrezeptor*** kontaktiert. Erfolgt so ein Kontakt, wird die T-Zelle über bestimmte Botenstoffe aktiviert. Dabei handelt es sich um zwei Typen von T-Zellen: ***T-Helferzellen*** b, und ***cytotoxische T-Zellen*** (auch „T-Killerzellen" genannt) c.

Nach dieser Aktivierungsphase – vergleichbar mit der Alarmierung der Kampftruppe der Burg durch die Wachtposten – folgt die Effektorphase der erworbenen Immunität: Der Feind wird identifiziert, dann wird aufgerüstet und zugeschlagen. Dabei gibt es eine humorale Immunantwort (***humor*** (lat.): Flüssigkeit) und eine zelluläre Immunantwort [Abb. 3, S. 89].

Die ***zelluläre Immunantwort*** [Abb. 1, rechts] erfolgt über die aktivierten cytotoxischen T-Zellen: Diese binden infizierte oder entartete Körperzellen über deren MHC, weil er ein fremdartiges Antigen präsentiert. In der Folge sterben die so gebundenen Körperzellen ab d. Im Burgmodell sind die cytotoxischen T-Zellen vergleichbar mit Nahkämpfern.

Die aktivierten T-Helferzellen gleichen dagegen Offizieren, die Fernkämpfer namens **B-Zellen** in Stellung bringen, indem sie an deren Antigen-präsentierenden MHC binden und sie dann durch Botenstoffe aktivieren e. Aktivierte B-Zellen vermehren sich in den Lymphknoten massenhaft zu einem **Klon** und wandeln sich dann zu nicht mehr teilungsfähigen ***Plasmazellen*** – fertig ausgerüstete Fernkämpfer mit identischer Bewaffnung. Ihre Fernwaffen sind sogenannte **Antikörper**, die sie in großer Menge produzieren und ins Blut abgeben f. Antikörper sind wasserlösliche Proteine, die ein ganz bestimmtes Antigen erkennen und daran binden. Sie sind die ***humorale Immunantwort*** [Abb. 1, links].

Jede B-Zelle produziert nur einen ganz speziellen Typ Antikörper. Jeder Antikörper erkennt nur ein ganz bestimmtes Antigen des Eindringlings. Antigen und Antikörper passen zusammen wie Schlüssel und Schloss ꕥ. Dabei entsteht ein ***Antigen-Antikörper-Komplex***, auch ***Immunkomplex*** genannt. Der Vorgang wird als **Antigen-Antikörper-Reaktion** bezeichnet. Ein Immunkomplex führt auf unterschiedliche Weise zur Vernichtung des Antigens und damit des Eindringlings, der dieses Antigen auf seiner Oberfläche trägt [Abb. 1, S. 88]. Oft werden sie von Makrophagen aufgespürt und gefressen. Wie die B-Zellen hochspezifische Antikörper gegen Antigene herstellen können, mit denen der Körper zuvor noch nie Kontakt hatte, erfahren Sie später [5.4].

Ein wesentlicher Vorteil des erworbenen Immunsystems ist sein **immunologisches Gedächtnis**: Sowohl bei den aktivierten B-Zellen als auch bei den aktivierten cytotoxischen T-Zellen wird ein Teil des Klons zu langlebigen Gedächtniszellen g. Diese B-Gedächtniszellen bzw. T-Gedächtniszellen werden bei erneuter Infektion mit dem gleichen Erreger bzw. Antigen reaktiviert und führen dann wesentlich rascher als bei der Erstinfektion zu einer hochspezifischen Immunantwort [5.6]. Die Kampftruppe hat noch ein paar Veteranen, die sich mit dem betreffenden Feind von früheren Angriffen bestens auskennen.

A1 Stellen Sie den Prozess vom Erstkontakt eines Makrophagen mit einem Erreger bis zur Präsentation des Antigens an der Oberfläche des Makrophagen in einem Flussdiagramm dar.

A2 Erläutern Sie, wie ein MHC sein Antigen trifft und wie er dann damit an die Zelloberfläche gelangt, auch mit Ihren Kenntnissen über das Endomembransystem.

5.3 Viren dringen in Zellen ein und veranlassen sie zur Virenproduktion

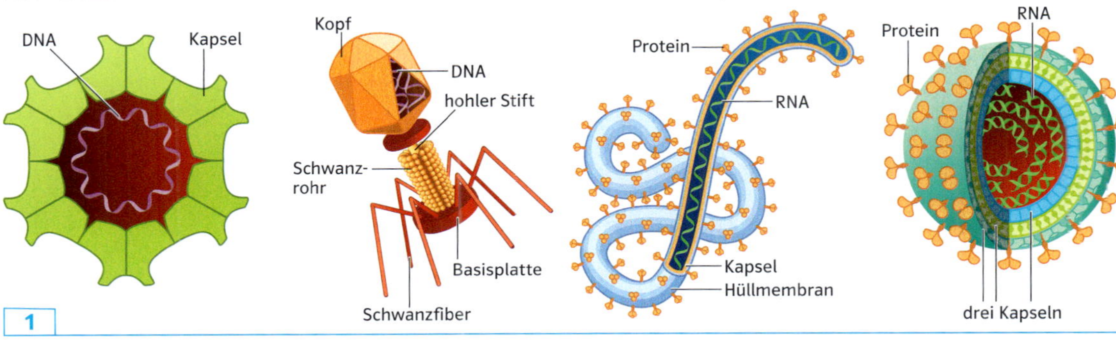

1
Viren sind verselbstständigte Nucleinsäuren mit Protein-/Lipidhülle. Sie variieren stark in Größe, Gestalt und Eigenschaften.

Wenden wir uns nun in unserem „Burgmodell" der Beschaffenheit des Feindes zu. Den Aufbau von Bakterien kennen Sie bereits [2.7]. Sie sind Einzeller, die sich von unseren Körperzellen sehr unterscheiden, aber zahlreiche molekulare Abläufe mit ihnen gemeinsam haben. Hier soll es nun um **Viren** gehen. Andere Erreger wie Mikroorganismen, die unseren Körper besiedeln oder befallen, bleiben meist außerhalb unserer Zellen. Viren dringen dagegen stets in sie ein, denn nur so können sie sich vermehren. Viren haben weder einen eigenen Stoffwechsel, noch sind sie Zellen. Damit sind sie nach biologischer Definition keine Lebewesen, doch sie bestehen aus biologischen Makromolekülen. Ein Virus ist ein Stück Erbgut mit einer Ausstattung an Proteinen in einer Hülle. Diese besteht entweder aus einer proteinhaltigen Lipidmembran oder ganz aus Proteinen. Die Vielfalt der Viren ist enorm [Abb. 1], und ihre Größe reicht von 15 nm bis selten über 150 nm [Abb. 2, S. 16].

In [Abb. 1] ist von DNA und RNA die Rede. Die [Abb. 2] zeigt Ihnen die Struktur von **DNA** (**Desoxyribonucleinsäure**) und **RNA** (**Ribonucleinsäure**). Die

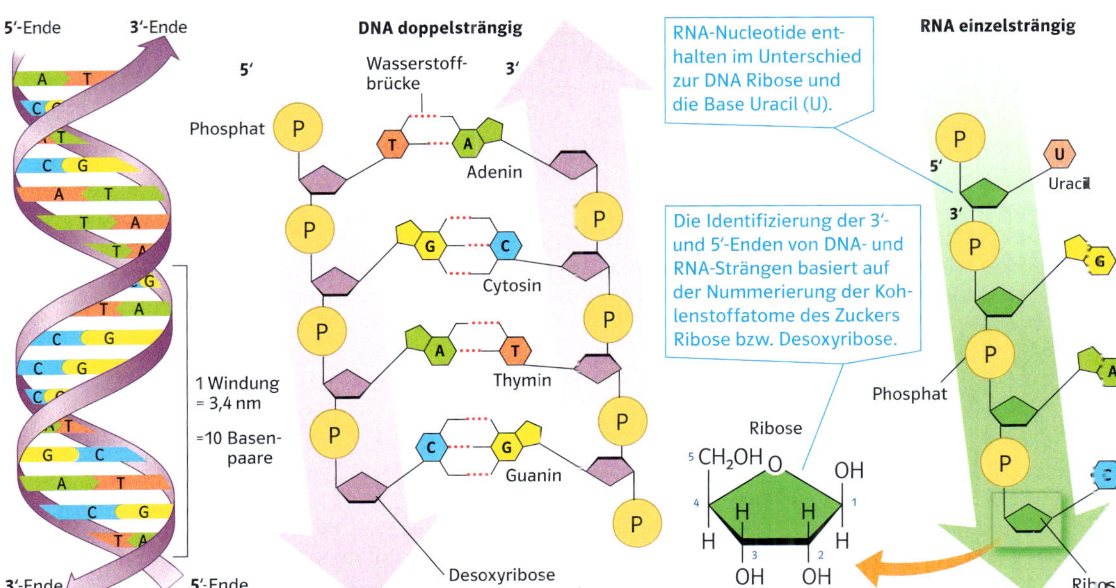

2
DNA bildet eine Doppelhelix aus zwei komplementären, gegenläufigen Strängen. RNA ist meist ein einzelner Strang.

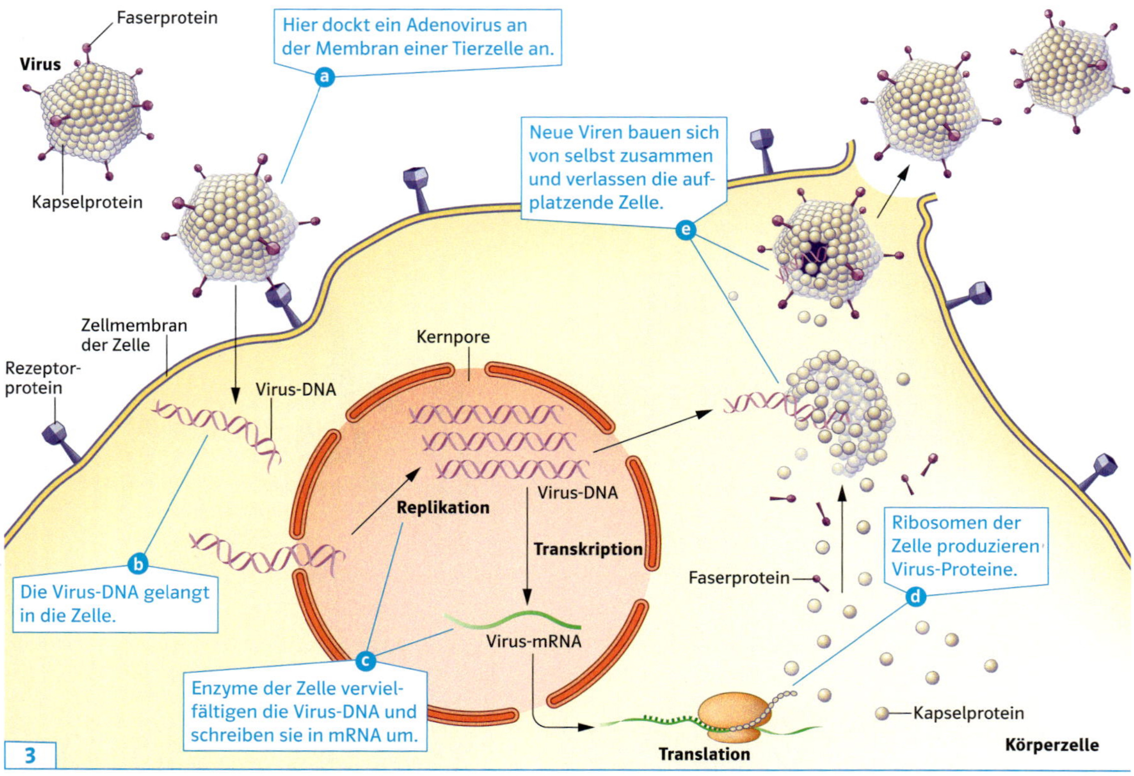

3
Viren, wie hier das Adenovirus, nutzen für ihre Vermehrung die Ressourcen und Fähigkeiten einer lebenden Zelle.

Information und Kommunikation

DNA ist ein Datenspeicher, der vor allem in verschlüsselter Form die Baupläne unserer Proteine enthält ❀. Es handelt sich bildhaft um eine Art Strickleiter, mit zwei seitlichen Strängen und vielen Sprossen. Diese Leiter ist um eine zentrale Achse zur Doppelhelix gedreht [Abb. 2, links]. In den DNA-Strängen wechseln sich in schier endloser Folge eine Phosphatgruppe und ein Zucker ab. Er heißt Desoxyribose und enthält fünf C-Atome.

Information und Kommunikation

Die beiden DNA-Stränge sind gegenläufig [Abb. 2, Mitte]. Die Richtung wurde so definiert, dass jeder Strang bei der freien Phosphatgruppe beginnt. Diese hängt an C-Atom Nr. 5 des Zuckers, deshalb nennt man den Beginn eines Strangs sein 5'-Ende. Den Abschluss bildet der letzte Zucker, und bei ihm bleibt das C-Atom Nr. 3 frei. Deshalb ist dies das 3'-Ende des Strangs.

Struktur und Funktion

Die Sprossen zwischen den beiden Zucker-Phosphat-Strängen sind gepaarte stickstoffhaltige Basen, von denen es in der DNA vier verschiedene Typen gibt: Adenin (A), Thymin (T), Cytosin (C) und Guanin (G). Dabei sind stets A mit T und C mit G gepaart, und zwar über Wasserstoffbrücken [Abb. 2, Mitte]. (Merkhilfe: Eckige Buchstaben und runde Buchstaben passen jeweils zusammen). Die beiden Stränge der DNA sind damit komplementär (sich entsprechend). Kennen Sie den einen, so können Sie den anderen direkt daraus ableiten [6.2].

Eine mRNA (messenger-RNA) ist dagegen einzelsträngig [Abb. 2, rechts]. Ihr Zucker heißt Ribose. Anstatt Thymin besitzt sie die Base Uracil (U). Die Bausteine der Nucleinsäuren nennt man **Nucleotide**. Sie bestehen jeweils aus einer der N-haltigen Base, dem Zucker und der Phosphatgruppe.

Weitere Strukturdetails zu Nucleinsäuren sehen Sie im [vorderen Buchdeckel] und in [Abb. 1, S. 108]. Hier noch drei Fachbegriffe: Das Kopieren eines DNA-Moleküls nennt man ***Replikation***, das Abschreiben einer mRNA von der DNA-Vorlage heißt ***Transkription*** und das am Ribosom stattfindende Übersetzen der mRNA-Sequenz in die Aminosäuresequenz ist die ***Translation*** ❀. Wie Sie in [Abb. 1] sehen können, ist die Erbsubstanz von Viren nicht immer doppelsträngige DNA. Es gibt DNA-Viren und RNA-Viren, jeweils mit einzelnem und mit doppeltem Strang.

Damit sich Viren vermehren können, muss ihr Erbgut in eine lebende Zelle gelangen. In [Abb. 3] sehen Sie, wie sich ein sogenanntes ***Adenovirus*** dafür mit seinem „Faserprotein" an die Zellmembran heftet. Die Andockstelle ist ein Rezeptorprotein in der Membran, das die Zelle für einen ganz anderen biologischen Zweck besitzt. Das Virus nutzt diesen Rezeptor als Eintrittspforte. Sein Faserprotein passt zu ihm nach dem Schlüssel-Schloss-Prinzip ❀.

Das Andocken bewirkt, dass die Zelle das Virus durch Endocytose [2.4] aufnimmt und seine Kapsel in einem Lysosom abbaut. Sein Erbgut, ein doppelsträngiges DNA-Molekül [Abb. 2], gelangt dabei unversehrt ins freie Cytoplasma b. Von dort wandert es in den Zellkern und wird dort vervielfältigt c. Die Kopien gelangen wiederum ins Cytoplasma. Zugleich wird virale DNA im Zellkern in mRNA [Abb. 2] umgeschrieben.

Diese wandert ebenfalls ins Cytoplasma. Dort dient sie an Ribosomen als Vorlage für die Herstellung viraler Proteine d. Den prinzipiellen Ablauf der Proteinbiosynthese kennen Sie von [2.2]. Aus den Einzelteilen setzten sich schließlich neue Viren zusammen e, wie ein 3D-Puzzle, dessen Teile sich selbst finden. Die Masse neuer Viren bewirkt ein Aufplatzen der Zelle. So gelangen die neuen Viren in die Umgebung und können weitere Zellen befallen.

Coronaviren verwenden einzelsträngige RNA als Erbgut. Dennoch ähnelt ihr Infektionsweg dem eines Adenovirus. Mit einem seiner vielen Spikeproteine [Abb. 3, S. 70] dockt ein Coronavirus wie SARS-Cov-2 spezifisch an einen Rezeptor namens ACE2 in der Zellmembran von Zellen unserer Atemwege an. ACE2 ist ein Enzym, das an der Regulation des Blutdrucks beteiligt ist. Es dient dem Coronavirus zweckentfremdet als Einfallpforte in die Zelle und ist deshalb eine wichtige Zielstruktur für die Entwicklung antiviraler Medikamente. Mit der viralen RNA als Vorlage produzieren die Ribosomen der befallenen Zelle virale Proteine. Darunter ist auch ein Enzym, das die virale RNA vervielfältigt. Ein solches Enzym existiert in menschlichen Zellen nämlich nicht. Die Viren werden dann anders als beim Adenovirus im ER zusammengebaut, gelangen in Vesikeln zur Zellmembran und werden dort über Exocytose [2.3] ausgeschleust.

A1
- **a** Nennen Sie Gemeinsamkeiten und Unterschiede eines Nanovirus, eines Rotavirus und des Ebola-Virus [Abb. 1].
- **b** Vergleichen Sie RNA und DNA tabellarisch.

A2 Beschreiben Sie anhand von [Abb 3], wie mithilfe einer Zelle die Virusvermehrung erfolgt.

5.4 Bestimmte Immunzellen stellen Antikörper her und setzen sie frei

Antikörper erkennen meist nicht das komplette Antigen, sondern nur einen charakteristischen Teil davon, ein **Epitop**. Die meisten Antigene tragen mehrere Epitope.

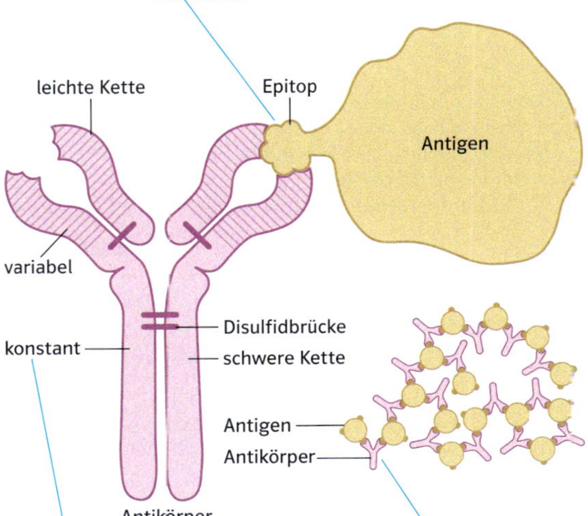

„Konstant“ und „variabel“ bezieht sich auf die **Aminosäuresequenz** der Polypeptidketten.

Durch ihre beiden Arme können Antikörper Antigene, die mehrere Epitope tragen, vernetzen und so deaktivieren.

Struktur und Funktion

1
Antikörper sind wasserlösliche Proteine. Sie erkennen und binden ihr Antigen spezifisch nach dem Schlüssel-Schloss-Prinzip.

Wir hatten die erworbene Immunität mit der Kampftruppe einer Burg verglichen. Sie verfügt über Nahkämpfer (cytotoxische T-Zellen), die Feinde direkt attackieren, und Fernkämpfer (B-Zellen), die Feinde mit Fernwaffen (Antikörpern) angreifen. Hier soll es darum gehen, wie diese Antikörper genau aussehen und wie sie so erstaunlich feindspezifisch hergestellt werden können, und das massenhaft.

Antikörper sind Y-förmige Proteine [Abb. 1 links], die frei in Blut und Lymphe zirkulieren. Die Y-Form ist funktionsbedingt: Auf einem einheitlichen Stiel sitzen zwei „Arme“, die jeweils mit einer Art Zange enden. Diese „Zangen“ passen nach dem Schlüssel-Schloss-Prinzip exakt zum jeweiligen Antigen ❀. Sie variieren deshalb in ihrer Detailform von Antikörper zu Antikörper. Innerhalb desselben Antikörpermoleküls sind beide jedoch strukturell identisch. In [Abb. 1] sehen Sie auch, dass das „Y“ durch vier Polypeptidketten zustande kommt: zwei (identischen) leichten und zwei (identischen) schweren. Bei beiden hat die Aminosäuresequenz konstante und variable Bereiche.

Antikörper erinnern etwas an ein Krebstier, dessen Zangen nur eine ganz bestimmte, von ihrer Form her genau passende Beute packen können. Wie sieht diese Beute aus? Wir haben bisher stets gesagt, das Immunsystem würde **Antigene** erkennen, beispielsweise ein körperfremdes Protein, das sich wiederum auf der Oberfläche eines Erregers befindet. Jetzt stellt sich heraus: Es wird gar nicht das gesamte Antigen erkannt, sondern lediglich ein charakteristischer Teil davon, ein sogenanntes **Epitop**. Ein Epitop ist ganz allgemein ein bestimmter kleiner Teil eines Antigens, der vom Immunsystem spezifisch erkannt wird [Abb. 1]. Da die meisten Antigene mehrere bis viele unterschiedliche Epitope tragen, werden sie von einem Cocktail unterschiedlicher Antikörper attackiert.

Dadurch, dass jeder Antikörper zwei „Arme" besitzt, können Antigene miteinander vernetzt und dadurch inaktiviert werden [Abb. 1 rechts]. Ist so ein Netzwerk groß genug, dann fällt es als „Präzipitat" aus, d.h. als feste Masse. Im vernetzten Zustand werden Antigene von Makrophagen besonders leicht aufgespürt, aufgenommen und verdaut.

Struktur und Funktion

Antigene existieren in unzähligen Varianten, und es entstehen laufend neue, wie beispielsweise beim Coronavirus SARS-Cov-2. Dessen Varianten wie Delta und Omikron beherrschten 2021/22 die Tagespresse. Gegen sie alle können wir Immunität erwerben, weil unser Immunsystem gegen jedes Epitop und damit gegen jedes Antigen spezifische Antikörper entwickeln kann. Da Antikörper Proteine sind, stellt sich die Frage: Wie ist die Codierung einer so immens großen Zahl unterschiedlicher Aminosäuresequenzen möglich? Alle diese Protein-Primärstrukturen müssen in Form von DNA-Sequenzen codiert sein, doch auf der DNA ist dafür trotz ihrer Länge bei Weitem nicht genügend Platz. Lange Zeit war das für die Wissenschaft ein völliges Rätsel.

Wie wir heute wissen, hat die Natur dieses Problem sehr elegant gelöst. Statt für jeden möglichen Antikörper einen eigenen langen DNA-Abschnitt als Bauplan bereitzuhalten, werden aus einer überschaubaren Anzahl kurzer DNA-Abschnitte nach dem Zufallsprinzip neue, einzigartige Kombinationen zusammengestellt. Diese Neukombination von Antikörper-Bauplänen findet bereits während der Entwicklung der B-Zellen statt. Auf diese Weise lassen sich geschätzte 10 Milliarden verschiedener B-Zell-Varianten herstellen, auch gegen Epitope, die es noch gar nicht gibt. Jede B-Zell-Variante kann später als Plasmazelle ihre eigene Antikörpervariante produzieren [5.2]. Zunächst liegen die B-Zell-Varianten jedoch jeweils nur in sehr geringer Stückzahl vor, und die meisten bleiben lebenslang in diesem Zustand.

Wie Sie schon erfahren haben, werden B-Zellen von T-Helferzellen aktiviert, die vorübergehend an ein von der B-Zelle präsentiertes Antigen andocken [5.2]. B-Zellrezeptoren gleichen Antikörpern in jeder Hinsicht, außer dass ihre langen Ketten einen zusätzlichen Membrananker tragen [Abb. 2 links]. Damit sind sie fest in die Zellmembran der B-Zellen integriert. Kommt eine beliebige B-Zelle in Kontakt mit einem Antigen, dessen Epitop zufällig nach dem Schlüssel-Schloss-Prinzip genau zu ihrem B-Zellrezeptor passt, dann bindet dieser das Antigen ❋. Anschließend wird es durch Endocytose aufgenommen, und ein Fragment mit dem erkannten Epitop wird im MHC auf der Oberfläche der B-Zelle präsentiert.

Eine T-Helferzelle, die ihrerseits von einem Makrophagen durch das gleiche Antigen-Epitop aktiviert wurde und somit den dazu passenden T-Zellrezeptor besitzt, dockt mit diesem am MHC der B-Zelle an [Abb. 2 Mitte]. Ein T-Zellrezeptor besteht aus zwei gleichlangen Polypeptidketten mit konstanten und variablen Abschnitten, die gemeinsam eine einzelne Antigen-Bindungsstelle bilden [Abb. 2 rechts].

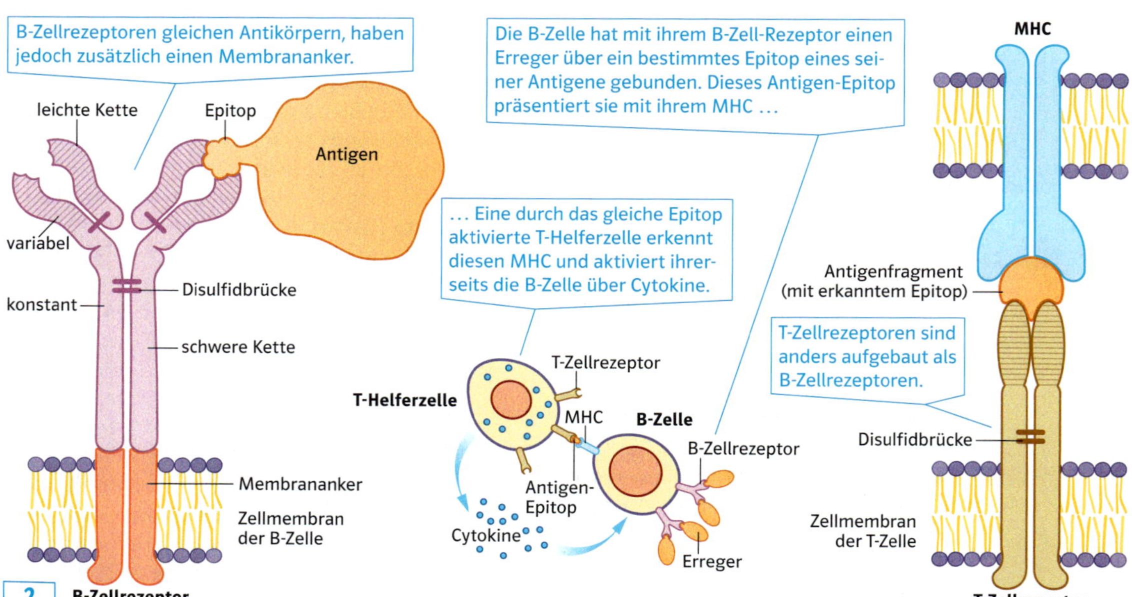

2 Antigen-präsentierende B-Zellen werden durch gleichartig stimulierte T-Helferzellen erkannt und aktiviert.

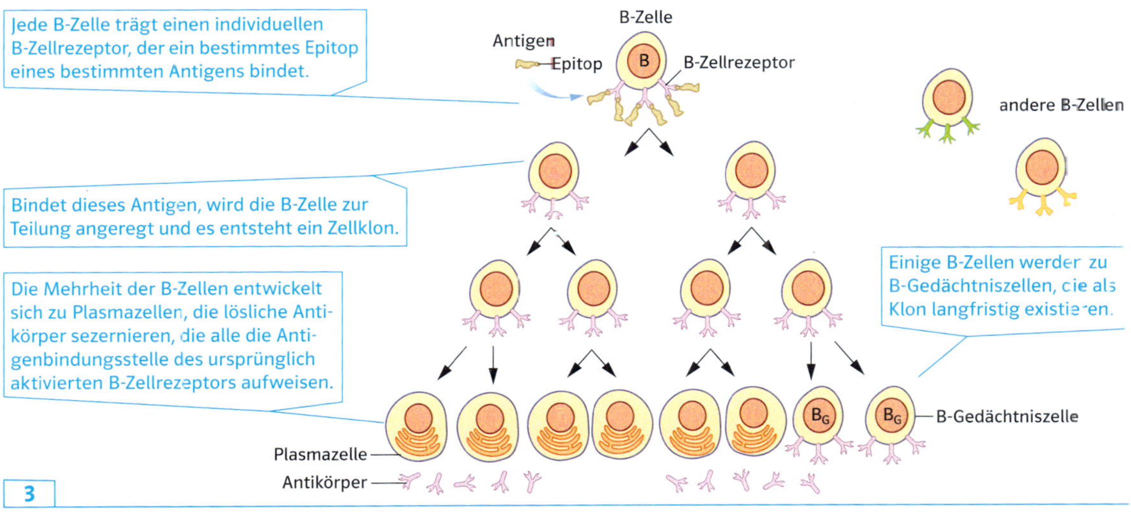

3

Wird eine B-Zelle von ihrem spezifischen Antigen selektiert, vermehrt sie sich zu einem Klon („klonale Selektion").

Die B-Zelle wird anschließend durch die T-Helferzelle über Botenstoffe aktiviert. Ausgehend von einer einzigen B-Zelle entsteht dann ein Klon identischer Plasmazellen. Sie schütten alle den gleichen Antikörper aus, der gegen das zuvor präsentierte Antigen-Epitop gerichtet ist. Den gerade beschriebenen Ablauf finden Sie auch in [Abb. 1, S. 91].

Struktur und Funktion

Dieses selektive Herauspicken einer ganz bestimmten B-Zelle durch Kontakt mit dem Antigen und ihre Expansion zu einem ganzen Klon Antikörper-produzierender Plasmazellen nennt man ***klonale Selektion***. In deren Verlauf werden auch B-Gedächtniszellen gebildet [Abb. 3]. Die von einem bestimmten B-Zell-Klon produzierten Antikörper sind alle gleich („monoklonal"). Gegen ein bestimmtes Antigen zirkuliert im Blut jedoch ein „Cocktail" von Antikörpern, die aus unterschiedlichen B-Zell-Klonen stammen („polyklonal" sind) und sich gegen diverse Epitope des Antigens richten. ***Polyklonale Antikörper*** und ***monoklonale Antikörper*** sind biomedizinisch vielfältig im Einsatz.

A1
- **a** Erläutern Sie anhand von [Abb. 1] die Antigen-Antikörper-Reaktion (zum Begriff siehe [5.2]).
- **b** Begründen Sie anhand der Abbildung, warum Antikörper zwei identische Antigen-Bindungsstellen besitzen. Berücksichtigen Sie dabei auch das Basiskonzept „Struktur und Funktion".

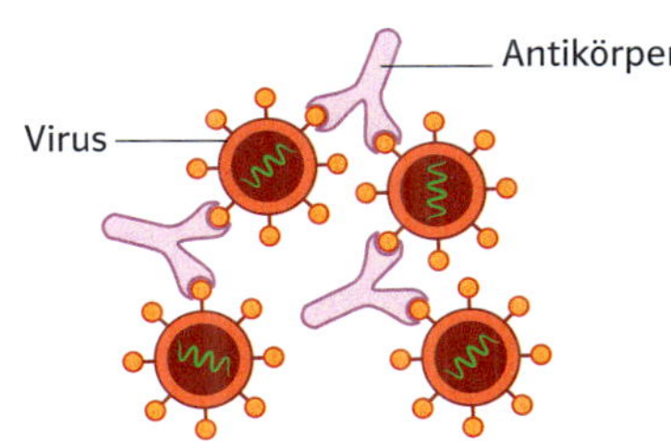

A2 Erläutern Sie anhand des Textes und [Abb. 3] die Produktion von spezifischen Antikörpern durch B-Zellen.

5.5 Bei Allergien und Autoimmunkrankheiten reagiert das Immunsystem falsch

Kommen wir nun zu Fällen, in denen einige Kämpfer unserer Burg im Eifer des Gefechts versehentlich die eigenen Leute schädigen. Gemeint sind Überreaktionen oder Fehlreaktionen unseres Immunsystems.

Allergien sind ein weit verbreitetes Übel, mit dem vielleicht auch Sie in irgendeiner Form zu kämpfen haben. Tränen, Niesreiz, geschwollene, juckende Haut – was ist eine Allergie eigentlich? Es handelt sich um eine Überreaktion des Immunsystems mancher Menschen gegen eigentlich harmlose Auslöser. Dazu gehören Pflanzenpollen (Heuschnupfen), nickelhaltige Ohrringe (Kontaktallergie) oder Hausstaub (Asthma). Eine Hausstaub-Allergie [Abb. 1] wird durch mikroskopisch kleine Milben hervorgerufen, genauer gesagt durch deren noch kleineren Kot. Der Kot enthält ein Enzym, das die auskleidende Schleimhaut unserer Atemwege durchlässig macht. Dadurch können Kotpartikel eindringen, die dann als Antigene bei

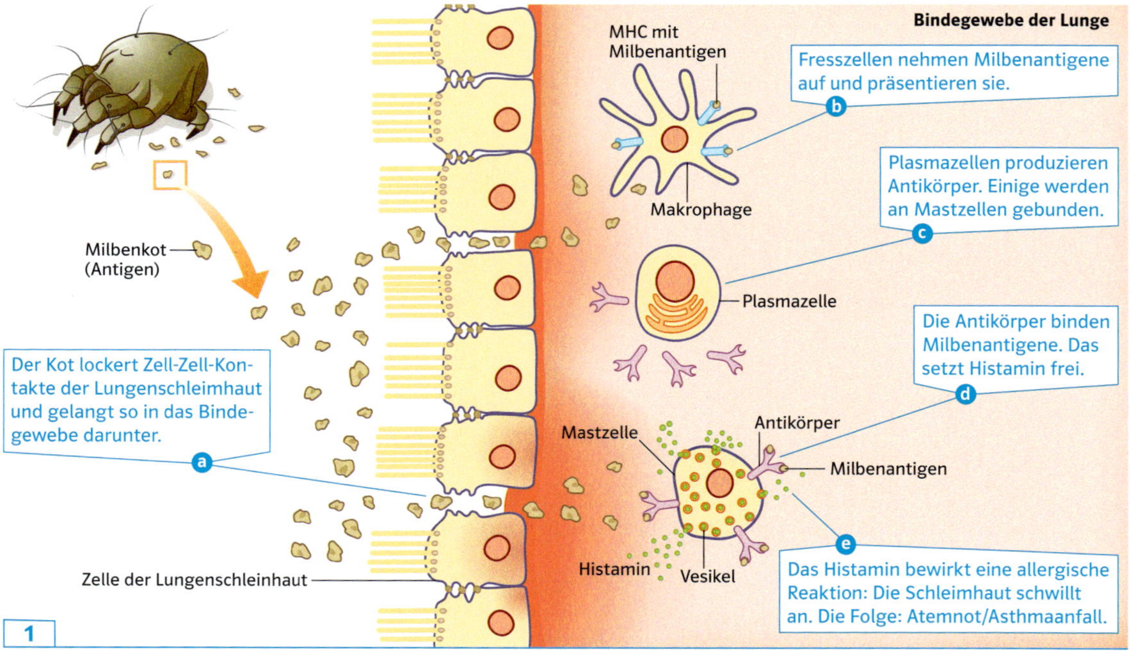

1

Allergische Reaktionen auf Hausstaub werden durch eingeatmeten Milbenkot hervorgerufen.

manchen Menschen eine übertriebene Immunreaktion hervorrufen. Dabei wird von Mastzellen Histamin ausgeschüttet, wie Sie schon in [5.1] erfahren haben. In den Atemwegen verursacht das Histamin jedoch ein Anschwellen der Schleimhaut. Dadurch kommt es zu Atemnot bis hin zu einem Asthmaanfall.

Antigene, die zu Allergien führen, nennt man **Allergene**. Es sind ganz überwiegend Proteine oder Zuckerketten. Eine medikamentöse Abschwächung des Immunsystems durch sogenannte ***Immunsuppressiva*** reduziert die allergische Reaktion, erhöht dafür aber die Anfälligkeit für andere Infektionen. Die Suppression (Dämpfung) des Immunsystems erfolgt nämlich in der Regel unspezifisch. Andererseits ist eine gesunde Balance offensichtlich möglich, denn viele Menschen haben nur sehr geringe Allergieprobleme. Die biomedizinische Forschung ist bestrebt, bei den Betroffenen gezielt die Allergieanfälligkeit zu senken, ohne das Immunsystem insgesamt zu schwächen.

Auch Nahrungsmittel können Allergien auslösen. Die Palette ist breit und reicht von Nüssen, Getreide, Gemüse und Obst bis zu Muscheln und Krebstieren. Oft handelt es sich dabei um sogenannte ***Kreuzallergien*** mit Pollen. Das sind dann keine neu entwickelten Allergien, sondern das neue Allergen gleicht strukturell dem ursprünglich Auslöser der Allergie, einer Pollensorte. So kann ein Birkenpollen als Allergen zur Zeit der Birkenblüte eine allergische Reaktion verursachen. Bei einer Kreuzallergie mit Haselnüssen hätte deren Verzehr die gleichen Symptome zur Folge, allerdings ganzjährig. Bei nur milder Nussallergie wird ein Stück Nusskuchen oft vertragen: Die Allergene sind Proteine, die durch Hitze weitgehend denaturieren und dabei ihre antigene Wirkung verlieren. Doch bei schwerer Nussallergie Nüsse in jeder Form meiden!

Eine **Autoimmunkrankheit** ist keine Allergie, sondern wird durch eine Abwehrreaktion des Immunsystems gegen körpereigene Moleküle und Zellen verursacht. So ist die entzündliche Darmkrankheit ***Zöliakie*** eine Autoimmunkrankheit. Sie wird durch in Getreidekörnern vorhandenes Gluten (Klebereiweiß) hervorgerufen. Von diesem gelangen Peptide in das Bindegewebe unterhalb der Darmschleimhaut. Das dort vorhandene Enzym Transglutaminase verändert diese Peptide, die dann eine Abwehrreaktion des Immunsystems hervorrufen. Die Darmschleimhaut entzündet sich.

Warum werden körpereigene Strukturen außer bei Autoimmunkrankheiten vom Immunsystem toleriert? Während unserer Embryonalentwicklung entstehen T- und B-Zellen gegen sämtliche denkbaren Antigene, und auch gegen unsere eigenen Körperstrukturen. Allerdings werden solche gegen uns selbst gerichteten Immunzellen während der Embryonalentwicklung sofort vernichtet, und zwar in der Thymusdrüse [Abb. 1, S. 88]. Dadurch wird von unserem Immunsystem ***immunologische Toleranz*** gegenüber uns selbst erzeugt. Nur wo das an einer Stelle nicht perfekt funktioniert hat, kommt es zu einer Autoimmunkrankheit.

Etwas anderes als Allergien sind auch ***Unverträglichkeiten*** (Intoleranzen), beispielsweise die verbreitete ***Lactoseintoleranz***. Sie beruht auf einem Mangel an dem Enzym ***Lactase***. Betroffene können den Zweifachzucker ***Lactose*** (Milchzucker) nicht in Einfachzucker spalten. Das besorgen dann Darmbakterien, was bei Milchgenuss zu Blähungen führt. In „lactosefreien" Produkten ist der Milchzucker bereits durch Enzymzugabe gespalten.

A1 Erstellen Sie ein Flussdiagramm zum Ablauf einer allergischen Reaktion.

A2 Vergleichen Sie Allergien und Autoimmunkrankheiten tabellarisch.

5.6 Impfstoffe simulieren im Körper eine Infektion mit einem Erreger

Greift der gleiche Feind eine Burg nach Jahren erneut an, gibt es dort Veteranen, die seine Eigenschaften bereits kennen und die Abwehr von vorne herein ganz an ihn anpassen. Die Parallele dazu ist das **immunologische Gedächtnis** der erworbenen Immunität in Form von Gedächtniszellen [5.2]. Tritt ein früherer Krankheitserreger nach Monaten oder Jahren erneut im Körper auf, aktivieren seine Antigene die betreffenden B-Gedächtniszellen, die sich daraufhin stark vermehren und erneut Klone von Plasmazellen bilden. Die von ihnen produzierten Antikörper neutralisieren den Erreger sehr viel früher als beim ersten Angriff. Deshalb schädigt er uns nicht und wir bekommen bestimmte Infektionskrankheiten wie etwa Windpocken oder Masern meist nur einmal im Leben.

Wie verläuft der Erwerb von Immunität gegen ein Antigen eigentlich zeitlich? Das zeigt Ihnen [Abb. 1] für die ***humorale Immunantwort***, die zu Antikörpern führt. Jedes für den Körper neue Antigen ruft eine ganz individuelle ***primäre Immunantwort*** hervor. Dabei werden Antigen-spezifische B-Zellen aktiviert, die in sehr geringer Zahl vorliegen. Kommt es dann zu einem erneuten Kontakt mit diesem Antigen, so wird eine ***sekundäre Immunantwort*** hervorgerufen. Diese ist wesentlich schneller und stärker als die primäre Antwort. Das liegt an den bei der primären Reaktion gebildeten B-Gedächtniszellen. Bei der ***zellulären Immunantwort*** mit ihren cytotoxischen T-Zellen und T-Gedächtniszellen [5.2] ist der Verlauf ähnlich.

Das immunologische Gedächtnis der erworbenen Immunität ist die Grundlage der ***aktiven Immunisierung***, der sogenannten ***Schutzimpfung***. Dabei injiziert man klassischerweise ungefährliche Antigene: entweder inaktivierte Erreger bzw. Bauteile davon

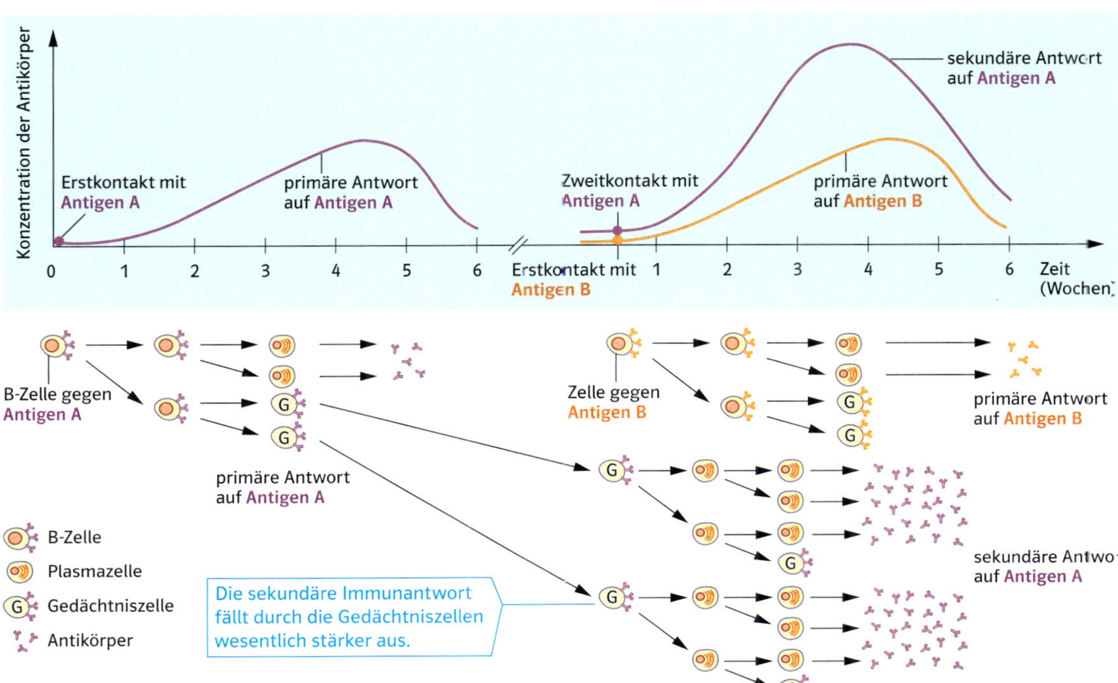

1 Auf jedes Antigen erfolgt eine unabhängige Immunantwort.

(*Totimpfstoff*), oder abgeschwächte und damit harmlose Erreger (***Lebendimpfstoff***). Unser Immunsystem produziert daraufhin Antikörper und Gedächtniszellen. Bei einer späteren echten Infektion ist dadurch schon ein Schutz vorhanden, als hätte bereits eine Erstinfektion stattgefunden. Das Immunsystem kann also sofort auf spezifische Gedächtniszellen zurückgreifen. Der Organismus ist durch die Schutzimpfung von vorne herein immun gegen diesen Erreger.

Schutzimpfungen gegen gefährliche Infektionskrankheiten wie Kinderlähmung (Polio), Diphtherie, Keuchhusten, Mumps, Tetanus oder Masern werden

METHODE Zwei Sachverhalte tabellarisch vergleichend aufschlüsseln

Herstellung und Wirkung zweier unterschiedlicher Impfstoffe im Vergleich

Informationen sammeln

Wie man eine zielgerichtete Recherche praktisch durchführt, erfahren Sie bei späterer Gelegenheit. Hier sollen schon einmal die wichtigsten Punkte zusammengefasst werden: (1) Das Ziel definieren und begrenzen. (2) Aus digitalen und analogen Medien geeignete Quellen für die Sachinformationen auswählen. (3) Dabei Suchmaschinen auf geeignete Weise nutzen. (4) Wichtige Informationen mindestens doppelt, besser dreifach aus unterschiedlichen Quellen erschließen (doch nicht dreimal den gleichen Text). (5) Die Herkunft und Vertrauenswürdigkeit der Quellen überprüfen. (6) Einen Qualitätscheck der Quellen durchführen. (7) Die Aktualität der Quellen überprüfen.

Eine geeignete Tabellenform wählen

Vergleicht man wie hier tabellarisch, sollten geeignete Vergleichskriterien identifiziert und angegeben werden. Diese kann man gegebenenfalls weiter untergliedern.

Bei einem Vergleich müssen stets Gemeinsamkeiten und Unterschiede herausgearbeitet werden.

<table>
<tr><th colspan="2">Vergleichskriterien</th><th>Protein-Impfstoff</th><th>mRNA-Impfstoff</th></tr>
<tr><td rowspan="3">Herstellung</td><td>Impfstoff</td><td>in Zellkultur gentechnisch hergestelltes Protein des Erregers, mit Wirkverstärker</td><td>in Lipidhülle verpackte Bauanleitung (mRNA) eines Proteins des Erregers</td></tr>
<tr><td>letztlicher Wirkstoff</td><td colspan="2">Strukturen des Erregerproteins wirken als Antigen-Epitope</td></tr>
<tr><td>Laborarbeit</td><td>Anpassung des Zellkultursystems an die Massenherstellung des Proteins; dessen Qualitätskontrolle und Isolierung aus der Zellkultur; Zugabe des Wirkverstärkers</td><td>Entwicklung modifizierter mRNA und spezieller Lipidhüllen; Herstellung der mRNA und der Lipidhüllen in Massen; Verpackung der mRNA in die Hüllen</td></tr>
<tr><td rowspan="5">Immunantwort</td><td>Vorgänge in Fresszellen, die Kontakt mit dem Impfstoff haben</td><td>Aufnahme des Proteins in die Zelle; seine Fragmentierung (Zerlegung) in Bruchstücke, die Epitope tragen</td><td>Endocytose der Lipidhülle samt mRNA; Synthese des Proteins an Ribosomen; Fragmentierung des Proteins</td></tr>
<tr><td>Antigenpräsentation durch die Fresszellen</td><td colspan="2">Bindung der Antigen-Fragmente an MHC und Präsentation auf der Zelloberfläche</td></tr>
<tr><td>Zellaktivierung</td><td colspan="2">Aktivierung von T-Helferzellen über die präsentierten Antigene durch Botenstoffe;
Aktivierung von passenden, antigenspezifischen B-Zellen;
klonale Selektion der B-Zellen</td></tr>
<tr><td>Antikörperbildung</td><td colspan="2">Umwandlung eines Großteils der aktivierten B-Zellen zu Plasmazellen;
Produktion und Freisetzung großer Mengen spezifischer Antikörper gegen das Antigen durch die Plasmazellen</td></tr>
<tr><td>immunologisches Gedächtnis</td><td colspan="2">Bildung von Gedächtniszellen für eine schnelle und starke Immunantwort bei einer Infektion mit dem Erreger</td></tr>
<tr><td rowspan="4">Besonderheiten</td><td>Langzeiterfahrung</td><td></td><td></td></tr>
<tr><td>Flexibilität</td><td></td><td></td></tr>
<tr><td>Nebenwirkungen</td><td></td><td></td></tr>
<tr><td>...</td><td>...</td><td>...</td></tr>
</table>

2

Bei einem tabellarischen Vergleich werden Gemeinsamkeiten und Unterschiede unter Angabe der Vergleichskriterien gegenübergestellt.

meist schon im Kleinkindalter verabreicht und haben schon unzählige Menschen vor Krankheit und Tod bewahrt. Heutzutage werden viele Schutzimpfungen in Kombination verabreicht, um die Zahl der Injektionen gering zu halten. Manche Impfstoffe halten die Magensäure aus und eignen sich deshalb für eine Schluckimpfung (z. B. gegen Polio). Die Pocken konnten durch Impfung weltweit ausgerottet werden.

Ist eine Infektion bereits erfolgt und man ist ungeimpft, hilft eine Schutzimpfung nicht mehr, denn deren Wirkung käme zu spät. Gibt es keine Medikamente gegen den Erreger, muss man sich ganz auf die körpereigenen Abwehrkräfte verlassen. Gegen manche besonders gefährliche Infektionskrankheiten wie die Tollwut, aber auch gegen verschiedene Tiergifte, hat man sogenannte ***Antiseren*** entwickelt. Diese werden durch Immunisierung von Spendertieren hergestellt, beispielsweise von Pferden. Deren Blutserum enthält dann Antikörper gegen die betreffenden Antigene und kann für eine ***passive Immunisierung*** (***Passivimpfung*** oder ***Heilimpfung***) verwendet werden. Die Passivimpfung hilft allerdings nur im akuten Fall und hinterlässt kein immunologisches Gedächtnis.

Zur Bekämpfung der Corona-Pandemie wurden 2020 in Rekordzeit mehrere Impfstoffe entwickelt und zugelassen. Dabei handelte es sich einerseits um sogenannte ***Vektorimpfstoffe***, ein schon länger eingesetztes Verfahren. Es werden harmlose Viren injiziert, die als „Fähre" für ein Stück DNA dienen und dieses an der Injektionsstelle in Muskelzellen einbringen. Diese DNA codiert für das Spikeprotein des Virus [4.2] ⌘. Die Zellen transkribieren sie in mRNA, und damit synthetisieren die Ribosomen Spikeprotein-Moleküle. Diese gibt die Zelle nach außen ab. Das Immunsystem kann sich dann spezifisch gegen das Spikeprotein aufrüsten und ist vorbereitet, falls eine tatsächliche Infektion mit SARS-Cov-2 erfolgt.

Information und Kommunikation

Ein zweites Verfahren, an dem bereits seit über zehn Jahren geforscht wurde, konnte in der Corona-Pandemie zum ersten Mal für Impfstoffe eingesetzt werden. Es basiert darauf, dass nicht DNA, sondern eine mRNA in die nahe der Injektionsstelle gelegenen Muskelzellen gelangt. Diese mRNA ist anfangs durch eine Lipidhülle geschützt, um ihren sofortigen Abbau durch körpereigene Enzyme zu verhindern. Zudem ist die Base Uracil der mRNA chemisch verändert, was ihren Abbau auch sehr hinauszögert. Die Lipidhülle samt Inhalt kann Zellmembranen passieren. So gelangt die RNA ins Cytoplasma. Dort wird sie von Ribosomen der Zelle in Spikeprotein übersetzt, das dann in die Umgebung der Zelle abgegeben wird und dort die Immunabwehr auf sich zieht.

Ein 2022 in Deutschland zugelassener Impfstoff gegen SARS-Cov-2 enthält gentechnisch in Zellkultur mit mRNA hergestelltes Spikeprotein zusammen mit einem ***Wirkverstärker*** (einem ***Adjuvans***). Es ist also ein Totimpfstoff, genauer gesagt ein ***Protein-Impfstoff***. Lebendimpfstoffe (mit Viren, die abgeschwächt sind) werden ebenfalls entwickelt.

Schutzimpfungen oder eine durchgemachte Infektion schützen zwar bei neuerlicher Infektion, doch nicht zu 100 %. Der Schutz nimmt schrittweise ab, je länger der Körper dem Antigen nicht mehr begegnet. Die Konzentration spezifischer Antikörper im Blut sinkt kontinuierlich. Allerdings wird meist eine gewisse Grundmenge beibehalten, und zusammen mit den Gedächtniszellen schützt das vor einem schweren Verlauf bei Neuinfektion. Eine „Boosterimpfung" zur Auffrischung kann die Immunität rasch wieder stark machen. Treten Varianten des Virus auf, die zu stark verändert sind, muss der Impfstoff angepasst werden. Das kennen Sie von den jährlichen Grippewellen.

A1 Erklären Sie anhand von [Abb. 1] die schnelle und starke sekundäre Immunantwort.

A2
- **a** Erklären Sie, warum man bei der aktiven Immunisierung auch Schutzimpfung nennt.
- **b** Recherchieren Sie weitere Vergleichskriterien der beiden in [Abb. 2] betrachteten Impfstoffe und vervollständigen Sie die dortige Tabelle.
- **c** Vergleichen Sie auf der Basis einer Recherche aktive und passive Immunisierung tabellarisch. Orientieren Sie sich dazu an [Abb. 2].

5.7 Schutzimpfungen helfen einem selbst und auch anderen Personen

Manche Menschen dürfen bestimmte Schutzimpfungen nicht bekommen, z. B. Kleinkinder und Schwangere. Andere haben eine Immunschwäche, sodass die Impfung nichts nützen würde. Alle diese Menschen können dennoch geschützt werden, und zwar durch die sogenannte **Herdenimmunität** [Abb. 1]. Sie existiert, wenn – je nach Krankheit – 70 – 95 % der Bevölkerung gegen die betreffende Infektionskrankheit immunisiert sind. Selbst ein hochansteckender Erreger hat dann kaum eine Chance, sich auszubreiten. Auf diese Weise wurden weltweit die Pocken komplett und die Kinderlähmung nahezu besiegt.

Impfungen schützen also nicht nur die Geimpften selbst, sondern auch nichtgeimpfte Personen.

METHODE Strategie zur Entscheidungsfindung bei einem Wertekonflikt

Situationsbeschreibung
In den vergangenen 20 Jahren kam es auch in Deutschland immer wieder zu größeren Masernausbrüchen. Diese sehr ansteckende Infektionskrankheit kann schwere Folgen haben. Laut UNICEF starben im Jahr 2019 weltweit über 200 000 Menschen, meistens Kinder unter 5 Jahren, an Masern. In Deutschland ist das Masernschutzgesetz am 1. März 2020 in Kraft getreten. Demnach dürfen Kinder ohne Impfschutz nicht in Kindertagesstätten, Schulen oder Gemeinschaftseinrichtungen aufgenommen werden. Dies gilt auch für Personal in diesen Einrichtungen. Über dieses Gesetz sollen Kinder wirksam vor Masern geschützt werden. Vor der Einführung der Impfpflicht wurde das Thema in Deutschland kontrovers diskutiert.

Wertekonflikt
Bei der Frage einer Impfpflicht stehen Werte, die nicht gleichzeitig realisierbar sind, im Gegensatz zueinander.

Vorgehensweise
Identifizieren und sammeln Sie geeignete **Argumente**: Ein Argument entsteht, indem Sie eine *Sachaussage* (deskriptive Aussage) und eine *Werteaussage* (normative Aussage) zu einer *Konsequenz* (Bewertung) verknüpfen. Ordnen Sie Ihre Argumente tabellarisch (für jedes Argument eine Zeile, zunächst noch ohne gezielte Reihung).

1: Eine **Sachaussage** beschreibt lediglich Fakten. Aus ihr alleine lässt sich nichts ableiten. Jede Sachaussage muss streng auf ihre Richtigkeit geprüft und belegt werden. Falsche oder unbelegbare Aussagen (z. B. „erhebliche Nebenwirkungen") müssen eliminiert werden.

2: Eine **Wertaussage** hat einen vorschreibenden oder normativen Charakter. Sie orientiert sich an gesellschaftlichen Normen oder Handlungsvorschriften. Sie ist immer mit einem Wert verknüpft, den es zu identifizieren gilt.

Die **Konsequenz** aus **1** und **2** ist „Argument für Impfpflicht (pro)" oder „dagegen (contra)".

Sachaussage (deskriptive Aussage)	Werteaussage (normative Aussage mit dem zugrundeliegenden Wert)	Konsequenz (Bewertung)
Bei einer Impfpflicht können Eltern nicht mehr selbst entscheiden, ob ihr Kind geimpft werden soll.	Die Freiheit und Selbstbestimmung eines Menschen müssen gewahrt bleiben. („Freiheit")	contra
Bei einer Impfung wird künstliches Fremdmaterial in den Körper gegeben.	Die körperliche Unversehrtheit eines Menschen muss gewahrt bleiben. („Unversehrtheit")	contra
Spätschäden durch die Impfung sind nicht bekannt. Bei Infektionen gibt es (wenn auch selten) massive Spätschäden.	Für die Gesundheit eines Menschen muss alles getan werden. („Gesundheit")	pro
Man kann gegen das Virus auch durch gesunde Lebensweise (Ernährung, Sport) oder Zusatzstoffe oder Homöopathie eine Immunität erreichen.	Die Sachaussage ist nicht belegt oder falsch. Das bedeutet: „keine Werteaussage möglich".	nicht bewertbar
In einer durchgeimpften Bevölkerung kann sich das Virus nicht ausbreiten. Nicht impffähige Personen (z. B. Menschen mit Allergien) sind mit geschützt (Herdenimmunität).	Benachteiligte Personen haben Anspruch auf einen besonderen Schutz in der Gesellschaft. („Solidarität")	pro
Eine einmalige Impfung bietet lebenslangen Schutz.	Getroffene Maßnahmen sollen langfristig wirken. („Effizienz")	pro
Eine Impfung ist gut verträglich und schützt vor Infektionen, während Infektionen manchmal schwere, sogar tödliche Verläufe nehmen.	Man soll stets so handeln, dass menschliches Leid verringert wird. („Minimierung von Leid")	pro

Entscheidungsfindung
Die Tabelle offenbart einen Wertekonflikt zwischen Freiheit, Selbstbestimmung und körperlicher Unversehrtheit einerseits und Gesundheit, Solidarität, Effizienz und Verringerung von Leid andererseits. Für Ihre persönliche Entscheidung sollten Sie nun in der Tabelle die Werteaussagen betrachten. Ordnen Sie die Zeilen (= Argumente) in der Weise um, dass der für Sie wichtigste Wert ganz oben steht, dann der zweitwichtigste Wert folgt und so fort. Das offenbart Ihnen anhand der Häufung von pro oder contra, wie Sie sich – rein auf die gelisteten Argumente gestützt – persönlich entscheiden würden. Sollten Sie einen der Werte als völlig unverzichtbar betrachten, hätten Sie ein K.O.-Kriterium.

1
Wichtige Entscheidungen sollten immer auf der Grundlage von bewerteten Sachinformationen erfolgen.

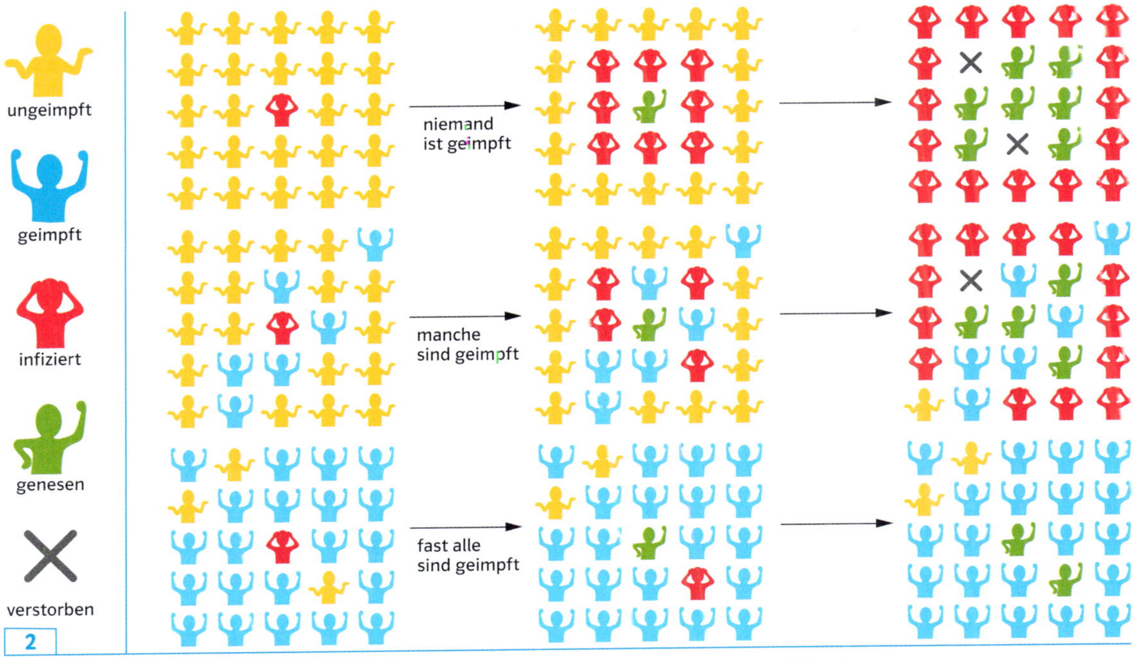

2 Herdenimmunität wird erst erreicht, wenn ein sehr hoher Anteil der Bevölkerung immunisiert ist.

Herdenimmunität stellt sich allerdings nicht ein, wenn es zu wenige Geimpfte und Genesene gibt. Somit profitieren alle von einer hohen Impfquote.

Vor der Corona-Pandemie hatten viele Menschen aufgrund der Impfkampagnen der vergangenen Jahre kaum persönliche Erfahrungen mit schweren Infektionskrankheiten. So gerieten diese bei vielen in Vergessenheit, und stattdessen traten die sehr seltenen Impfschäden in den Vordergrund. Das führte zu einer verbreiteten Impfmüdigkeit, und in deren Folge nahmen bestimmte alte Infektionskrankheiten wieder zu. Ein kleiner Teil der Bevölkerung ist generell gegen das Impfen eingestellt und hält es für gefährlicher als die Krankheiten selbst.

Die Corona-Pandemie hat viele Menschen zum Umdenken gebracht, und ein großer Teil der Bevölkerung erwies sich als impfwillig. Bei anderen hat sich die Aversion gegen das Impfen jedoch verstärkt. Ein Schwerpunkt der öffentlichen Debatte ist das Thema *Impfpflicht*. Sollen zum Beispiel bestimmte Berufsgruppen – etwa Menschen in Pflege- und Lehrberufen, oder Kindergarten- und Krankenhauspersonal – verpflichtet werden, sich impfen zu lassen? Oder vielleicht sogar die gesamte Bevölkerung, um Herdenimmunität zu erreichen?

Die Medien waren voll von wissenschaftlichen und nichtwissenschaftlichen Aussagen über das Coronavirus und die Pandemie – vor allem jedoch über das Impfen. Die Bandbreite reichte von gesicherten wissenschaftlichen Grundlagen über begründete Bedenken bezüglich möglicher Impfschäden bis zu Verschwörungsmythen. Das Problem: Wissenschaftliche Primärdaten sind für Laien oftmals unverständlich und selbst in aufbereiteter Form, als wissenschaftliche Publikation, schwer zu verstehen und zu bewerten. Wer nicht vom Fach ist, muss mit Erklärungen aus zweiter Hand vorlieb nehmen. Doch welcher Erklärung kann man vertrauen und welcher nicht?

Die Auseinandersetzung mit den biologischen Grundlagen – wie hier des Immunsystems – macht Sie nicht gleich zu einer Person vom Fach. Doch Sie können dabei mit der Zeit etwas ganz Wesentliches lernen: Wie erkenne und überprüfe ich bei einer Aussage, ob sie wissenschaftlich Hand und Fuß hat oder nicht?

A1
- **a** „Herdenimmunität kann Mitmenschen schützen." Erklären Sie diese Aussage anhand der [Abb. 1].
- **b** Nennen Sie Gründe, warum der Prozentsatz der Geimpften zum Erreichen einer Herdenimmunität gegen einen bestimmten Erreger so hoch sein muss.
- **c** Recherchieren Sie medizinische Gründe, warum sich manche Menschen nicht impfen lassen können.

A2 Begründen Sie die Entscheidung für die Masern-Impfpflicht aus der Sicht eines Ministers, der dazu einen Gesetzesentwurf vorlegt, und die Entscheidung gegen die Masern-Impfpflicht aus der Sicht eines Impfgegners.

Lösungen
js528v

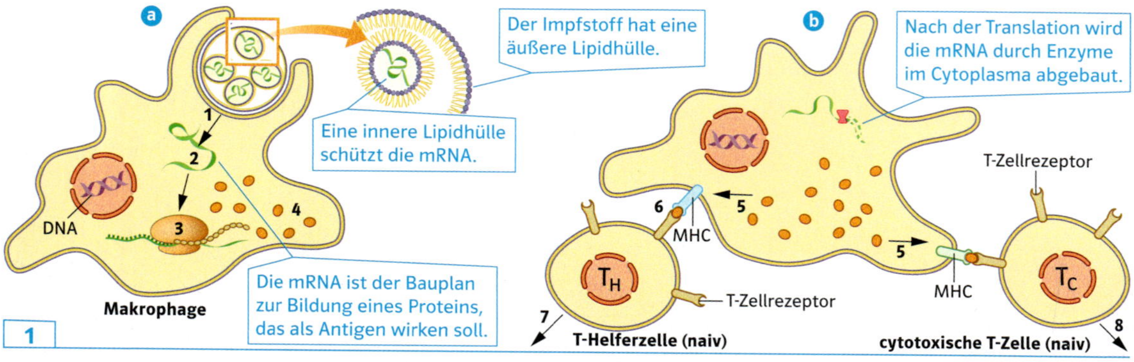

1

A1 ◒ In [5.6] sind mRNA-Impfstoffe beschrieben. Ein injizierter mRNA-Impfstoff wird entweder von Muskelzellen oder z. B. von einem Makrophagen aufgenommen [Abb. 1 ⓐ]. In ⓑ sehen Sie, wie es dann in diesem weitergeht.

- **a** Erklären Sie die Vorgänge der Immunreaktion in Makrophagen mit den Nummern 1 bis 8.
- **b** Erläutern Sie, wie in diesem Beispiel Immunität erreicht wir. Nutzen Sie [Abb. 1, S. 91].
- **c** Beurteilen Sie die Aussage eines Impfgegners: „mRNA-Impfstoffe verändern meine DNA."

A2 ◒ Bei der aktiven Immunisierung (Schutzimpfung) baut der Körper selbst einen Schutz gegen den spezifischen Erreger auf. Bei der passiven Immunisierung (Heilimpfung) wird dem Patienten ein Heilserum mit den spezifischen Antikörpern gespritzt. Zwei Personen A und B wurden aus unterschiedlichen Gründen gegen eine Kinderkrankheit geimpft. Anschließend wurde die im Blut jeweils vorhandene Menge an Antikörpern gegen das Virus kontinuierlich bestimmt [Abb. 2].

- **a** Beschreiben Sie die Kurvenverläufe für die Personen A und B [Abb. 2].
- **b** Ordnen Sie den beiden Kurven je ein Verfahren der Immunisierung zu und begründen Sie Ihre Zuordnung anhand der Kurvenverläufe.
- **c** Nennen Sie mögliche Gründe für die Wahl des jeweiligen Impfverfahrens in [Abb. 2].

A3 ● Bei Schwangeren kann ab dem 14. Tag nach der Befruchtung das Hormon hCG (humanes Choriogonadotropin) im Urin nachgewiesen werden. Dies macht man sich bei handelsüblichen Schwangerschaftstests zunutze. Der Urin wird auf das Probenfeld gegeben und bis zum Kontrollfeld gesogen.

- **a** Beschreiben Sie das Prinzip des Schwangerschaftstests anhand von [Abb. 3].
- **b** Skizzieren Sie die Immunreaktionen im Probenfeld, im Testfeld und im Kontrollfeld, wenn keine Schwangerschaft vorliegt.
- **c** Erläutern Sie die Bedeutung des Kontrollfelds.
- **d** Beim Schwangerschaftstest liegt im Probenfeld ein Überschuss an farbstoffmarkierten Antikörpern vor. Erläutern Sie deren Notwendigkeit.

A4 ● Erstellen Sie eine Concept-Map mit den Aufgaben und der Zusammenarbeit der unterschiedlichen Immunzellen [Abb. 2, S. 89] im Immunsystem des Menschen.

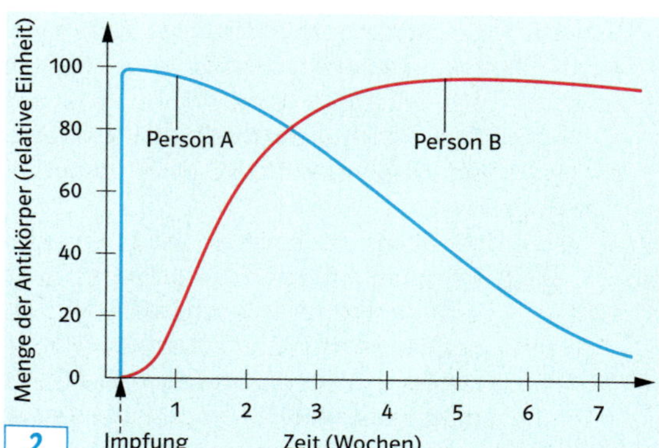

2

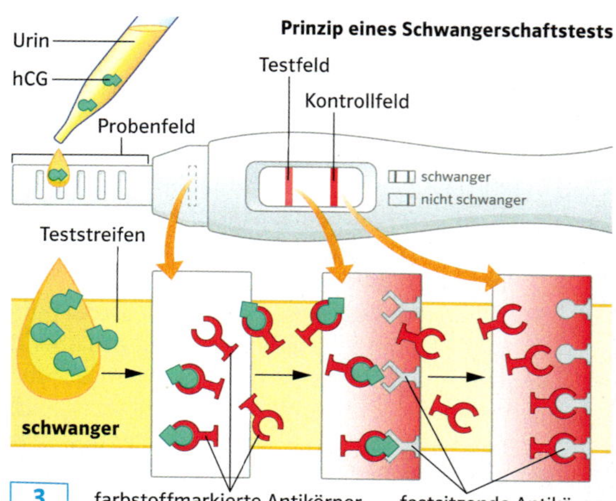

3

Der Zellkern – Sitz der Erbinformation

Kapitel **6**

Konzepte

Was macht das Schaf im Museum?

Im Jahr 1996 war das Schaf Dolly das erste Säugetier, das sich aus einer Eizelle entwickelte, deren Zellkern aus einer fremden Körperzelle übertragen wurde. Damit war Dolly eine genetische Kopie – ein Klon – des Spendertiers. Seitdem steht Dolly symbolisch für Hoffnungen, doch auch für Bedenken in Zusammenhang mit fortpflanzungsbiologischen Methoden. Vor allem, wenn sie mit aktuellen Methoden der Gentechnik kombiniert werden. Mit Dolly ergeben sich vielfältige Fragen:

- Lassen sich zukünftig Individuen mit gewünschten Eigenschaften erzeugen und vervielfältigen?
- Können solche Methoden Krankheiten heilen, oder liefern sie unkontrollierbare, zu Missbrauch einladende Werkzeuge in die Hand weniger Menschen?
- Wie beeinflussen Gene die Entwicklung individueller Merkmale, und wie werden sie vererbt?

6.1 Eine Zelle durchläuft verschiedene Lebensphasen

Unser Körper enthält ca. 30 Billionen Zellen. Der prozentuale Anteil einzelner Zelltypen ist jedoch sehr unterschiedlich [Abb. 1]. Den Hauptanteil davon enthält unser Blut, nämlich 27 Billionen Zellen – eine unvorstellbar große Zahl. Hätten unsere Blutzellen das Volumen eines Sandkorns von 1 mm^3 kämen 27 000 m^3 Sand zusammen – ein Strand von 1 km Länge, bei einer Breite von 27 m und einer Tiefe von 1 m. Wegen des großen Anteils Roter Blutzellen (***Erythrocyten***) wäre dieser Sandstrand blutrot. Weiße Blutzellen (***Leukocyten***), wie die Immunzellen, die Sie in [5.1] kennengelernt haben, lägen als vereinzelte, kleine, weiße Muschelschalen dazwischen.

Anders als Sandkörner haben Blutzellen ein sehr kurzes Dasein. Sie leben nur wenige Wochen bis Monate. Täglich müssen daher etwa 500 Milliarden Blutzellen neu gebildet werden, die anschließend die gleichen Aufgaben übernehmen wie die ausgefallenen Zellen. Neue Blutzellen bilden sich nicht innerhalb des Kreislaufsystems, sondern im roten Knochenmark. Geschützt durch die harte Knochensubstanz befinden sich hier **Stammzellen**, also Zellen, die sich teilen und ausdifferenzieren können [Abb. 1, S. 18]. Beim roten Knochenmark handelt es sich um sogenannte ***Blut-Stammzellen*** [Abb. 2].

Information und Kommunikation

Die beiden aus der Teilung einer Stammzelle hervorgehenden Folgezellen erhalten als Mitgift für ihren weiteren Lebensweg zwar jeweils nur die Hälfte der ursprünglichen Menge an Cytoplasma, aber dennoch eine komplette Kopie der Erbinformation. Vor einer Zellteilung (**Mitose**) muss das Erbgut verdoppelt werden. Über diesen Kopiervorgang erfahren Sie später Genaueres [6.2]. Mithilfe der kompletten Erbinformation kann die Folgezelle dann ihre Lebensprozesse steuern und ihre volle Größe und Funktionsfähigkeit entwickeln. Nach mehreren Zellteilungen treten die ausdifferenzierten Blutzellen [Abb. 2] in das Kreislaufsystem ein und übernehmen dort ihre vielfältigen Aufgaben. Sobald sie zu alt sind, werden sie in der Milz aussortiert und abgebaut.

Nicht nur Blutzellen entstehen aus Stammzellen, sondern auch alle anderen Körperzellen. Mehr noch: Jede der 30 Billionen Körperzellen eines Menschen ist durch Zellteilungen aus einer einzigen Zelle hervorgegangen, der befruchteten Eizelle (**Zygote**). Ob Blutzelle, Leberzelle oder Nervenzelle, alle erhalten bei der Zellteilung eine komplette Kopie der Erbinformation. Der Träger dieser Erbinformation ist ein fadenförmiges Makromolekül, die **DNA**, die schon in [5.3] gezeigt wurde ❀. Sie wird in [6.2] genauer besprochen. Sie ist jedoch im Zellkern kein durchgehender Faden, sondern in verschieden lange Schnipsel aufgeteilt, die man **Chromosomen** nennt. Beim Menschen gibt es 46 paarweise äußerlich ähnliche Chromosomen. Der einfache (***haploide***) Chromosomensatz umfasst damit 23 Chromosomen, der zweifache (***dip-***

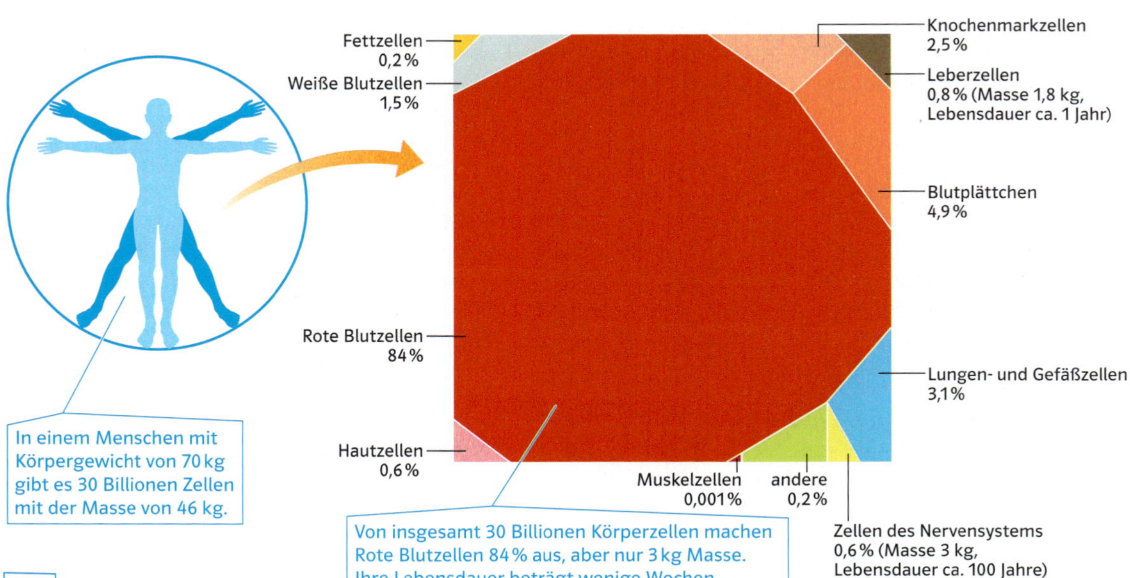

1 Alle Blutzellen zusammen wiegen etwa 3 kg, das sind 4,3 % eines 70 kg schweren Menschen, in ihrer Anzahl machen allein die Roten Blutzellen aber etwa 84 % aller Körperzellen aus (Farbfläche entspricht jeweils dem prozentualen Zellanteil).

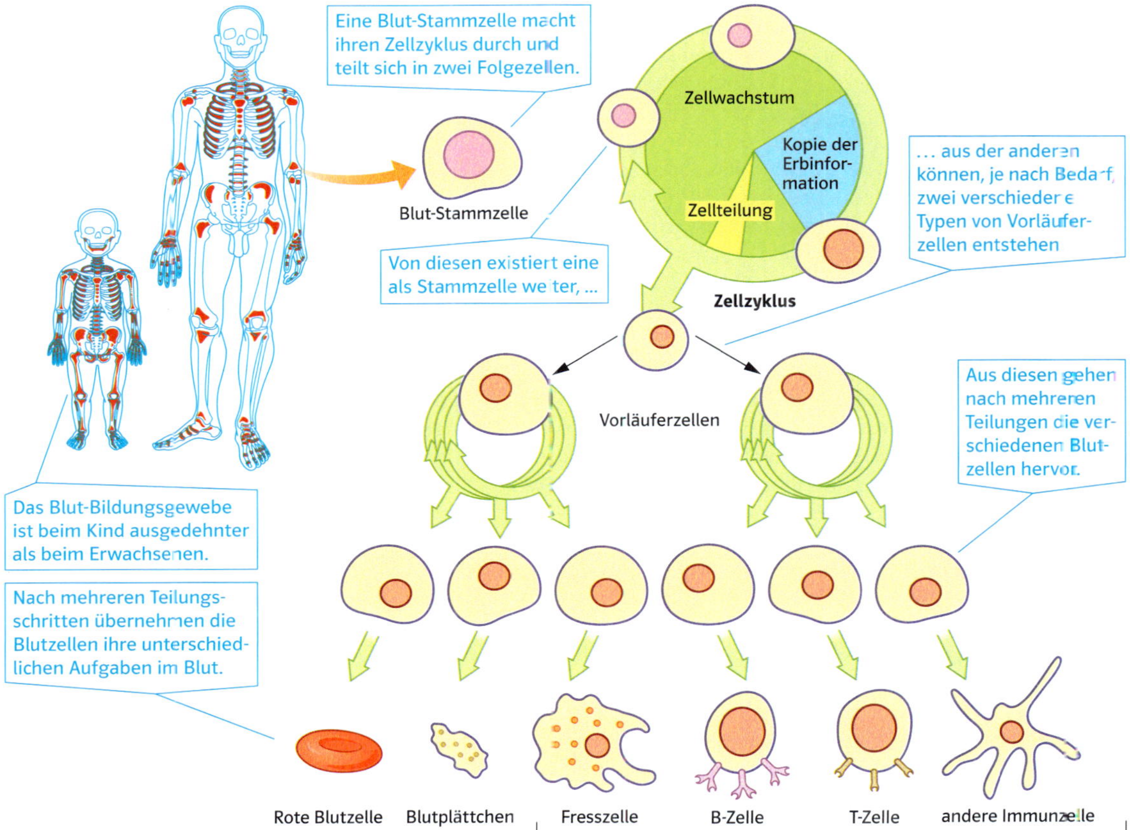

2

Bei der Bildung von Blutzellen im Roten Knochenmark durchlaufen Blut-Stammzellen mehrmals den Zellzyklus.

loide) Satz 46. Dabei stammt der eine Satz von der Eizelle der Mutter, der andere von der Spermienzelle des Vaters. Die in der DNA verschlüsselten Gesamtdaten sind somit auf 46 Datensätze verteilt, die sich auf 46 getrennten Datenträgern (Chromosomen) befinden ❀.

Struktur und Funktion

Die Zeitspanne von einer Zellteilung bis zur nächsten bezeichnet man als **Zellzyklus** [Abb. 2]. Während der Zellteilung (Mitose) lassen sich die Chromosomen im Lichtmikroskop Schritt für Schritt verfolgen [6.3]. In der dazwischen liegenden Phase des Zellwachstums und der Zelldifferenzierung, der sogenannten **Interphase**, sind die Chromosomen dagegen im Lichtmikroskop nicht zu erkennen. Der Zustand der einzelnen Chromosomen hängt von der Existenzdauer der Zelle ab, er ändert sich im Laufe des Zellzyklus. Die Aufklärung von Prozessen, die in der Interphase ablaufen, beispielsweise die Proteinsynthese [2.2], erfordert den Einsatz anderer Methoden.

A1 Zellen entstehen aus Zellen. Erklären Sie.

A2 Zellteilungen können nicht unmittelbar nacheinander stattfinden. Stellen Sie dar, welche prinzipiellen Vorgänge zwischen zwei Zellteilungen ablaufen müssen.

6.2 Die Erbinformation ist bei sorgfältiger Verpackung transportfähig

Wer umzieht, verpackt seine zerbrechlichen Gegenstände sorgfältig in Umzugskisten und schützt sie mit Verpackungsmaterial. Nichts anderes macht die Stammzelle, indem sie ihr Erbgut, die **DNA**, für die Zellteilung sorgfältig verpackt. In [Abb. 1] sehen Sie eine Molekülgrafik eines kurzen DNA-Abschnitts. Das DNA-Molekül gleicht einer Strickleiter, deren Holme umeinander zu einer zweifachen Spirale gedreht sind, der sogenannten ***DNA-Doppelhelix***. Die Holme bestehen jeweils aus sich abwechselnden Zucker- und Phosphatmolekülen. Die Sprossen der „Strickleiter" sind Paare der vier stickstoffhaltigen Basen Adenin (A), Thymin (T), Cytosin (C) und Guanin (G). Dabei paart sich stets Adenin mit Thymin und Cytosin mit Guanin. (Merkhilfe: Die beiden „eckigen" Buchstaben A und T passen zusammen, und ebenso die beiden „runden" Buchstaben C und G.) Einen schematischen Aufbau der DNA zeigt Ihnen [Abb. 2, S. 93].

Im arbeitenden Zellkern, während der Interphase des Zellzyklus, ist die empfindliche DNA-Doppelhelix nur locker auf Verpackungsproteine, sogenannte **Histone**, aufgewickelt. Es erinnert an ein langes Kabel auf einer Kabeltrommel [Abb. 2 a]. Die einzelnen **Chromosomen** sind in diesem Stadium nicht zu erkennen. Das Verbundmaterial aus Histonen und DNA lässt sich jedoch spezifisch einfärben und wird als **Chromatin** (*chroma* (gr.): Farbe) bezeichnet. Histone machen dabei 55 % des Chromosoms aus, die restlichen 45 % bestehen aus DNA.

Die Verpackungsproteine können verschoben werden und so unterschiedliche DNA-Abschnitte auf einem Chromosom zum Ablesen freigeben, ohne dass sich der DNA-Faden verwirrt. Dadurch ist die Erbinformation auf der DNA nach Bedarf für den Zellstoffwechsel zugänglich. Um zur normalen Zellgröße heranzuwachsen, braucht eine Zelle zunächst weitere Proteine. Die DNA liefert die Bauanweisung dafür. Sie ist in der Reihenfolge der Basen (***Basensequenz***) festgeschrieben. Diese Proteinsynthese läuft in den sogenannten G-Phasen eines Zellzyklus ab (***gap*** (engl.): Lücke). Eine ausgewachsene, differenzierte Zelle bleibt in diesem Zustand und erfüllt ihre Aufgaben im Körper (G0-Phase).

Anders ist es bei einer teilungsfähigen Zelle: Sie geht dazu über, ihre DNA zu kopieren. Die Basensequenz der beiden DNA-Einzelstränge ist ***komplementär***, d.h. gegensätzlich, doch sich ergänzend b. Das nutzt die Zelle zur Verdopplung der Erbinformation. Diese erfolgt während der Synthesephase (S-Phase) im Zellzyklus. Anhand der Reihenfolge der Basen eines DNA-Einzelstrangs wird der passende, entgegengesetzte Strang aufgebaut c. DNA-Bausteine mit Adenin ergänzen solche mit Thymin, Cytosin-Bausteine solche mit Guanin d. Außerdem wird diese Präzisionsarbeit für kleinere Korrekturen am DNA-Strang genutzt, falls sich Fehler eingeschlichen haben. Die Verdopplung der DNA ist für eine nachfolgende Zellteilung unerlässlich, damit jede Folgezelle anschließend die gleiche, komplette Erbinformation erhält e.

Nach der S-Phase wird die nächste Zellteilung durch eine zweite Phase der Proteinbiosynthese (G2-Phase) vorbereitet, denn vor allem für die Verpackung und Verteilung der Chromosomen sind spezielle Proteine notwendig. Für den Transport während der Zellteilung [6.3] werden die „Kabeltrommeln" aus DNA und Histonen immer dichter aneinander gepackt. Das Ganze wird dann zu einer Spirale gedreht f, die sich schließlich zu einer dicken „Wurst" faltet. In dieser

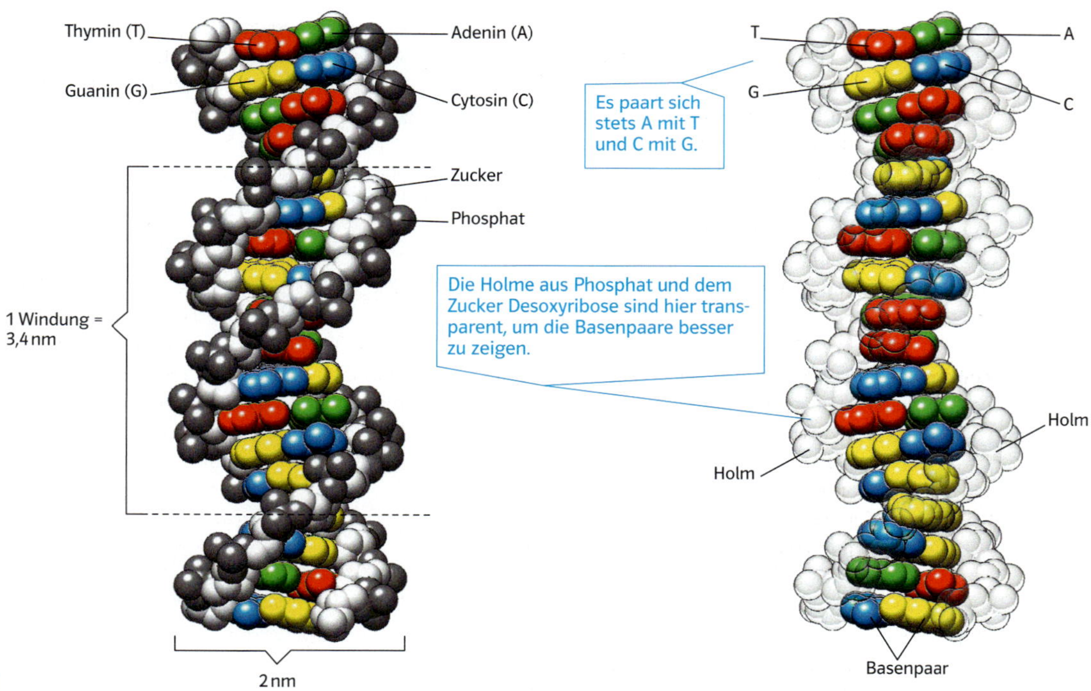

1
Die DNA ist eine Doppelhelix aus zwei komplementären DNA-Strängen (siehe auch [Abb. 2, S. 93] und [vorderer Buchdeckel]).

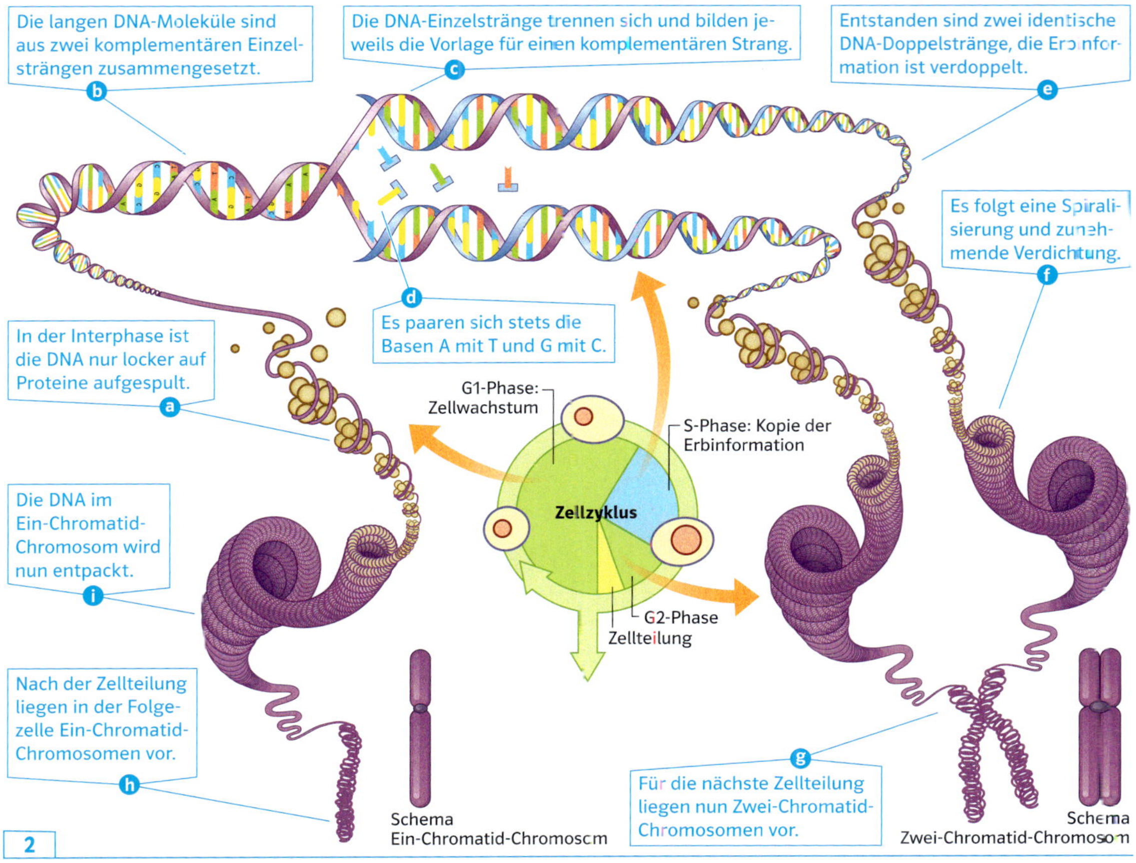

2 Die DNA des Zellkerns wird im Verlauf des Zellzyklus ausgepackt, abgelesen, verdoppelt, abgelesen und wieder eingepackt.

Form kann die DNA gefahrlos transportiert werden und ist im Lichtmikroskop als Chromosom sichtbar. Jedes Chromosom enthält jetzt zwei identische DNA-Doppelhelices und besteht entsprechend aus zwei **Chromatiden**, die noch an einer Stelle, dem **Centromer**, zusammenhängen. Sie bilden ein ***Zwei-Chromatid-Chromosom*** g, und so werden Chromosomen meistens schematisch dargestellt. Das darf aber nicht darüber hinwegtäuschen, dass aktive Chromosomen nach der Zellteilung als ***Ein-Chromatid-Chromosomen*** vorliegen h.

In der Folgezelle findet dann im neu gebildeten Zellkern der umgekehrte Prozess statt: Die Verdichtung der DNA wird stark aufgelockert und sie wird vollständig entpackt i. Damit ist sie wieder arbeitsfähig. So wie man nach einem Umzug in der neuen Wohnung als erstes alles auspackt, damit der Haushalt wieder funktioniert.

Durch Aufschlüsselung des menschlichen Genoms hat sich herausgestellt: Die DNA in jedem unserer Zellkerne umfasst beim einfachen Chromosomensatz ca. 3,15 Milliarden Basenpaare. Sie verteilen sich auf 23 Chromosomen. Beim zweifachen Chromosomensatz sind es also 6,3 Milliarden Basenpaare. Eine Windung der DNA-Doppelhelix umfasst 10 Basenpaare und ist 3,4 nm (= $3{,}4 \times 10^{-6}$ mm) lang [Abb. 1]. Daraus können Sie selbst berechnen, dass unsere DNA insgesamt eine Länge von etwa 2 m hat. Bei Frauen sind es 3 cm mehr als bei Männern, weil deren X-Chromosom größer ist als ein Y-Chromosom. Der längste DNA-Abschnitt (Chromosom 1) umfasst entspiralisiert ca. 8 cm, der kürzeste ca. 1,5 cm (Chromosom 21). 46 dieser lediglich 2 nm dicken DNA-Fäden [Abb. 1] befinden sich in dem kleinen Zellkern von nur etwa 7 µm Durchmesser. Übertragen auf einen knapp 7 cm großen Tennisball wären es dünne Zwirnsfäden von 150 bis 800 m Länge, aneinandergelegt 20 km. Entsprechend sorgfältig müssen die DNA-Fäden in den Chromosomen spiralisiert, gewickelt und gepackt sein.

A1 Erläutern Sie die Aussage: Die DNA des Zellkerns wird im Verlauf des Zellzyklus ausgepackt, abgelesen, verdoppelt, erneut abgelesen und wieder eingepackt.

A2 Die G0-Phase wird auch Arbeitsphase genannt. Beschreiben Sie den Zustand der Chromosomen in der G0-Phase und erläutern Sie kurz den Begriff „Arbeitsphase".

6.3 Jede neue Zelle erhält einen Zellkern mit der gesamten Erbinformation

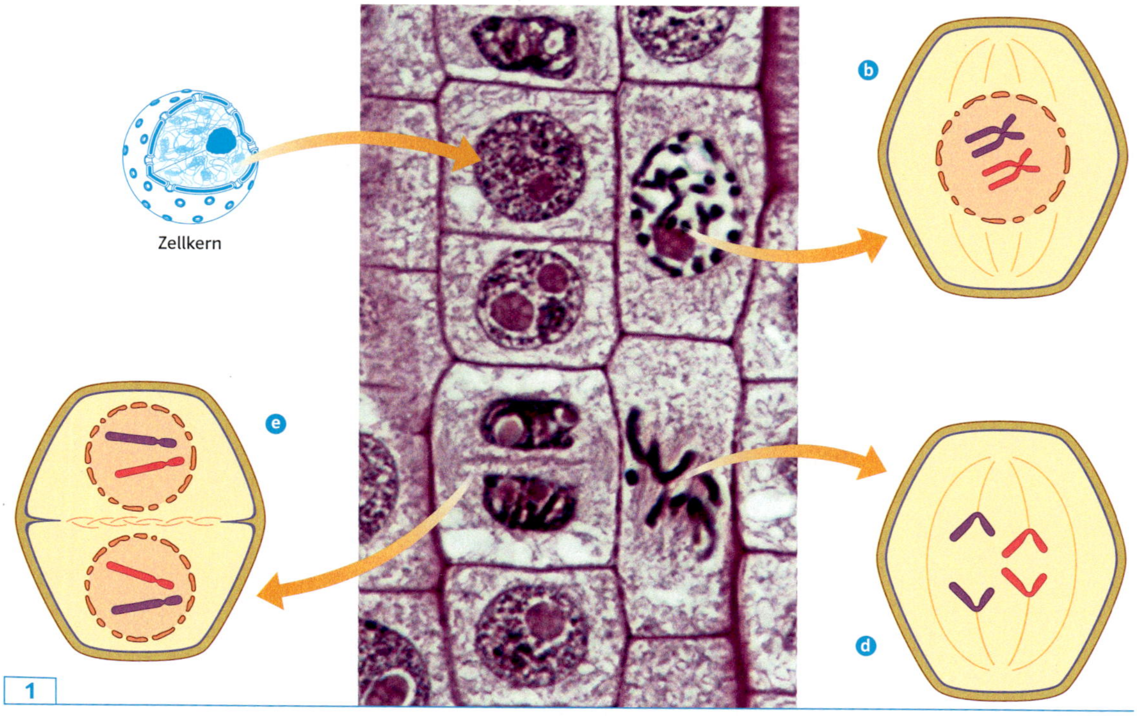

1

In diesem Bildungsgewebe aus der Wurzelspitze einer Zwiebel (LM, gefärbter Schnitt) sehen Sie zugleich verschiedene Stadien der Mitose, und drei davon besonders klar. Diese finden Sie unter b, d und e auch in [Abb. 2].

Was haben das Knochenmark des Menschen und die Wurzelspitze einer Zwiebel gemeinsam? Es sind ***Bildungsgewebe*** für nachwachsende Zellen – hier finden Zellteilungen statt. Erstaunlicherweise verläuft die Zellteilung (**Mitose**) bei Tier und Pflanze fast gleich, obwohl Pflanzenzellen eine Zellwand besitzen und sich auch sonst von Tierzellen unterscheiden [1.6]. Was bei Tieren die Stammzellen sind, wird bei Pflanzen als ***Meristemzellen*** bezeichnet. ***Meristeme*** sind spezielle pflanzliche Wachstumszonen mit Bildungsgewebe, wie hier die Wurzelspitze [Abb. 1]. In gefärbten Schnitten erkennen Sie unter dem Lichtmikroskop verschiedene Phasen der Zellteilung. Diese lassen sich wie verstreute Einzelbilder eines Videos zeitlich ordnen. Es gibt Zellen mit lockerem Chromatin im Zellkern und andere mit abzählbaren Chromosomen, die sich in der Zellmitte (dem „Zelläquator“) oder an den Zellenden (den „Zellpolen“) drängen.

In [Abb. 2] sehen Sie ein Schema der Mitose. Zur besseren Übersicht soll diese Stammzelle nur zwei Chromosomenpaare haben (2n=4; n: eine natürliche Zahl). Der einfache Chromosomensatz wäre dann n=2. Der Mensch hat 2n=46 im doppelten und n=23 im einfachen Satz. Die beiden Chromosomen in einem solchen Paar sehen gleich aus, doch ihre genetische Information ist nicht identisch, sondern nur ähnlich. Es handelt sich um sogenannte ***homologe Chromosomen***. Homolog bedeutet etwa „sich entsprechen“, wie linker und rechter Schuh. Ein Exemplar des Chromosomenpaars stammt von der mütterlichen Eizelle, das andere von der väterlichen Spermienzelle.

Die Mitose ist in vier Phasen unterteilt, die man im Lichtmikroskop gut unterscheiden kann: Prophase, Metaphase, Anaphase und Telophase. Die erforderliche Verdoppelung der Erbinformation fand bereits in der **Interphase** a statt und ist im Lichtmikroskop nicht sichtbar [6.2].

In der **Prophase** b erscheinen im Chromatin des Zellkerns lange, dünne DNA/Histon-Fäden. Diese verdichten sich zu klar erkennbaren Chromosomen. Die Kernhülle löst sich allmählich auf und es bildet sich ein ***Spindelapparat*** zwischen den Zellpolen. Die Spindelfasern bestehen aus Cytoskelettproteinen, genauer aus Mikrotubuli [2.7]. Sie heften sich an die sichtbare Einschnürung der Chromosomen, das **Centromer**.

In der **Metaphase** c ziehen die Spindelfasern alle Chromosomen in die Mitte der Zelle, in die Ebene des Zelläquators. Dort liegen sie wie auf einem Prä-

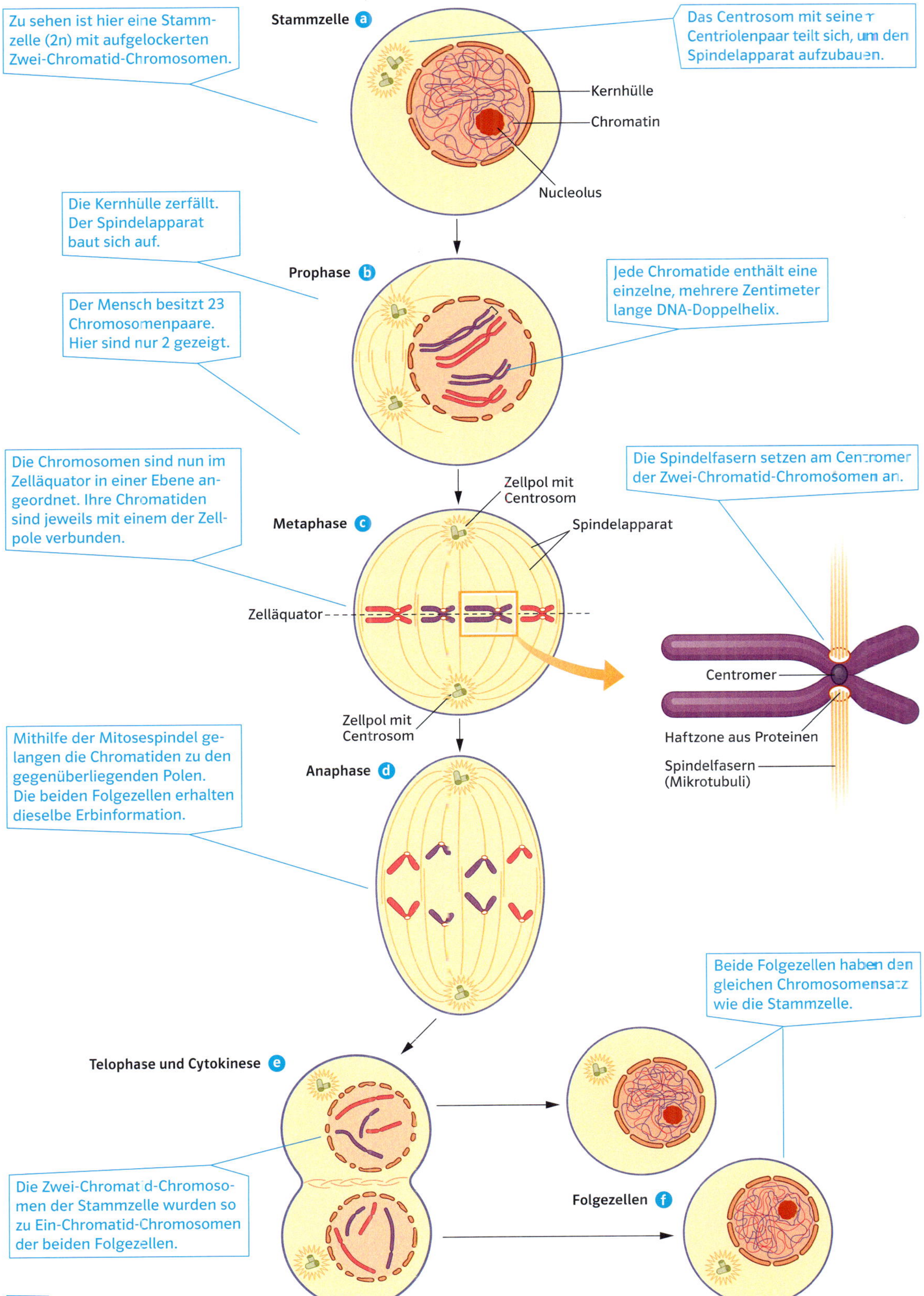

2 Im Laufe der Mitose wird die bereits zuvor verdoppelte Erbinformation von einer Stammzelle auf zwei Folgezellen verteilt.

sentierteller und lassen sich besonders gut zählen und unterscheiden [Abb. 2, S. 118]. Jetzt sieht man besonders deutlich, dass jedes Chromosom aus zwei **Chromatiden** besteht [6.2], die über das Centromer verbunden sind. Jede Chromatide enthält eine DNA-Doppelhelix mit gleicher Erbinformation. Die beiden Chromatiden eines Zwei-Chromatid-Chromosoms sind identische Kopien des ursprünglichen Ein-Chromatid-Chromosoms und aus der Verdopplung während der vorausgegangenen S-Phase des Zellzyklus hervorgegangen.

In der **Anaphase** d trennen sich die Chromatiden am Centromer voneinander und die Spindelfasern ziehen sie jeweils zu den entgegengesetzten Polen. Aus jedem Zwei-Chromatid-Chromosom werden auf diese Weise zwei Ein-Chromatid-Chromosomen.

In der **Telophase** e bildet sich an jedem Zellpol eine neue Kernhülle um den dortigen Satz von Ein-Chromatid-Chromosomen. Die Chromosomen lockern sich auf und werden wieder zu Chromatin. Gleichzeitig beginnt die Stammzelle, sich am Zelläquator einzuschnüren und so ihr Cytoplasma auf die beiden Folgezellen zu verteilen. So erhalten diese jeweils die Hälfte des Cytoplasmas und ausreichend viele Organellen. Entstanden sind zwei kleinere, aber erbgleiche Folgezellen f.

A1 Beschreiben Sie stichpunktartig wesentliche Vorgänge und den Verlauf der Mitose einer Tierzelle.

A2 Im mikroskopischen Schnittbild durch eine pflanzliche Wurzelspitze [Abb. 1] sind mehrere in unterschiedlichen Teilungsstadien begriffene Zellen zu sehen. Ordnen Sie diese begründet den Phasen der Mitose zu.

6.4 Die Zellteilung ist Grundlage für Wachstum und ungeschlechtliche Vermehrung

Individuelle und evolutive Entwicklung

Haben Sie schon einmal versucht, Gemüsepflanzen aus pflanzlichen Küchenabfällen nachzuziehen? So lässt sich aus einem Meerrettich-Wurzelstück oder dem unteren Abschnitt von Lauch und Salat erntefähiges Gemüse gewinnen [Abb. 1 a]. Dies ist möglich, weil diese Pflanzenteile Gewebeschichten mit den in [6.3] erwähnten ***Meristemzellen*** enthalten, dem pflanzlichen Äquivalent zu den Stammzellen der Tiere. Meristemzellen haben die Fähigkeit, alle Pflanzenorgane bilden zu können. Doch auch ohne den Weg durch die Küche vermehren sich viele Pflanzen ***vegetativ*** (***ungeschlechtlich***) durch sogenannte Ableger. Sie kennen das vielleicht von Erdbeeren oder Grünlilien [Abb. 1 b]. Ein anderes Beispiel ist eine Pflanze namens Giersch, die sich im Garten umso mehr verbreitet, je mehr man sie durch Ausrupfen (Jäten) loszuwerden versucht. Selbst kleinste Bruchstücke der Wurzeln wachsen sich zu neuen Gierschpflanzen aus.

Man spricht hier von **ungeschlechtlicher Fortpflanzung**, oder auch, weil es sich ja meistens um eine Erhöhung der Individuenzahl handelt, von ***ungeschlechtlicher (vegetativer) Vermehrung*** ❀. Die Nachkommen sind alle erbgleich (genetisch identisch) und bilden damit einen sogenannten **Klon**. In der

1 Viele Pflanzen und auch einige Tiere können sich vegetativ fortpflanzen und dadurch vermehren.

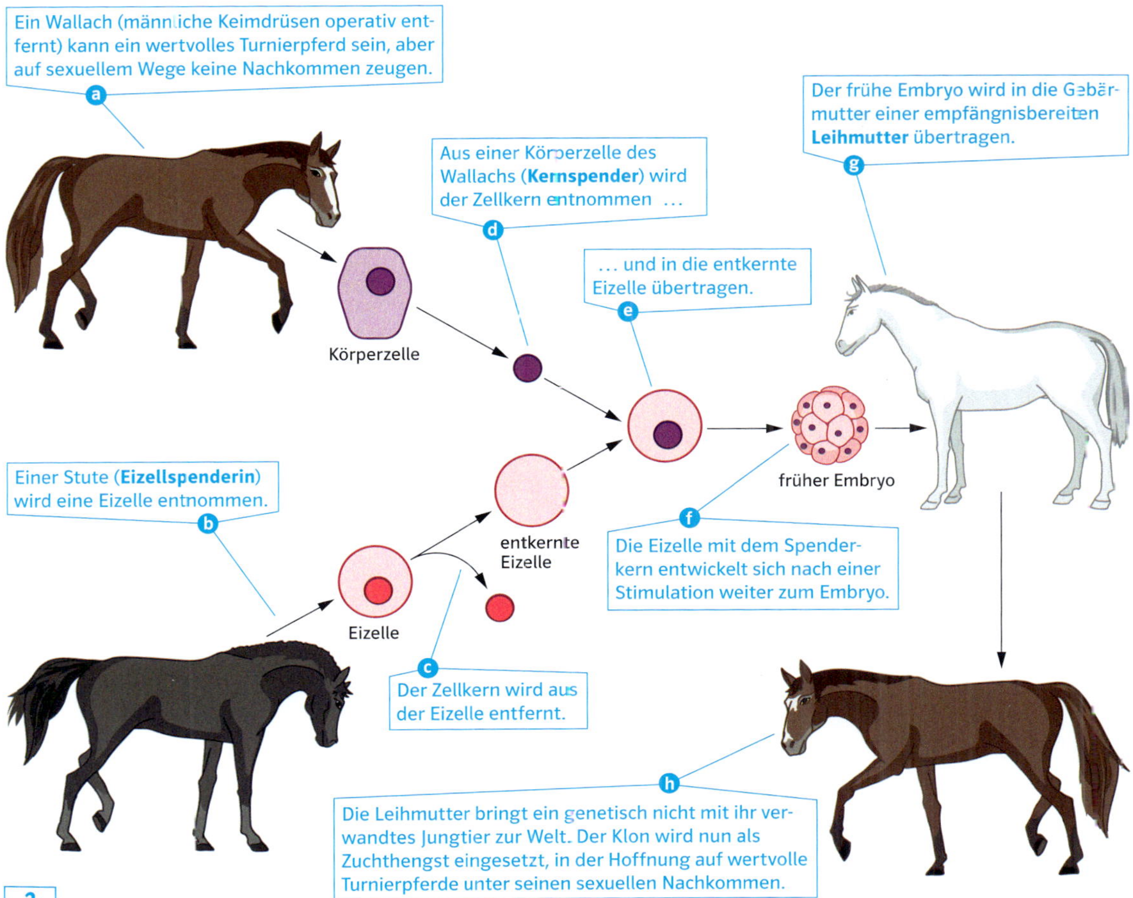

2

Durch reproduktives Klonen lassen sich Zuchttiere erbgleich vermehren.

Pflanzenzucht hat das *Klonen*, also das ungeschlechtliche Vermehren, eine lange Tradition. Man verwendet dafür Knollen, Zwiebeln und Stecklinge, im Labor sogar einzelne Pflanzenzellen. In den Zellen dieser Pflanzenteile steckt die Erbinformation für den gesamten Organismus – sonst ließe sich nicht wieder eine komplette Pflanze daraus ziehen.

Auch viele Tiere können sich auf ungeschlechtlichem Weg vermehren und dadurch erbgleiche Nachkommen hervorbringen. Ein Beispiel ist der Entwicklungsgang von Quallen. Bei ihnen entwickelt sich aus der befruchteten Eizelle zunächst ein festsitzender Polyp. Dieser führt eine vegetative Vermehrung durch, indem er sich quer in Schichten aufteilt. Er erinnert dann an einen Stapel Dessertschalen [Abb. 1 c]. Sie lösen sich nacheinander ab, schwimmen davon und entwickeln sich zu erwachsenen Quallen. Diese pflanzen sich dann geschlechtlich fort.

Bei Säugetieren ist ebenfalls eine ungeschlechtliche Vermehrung möglich, indem sich ein sehr früher Keim in zwei Keime aufteilt, die sich unabhängig voneinander weiterentwickeln. Seine Zellen haben in diesem Frühstadium alle noch die Fähigkeit, sämtliche Zelltypen und Organe zu bilden. So entstehen eineiige Zwillinge. Sie sind einander zum Verwechseln ähnlich – beim Menschen stellt man oft erst bei besserer Bekanntschaft feine individuelle Unterschiede fest, die mit fortschreitendem Alter aufgrund der individuellen Lebensweise zunehmen.

Umwelteinflüsse verändern auch bei Tierklonen das Erscheinungsbild, trotz identischer Erbinformation. Bei Pflanzen hängt die Wuchsform stark vom Standort ab, sodass die Mitglieder eines Klons äußerlich sehr voneinander abweichen können.

Bei Zuchttieren entstehen Klone, indem man die ersten Zellabkömmlinge einer befruchteten Eizelle (Zygote) im Labor voneinander trennt (***Embryosplitting***) und von verschiedenen Leihmüttern austragen lässt. Unterschiedliche Fellzeichnungen der neugeborenen Klone trotz Erbgleichheit zeigen hier, dass sie bereits im Mutterleib unterschiedlichen Entwicklungsbedingungen ausgesetzt waren.

Seit der Geburt von Klonschaf Dolly [S. 105] lassen sich sogar bereits erwachsene Säugetiere auf ungeschlechtlichem Weg identisch reproduzieren. Bei diesem ***reproduktiven Klonen*** entnimmt man einer

Körperzelle des Spendertiers den Zellkern (2n) und überträgt ihn in eine zuvor entkernte Eizelle. Die Eizelle mit Fremdkern wird dann von einer Leihmutter (ohne Befruchtung) ausgetragen. Das Jungtier ist ein genetischer Klon des Spendertiers [Abb. 2]. Allerdings entwickelt sich von hundert derart kombinierten Eizellen bisher im Durchschnitt nur eine bis zur Geburt, und viele geklonte Tiere sterben früh. Nicht nur bei Tierschützern ist das Klonen von Säugetieren daher umstritten. Reproduktionsbiologische Methoden lösen besonders Bedenken aus, weil sie mit Gentechnik kombiniert werden könnten, was bei Dolly (noch) nicht der Fall war. Die angewandte Reproduktionsbiologie ist zudem sehr aufwendig und teuer.

Wegen der geringen Erfolgsrate kombiniert man das reproduktive Klonen mit dem Embryosplitting und verteilt die Zellen eines geglückten Klon-Embryos auf mehrere Leihmütter. Spezialisierte Zuchtfirmen bieten reproduktives Klonen ausgewählter Tiere zu hohen Preisen an. Eine Wiedergeburt ihres geliebten Haustiers können Kunden aber nicht erwarten, denn im Verhalten und anderen durch die Lebensweise beeinflussten Merkmalen wird er stark vom Original abweichen. Versuche, Menschen reproduktiv zu klonen, sind in Deutschland und vielen anderen Ländern gesetzlich verboten, denn sie werfen enorme ethische und rechtliche Probleme auf.

A1 Erklären Sie, warum beim Ziehen von Ablegern genetisch identische Nachkommen entstehen.

A2 Erläutern Sie den Unterschied zwischen ungeschlechtlicher Fortpflanzung und ungeschlechtlicher Vermehrung.

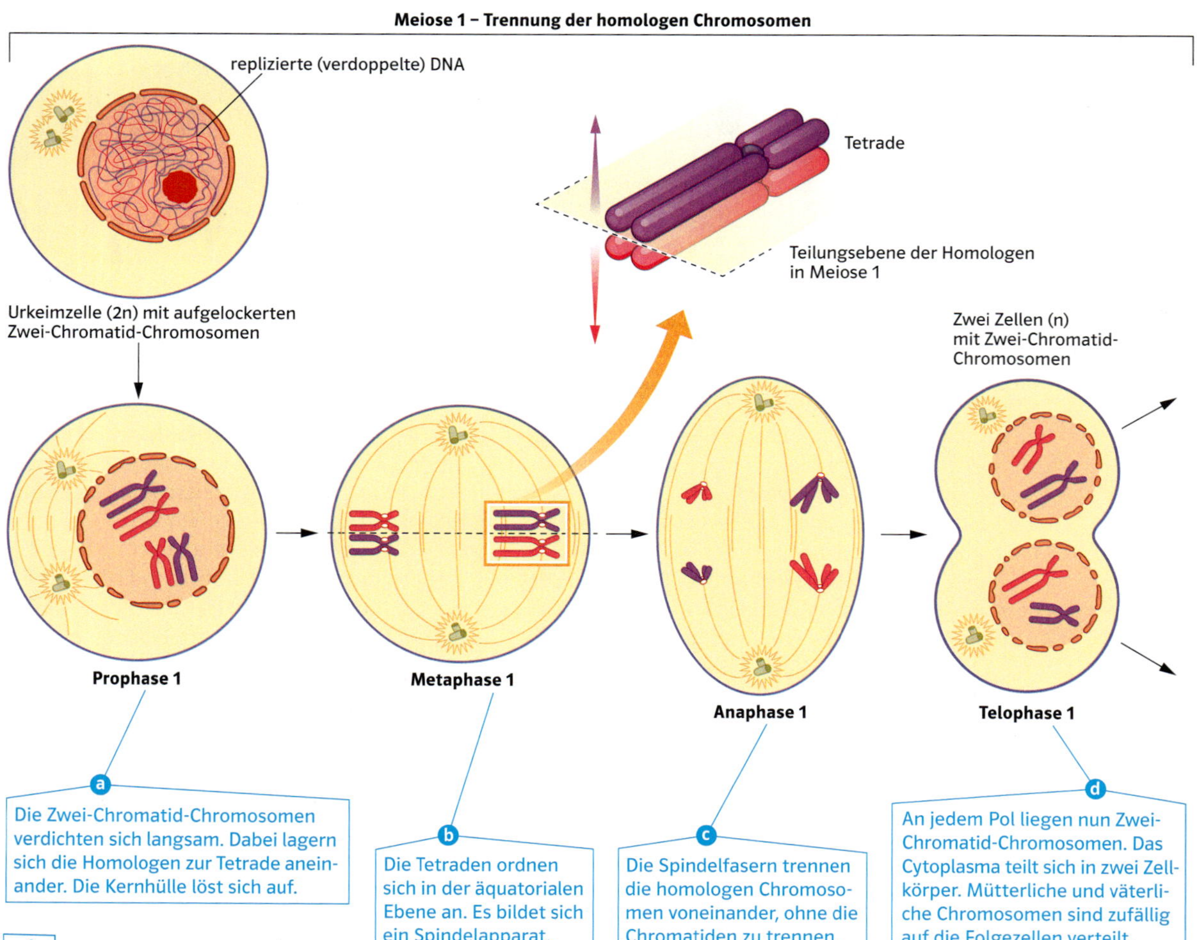

1

Die Meiose ist eine Zellteilung, bei der aus einer diploiden Urkeimzelle haploide Keimzellen mit neu kombinierten Chromosomen entstehen (hier dargestellt an 2n = 4 Chromosomen).

6.5 Geschlechtliche Fortpflanzung erfordert Zellen mit einfachem Chromosomensatz

Individuelle und evolutive Entwicklung

Blüten werden bestäubt, Tiere paaren sich. Auch bei Arten, die sich vegetativ vermehren können [6.4], kommt **geschlechtliche Fortpflanzung** vor: Grünlilien blühen und fruchten, Quallen entlassen weibliche und männliche Keimzellen in das Meerwasser, die sich vereinigen und so ihre Erbinformation neu kombinieren ❀. Offenbar hat es Vorteile, wenn genetisch nicht alle gleich sind, vor allem wenn sich Umweltbedingungen verändern. Dabei geht es nicht nur um sichtbare Merkmale, sondern auch um kleine Unterschiede in Entwicklung, Stoffwechsel, Verhalten u. ä. zwischen den Artgenossen. Auch beim Menschen ähneln Kinder zwar ihren Eltern und Großeltern, haben aber auch viele individuelle Merkmale.

Eine vegetative Vermehrung erfolgt rein durch Mitosen und führt zu genetisch identischen Klonen. Die geschlechtliche Fortpflanzung kombiniert dagegen das Erbgut von Artgenossen auf neue Weise. So erzeugt sie abgewandelte Nachkommen mit möglicherweise verbesserten Überlebenschancen. Bei der geschlechtlichen Fortpflanzung verschmelzen eine weibliche und eine männliche Keimzelle zur **Zygote**. Diese Befruchtung gipfelt in der Vereinigung von mütterlichem und väterlichem Chromosomensatz in einem einzigen Zellkern. Danach beginnt eine Serie von mitotischen Zellteilungen. Der als **Embryo** bezeichnete Keim wächst und entwickelt sich, bis aus ihm ein selbstständiges, fortpflanzungsfähiges Individuum geworden ist.

Meiose 2 – Trennung der Chromatiden

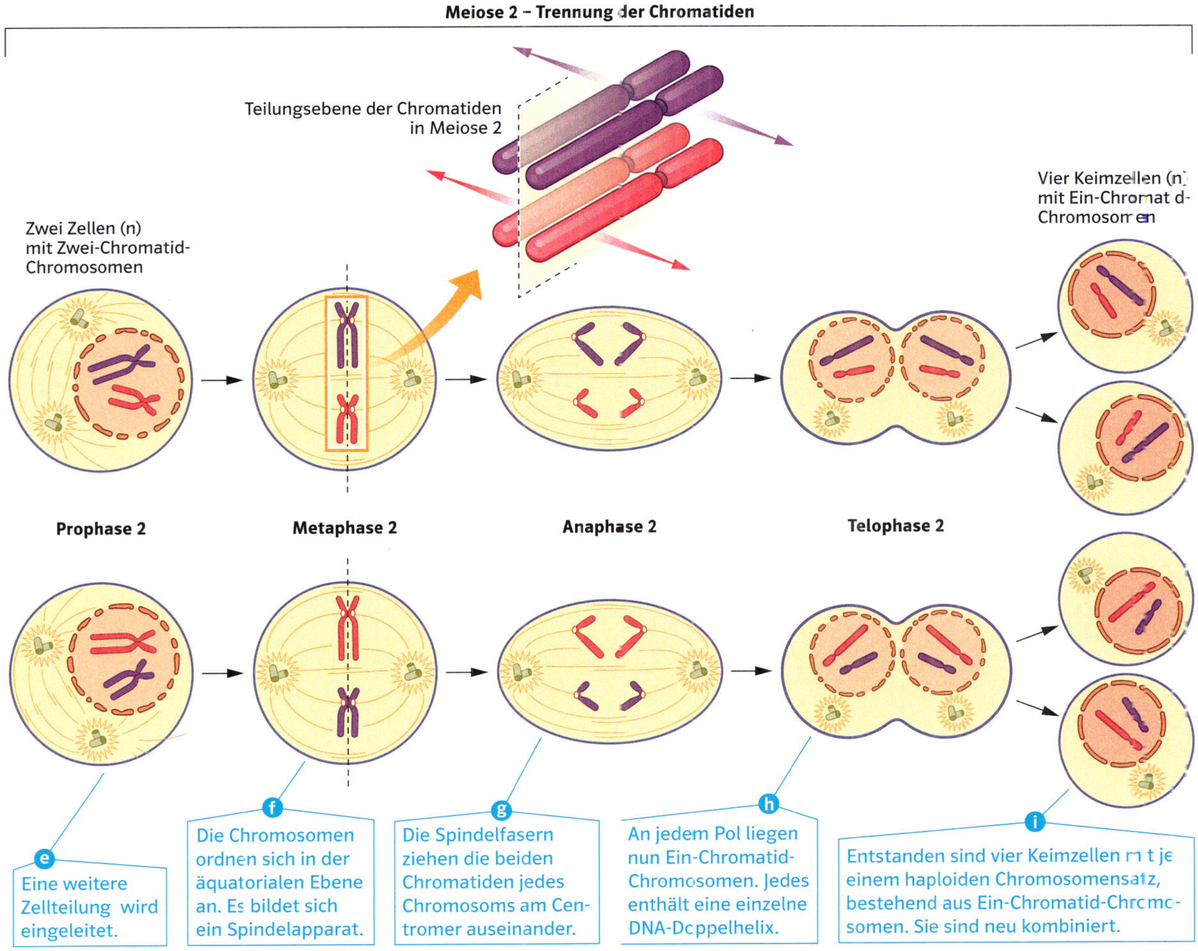

Würden sich jedoch zwei normale Körperzellen mit ihrem zweifachen Chromosomensatz (2n) vereinigen, käme es mit jeder Befruchtung zur erneuten Verdopplung der Chromosomenanzahl in der Zygote (4n, 8n usw.). Zur Bildung von Keimzellen, also Eizellen und Spermienzellen, die nur einen einfachen Chromosomensatz enthalten, ist daher eine besondere Zellteilung nötig, die **Meiose**. Im Rahmen dieser Meiose wird der zweifache (***diploide***) Chromosomensatz (2n) auf einen einfachen (***haploiden***) Chromosomensatz (1n) reduziert: Aus einer diploiden ***Urkeimzelle*** entstehen haploide Keimzellen.

Tiere bilden Keimzellen in den Keimdrüsen, beim Mann in den Hoden, bei der Frau in den Eierstöcken. Hier befinden sich die Urkeimzellen. Sie haben wie alle Körperzellen einen zweifachen Chromosomensatz (2n). In Abbildungen wird das meistens durch eine verschiedenfarbige Darstellung der mütterlichen und väterlichen Chromosomen symbolisiert. Im Mikroskop sind sie nicht zu unterscheiden, obwohl sie nicht exakt dieselbe Erbinformation enthalten müssen. Man nennt diese Chromosomen-Paare, wie schon in [6.3] erwähnt, auch ***homologe Chromosomen*** oder kurz „Homologe".

Theoretisch würde eine einzige Zellteilung mit der Aufteilung der homologen Chromosomen ausreichen, um aus einer diploiden Zelle zwei haploide Zellen zu machen, denn 2n : 2 = 1n. Tatsächlich teilt sich die Urkeimzelle aber zweimal (Meiose 1 und Meiose 2). Sie nutzt die bewährten Abläufe im Zellzyklus und kopiert wie vor einer Mitose auch vor der Meiose die DNA. Dieser scheinbar übertriebene Aufwand erlaubt es, kleinere Fehler in der DNA auszumerzen, die sonst nicht nur auf die Folgezelle, sondern gleich noch auf die Folgegeneration übertragen würden. Jedes mütterliche und väterliche Chromosom in der Urkeimzelle besteht beim Eintritt in die Meiose also aus zwei identischen Chromatiden; es ist wie beim Eintritt in die Mitose ein Zwei-Chromatid-Chromosom.

Der Ablauf der Meiose zeigt jedoch viele Besonderheiten und sieht in der Bilanz so aus:

- In **Meiose 1** werden die homologen Zwei-Chromatid-Chromosomen der Urkeimzelle (2n) ganz zufällig auf zwei Folgezellen verteilt. Diese sind dadurch haploid (1n).
- In **Meiose 2** werden in beiden Zellen jeweils die Chromatiden getrennt, und es entstehen jeweils zwei Folgezellen, zusammen also vier. Sie sind nun unreife Keimzellen mit einem haploiden Chromosomensatz aus Ein-Chromatid-Chromosomen.
- Es erfolgt abschließend eine Differenzierung zu reifen Keimzellen.

Sowohl die Meiose 1 als auch die Meiose 2 lässt sich in vier Phasen unterteilen [Abb. 1]. In der **Prophase 1** finden sich die mütterlichen und väterlichen Homologen und verkleben miteinander ⓐ. Da sie jeweils aus zwei identischen Chromatiden bestehen, entstehen bei dieser Chromosomen-Paarung Vierergruppen (***Tetraden***). Durch die räumliche Nähe zueinander können die Homologen ihre DNA-Sequenzen abgleichen oder sogar Teile davon austauschen [6.7]. Sollten die Homologen durch Chromosomenabweichungen nicht zueinander passen, kann die Meiose an dieser Stelle abgebrochen werden. Die betreffende Urkeimzelle wird dann eliminiert.

In der **Metaphase 1** ordnen sich die nun lichtmikroskopisch gut sichtbaren Tetraden in der äquatorialen Zellebene an ⓑ. Ein Spindelapparat trennt die Homologen in der **Anaphase 1** und verteilt sie nach dem Zufallsprinzip auf die beiden Zellpole ⓒ. In der **Telophase** liegt daher an jedem Pol ein haploider Satz aus Zwei-Chromatid-Chromosomen ⓓ, die teils von der Mutter, teils vom Vater stammen [6.7]. Mit dieser genetischen Ausstattung bilden sich die beiden Folgezellen, die dann in die Meiose 2 eintreten. In dieser werden die Chromatiden getrennt ⓔ–ⓖ. Die Meiose 2 gleicht damit einer Mitose, allerdings mit einfachem Chromosomensatz (n). Die resultierenden vier Keimzellen sind haploid und besitzen Ein-Chromatid-Chromosomen ⓗ–ⓘ.

Im männlichen Geschlecht differenzieren sich alle vier Zellen zu kleinen, beweglichen Spermienzellen [Abb. 2 oben]. Im weiblichen Geschlecht bean-

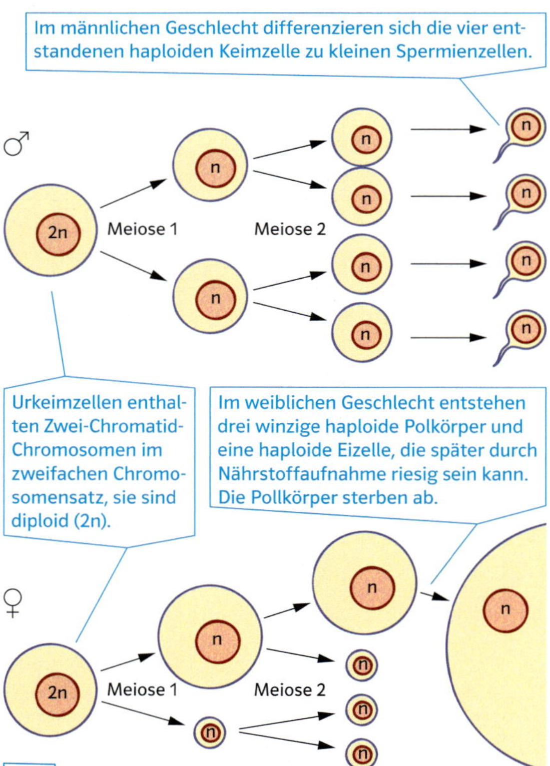

2

Die aus der Meiose entstandenen vier Zellen differenzieren sich zu vier Spermienzellen beziehungsweise einer Eizelle.

sprucht eine der Zellen das allermeiste Cytoplasma, indem dieses sehr ungleich („inäqual") auf die Folgezellen verteilt wird. Man spricht von ***inäqualer Teilung***. Unter Aufnahme weiterer Nährstoffe wird sie zu einer großen Eizelle [Abb. 2 unten]. Die drei anderen Zellen verkümmern zu winzigen ***Polkörpern***. Sie werden schließlich abgebaut, und dabei wird ihr genetisches Material „entsorgt". Für eine Befruchtung stehen jetzt in beiden Geschlechtern haploide Keimzellen zur Verfügung.

A1 Betrachten Sie den Chromosomensatz im Verlauf der Meiose. Ordnen Sie den einzelnen Phasen folgende Begriffe zu: „haploider Chromosomensatz mit Zwei-Chromatid-Chromosomen", „diploider Chromosomensatz mit Zwei-Chromatid-Chromosomen", „haploider Chromosomensatz mit Ein-Chromatid-Chromosomen"

A2 Es kann nachteilig sein, immer genetisch gleich zu bleiben, vor allem, wenn sich die Umweltbedingungen ändern. Erläutern Sie diese Aussage.

6.6 Menschen mit abweichender Chromosomenzahl sind beeinträchtigt

Vielleicht kennen Sie persönlich Menschen mit **Down-Syndrom**. Manche haben bei Film und Fernsehen Karriere gemacht und sind Ihnen vielleicht von daher bekannt. Ein „Syndrom" ist ein Krankheitsbild oder (wie hier) eine Anomalie, die man anhand bestimmter „Symptome" (Anzeichen) erkennt. So fallen Menschen mit Down-Syndrom durch einige harmlose Äußerlichkeiten auf, wie schräg gestellte Lidfalten. Sie sind meist sehr freundlich und emotional. Weitere Merkmale sind körperliche Einschränkungen wie Seh-, Hör- und Herzfehler, die sich heutzutage zum Glück meist recht gut behandeln bzw. ausgleichen lassen. Allerdings sind die intellektuellen Entwicklungsmöglichkeiten von Menschen mit Down-Syndrom eingeschränkt, wobei das Ausmaß sehr stark auf den Schweregrad des Syndroms ankommt, sowie auf die spezifische Förderung, die diese Menschen erfahren. Werden sie bei der Entfaltung ihrer Fähigkeiten auf geeignete Weise unterstützt, können viele von ihnen ein weitgehend selbstbestimmtes Leben führen [Abb. 1, links].

Das „Erscheinungsbild" eines Individuums nennt man dessen **Phänotyp**. Damit kann die Gesamtheit seiner körperlichen Merkmale gemeint sein, oder ein besonderer Merkmalskomplex wie zum Beispiel ein Down-Syndrom, oder auch nur ein einziges typisches Merkmal wie etwa die Haarfarbe. Etwas anderes ist das „Erbbild", der sogenannte **Genotyp**. Er bezieht sich auf die hinter einem Phänotyp stehende genetische Information. Damit kann ein winziger Abschnitt in der Basensequenz der DNA gemeint sein, aber auch der lichtmikroskopisch sichtbare Chromosomensatz [Abb. 1, rechts].

Aus während der Mitose aufgenommenen LM-Bildern der Chromosomen kann man ein **Karyogramm** erstellen [Abb. 1, rechts]. Das ist eine Bildgalerie, in der die Chromosomen paarweise nach Größe und nach Lage des Centromers angeordnet sind. Das spezielle Erscheinungsbild eines Chromosomensatzes im Karyogramm nennt man **Karyotyp**. Die meisten Menschen haben insgesamt 46 Chromosomen ($2n=46$ [Abb. 2]), die sich aufgrund ihrer äußeren Merkmale

1
Menschen mit Trisomie 21 haben einen typischen Phänotyp [links] und 47 Chromosomen [rechts].

METHODE Ein Karyogramm für eine Karyotyp-Analyse erstellen

Die Herbstzeitlose (*Colchicum autumnale*), eine Krokus-ähnliche Blütenpflanze, enthält das Zellgift Colchicin.

Anwendung
Chromosomen lassen sich mikroskopisch besonders gut in der Metaphase der Mitose erkennen, weil sie dann stark spiralisiert in der äquatorialen Ebene liegen [6.2]. Dieses Stadium wird in der Biologie und Medizin genutzt, um die Chromosomen abzuzählen, zu vergleichen und zu untersuchen. So lassen sich mögliche Veränderungen in Anzahl oder im Bau der Chromosomen entdecken oder das chromosomale Geschlecht bestimmen.

Methode und Auswertung
Teilungsfähige Zellen (Stammzellen) werden im Labor zunächst zur vermehrten Teilung der Zellkerne (Mitose) angeregt und dann durch durch das Zellgift Colchicin an der Aufteilung in Folgezellen gehindert. Auf diese Weise häufen sich Zellen in der Metaphase. Sie werden fotografiert und lassen sich über Bildverarbeitung nach Größe und Lage des Centromers zu homologen Paaren von Zwei-Chromatid-Chromosomen sortieren. Diese geordnete Darstellung nennt man **Karyogramm.** Durch Färbemethoden und weitere Bildverarbeitung erhält man ein detaillierteres Karyogramm mit gebänderten Ein-Chromatid-Chromosomen, die schematisch dargestellt sind. Die Bänder entstehen durch unterschiedlich stark spiralisierte Chromosomenbereiche. Anhand solcher Karyogramme kann man das Erscheinungsbild des Chromosomensatzes untersuchen, den **Karyotyp**. Er ist ein Blick auf die Erbinformation!

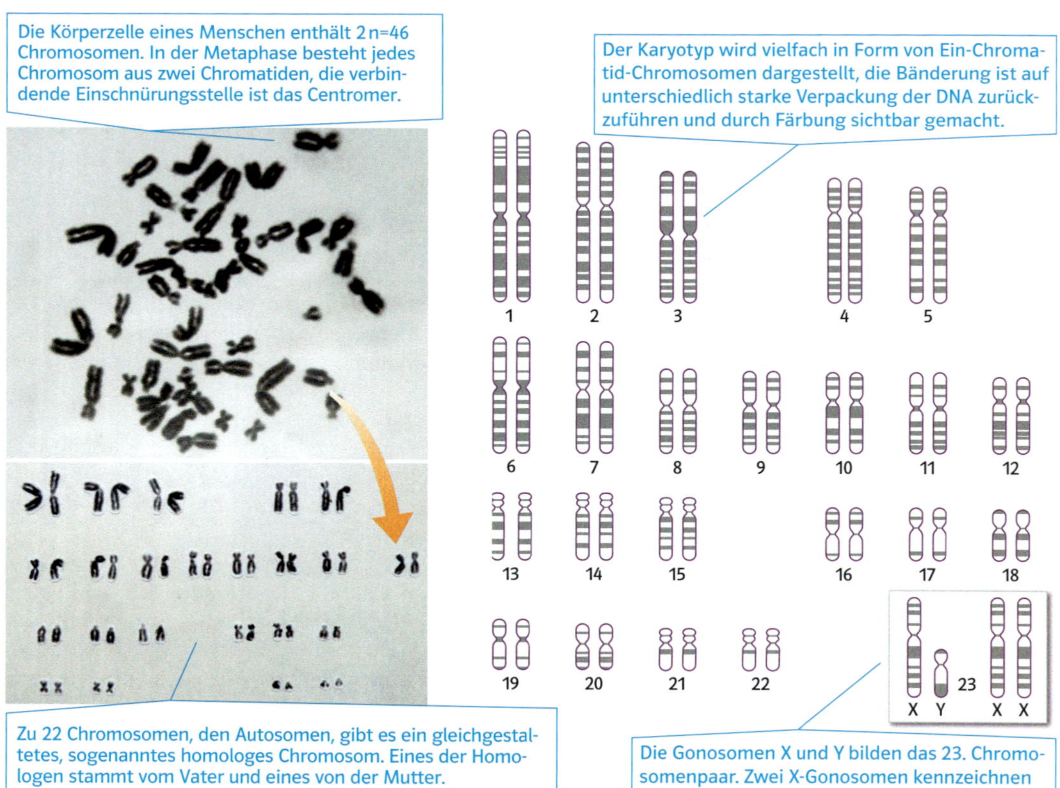

2

Mithilfe von **Karyogrammen** (geordneten Darstellungen des Chromosomensatzes) lässt sich der **Karyotyp** analysieren (das Erscheinungsbild der einzelnen Chromosomen und des ganzen Chromosomensatzes).

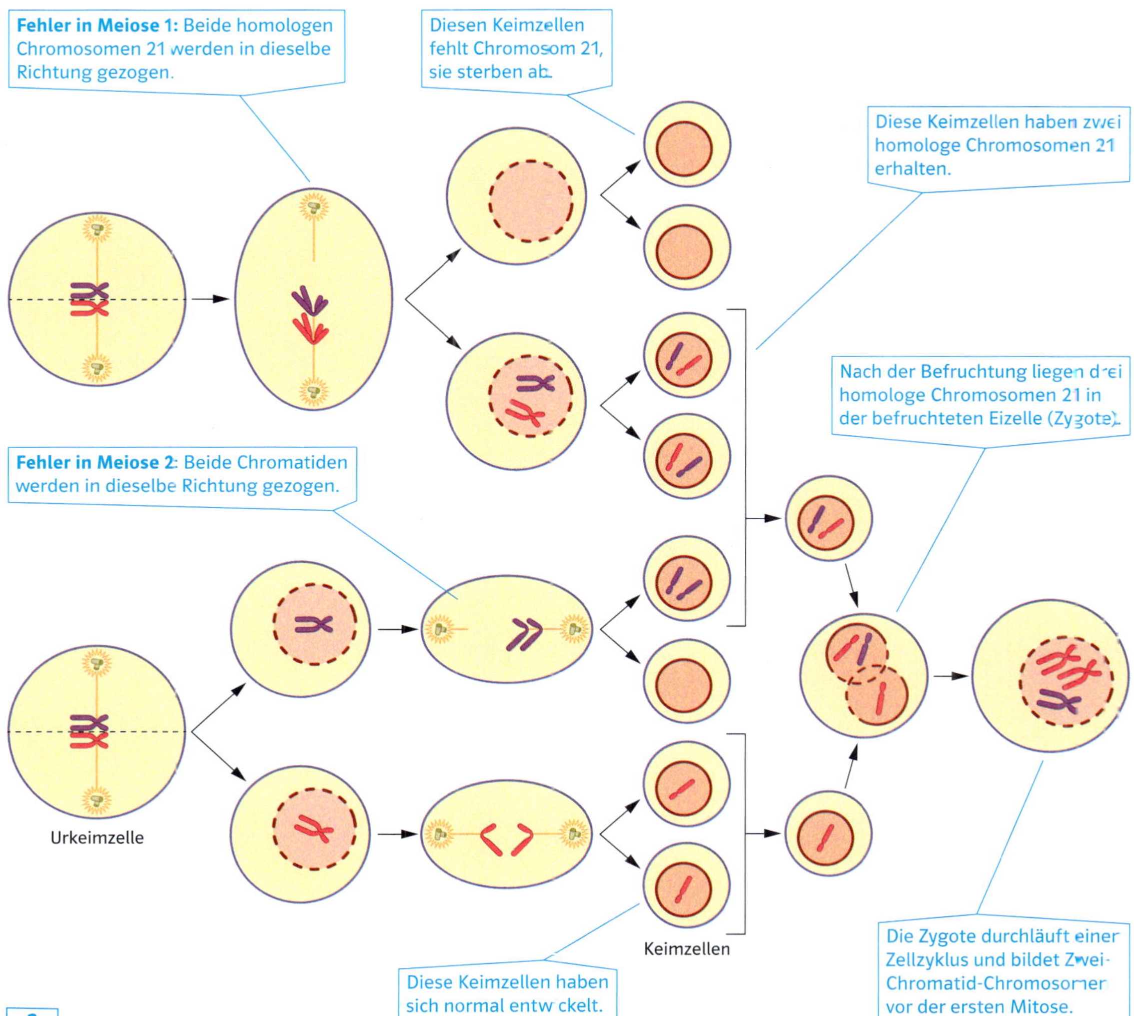

3

Keimzellen mit fehlenden oder überzähligen Chromosomen entstehen durch Fehlverteilung in Meiose 1 oder 2 (nur Chromosom 21 dargestellt).

zu 23 Paaren anordnen lassen. Innerhalb eines Paares stammt das eine Chromosom von der mütterlichen Eizelle, das andere von der väterlichen Spermienzelle. 22 dieser Paare kommen bei beiden Geschlechtern vor und werden deshalb **Autosomen** genannt. Beim 23. Paar gibt es zwei Versionen: bei der Frau zwei gleich aussehende (***homologe***) X-Chromosomen, beim Mann ein ungleiches (***heterologes***) Paar aus einem X- und einem Y-Chromosom [Abb. 2]. Man bezeichnet X- und Y-Chromosomen daher als **Gonosomen** (Geschlechtschromosomen). Die Karyotypen lauten formal beim Mann 46,XY und bei der Frau 46,XX.

Das Down-Syndrom tritt mit einer Häufigkeit von einer auf 700 Geburten auf. Menschen mit diesem Phänotyp haben folgenden Genotyp: Bei ihnen sind von Chromosom 21 drei statt nur zwei Exemplare vorhanden [Abb. 1 rechts]. Die Bezeichnung dieses Genotyps ist daher **Trisomie 21** [Abb. 3] ❀. Betroffene haben anstelle von 46 Chromosomen also 47 in ihren Zellkernen (47, XY + 21, bzw. 47,XX + 21), und diese zusätzliche „Gendosis" führt zu den körperlichen Besonderheiten. Es handelt sich zwar um eine angeborene, aber um keine vererbte Abweichung und ist damit keine „Erbkrankheit". Die Trisomie 21 wird durch einen spontanen Fehler bei der Meiose verursacht, der entweder bei der Mutter oder beim Vater auftritt und zu einer Keimzelle mit zwei Exemplaren von Chromosom 21 führt. Wenn dann ausgerechnet diese Keimzelle zur Bildung einer Zygote beiträgt, dann hat diese drei Chromosomen 21 [Abb. 3].

Struktur und Funktion

Solche Verteilungsfehler von Chromosomen während der Meiose werden mit dem Alter von Mutter und Vater immer häufiger. Bei 46 Zwei-Chromatid-Chromosomen, die während der Meiose durch den Spindelapparat korrekt auf die Zellpole verteilt werden müssen, fragen Sie sich vielleicht, warum es nur bei Chromosom 21 Menschen mit Trisomie gibt, und ob auch Monosomien auftreten (mit nur einem Exemplar eines Chromosoms). Tatsächlich kann es bei allen Chromosomen zu einer Trisomie oder einer Monosomie der Zygote kommen. Bei den Autosomen führt das jedoch – mit Ausnahme der Trisomie 21 – zu derart schweren Entwicklungsstörungen, dass der Embryo meist schon in einem ganz frühen Stadium abstirbt. Bei den Gonosomen sind dagegen zum Beispiel Menschen mit den Chromosomenabweichungen X0 (nur ein X-Chromosom vorhanden: ***Turner-Syndrom***), XXY (***Klinefelter-Syndrom***) und XYY bekannt. Deren Träger sind meist unfruchtbar. Zum Teil treten weitere Beeinträchtigungen auf, die heutzutage jedoch gut behandelbar sind.

A1 Der Karyotyp von Personen mit dem Triple-X-Syndrom ist 47, XXX. Es sind Frauen ohne phänotypische Auffälligkeiten. Ihre Söhne weisen oft auch eine Chromosomenanomalie auf. Erklären Sie.

A2 Erläutern Sie, wie der Karyotyp 47,XXY gebildet werden kann.

6.7 Genetische Vielfalt entsteht durch Zufallskombination der Erbinformation

Individuelle und evolutive Entwicklung

Auf der Erde leben derzeit fast 8 Milliarden Menschen. Hätte man von jedem einzelnen ein Karyogramm, würde man feststellen, dass stets 2n=46 Chromosomen vorhanden sind (abgesehen von den seltenen, in [6.6] besprochenen Fällen). Das war bei den schätzungsweise 100 Milliarden vor uns lebenden Menschen sicher nicht anders. Trotz dieser Einheitlichkeit unserer Art bezüglich des Karyotyps (46,XX oder 46,XY) ist davon auszugehen, dass es auf der Erde keine zwei Menschen mit exakt gleichem Phänotyp gibt. Jeder Mensch ist einmalig. Worauf lässt sich diese erstaunliche Verschiedenheit zurückführen?

Die geschlechtliche Fortpflanzung ist einer der Schlüssel zum Verständnis dieser Vielfalt ❀. Mit ihrer

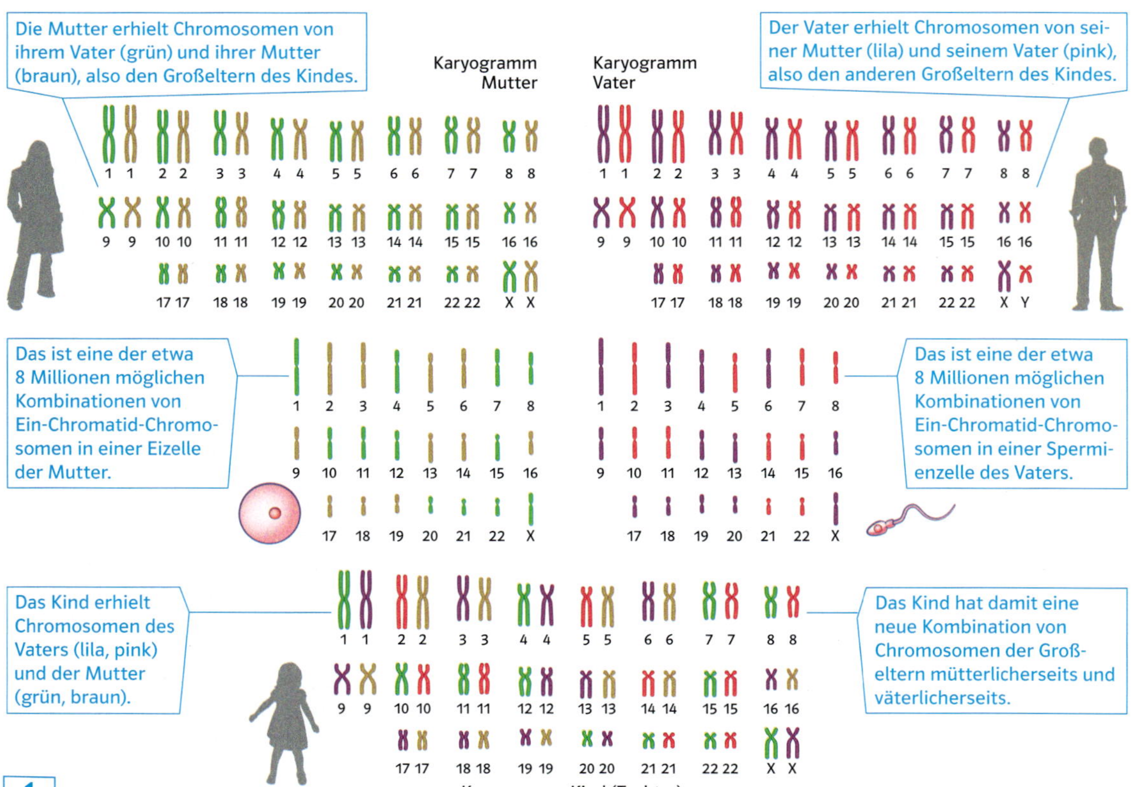

1 Durch Meiose und Befruchtung werden die 23 Chromosomenpaare des Menschen zufallsgemäß neu kombiniert.

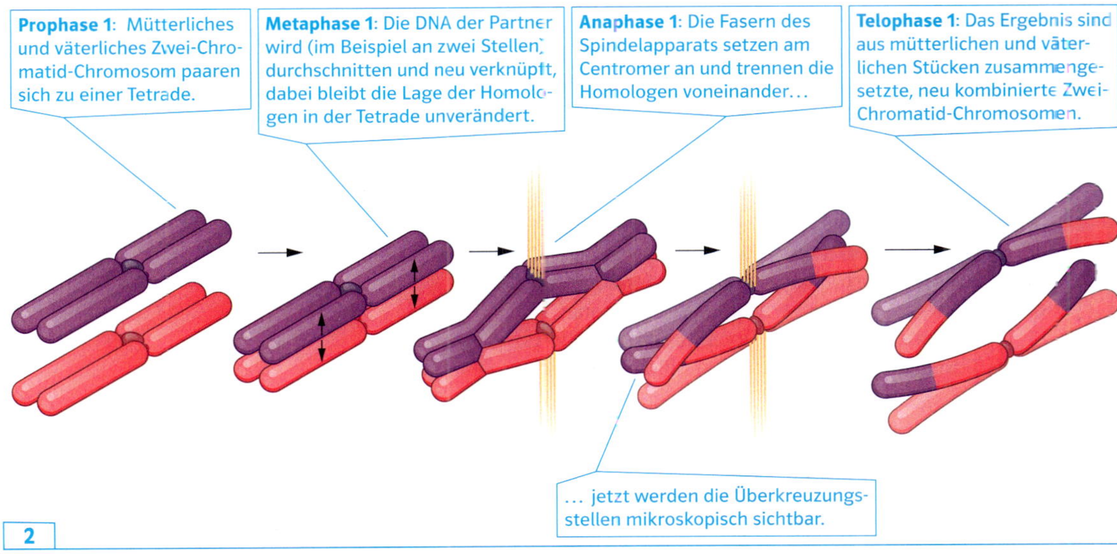

2

In der Meiose 1 tauschen die zu einer Tetrade gepaarten homologen Zwei-Chromatid-Chromosomen mütterliche und väterliche DNA-Abschnitte untereinander aus.

Neukombination von mütterlicher und väterlicher Erbinformation [Abb. 1]. Die Meiose 2 bringt bei Trennung identischer Chromatiden dagegen keine weitere Erhöhung der Vielfalt. [Abb. 2] zeigt Ihnen jedoch, dass die Chromatiden nicht immer identisch sind.

Wie Sie in [Abb. 3] sehen, können aus einer Urkeimzelle mit nur 2n=6 Chromosomen allein durch die zufällige Verteilung mütterlicher und väterlicher Chromosomen 2^3=8 unterschiedliche Kombinationen innerhalb der Keimzelle entstehen, bei n Chromosomen-Paaren also 2^n verschiedene Keimzellentypen. Beim Menschen (n=23) sind 2^{23} Kombinationen mütterlicher und väterlicher Chromosomen bei der Keimzellbildung möglich, das sind immerhin 8 388 608 Varianten [Abb. 1]. Auf der Erde leben aber tausendmal so viele Menschen. Die zufallsgemäße Verteilung der mütterlichen und väterlichen Chromosomen auf die Keimzellen reicht allein nicht aus, um die genetische Vielfalt und die phänotypische Unterschiedlichkeit der Menschen zu erklären.

Es gibt jedoch noch einen weiteren Mechanismus der Neukombination: Wie Sie bereits wissen, paaren sich väterliche und mütterliche Zwei-Chromatid-Chromosomen in der Meiose 1 zu einer Tetrade [6.5]. Sie sind in diesem Stadium der Länge nach miteinander verklebt. Durch diesen engen Kontakt lässt sich die DNA-Doppelhelix mütterlicher und väterlicher Chromosomen untereinander abgleichen und an bestimmten Stellen gezielt von Enzymen durchschneiden. Beim anschließenden Neuverketten der DNA-Enden werden mütterliche und väterliche Abschnitte wie in einer Kollage über Kreuz verbunden. Diesen Stückaustausch von homologen DNA-Sequenzen nennt man **Crossing-over** (zusammen 50 bis 75 pro Meiose).

In Modellen und Zeichnungen visualisiert man den Stückaustausch meistens durch unterschiedliche Farben in den Homologen. Im Lichtmikroskop erkennt

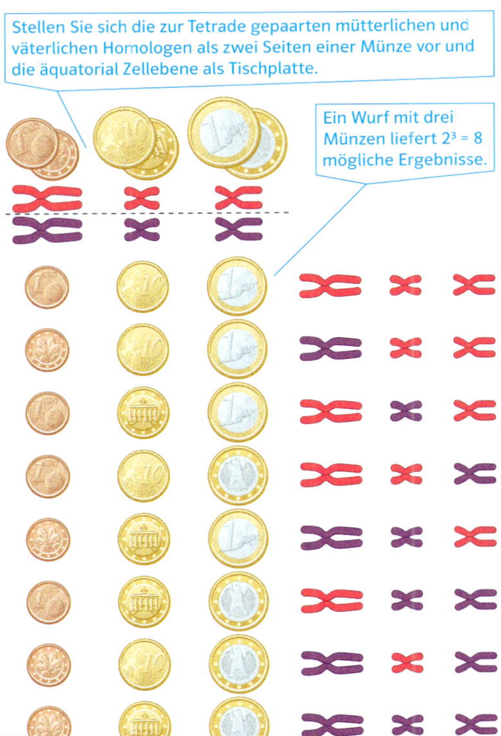

3

Für die Neukombination und zufallsgemäße Verteilung von drei Chromosomenpaaren gibt es (wie beim Münzwurf) 2^3 = 8 mögliche Chromosomen-Kombinationen in den Folgezellen nach Meiose 1. Für n Chromosomen sind es 2^n Möglichkeiten.

man ihn daran, dass die Tetraden in der beginnenden Anaphase 1 Überkreuzungsstellen zeigen, die sich allmählich zum Chromosomenende hin verschieben [Abb. 2]. Beim Menschen gibt es in jeder Tetrade, also zwischen jedem mütterlichen und väterlichen Chromosom, durchschnittlich zwei bis drei Crossing-over (zusammen 50 bis 75 pro Meiose). Das erhöht die Anzahl möglicher Keimzell-Varianten enorm und hat noch einen weiteren Effekt: Es trennt DNA-Abschnitte auf einem Chromosom voneinander, die ansonsten gemeinsam (gekoppelt) vererbt worden wären.

Zufallsverteilung und Stückaustausch der Homologen führen zusammen zur Neukombination.

A1 Beurteilen Sie die Aussage „Ganz der Opa" auf Grundlage der [Abb. 1].

A2 In [Abb. 1] wird die zufallsmäßige Kombination der elterlichen Chromosomen dargestellt. Berechnen Sie anhand der Abbildung, wie viele unterschiedliche Kinder ein Elternpaar theoretisch haben könnte (ohne Crossing-over). Erläutern Sie kurz Ihr Vorgehen.

6.8 Von jeder Erbanlage gibt es im Zellkern maximal zwei Varianten

„Höchstens 24 000 Gene hat der Mensch!" Dieses im Jahr 2001 verkündete Resultat des ***Humangenom-Projekts*** war für viele eine Überraschung. Mittlerweile wurde die Zahl unserer **Gene** (***Erbanlagen***) sogar auf 21 300 herunterkorrigiert. Da hatten die meisten Fachleute viel mehr erwartet, hat doch schon jede Maus genauso viele. Doch nicht nur die Gene des Menschen wurden damals gezählt und auf den Chromosomen lokalisiert. Vor allem hat man in dem Projekt die 3,2 Milliarden Basenpaare der menschlichen DNA sequenziert. Man ermittelte dabei die Abfolge der vier möglichen Basen, Adenin, Thymin, Cytosin und Guanin [Abb. 1, S. 108].

Wie kann man DNA-Sequenzen aus Milliarden von Basenpaaren quasi über Nacht ermitteln [Abb. 1]? Das gelingt vor allem durch innovative Sequenzierverfahren. Und dann ist da noch ein entscheidender Trick: Anstatt von einem Ende ausgehend schrittweise den DNA-Strang zu sequenzieren, zerhäckselt man ihn in Millionen Schnipsel. Diese sequenziert man alle gleichzeitig. Anschließend setzt ein Computerprogramm die Millionen kurzen Teilsequenzen anhand von Überlappungen zur Gesamtsequenz zusammen.

Unter **Genom** versteht man die Gesamtheit des Erbguts, also der DNA, in den Zellen eines Lebewesens. Das „Humangenom" ist unser menschliches Genom. Mit den 21 300 Genen sind solche DNA-Abschnitte gemeint, an denen der Bauplan eines Eiweißstoffs (Proteins) abgelesen wird und die auf diese Weise die Merkmale beeinflussen („codieren"). Die 21 300 Gene machen weniger als 1,5 % unserer gesamten DNA aus, und doch bestimmen sie entscheidend unseren Phänotyp. Die übrigen 98,5 % unserer DNA haben andere Aufgaben, die teilweise noch unbekannt sind.

Die 21 300 Gene verteilen sich sehr ungleich auf die 24 Chromosomentypen (22 Autosomen und zwei Gonosomen X und Y). So sind auf Chromosom 1 rund 2000 und auf dem Y-Chromosom nur 71. Jedes Gen ist über das von ihm codierte Protein für die Ausprägung eines bestimmten Merkmals entweder allein zuständig, oder zusammen mit anderen Genen daran beteiligt ❋. Ein Gen liegt in einer bestimmten DNA-Region, die man als seinen **Genort** bezeichnet. In einer diploiden Zelle mit mütterlichem und väterlichem Erbgut liegen bei den Autosomen zwei homologe Genorte vor. Deren Gene gibt es somit in zweifacher Ausführung. Beim weiblichen Chromosomenpaar XX ist das ebenso, doch bei XY des Mannes nicht [6.6].

Haben beide Gene die gleiche Basensequenz, spricht man von einem ***reinerbigen*** (**homozygoten**) Genotyp. Der zugehörige Phänotyp sei hier als Beispiel lockiges Haar [Abb. 2 links]. Ein solches Haar ist im Querschnitt oval. Durch kleine zufällige Abwand-

Information und Kommunikation

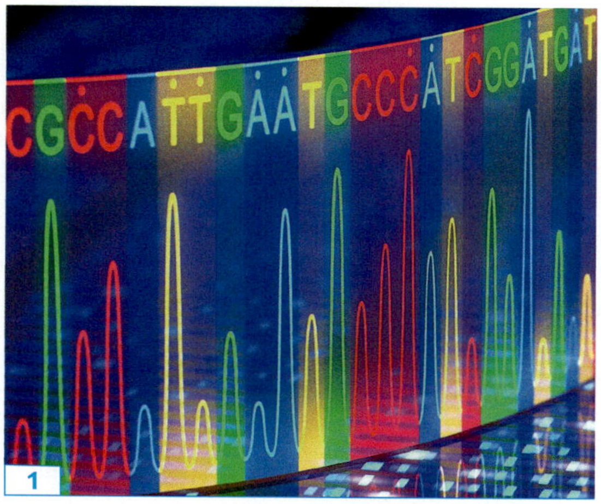

1

Das Genom eines Menschen zu sequenzieren dauerte von 1990 bis 2003. Heute braucht man für so etwas einen Tag.

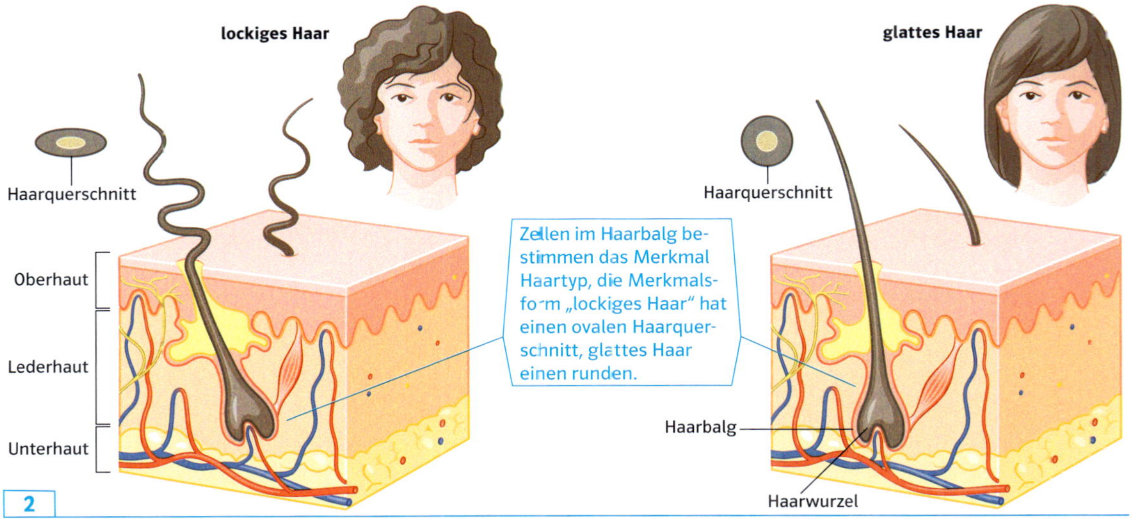

2

Viele phänotypische Merkmale des Menschen sind erblich bedingt, wie hier der Haartyp. Er entsteht durch den jeweiligen zellulären Aufbau des sackartigen Haarbalgs, in dem die Haarwurzel sitzt.

lungen, sogenannte **Mutationen**, kann sich die Basensequenz eines Gens etwas verändern. Dann ist eine neue Variante oder ***Zustandsform*** des Gens entstanden, ein neues **Allel**. In unserem Beispiel ist die Erbinformation vielleicht so verändert, dass nicht ein ovaler, sondern ein runder Querschnitt des Einzelhaares entsteht. Solche Haare sind nicht lockig, sondern glatt [Abb. 2 rechts]. Das neue Allel führt hier beim Merkmal „Haartyp“ zu der ***Merkmalsform*** „glatt“. „Merkmal“ und „Merkmalsform“ beziehen sich somit auf den Phänotyp, während mit „Gen“ und „Allel“ der Genotyp gemeint ist. In einer Bevölkerung (***Populati-***

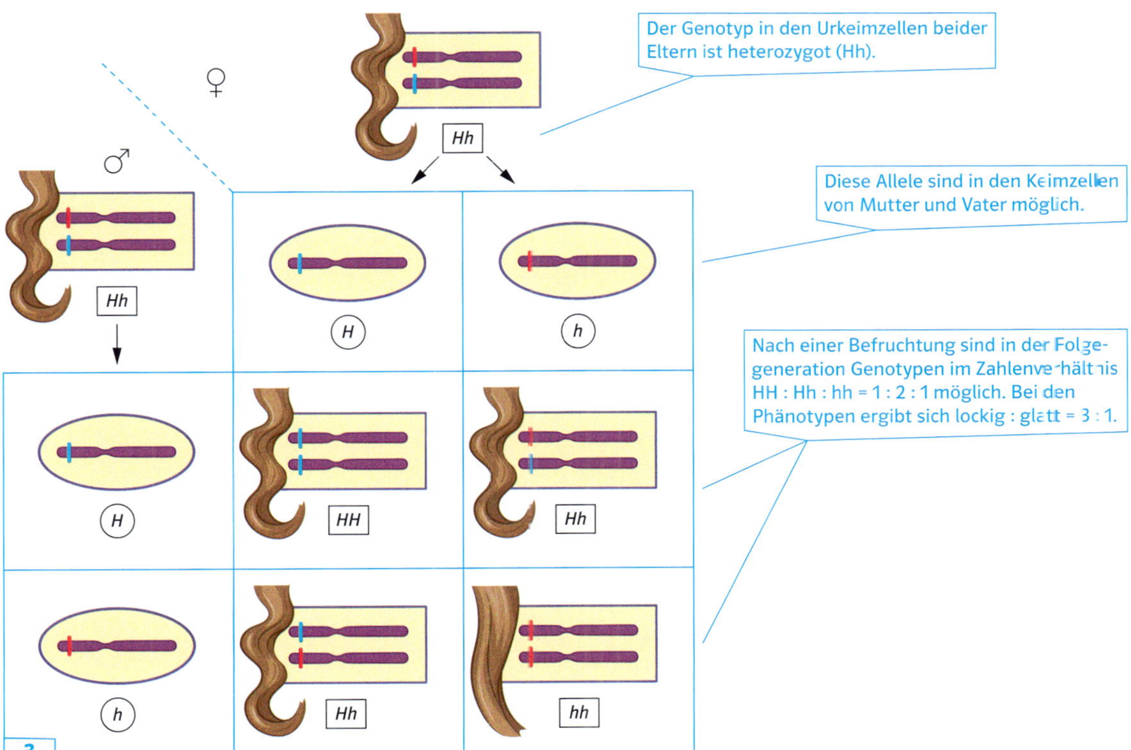

3

In einem Kreuzungsschema lassen sich mögliche Phänotypen und Genotypen der Folgegeneration darstellen. Beim Merkmal „Haarform“ sind die Merkmalsform „lockig“ bzw. ihr Allel *H* dominant und die Merkmalsform „glatt“ bzw. ihr Allel *h* rezessiv.

on) können viele verschiedene Allele eines Gens auftreten. In einer diploiden Zelle gibt es aber maximal zwei davon, eines auf dem mütterlichen und das andere auf dem väterlichen Chromosom.

Nennen wir nun das Allel für lockiges Haar „*H*", das Allel für glattes Haar dagegen „*h*". Sind beide Genorte mit dem Allel *H* besetzt (Genotyp *HH*), wird sich das phänotypisch auf jeden Fall in lockigem Haar ausdrücken. Tragen beide Genorte dagegen das Allel *h* (Genotyp *hh*), entsteht sicher glattes Haar. Was aber passiert, wenn der eine Genort das Allel *H*, der andere das Allel *h* trägt, der Genotyp also *Hh* lautet und damit ***mischerbig*** (**heterozygot**) ist? Es würde sich lockiges Haar ausbilden, denn das Allel *H* (die Merkmalsform „lockiges Haar" bewirkend) ist **dominant** gegenüber dem Allel *h* (die Merkmalsform „glattes Haar" bewirkend); *h* ist **rezessiv** gegenüber *H*, daher die Klein- bzw. Großschreibung. Insgesamt liegt hier ein **dominant-rezessiver Erbgang** vor.

Es ist jedoch auch möglich, dass im Phänotyp zwei Allele, nennen wir sie *A* und *B*, im Genotyp *AB* ihre Merkmale unabhängig voneinander ausprägen. Jeder macht also sein eigenes Ding, ohne vom anderen unterdrückt zu werden. Das ist ein **kodominanter Erbgang**. Er spielt zum Beispiel beim Blutgruppensystem A, B, 0 eine Rolle. Hier gibt es in der Bevölkerung drei verschiedene Allele *A*, *B* und *0*, in einer Zelle aber wie immer nur zwei davon.

Oder es entsteht bei heterozygotem Genotyp ein abgeschwächter, mittlerer Phänotyp: Nehmen wir an, Genotyp *RR* steht bei einer bestimmten Pflanzenart für rote Blüten und Genotyp *rr* für weiße. Wenn dann der Genotyp *Rr* die Ausprägung von rosa Blüten bewirkt, haben wir einen **intermediären Erbgang**. Man sagt auch, *R* sei ***unvollständig dominant*** über *r*.

In einem ***Kreuzungsschema*** [Abb. 3] können Sie ermitteln, welche Allelkombinationen eines bestimmten Gens durch Meiose und Befruchtung in die Zygote gelangen können. Für das Merkmal „Haartyp" schreiben Sie erneut den Genotyp *HH* im homozygot dominanten, den Genotyp *hh* im homozygot rezessiven und den Genotyp *Hh* im heterozygoten Fall. Dabei symbolisiert ein großer Buchstabe das dominante Allel, ein kleiner das rezessive. Trägt einer der beiden Genorte das dominante Allel *H*, wirkt es sich im Phänotyp als „lockiges Haar" aus.

Welche Allele von mütterlichen und väterlichen Chromosomen in die Zygote gelangen, also vererbt werden, entscheidet sich bei der Bildung der betreffenden Keimzellen. Wie Sie bereits wissen, spielt

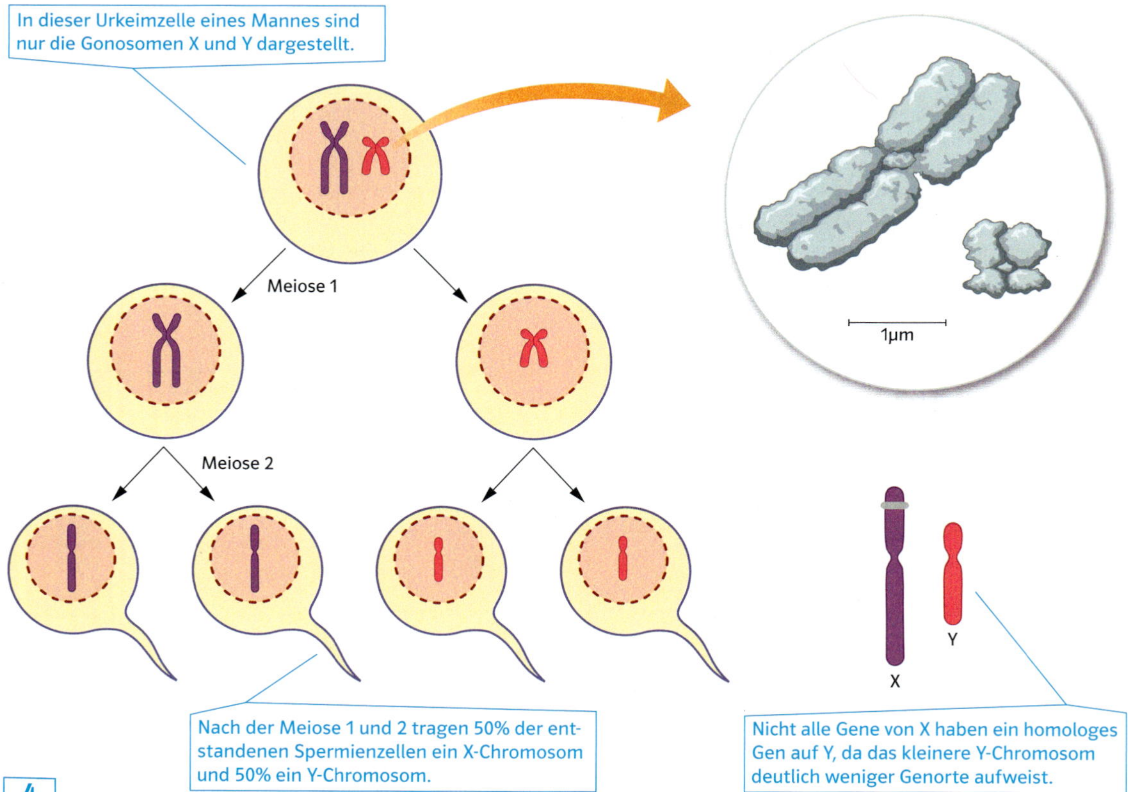

4

Die Gonosomen X und Y in der Urkeimzelle eines Mannes werden im Verlauf der Meiose auf die Spermienzellen verteilt. Nach einer Befruchtung führt der Genotyp XY zum Phänotyp Mann, XX zur Frau.

dabei der Zufall eine große Rolle [6.7]. Man kann lediglich Wahrscheinlichkeiten und statistische Zahlenverhältnisse für die Merkmalskombination in der Folgegeneration angeben. Das zeigt schon die Vererbung des Geschlechts: Auch wenn die Hälfte der Spermienzellen ein Y-Chromosom enthält, wird in einer Familie nicht jedes zweite Kind ein Sohn sein [Abb. 4] ❀. Bezogen auf eine große Bevölkerungszahl oder Stichprobe stimmt das Verhältnis von 50 % Söhnen zu 50 % Töchtern jedoch in etwa.

Individuelle und evolutive Entwicklung

Das Kreuzungsschema in [Abb. 3] gilt nur für Erbanlagen auf den 22 Autosomen-Paaren sowie für den weiblichen Genotyp XX [Abb. 2, S. 118]. Beim Mann stellen die Gonosomen X und Y einen Sonderfall bei der Vererbung dar. Diese beiden Chromosomen unterscheiden sich in der Größe und damit auch in der Anzahl der vorhandenen Gene. Für viele Gene auf dem X-Chromosom gibt es kein homologes Gen auf dem viel kleineren Y-Chromosom. Man sagt, die beiden Chromosomen sind ***hemizygot***. Beim (männlichen) Genotyp XY kann sich auch ein einzelnes rezessives Allel im Phänotyp ausprägen, nämlich dann, wenn das betreffende Gen auf dem X-Chromosom liegt, aber auf dem Y-Chromosom fehlt [Abb. 4].

A1 Erstellen Sie ein Kreuzungsschema mit den Allelen *V* (für verbundene Augenbrauen) und *v* (für getrennte Augenbrauen), wenn
- **a** beide Eltern heterozygot und
- **b** beide unterschiedlich homozygot sind.
- **c** Geben Sie alle Geno- und Phänotypen an.

A2 Nicht immer wird das Geschlecht über die unterschiedliche Zahl der X- bzw. Y-Chromosomen vererbt. So gibt es bei Heuschrecken kein Y-Chromosom, wohl aber bei Weibchen zwei X-Chromosomen. Männchen haben nur ein einzelnes X-Chromosom. Der Genotyp kann als X0 bezeichnet werden. Beschreiben Sie mithilfe eines Kreuzungsschemas die Vererbung des Geschlechts bei Heuschrecken.

6.9 Aus einem Familienstammbaum lässt sich der Erbgang von Merkmalen ermitteln

Unter dem Suchwort „Familienstammbaum" finden Sie im Internet zahlreiche Programme, mit denen Sie die Verwandtschaft innerhalb einer Familie erforschen und darstellen können. Es genügt aber auch ein selbst gezeichnetes Baumschema mit Portraitfotos Ihrer Geschwister, Eltern, Großeltern, Urgroßeltern, oder von irgendeiner Prominentenfamilie. Am besten geht es, wenn die Fotos etwa im gleichen Alter aufgenommen wurden. Achten Sie auf phänotypische Merkmale wie Gesichtsschnitt, Haaransatz, Haarfarbe oder die Form von Nase, Mund, Augen, Augenbrauen und Ohren [Abb. 1]. Vermutlich werden Sie feststellen: Es gibt in den verschiedenen Generationen familiäre Ähnlichkeiten, aber auch Unterschiede.

Ahnenforschung und die Konstruktion von Familienstammbäumen haben eine lange Tradition, und man kann heute auf viele historische Beispiele zurückgreifen. Medizinisch ist eine Familienstamm-

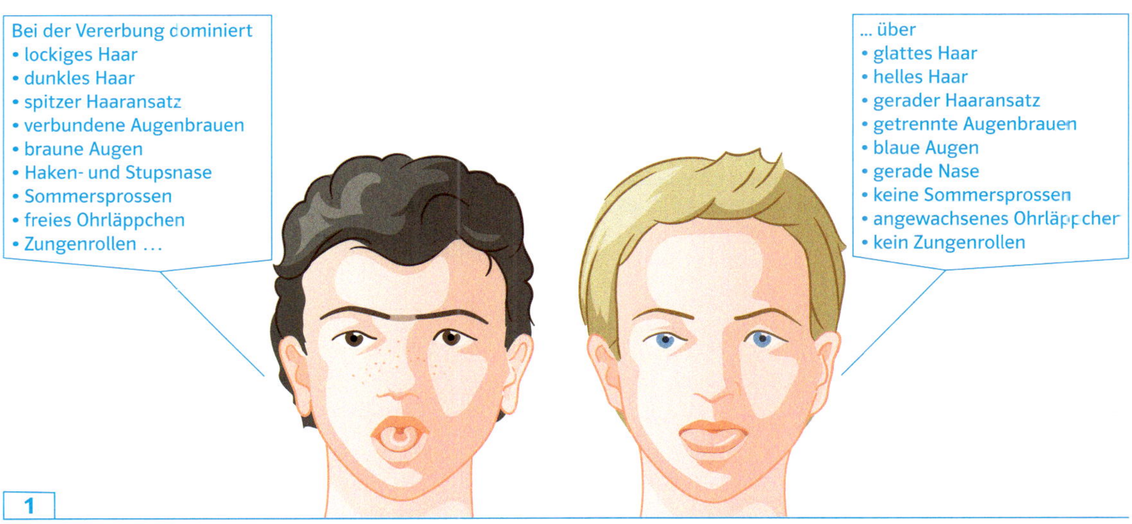

1
Viele phänotypische Merkmale des Menschen können für Familienstammbaum-Analysen genutzt werden.

METHODE Eine Analyse eines Familienstammbaums durchführen

Bei einer Familienstammbaum-Analyse wird versucht, anhand von phänotypischen Merkmalen auf die Genotypen der Personen und die Art der Vererbung des Merkmals zu schließen. Doch wie geht man dabei sinnvollerweise vor?

Um bei einem Familienstammbaum die Art des Erbgangs zu ermitteln, könnten Sie z. B. so vorgehen: Sie stellen die Hypothese auf, es handelt sich z. B. um einen autosomal-dominanten Erbgang, und überprüfen, ob alle Phänotypen und Genotypen dazu passen. Falls nicht, versuchen Sie es mit einem autosomal-rezessiven Erbgang, und so weiter. Deutlich schneller geht es jedoch mithilfe des „Bestimmungsschlüssels" [oben].

Beispiel: Sechsfingrigkeit
Der Familienstammbaum [unten] zeigt eine Familie mit Sechsfingrigkeit. Phänotypisch Merkmalstragende sind mit ausgefüllten Quadraten (Männer) bzw. Kreisen (Frauen) markiert. Zunächst begutachten Sie das Auftreten des Merkmals über die Generationen: In jeder Generation tritt die Sechsfingrigkeit auf. Hier nutzen wir eine Bestätigung (a), dass die Vererbung des Allels für Sechsfingrigkeit dominant erfolgen sollte. Dieses Kriterium ist nicht 100 %ig, doch ein Indiz. Es kann durch Ausschluss eines Charakteristikums für rezessive Vererbung (b) untermauert werden. Demnach scheint eine dominante Vererbung vorzuliegen. Da gleich viele Männer wie Frauen merkmalstragend sind (c) und gleichzeitig ein merkmalstragender Vater auch eine nicht merkmalstragende Tochter hat (d), scheint die Vererbung autosomal dominant zu sein.

Nun kennzeichnen Sie jedes dominante Allel mit *A*, jedes rezessive Allel mit *a*. Da jedes Allel zweifach auftritt, müssen Sie bei der Nennung der Genotypen für jede Person zwei Buchstaben angegeben: *aa* (homozygot rezessiv), *Aa* (heterozygot), *AA* (homozygot dominant). Geben Sie nun für den Stammbaum alle möglichen Genotypen an und ordnen Sie diese den Personen zu:

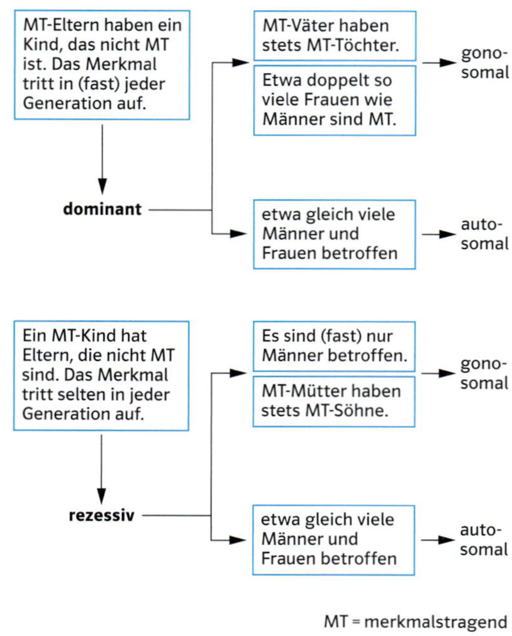

Personen	Genotyp	Erklärung
alle außer 2, 7, 14, 15, 16	*aa*	Alle nicht merkmalstragenden Personen müssen homozygot rezessiv sein, da ein dominantes Allel sonst immer phänotypisch zur Ausprägung käme.
2, 7, 14, 15, 16	*Aa*	Alle merkmalstragenden Personen vererben das Allel ihren Kindern. Da die Eltern 1 und 8 rezessiv sind, kann nur ein heterozygoter Phänotyp vorliegen.

Liegt das **Allel auf einem Geschlechtschromosom**, so verwendet man folgende Darstellung:
X_A = dominantes Allel auf dem X-Chromosom
X_a = rezessives Allel auf dem X-Chromosom
Y = Allel auf dem Y-Chromosom (nur eines vorhanden, deshalb keine Unterscheidung von dominant und rezessiv)

Schlussfolgerung
Das Allel für Sechsfingrigkeit wird demnach wie vermutet autosomal dominant vererbt, das für die übliche Fünffingrigkeit autosomal rezessiv. Die Anzahl der Finger wird in einem autosomal dominant-rezessiven Erbgang festgelegt.

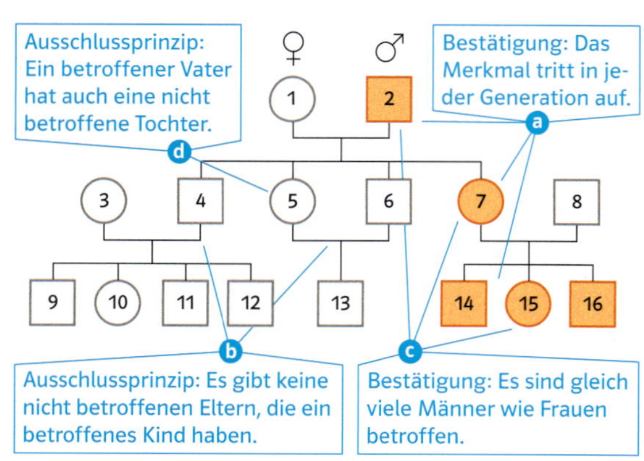

2 Ein Stammbaum muss richtig gelesen und gedeutet werden.

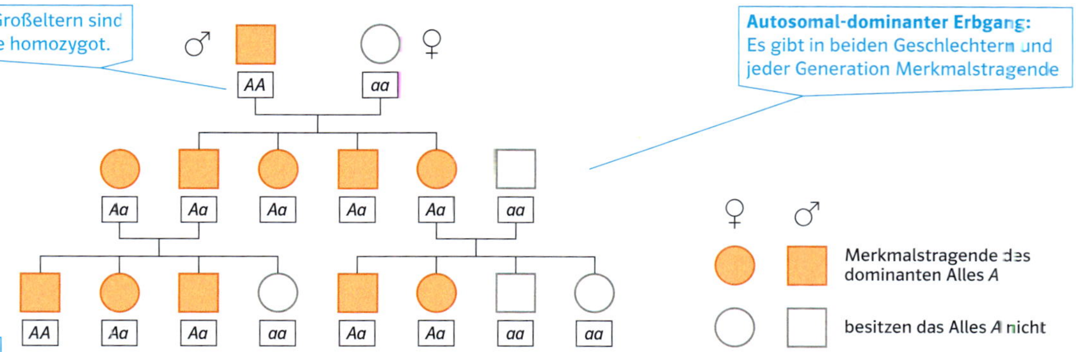

3

Den dominanten Erbgang erkennen Sie daran, dass das Merkmal in jeder Generation auftritt.

baum-Analyse besonders aufschlussreich, denn die familiäre Häufung bestimmter Krankheitsbilder (Phänotyp) weist oft auf einen erblichen Hintergrund (Genotyp) hin. Anders als bei Versuchspflanzen oder Versuchstieren lässt sich mit der Erbfolge von Menschen nicht experimentieren. Um einen Erbgang zu entschlüsseln, müssen Sie vorgehen wie ein Detektiv: Durch Beobachtung Indizien sammeln, diese mit Sachkenntnis interpretieren und daraus Schlüsse ziehen. Versuchen Sie das einmal anhand Ihres selbst erstellten oder eines aus dem Internet heruntergeladenen Familienstammbaums. Wie Sie bei der Analyse von Stammbäumen am besten schrittweise vorgehen, erfahren Sie in [Abb. 2]. Dort können Sie am Beispiel eines erblichen Merkmals oder Phänotyps, der Sechsfingrigkeit [Abb. 3], mithilfe eines einfachen Ablaufschemas den Stammbaum einer betroffenen Familie analysieren. Dabei werden Sie herausfinden, um welche Art Erbgang es sich handelt. Dieses Ablaufschema können Sie dann auch in anderen Stammbäumen anwenden.

Zunächst noch eine Bemerkung zu den Begriffen „Merkmal" und „Merkmalsform" [6.8]: Im täglichen Sprachgebrauch wird oft auch dann nur „Merkmal" gesagt, wenn es sich eigentlich um eine „Merkmalsform" handelt, also um die Ausprägung eines Allels im Phänotyp. Auch wir sprechen hier von „Merkmalen" oder „Merkmalstragenden", obwohl es eigentlich „Merkmalsformen" und „Merkmalsformtragende" sind. Solche Wortungetüme ersparen wir uns hier.

Tritt ein Merkmal in jeder Generation auf, dann ist das dafür verantwortliche Allel dominant. Deshalb sehen Sie in [Abb. 4] nicht nur bei den homozygoten Nachkommen (*AA*) das Merkmal, sondern auch bei den heterozygoten (*Aa*). Tritt es wie in [Abb. 4] bei Männern und Frauen gleichermaßen auf, muss der Erbgang autosomal sein. Das verantwortliche Allel befindet sich auf einem der Autosomen, nicht auf den Geschlechtschromosomen (Gonosomen).

Fällt ein Merkmal dagegen in manchen Generationen aus, ist das dafür verantwortliche Allel rezessiv. Wie Sie in [Abb. 5] sehen, zeigen in diesem Fall die heterozygoten Nachkommen (*Aa*) das Merkmal nicht, sondern nur die homozygoten (*aa*). Auch hier verrät Ihnen das Auftreten des Merkmals bei beiden Geschlechtern einen autosomalen Erbgang [Abb. 5].

Die hier abgebildeten Familienstammbäume zeigen keine real existierenden Familien, sondern es handelt um theoretische Modelle. Das sehen Sie schon daran, dass in jeder Generation genau vier Kinder vorhanden sind – ein in der Realität äußerst unwahrscheinlicher Zufall. Hier in unseren modellhaften

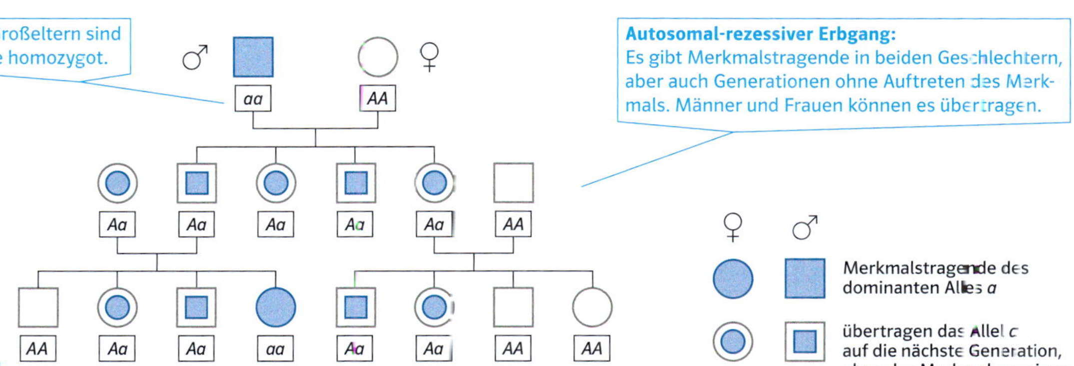

4

Den rezessiven Erbgang erkennen Sie daran, dass das Merkmal nicht in jeder Generation auftritt.

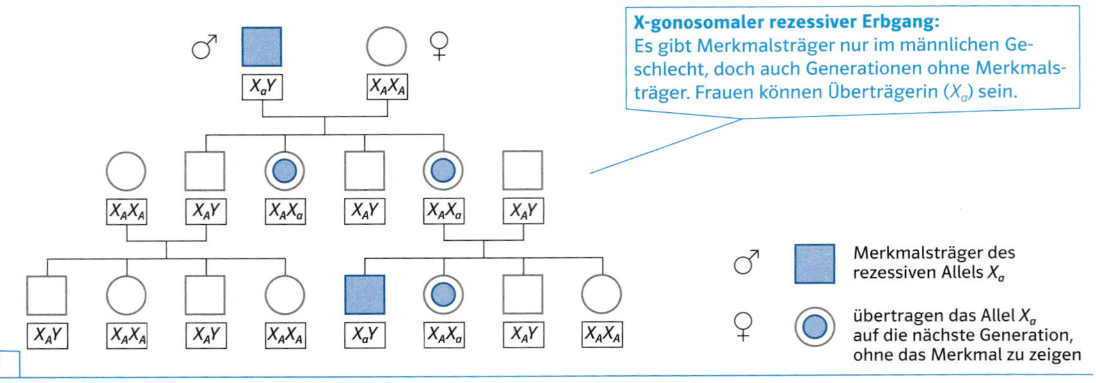

5

Bei X-gonosomalen rezessiven Erbgängen sind fast nur Männer phänotypisch betroffen.

Familienstammbäumen sind vier Kinder jedoch sehr praktisch, weil sich damit die vier möglichen Allelkombinationen zeigen lassen, die in jeder Generation auftreten können. In realen Familienstammbäumen müssen selbst bei vielen Kindern nicht alle Kombinationen auftauchen.

Im Familienstammbaum in [Abb. 5] sehen Sie auch dies: Obwohl eine komplette Generation dieses Merkmal nicht ausprägt, besitzen fast alle Personen das dafür verantwortliche rezessive Allel und können es an die Folgegeneration vererben. Tritt ein Merkmal meist in einem bestimmten Geschlecht auf, entweder fast nur bei Männern oder fast nur bei Frauen, und nur sehr selten im anderen Geschlecht, dann liegt ein gonosomaler Erbgang vor. X-gonosomale Erbgänge sind häufiger, da das kleine Y-Chromosom weit weniger Gene enthält als das größere X-Chromosom.

In [Abb. 6] sehen Sie einen ***X-gonosomalen rezessiven Erbgang***. Warum der Erbgang rezessiv ist, erkennen Sie auch hier wieder daran, dass das Merkmal nicht in jeder Generation auftritt. „X-gonosomal" bedeutet, dass das Allel, das hier für die phänotypische Merkmalsausprägung verantwortlich ist (also X_a), auf dem X-Chromosom und nicht auf dem Y-Chromosom liegt. Warum das so sein muss, sehen Sie ebenfalls in [Abb. 6]. Nur der Großvater und ein Enkel tragen das Merkmal, also nur Männer, doch die anderen männlichen Nachkommen des Großvaters sind nicht betroffen. Befände sich das Allel auf dem Y-Chromosom, hätte der Großvater es an alle männlichen Nachkommen vererbt. Bei diesen würde sich das Allel stets phänotypisch ausprägen, weil nur ein einziges Y-Chromosom vorhanden ist.

Ein Vater, der das Allel X_a trägt, wird es zwar seinen Söhnen nicht vererben, wohl aber seinen Töchtern, und zwar allen, wie Sie im oberen Teil des Familienstammbaums [Abb. 7] sehen. Doch diese prägen wegen ihres zweiten X-Chromosoms das rezessive Allel phänotypisch nicht aus. Doch sie können es nicht nur ihren eigenen Söhnen, sondern auch ihren eigenen Töchtern vererben, und so fort.

Können dann Frauen das Merkmal generell nicht ausprägen? Doch, es kommt vor – allerdings nur in sehr seltenen Fällen, in denen sie sowohl vom Vater als auch von der Mutter das X_a-Allel geerbt haben. Bei nicht verwandten Personen ist dies selten, doch in Verwandten-Ehen kommt es häufiger vor.

Merkmale, die von rezessiven Allelen bestimmt werden, die nur auf dem X-Chromosom vorkommen, erscheinen beim Mann stets im Phänotyp, da er nur ein einziges X-Chromosom trägt. Frauen haben dagegen ein zweites X-Chromosom, und deshalb erscheint

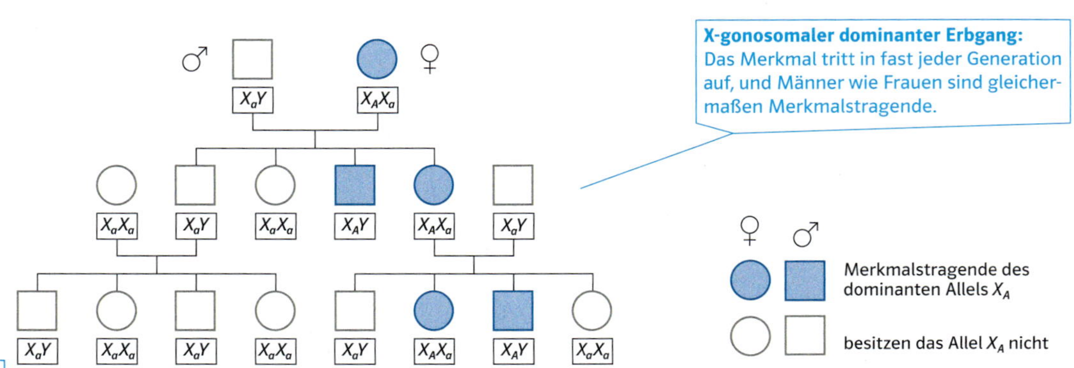

6

Bei X-gonosomalen dominanten Erbgängen sind rein statistisch gesehen 50 % der Nachkommen betroffen.

das rezessive Merkmal bei ihnen nur im seltenen homozygoten Fall.

Den Verlauf eines ***X-gonosomal dominanten Erbgangs*** zeigt Ihnen [Abb. 7]. Da sowohl Männer als auch Frauen ein X-Chromosom besitzen, können beide Geschlechter gleichermaßen den Phänotyp ausprägen. Sie sehen in [Abb. 7], dass es keine Übertragenden gibt, die das Merkmal nicht zeigen, denn das einzelne Allel setzt sich stets durch. Ein entsprechendes Ergebnis – nur ohne betroffene Frauen – liefert ein ***Y-chromosomaler Erbgang***: Das Allel übertragen nur Männer, und sie zeigen alle das Merkmal.

Zu gonosomalen Erbgängen sollten Sie jedoch noch eine Sache wissen: X und Y waren vor Urzeiten ein homologes Chromosomenpaar. Deshalb sind heute noch manche Gene auf beiden Chromosomen vorhanden. Für solche Gene beziehungsweise Allele gelten Erbgänge wie bei den Autosomen.

Die Analyse realer menschlicher Erbgänge ist oft nicht so einfach wie in diesen Modell-Familienstammbäumen: In realen Familienstammbäumen ist oft der Genotyp einzelner Mitglieder nicht bekannt. Bei rezessiven Erbgängen ist bei phänotypisch nicht betroffenen Personen ohne genaue genetische Untersuchung oft nicht klar, ob sie heterozygot oder homozygot sind. Das Gleiche gilt in dominanten Erbgängen für betroffene Personen.

Die Vererbungsregeln, die hinter Familienstammbäumen stehen, erkennen Sie am einfachsten bei Erbgängen mit einem Merkmal, das auf ein einzelnes Gen zurückgeht (***monogenes Merkmal***). Ein schon besprochenes reales Beispiel ist der Haartyp [6.8]. Doch viele Merkmale werden durch mehrere Gene bestimmt (***polygene Merkmale***). Solche Erbgänge zu untersuchen ist schwieriger.

Beispiele für Polygenie sind die Haar- und die Augenfarbe. Beide Merkmale beruhen auf Melanin. Das ist derselbe Farbstoff, der auch unsere Haut pigmentiert. Die Melaninsynthese ist ein mehrstufiger Prozess. Er wird deshalb von mehreren Enzymen katalysiert [4.4]. Die Erbinformation für jedes Enzym liegt an einem anderen Genort. Das ermöglicht zahlreiche Farbtöne.

Wie Sie wissen, wird das Erscheinungsbild eines Menschen stark von Frisur, Make-up, Bartstil und dergleichen geprägt – von Merkmalen in Porträtbildern, die nicht auf Erbanlagen beruhen. Selbst die Kleidung kann bei Stammbaumforschung mit Portraitbildern die Ergebnisse verfälschen. Taucht ein Phänotyp in einer Familie gehäuft auf, muss er nicht zwangsläufig genetische Ursachen haben. Er kann auch auf gleiche Lebensumstände zurückgehen. Die früher in Bergarbeiterfamilien verbreitete Staublunge und der früher in Bergdörfern aufgrund von Jodmangel verbreitete Kropf sind klassische Beispiele. Bevor man von einem erblichen Merkmal ausgeht, muss man auch Umwelteinflüsse in Betracht ziehen.

Die Genetik bemüht sich stets, Umwelteinflüsse von genetischen Ursachen zu unterscheiden. Doch oft ist das schwierig, zumal heute feststeht: Umwelt kann Genen einen vererbbaren „Stempel" aufdrücken. Das damit befasste Forschungsfeld heißt ***Epigenetik***.

A1 Die *familiäre hypertrophe Kardiomyopathie* ist eine autosomal-dominant vererbte Herzmuskelerkrankung, bei der es zu einer Verdickung der linken Herzkammer kommt. Ursache sind veränderte Muskelproteine des Herzens, das damit weniger leistungsfähig ist.

a Nennen Sie Erkennungskriterien eines autosomal-dominanten Erbgangs.

b Zeichnen Sie einen Stammbaum mit den möglichen Genotypen der Kinder für ein Paar, bei dem die Mutter heterozygot und der Vater gesund ist. Geben Sie zu allen Genotypen auch den Phänotyp an.

A2 In der Adelsfamilie der Habsburger gab es viele Personen mit einem sehr ausgeprägten Kinn, sodass der Unterkiefer deutlich vorstand. Man weiß heute, dass die Ursache dieses Phänotyps ein autosomal-rezessives Allel ist.

a Nennen Sie Erkennungskriterien eines autosomal-rezessiven Erbgangs.

b Erklären Sie mit dem hier gezeigten Stammbaum, dass das Merkmal autosomal-rezessiv vererbt wird. Nennen Sie hierzu die möglichen Genotypen aller Personen im Stammbaum

c Erläutern Sie, wie groß die Wahrscheinlichkeit ist, dass das Paar 6/7 ein weiteres merkmalstragendes Kind bekommt.

d In Adelsfamilien waren Ehen zwischen Verwandten häufig. Stellen Sie begründete Vermutungen zu weiteren Kindern des Paares 3/4 auf, wenn 3 mit 2 verwandt ist.

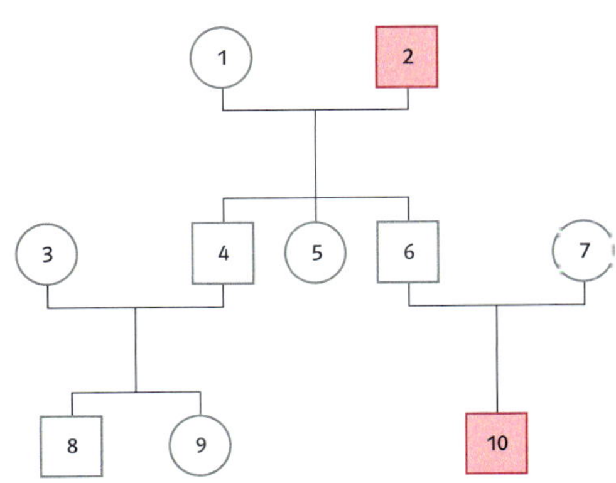

Lösungen js528v

1

2

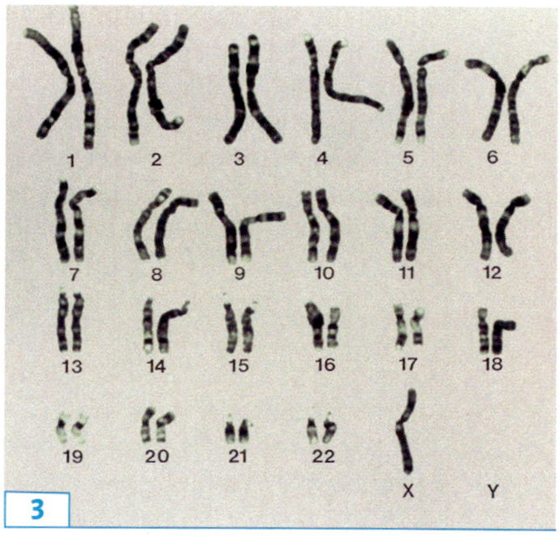

3

A1 ◐ Stellen Sie Mitose und Meiose tabellarisch bezüglich ihres Ablaufs und Ergebnisses gegenüber.

A2 ◐ In allen Organismen gibt es bestimmte Gewebe, in denen sich Zellen durch Mitosen teilen. In Pflanzen sind dies z. B. die Wachstumszonen in den Knospen und Wurzelspitzen. Bei Tieren sind es Gewebe, die ständig neue Zellen produzieren, wie z. B. die Blutzellen oder die Schleimhautzellen.

a Erklären Sie die Bedeutung der Mitose.

b Nach der Zellteilung haben beide Folgezellen die identische Erbinformation wie die der Stammzelle, aber die Masse der DNA im Zellkern ist zunächst nur halb so groß wie im Zellzyklus nach der S-Phase. Erläutern Sie das.

c Fertigen Sie eine beschriftete Skizze einer Zelle (mit drei Chromosomen) an, in der die Aufteilung der genetischen Information gerade abläuft. Benennen Sie diese Phase.

A3 ● Eidechsen können bei Gefahr ihren Schwanz abwerfen und diesen anschließend regenerieren [Abb. 1]. Schneidet man von Pflanzen Zweige ab und steckt diese in Erde, so können sie oft zu neuen Pflanzen heranwachsen [Abb. 2]. Auf diese Weise lassen sich sehr viele Pflanzenarten vermehren.

a Erläutern Sie die notwendigen Voraussetzungen, damit am Ende des Stängels wie in [Abb. 2] Wurzeln gebildet werden können.

b Die Tochterpflanzen des oben beschriebenen Verfahrens haben die gleiche Erbinformation wie ihre jeweilige Mutterpflanze. Erklären Sie dies.

c Bei der Regeneration des Eidechsenschwanzes findet zwar keine Vermehrung der Eidechse statt, aber die Vorgänge sind prinzipiell ähnlich wie bei der oben beschriebenen Pflanzenvermehrung. Geben Sie eine Begründung.

A4

a ◐ [Abb. 3] zeigt das Karyogramm einer Person mit „Turner-Syndrom". Analysieren Sie das Karyogramm und benennen Sie die vorliegende Chromosomenanomalie.

b ○ Erläutern Sie, warum Menschen mit dem Turner-Syndrom keine Männer sind.

c ● Erklären Sie an einem Beispiel, wie es zu dieser Chromosomenverteilung kommen kann.

Lösungen js528v

Glucose ist der wichtigste Energielieferant für Zellen

Sie benötigen Energie, um zu leben. Dazu nehmen Sie Nahrung auf und zerlegen sie im Darmtrakt durch Enzyme. Ein Produkt dieser Zerlegung, die Glucose, gelangt aus Ihrem Darmlumen in Dünndarmzellen und schließlich über diese ins Blut. Durch das Blut wird Glucose zu allen Körperzellen transportiert und gelangt über die Zellmembran in das Cytoplasma. Dort wird sie erst im Cytoplasma und dann weiter in den Mitochondrien schrittweise unter Freisetzung von CO_2 abgebaut, bis schließlich unter Verbrauch von O_2 Wasser entsteht (= Zellatmung). Etwa 20 verschiedene Enzyme bewerkstelligen alle diese Reaktionen. Die dabei frei werdende Energie wird zum Teil genutzt, um aus ADP und anorganischem Phosphat das energiereiche ATP herzustellen. Das ATP-Molekül ist ein wiederaufladbarer „Einheits-Akku" für alle Lebensvorgänge in Ihrem Körper.

Die Verfügbarkeit von ATP in einer Zelle wird geregelt. Gibt es in einer Zelle viel ATP, wird die ATP-Produktion gebremst. Sinkt die ATP-Konzentration, z. B. durch Muskelarbeit oder Nerventätigkeit, wird die Produktion angekurbelt. Dabei spielen die ersten Schritte der Zellatmung im Cytoplasma eine besondere Rolle. Durch ein Enzym wird Glucose zuerst zu Glucose-6-phosphat umgewandelt, das wiederum durch ein zweites Enzym zu Fructose-6-phosphat umgewandelt wird. Anschließend stellt das Enzym Phosphofructokinase aus Fructose-6-phosphat das Fructose-1,6-bisphosphat her, das dann schrittweise zu Kohlenstoffdioxid und Wasser reagiert. Dabei entsteht energiereiches ATP. Die Regelung der Zellatmung kann durch die allosterische Hemmung des Enzyms Phosphofructokinase durch ATP erfolgen.

[Abb. 1] zeigt eine Zelle der Dünndarmschleimhaut. Dargestellt sind Teilchensymbole der Stoffe, die für die Aufnahme von Glucose aus dem Darmlumen und die Weitergabe ins Blut bedeutsam sind. Die Anzahl der Symbole ist ein Maß für die Konzentrationen.

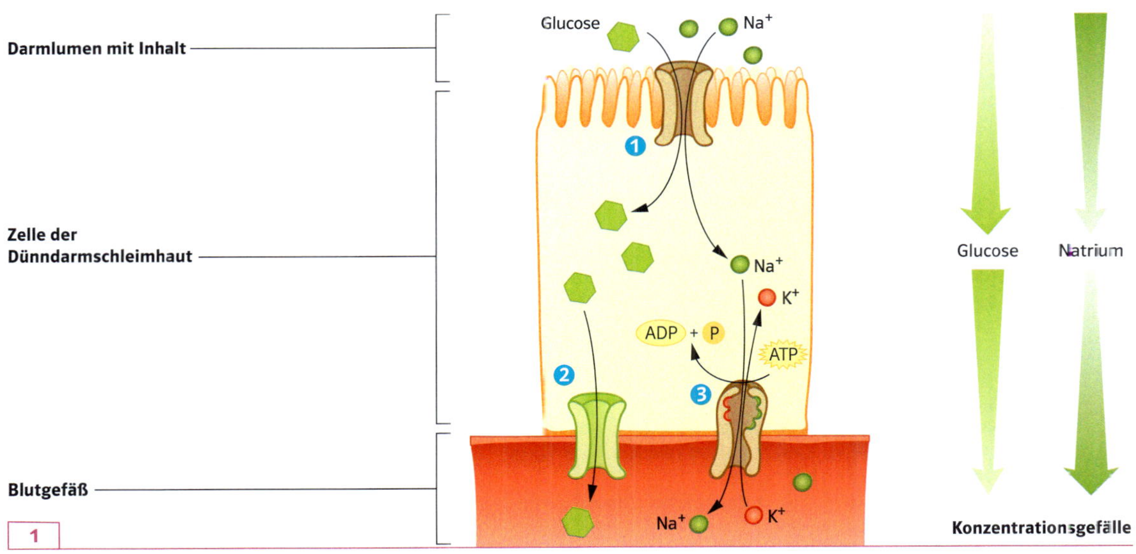

1

A1 ○ Zeichnen und beschriften Sie eine Dünndarmzelle auf der elektronenmikroskopischen Ebene. Verwenden Sie dazu die Umrisse der Schemazeichnung in Abb. 1. Geben Sie zu fünf Zellkompartimenten ihre Funktion an.

A2 ◒ Auf der Seite des Darmlumens ist die Zellmembran stark aufgefaltet. Erklären Sie an diesem Befund den Zusammenhang von Struktur und Funktion.

A3 ◒ Zeichnen und beschriften Sie einen Ausschnitt aus der Membran auf der molekularen Ebene mit einem Glucosetransporter.

A4 ◒ Erläutern Sie die Transportvorgänge von Glucose in die Zelle und aus der Zelle ins Blut.

A5 ○ Beschreiben Sie den Verlauf einer enzymatischen Reaktion.

A6 ◒ Erstellen Sie ein Flussdiagramm für die ersten Reaktionsschritte der Zellatmung. Markieren Sie die Reaktion, die durch ATP allosterisch gehemmt wird. Begründen Sie, dass es sich um eine negative Rückkopplung handelt.

Glossar

A

Adenosintriphosphat [S. 38] siehe ATP

Allel [S. 123] *allel* eine von mehreren möglichen Ausprägungen eines Gens, von dem diploide Zellen zwei, haploide Zellen eines enthalten

Allergen [S. 98] siehe Allergie

Allergie [S. 97] *allergy* Überreaktion des Immunsystems auf Substanzen (Allergene)

Aminosäure [S. 66] *amino acid* Carbonsäure, die neben der Carboxygruppe eine Aminogruppe enthält; liegt in der Zelle in freier Form und als Baustein von Peptiden, Proteinen und Mucopolysacchariden vor

Aminosäuresequenz [S. 67] siehe Primärstruktur

Anaphase [S. 112, S. 116] *anaphase* Phase der Mitose, in der die Schwesterchromatiden voneinander getrennt und entlang der Spindelfasern zu den beiden entgegengesetzten Polen der in Teilung begriffenen Zelle transportiert werden

Antigen [S. 88, S. 95] *antigen* vom Immunsystem als fremd erkanntes und attackiertes Makromolekül oder Teilchen; erkannt werden bestimmte Epitope auf der Oberfläche des Antigens

Antigen-Antikörper-Reaktion [S. 92] *antigen-antibody reaction* Reaktion des Immunsystems; Antigen und Antikörper treffen nach dem Schlüssel-Schloss-Prinzip aufeinander, es entsteht ein Antigen-Antikörper-Komplex, auch Immunkomplex genannt

Antikörper [S. 92, S. 95] *antibody* Y-förmiges Protein aus der Klasse der Immunglobuline, das von Plasmazellen des Immunsystems produziert wird und spezifisch gegen ein Epitop eines bestimmten Antigens gerichtet ist

Antiport [S. 60] *antiport* Transport durch eine Membran mithilfe eines Proteins, eines sog. Antiporters, bei dem mindestens zwei Moleküle in gegensätzliche Richtung transportiert werden

ATP (Adenosintriphosphat) [S. 38] *ATP (adenosine triphosphate)* wichtigster Energiespeicher und -überträger des Stoffwechsels, entsteht aus ADP und Phosphat unter Energieaufnahme; setzt bei Zerfall 30,5 kJ/mol frei; treibt dadurch energiepflichtige Prozesse an oder macht durch Übertragung von Phosphat andere Stoffe energiereicher und damit reaktionsfähiger

Aquaporin [S. 58] *aquaporin channel* kanalförmiges Membranprotein, das den Durchtritt von Wasser und einigen weiteren Molekülen ermöglicht

Autoimmunkrankheit [S. 98] *autoimmune disease* Fehlfunktion des Immunsystems, das bei den Betroffenen gegen bestimmte Zellen und Gewebe des eigenen Körpers vorgeht

Autosom [S. 119] *autosome* Chromosom, das im Gegensatz zum Gonosom keine geschlechtsbestimmenden Gene trägt

B

B-Zelle [S. 92] *B-cell* Gruppe von Leukocyten (Weiße Blutzellen), die Antikörper bilden können

Bindung, kovalente (Elektronenpaarbindung) [S. 71] *covalent bond* Form chemischer Bindung; verbindet zwei Atome durch mindestens ein gemeinsames Elektronenpaar

Biokatalysator [S. 73] *biocatalyst* Proteine, die als Reaktionsbeschleuniger im Organismus dienen

Brownsche Molekularbewegung [S. 54] *Brownian motion* durch Kollision und Schwingungen in Geschwindigkeit und Richtung ständig wechselnde Wärmebewegung kleinster Teilchen

C

Carrier [S. 59] *carrier* integrales Protein in der Biomembran, das einen Transport spezifischer Substanzen durch die Membran ermöglicht; Transportprotein, Translokator

Centromer [S. 109, S. 110] *centromere* Region eines Chromosoms, in der die Schwesterchromatiden verbunden sind

Chloroplast [S. 41, S. 45] *chloroplast* fotosynthetisch aktives, Chlorophyll enthaltendes Organell pflanzlicher Zellen; mit Doppelmembran und von endosymbiotischen Bakterien abstammend

Chromatid [S. 109, S. 112] *chromatid* Teil der eukaryotischen Chromosomen; besteht aus einem DNA-Doppelstrang und bestimmten Proteinen; ein Chromosom besteht je nach Zellzyklusphase aus ein oder zwei Chromatiden

Chromatin [S. 108] *chromatin* fädiger Komplex im Zellkern, der aus DNA und Proteinen (Histonen) besteht und sich bei der Zellteilung zu Chromosomen kondensiert

Chromosom [S. 106, 108] *chromosome* bezeichnet bei Bakterien das DNA-Molekül, das den größten Teil der Erbinformation enthält; bei Eukaryoten einzelne Komplexe aus DNA und Proteinen, die jeweils einen Teil der genetischen Information der Zelle tragen

Crossing-over [S. 121] *crossing over* wechselseitiger Austausch von Chromosomenstücken zwischen homologen Chromosomen während der Meiose; ein Crossing-over führt zur Rekombination der Erbinformationen

Cytoplasma [S. 25, S. 32] *cytoplasm* von der Zellmembran umgebener Zellinhalt mit Ausnahme des Zellkerns; in der Grundsubstanz des Cytoplasmas liegen die Organellen

Cytoskelett [S. 28] *cytoskeleton* Netzwerk faserförmiger Proteinstrukturen, die der Zelle Stabilität und Reißfestigkeit verleihen und an Bewegungsvorgängen beteiligt sind

D

Deplasmolyse [S. 58] siehe Plasmolyse

Diffusion [S. 54] *diffusion* Konzentrationsausgleich verschiedener Teilchen aufgrund der Brownschen Molekularbewegung; besondere Membranproteine bewirken eine erleichterte Diffusion bestimmter Substanzen durch eine Biomembran

Diffusion, erleichterte [S. 58] siehe Diffusion

Diffusionsgeschwindigkeit [S. 55] *rate of diffusion* Geschwindigkeit der Diffusion; abhängig von veränderlichen Faktoren wie Temperatur, Partikelgröße oder Konzentrationsgefälle

DNA (Desoxyribonucleinsäure) [S. 32, S. 93, S. 106, S. 107] *deoxyribonucleic acid* Erbmaterial aller Lebewesen; bildet eine schraubig gewundene, zweisträngige Kette von Nucleotiden; deren Bausteine sind der Zucker Desoxyribose, Phosphat sowie eine der vier Basen Adenin, Thymin, Guanin oder Cytosin

dominant-rezessiv [S. 124] siehe Erbgang, dominant-rezessiv

Doppelhelix [S. 94] *double helix* Beschreibung der Struktur des DNA-Moleküls

Down-Syndrom [S. 117] *down syndrome* Syndrom, das auf eine Genommutation (Trisomie 21) zurückzuführen ist. Dies bedeutet, dass das 21. Chromosom ganz oder in Teilen dreifach vorliegt; führt zu speziellen Merkmalen bei den Betroffenen

E

Eiweißstoff [S. 32] siehe Protein
Embryo [S. 115] *embryo* ein sich aus einer befruchteten Eizelle neu entwickelnder Organismus
Endocytose [S. 37, S. 44, S. 63] *endocytosis* Aufnahme von Flüssigkeit oder Feststoffen durch Einstülpung der Zellmembran (im Gegensatz zu Exocytose)
Endoplasmatisches Reticulum (ER) [S. 36, S. 37] *endoplasmic reticulum* Organell in Eucyten, das aus einem Membransystem besteht; es wirkt bei Synthese, Umwandlung und Transport von Stoffen mit; existiert in zwei Formen: als raues ER (mit Ribosomen besetzt) und als glattes ER (ohne Ribosomen)
Endosymbiose [S. 45] *endosymbiosis* Form der Symbiose, bei der ein Symbiosepartner im Organismus des anderen Symbiosepartners lebt
Enzym [S. 73] *enzyme* ein Protein, das als Biokatalysator wirkt und dadurch eine chemische Reaktion im Stoffwechsel beschleunigt; Enzyme zeigen Substratspezifität und Wirkungsspezifität
Epitop [S. 96] *epitope* Teil eines Antigens, der vom Immunsystem spezifisch erkannt wird
Erbgang, dominant-rezessiv [S. 124] *dominant recessive inheritance* Erbgang, bei dem eines der beiden Alle dominant ist und phänotypisch ausgeprägt wird
Erbgang, intermediär [S. 124] *intermediate inheritance* Erbgang, bei dem beide Allele eines Gens teilweise zur Ausprägung des entsprechenden Merkmals führen
Erbgang, kodominant [S. 124] *codominant inheritance* Erbgang, bei dem zwei Allele sich unabhängig voneinander im Phänotyp ausprägen
Eucyte [S. 25, S. 42] *eukaryotic cell* der grundlegende Zelltyp der Eukaryoten; unterscheidet sich u. a. durch den Besitz von Zellkern, Mitochondrien und eine reiche Kompartimentierung von der Procyte
Eukaryot [S. 25, S. 42] *eukaryot* ein- und vielzellige Lebewesen, deren Zelltyp die Eucyte ist; dazu gehören Protisten, Pflanzen, Pilze und Tiere
Exocytose [S. 36] *exocytosis* Abgabe von Flüssigkeit oder Feststoffen durch Verschmelzung eines gefüllten Vesikels mit der Zellmembran (im Gegensatz zu Endocytose)

F

Fettstoff [S. 32, S. 48] siehe Lipid
Flüssig-Mosaik-Modell [S. 53] *fluid mosaic model* molekulares Modell der Struktur von Biomembranen; hiernach bestehen Biomembranen aus einer flüssigen Phospholipid-Doppelschicht, in der sich eingebettete Proteine bewegen können
Fortpflanzung, geschlechtliche [S. 115] *sexual reproduction* Kennzeichen des Lebens, wobei durch die Weitergabe genetischer Information artgleiche, eigenständige Individuen entstehen; die geschlechtliche (sexuelle) Fortpflanzung erfolgt über die Befruchtung von Keimzellen beiderlei Geschlechts unter Bildung einer Zygote
Fortpflanzung, ungeschlechtliche [S. 112] *asexual reproduction* Kennzeichen des Lebens, wobei durch die Weitergabe genetischer Information artgleiche, eigenständige Individuen entstehen; die ungeschlechtliche (asexuelle) Fortpflanzung erfolgt durch Klonen, das heißt der Entwicklung eines Körperteils des Elternorganismus zu einem neuen Lebewesen
Fotosynthese [S. 41] *photosynthesis* wichtigste Form der autotrophen Assimilation, bei der mithilfe des Chlorophylls und angetrieben von Solarenergie aus CO_2 und Wasser Glucose und Sauerstoff entstehen

G

Gedächtnis, immunologisches [S. 92, S. 99] *immunologic memory* Erinnerungsvermögen der adaptiven Immunabwehr an eine frühere Infektion
Gen [S. 122] *gene* lokalisierbarer Bereich einer genomischen Basensequenz, die als Erbeinheit für eine RNA codiert; verknüpft mit regulatorischen und anderen funktionellen DNA-Abschnitten
Genom [S. 122] *genome* Gesamtheit des genetischen Materials (codierende und nicht codierende DNA-Abschnitte) einer Zelle, eines Lebewesens, eines Virus; liegt als DNA vor (bei einigen Viren als RNA)
Genort [S. 122] *locus* genaue Lage eines Gens im Genom bzw. Chromosom
Genotyp [S. 117] *genotype* genetische Ausstattung eines Organismus; kann sich auf die Gesamtheit seiner Gene oder auf ein einzelnes Allelpaar beziehen
Gewebe [S. 21] *tissue* geordnete Zellverbände, bei denen ein bestimmter Zelltyp dominiert oder ausschließlich vorhanden ist
Glucose [S. 74] *glucose* Traubenzucker; ein Monosaccharid mit 6 C-Atomen (Hexose); gehört zu den Kohlenhydraten; es gibt zwei Isomere, die D- und die L-Glucose; in Lebewesen kommt ausschließlich D-Glucose vor
Golgi-Apparat [S. 36] *golgi apparatus* umfasst ein bis mehrere Membranstapel (Dictyosomen) in einer Zelle; modifiziert, verpackt und versendet Produkte des ER
Gonosom [S. 119] *sex chromosome* Chromosom, das im Gegensatz zu Autosomen geschlechtsbestimmende Gene trägt; beim Menschen als X- bzw. Y-Chromosom vorhanden

H

Hemmung, kompetitive [S. 83] *competitive inhibition* ein Hemmstoff bindet anstelle des Substrats im aktiven Zentrum des Enzyms und blockiert es dadurch; Hemmstoff und Substrat müssen dafür eine sehr ähnliche chemische Struktur haben
heterozygot [S. 124] *heterozygous* mit zwei verschiedenen Allelen für ein bestimmtes Merkmal ausgestattet (im Gegensatz zu homozygot)
Histone [S. 108] *histone* Proteine, die Bestandteil des Chromatins sind und die DNA schützen, stabilisieren und verpacken
Homöostase [S. 57] *homeostasis* Aufrechterhaltung eines gleichbleibenden physiologischen Zustands, z. B. einer konstanten Körpertemperatur, durch Rückkopplungsmechanismen

homozygot [S. 122] *homozygous* mit zwei identischen Allelen für ein bestimmtes Merkmal ausgestattet (im Gegensatz zu heterozygot)

hypertonisch [S. 57] *hypertonic* höherer osmotischer Druck einer Flüssigkeit gegenüber einer Vergleichsflüssigkeit

hypotonisch [S. 57] *hypotonic* niedrigerer osmotischer Druck einer Flüssigkeit gegenüber einer Vergleichsflüssigkeit

I

Immunität, angeborene [S. 89] *innate immunity* bereits bei Geburt vorhandene, sich später nicht mehr verändernde Immunabwehr, die nur gegen bestimmte Erregertypen wirksam ist; wirkt sofort

Immunität, erworbene [S. 91] *adaptive immunity* richtet sich gezielt gegen jede Art von Erreger und entwickelt für diesen ein Gedächtnis; braucht einige Wochen für den Aufbau der Abwehr

Immunsystem [S. 88] *immune system* unser biologisches Abwehrsystem, das in der Lage ist, Fremdartiges zu erkennen und auf dieser Grundlage gegen Krankheitserreger, entartete Zellen und Fremdproteine (z. B. auch bestimmte Gifte) vorgeht und diese vernichtet

Immunzelle [S. 88] *immune cell* Zelle, die an Immunreaktionen im Körper beteiligt ist (z. B. Makrophage, B-Zelle, Mastzelle, Plasmazelle, T-Helferzelle)

intermediär [S. 124] siehe Erbgang, intermediär

Interphase [S. 107, S. 110] *interphase* Phase des Zellzyklus; Abschnitt zwischen zwei Mitose-Phasen

Ionenbindung [S. 72] *ionic bond* chemische Bindung, die aus der elektrostatischen Anziehung positiv und negativ geladener Ionen resultiert

isotonisch [S. 57] *isotonic* gleicher osmotischer Druck einer Flüssigkeit wie bei einer Vergleichsflüssigkeit

K

Kanalprotein [S. 59] *channel protein* Transmembranprotein, das Ionen (Ionenkanal) oder Molekülen (z. B. H_2O) die Diffusion durch eine Biomembran erleichtert

Karyogramm [S. 117, S. 118] *karyogram* geordnete Darstellung der einzelnen durch ein Lichtmikroskop fotografierten Metaphase-Chromosomen einer Zelle; die paarweise Anordnung ermöglicht eine Unterscheidung nach Größe, Gestalt und Bandenmuster und damit das Erstellen des Karyotyps

Karyotyp [S. 117, S. 118] *karyotype* Gesamtheit aller im Lichtmikroskop erkennbaren Chromosomeneigenschaften einer Zelle bzw. eines Organismus, wie z. B. Anzahl, Größe und Bau der Chromosomen

Klon [S. 92, S. 112] *clon* genetisch identische Zellen oder Organismen

kodominant [S. 124] siehe Erbgang, kodominant

Kompartiment [S. 51] *compartments* Teilbereiche eines Raums, z. B. einer Zelle, in denen aufgrund von Abgrenzung unterschiedliche Bedingungen herrschen; dadurch entstehen unterschiedliche Funktionsräume bzw. Reaktionsräume

Konformation [S. 71] *conformation* Dreidimensionaler Zustand eines Proteins oder eines anderen Makromoleküls; als Grundvoraussetzung für ihre biologische Funktion können viele Protein zwei (oder mehr) verschiedene Konformationen einnehmen

L

Lipid [S. 32, S. 48] *lipid* unpolare, also schlecht in Wasser lösliche chemische Verbindung; Fette, Öle, Wachse, Steroide und Phospholipide (Bestandteile von Biomembranen)

Lysosom [S. 37] *lysosome* Zellorganell der Tierzellen, in dem Makromoleküle durch Enzyme in ihre Bausteine zersetzt werden

M

Meiose [S. 116] *meiosis* zweischrittige Kern- und Zellteilung im Rahmen der geschlechtlichen Fortpflanzung; führt aus Urkeimzellen mit doppeltem Chromosomensatz zur Bildung von Keimzellen mit einem einfachen Chromosomensatz; dabei wird die genetische Information neu kombiniert

Membranprotein [S. 51, S. 53] *membrane protein* verschiedene Proteinsorten, die in die Biomembran eingelassen sind oder ihr aufliegen; unter anderem Carrier, Kanalproteine, Rezeptoren

Messenger-RNA (mRNA) [S. 32] siehe RNA

Metaphase [S. 110 S. 116] *metaphase* Abschnitt der Mitose, in dem die Zwei-Chromatid-Chromosomen vollständig kondensiert vorliegen; nun lassen sich die Chromosomen unter dem Mikroskop gut erkennen („Metaphase-chromosomen")

MHC [S. 92] *major histocompatibility complex* Oberflächenproteine auf Zellen, die der Erkennung durch das Immunsystem dienen

Mineralisierung [S. 43] *mineralization* Zersetzung organischer Stoffe in anorganische; meist durch Bakterien und andere Mikroorganismen

Mitochondrium [S. 40, S. 45] *mitochondrion* Zellorganell mit Doppelmembran, in dem die Zellatmung stattfindet; von endosymbiotischen Bakterien abstammend

Mitose [S. 106, S. 110] *mitosis* Kernteilung, bei der von jedem Chromosom die zwei Chromatiden auf die beiden Zellpole verteilt werden; der Kernteilung folgt in der Regel eine Zellteilung (Cytokinese); die Chromosomenzahl bleibt erhalten

Mutation [S. 123] *mutation* spontane oder durch Mutagene verursachte Veränderung des genetischen Materials; in Abhängigkeit vom Ausmaß unterscheidet man Gen-, Chromosomen- und Genommutationen

N

Nucleolus [S. 34] *nucleolus* Kernkörperchen; im Zellkern der Syntheseort der ribosomalen RNA und des Zusammenbaus der ribosomalen Untereinheiten

Nucleotid [S. 94] *nucleotide* aus einem Zucker, einem Phosphat und einer Base bestehender Baustein der Nucleinsäuren sowie z. B. von ATP, NAD und NADP

O

Organ [S. 21] *organ* Verband verschiedener Gewebe zu einer funktionellen Einheit mit bestimmten Aufgaben

Osmose [S. 56] *osmosis* Diffusion von Wasser durch eine semipermeable Membran entlang des Konzentrationsgefälles

Osmoregulation [S. 62] *osmoregulation* Regulation des Wasserhaushalts der Körperflüssigkeiten; bei Tieren unter anderem durch Exkretion

P

Peptid [S. 66, S. 92] *peptide* Kette aus miteinander verknüpften Aminosäuren; bis neun Aminosäuren spricht man von Oligopeptid, ab 10 Aminosäuren von Polypeptid

Phänotyp [S. 117] *phenotype* Gesamtheit der Merkmale eines Organismus; kann sich auch auf ein einzelnes Merkmal beziehen

Plasmolyse [S. 58] *plasmolysis* Abgabe von Wasser aus der zentralen Vakuole aufgrund osmotischer Vorgänge (in hypertonischer Lösung), bis sich der Protoplast von der Zellwand löst; Umkehrung: Deplasmolyse

polar [S. 71] *polar* Bezeichnung für ein Molekül mit ungleichmäßig verteilter elektrischer Ladung (Gegensatz: unpolar)

Polypeptidkette [S. 67] *polypeptid chain* lineares Polymer aus Aminosäuren, die durch Peptidbindungen miteinander verknüpft sind; Proteine bestehen aus einer Polypeptidkette oder auch aus mehreren

Primärstruktur [S. 68] *primary structure* die spezifische Abfolge (Sequenz) der Aminosäuren in einem Polypeptid (im Unterschied zu Sekundärstruktur, Tertiärstruktur, Quartärstruktur)

Prokaryot [S. 42] *prokaryote* aus einer Procyte bestehender Einzeller; hierzu gehören die Bacteria (Bakterien) und die Archaea (Archaeen)

Procyte [S. 42] *prokaryotic cell* der grundlegende Zelltyp der Prokaryoten; besitzt keinen Zellkern (im Gegensatz zu Eucyte)

Prophase [S. 110, S. 116] *prophase* Phase der Mitose, in der sich die Chromosomen stark zusammenziehen und sich der Spindelapparat ausbildet

Proteasom [S. 35] *proteasome* sehr großer, nicht membranumhüllter Proteinkomplex, der im Cytoplasma als „molekularer Schredder" zum Abbau bestimmte Proteine in Peptide zerkleinert

Protein [S. 32, S. 52, S. 66] *protein* aus einer oder mehreren Polypeptidketten bestehendes Makromolekül; seine Aminosäuresequenz, deren räumliche Faltung und die biologische Funktion sind hoch spezifisch

Proteinbiosynthese [34] *protein biosynthesis* an einem Ribosom stattfindende Herstellung eines Proteins aus Aminosäuren anhand eines genetischen Bauplans in Form einer mRNA

Q

Quartärstruktur [S. 69] *quaternary structure* spezielle dreidimensionale Anordnung der Untereinheiten in einem oligomeren Protein (im Unterschied zu Primärstruktur Sekundärstruktur, Tertiärstruktur)

R

Ribosom [S. 34] *ribosome* aus ribosomaler RNA und Proteinen aufgebauter Komplex, an dem die Translation stattfindet

RNA (Ribonucleinsäure) [S. 93] *ribonucleic acid (RNA)* im Vergleich zur DNA kurze Kette von Nucleotiden, bestehend aus dem Zucker Ribose, einem Phosphatrest und einer der vier Basen Adenin, Uracil, Guanin und Cytosin; man unterscheidet Messenger-RNA, Transfer-RNA, ribosomale RNA und weitere

S

Sekundärstruktur [S. 69] *secondary structure* Faltung einer Polypeptidkette zu α-Helices und/oder β-Faltblättern; durch Wasserstoffbrücken stabilisiert (im Unterschied zu Primärstruktur, Tertiärstruktur, Quartärstruktur)

Stammzelle [S. 19, S. 22, S. 89, S. 106] *stem cell* ist entweder pluripotent, kann sich in Zellen aller Gewebetypen ausdifferenzieren, oder multipotent, kann sich nur in bestimmte Zelltypen ausdifferenzieren

Substrat [S. 74] *substrate* allgemeiner Ausdruck für ein Molekül, das durch eine enzymkatalysierte Reaktion umgesetzt wird

Substratspezifität [S. 76] *substrate specificity* spezifisches Erkennen des Substrats durch das Enzym (siehe auch Wirkungsspezifität)

Symbiose [S. 45] *symbiosis* starke Abhängigkeit zweier Arten zum gegenseitigen Nutzen, verbunden mit engem körperlichem Kontakt

Symport [S. 60] *symport* Form des aktiven Transports durch eine Membran, bei dem zwei Teilchen in dieselbe Richtung befördert werden

T

Tertiärstruktur [S. 69] *tertiary structure* übergeordneter räumlicher Aufbau von Proteinen, also die vollständige dreidimensionale Struktur der Polypeptidkette; stabilisiert durch Bindungen zwischen den Aminosäureresten (im Unterschied zu Primärstruktur, Sekundärstruktur, Quartärstruktur)

Telophase [S. 112, S. 116] *telophase* letzter Abschnitt der Mitose; dabei zerfällt der Spindelapparat, die Kernhüllen werden aufgebaut und die Ein-Chromatid-Chromosomen dekondensieren

Transport, aktiver [S. 60] *active transport* Energie verbrauchender Transport von Substanzen durch eine biologische Membran entgegen einem Konzentrationsgefälle

Transport, passiver [S. 59] *passive transport* Diffusion durch eine Biomembran; meist sind hierzu Kanal- oder Carrierproteine nötig; im Gegensatz zum aktiven Transport wird dafür keine Stoffwechselenergie gebraucht

Transportprotein [S. 59] siehe Carrier

Trisomie 21 [S. 119] siehe Down-Syndrom

Turgor [S. 57] *turgor* osmotisch bedingter Innendruck von Pflanzenzellen aufgrund ihrer stabilen Zellwand

U

unpolar [S. 72] *nonpolar* Bezeichnung für ein Molekül mit gleichmäßig verteilter elektrischer Ladung (Gegensatz: polar)

Uniport [S. 60] *uniport* Form des Membrantransports, bei dem ein Teilchen von der einen Membranseite auf die andere Membranseite transportiert wird

V

Vakuole [S. 35] *vacuole* membranumhülltes, flüssigkeitsgefülltes, besonders großes Bläschen im Cytoplasma

Van-der-Waals-Kraft [S. 72] *van der Waals force* sehr schwache elektrostatische Wechselwirkung zwischen den Elektronen eines Atoms und dem Atomkern eines eng benachbarten Atoms

Vesikel [S. 35] *vesicle* sehr kleines membranumhülltes Bläschen im Cytoplasma

Virus [S. 93] *virus* nichtzelluläre genetische Einheit aus Nucleinsäuren und Proteinen, teilweise auch noch Lipiden und Kohlenhydraten, die sich nur in einer Wirtszelle vermehren kann; nicht als Lebewesen eingestuft

W

Wasserstoffbrücke (H-Brücke) [S. 71] *hydrogen bond* schwache Wechselwirkung innerhalb oder zwischen Molekülen, und zwar zwischen einem partiell positiv geladenen Wasserstoffatom und einem partiell negativ geladenen Nachbaratom (meist Sauerstoff oder Stickstoff)

Wechselwirkung, elektrostatische [S. 72] *electrostatic interaction* alle Wechselwirkungen zwischen Atomen, Molekülen und Ionen, bei denen elektrische Ladungen eine Rolle spielen; dazu gehören kovalente Bindungen, Ionenbindungen, Wasserstoffbrücken und Van-der Waals-Kräfte

Wechselwirkung, hydrophobe [S. 72] *hydrophobic interaction* nicht elektrostatische Anziehungskraft zwischen unpolaren Aminosäure-Seitenketten, die sich zusammenballen, um möglichst wenig Kontakt mit dem wässrigen Medium zu haben

Wirkungsspezifität [S. 76] *reaction specificity* liegt vor, indem ein Enzym von einer Vielzahl von Reaktionen, die ein Substrat eingehen kann, nur eine ganz bestimmte katalysiert (siehe auch Substratspezifität)

Z

Zellatmung [S. 40] *cellular respiration* der Teil des Energiestoffwechsels, bei dem unter Sauerstoffverbrauch ATP gebildet wird

Zelle [S. 16] *cell* Grundeinheit des Lebens; von einer Biomembran umhüllt, mit Cytoplasma gefüllt und die Kriterien des Lebens zeigend

Zellmembran [S. 25, S. 32] *cell membrane* Biomembran, die jede Zelle umhüllt und z. B. die Aufnahme oder Abgabe von Molekülen und Ionen reguliert

Zellorganell [S. 25] *cell organell* spezialisierte, meist membranumhüllte Struktur im Cytoplasma, die einen Funktionsraum bildet

Zelltheorie [S. 16] *cell theory* naturwissenschaftliche Theorie, die besagt, dass alle Lebewesen aus Zellen bestehen und dass jede existierende Zelle durch Zellteilung aus einer bereits vorhandenen Zelle hervorgeht (*omnis cellula e cellula*)

Zellzyklus [S. 107] *cell cycle* Abfolge verschiedener Stadien, die eine Zelle zwischen zwei Zellteilungen durchläuft

Zygote [S. 106, S. 115] *zygote* befruchtete Eizelle; Produkt der Verschmelzung von Eizelle und Spermienzelle

Register

Quellennachweis

U1.1 Getty Images, München (500px/shikhei goh); **vorderer Vorsatz.1** Descience, Andrea Ulrich, Luzern; **vorderer Vorsatz.2** Markl, Prof. Dr. Jürgen, Gau-Bischofsheim; **vorderer Vorsatz.3** Markl, Prof. Dr. Jürgen, Gau-Bischofsheim; **vorderer Vorsatz.4** Markl, Prof. Dr. Jürgen, Gau-Bischofsheim; **5.1** Image Professionals, München (Science Photo Library/Pasieka, Alfred); **7.1** Markl, Prof. Dr. Jürgen, Gau-Bischofsheim; **8.1** Descience, Andrea Ulrich, Luzern; **9.1** Descience, Andrea Ulrich, Luzern; **10.1** vasp datatecture GmbH, Ingrid Monnard, Zürich (Andrea Ulrich, Nadja Stadelmann, Anna Unterrassner, Tara Gschwend); **11.1** Image Professionals, München (Science Photo Library/Wright, Linda); **11.2** ShutterStock.com RF, New York (Rainprel); **12.1** Image Professionals, München (Science Photo Library/Pasieka, Alfred); **14.1** Markl, Prof. Dr. Jürgen, Gau-Bischofsheim; **14.2** Markl, Prof. Dr. Jürgen, Gau-Bischofsheim; **15.1** Getty Images Plus, München (E+/PeopleImages); **16.1** stock.adobe.com, Dublin (Mps197); **16.2** Mauritius Images, Mittenwald (Science Source / M. I. Walker); **16.3** Descience, Andrea Ulrich, Luzern; **17.1** Descience, Andrea Ulrich, Luzern; **17.2** Getty Images Plus, München (Photodisc/Ed Reschke); **18.1** Descience, Andrea Ulrich, Luzern; **19.1** Descience, Andrea Ulrich, Luzern; **20.1** Descience, Andrea Ulrich, Luzern; **20.2** Alamy stock photo, Abingdon (Science Photo Library/STEVE GSCHMEISSNER); **22.1** Descience, Andrea Ulrich, Luzern; **23.1** Descience, Andrea Ulrich, Luzern; **23.2** Alamy stock photo, Abingdon (Norbert Dr. Lange); **24.1** Getty Images, München (Visuals Unlimited/Dr. Gladden Willis); **24.2** Getty Images, München (Visuals Unlimited/Dr. Gladden Willis); **24.3** vasp datatecture GmbH, Ingrid Monnard, Zürich (Andrea Ulrich, Nadja Stadelmann, Anna Unterrassner, Tara Gschwend); **24.4** Mauritius Images, Mittenwald (Science Source / Don W. Fawcett); **24.5** Ernst Klett Verlag GmbH, Stuttgart (Aribert Jung); **24.6** iStockphoto, Calgary, Alberta (alanphillips); **24.7** Getty Images, München (Science Source/Biology Pics); **24.8** stock.adobe.com, Dublin (blackdiamond67); **24.9** vasp datatecture GmbH, Ingrid Monnard, Zürich (Andrea Ulrich, Nadja Stadelmann, Anna Unterrassner, Tara Gschwend); **25.1** Image Professionals, München (Science Photo Library/Dr. Burgess, Jeremy); **25.2** Getty Images, München (Visuals Unlimited/Dr. Michael Webb); **26.1** Image Professionals, München (Stockfood/Science Photo Library/Burgess, Dr. Jeremy); **26.2** vasp datatecture GmbH, Ingrid Monnard, Zürich (Andrea Ulrich, Nadja Stadelmann, Anna Unterrassner, Tara Gschwend); **26.3** Mauritius Images, Mittenwald (Omikron / Photo Researchers, Inc.); **26.4** Image Professionals, München (Science Photo Library/Fawcett, Don W.); **26.5** Mauritius Images, Mittenwald (Omikron / Photo Researchers, Inc.); **27.1** Image Professionals, München (Science Photo Library/Burgess, Dr. Jeremy); **27.2** vasp datatecture GmbH, Ingrid Monnard, Zürich (Andrea Ulrich, Nadja Stadelmann, Anna Unterrassner, Tara Gschwend); **27.3** Okapia, Frankfurt (Biology Media/NAS); **27.4** Image Professionals, München (Stockfood/Science Photo Library/ Burgess, Dr. Jeremy); **27.5** Image Professionals, München (Science Photo Library/Fawcett, Don W.); **29.1** Descience, Andrea Ulrich, Luzern; **29.2** stock.adobe.com, Dublin (ChristianZ); **30.1** Alamy stock photo, Abingdon (Science History Images/Photo Researchers); **30.2** stock.adobe.com, Dublin (krasyuk); **30.3** Alamy stock photo, Abingdon (Nigel Cattlin); **30.4** Image Professionals, München (Science Photo Library/Dr John Runions); **31.1** stock.adobe.com, Dublin (Elena kouptsova-vasic); **32.1** vasp datatecture GmbH, Ingrid Monnard, Zürich (Andrea Ulrich, Nadja Stadelmann, Anna Unterrassner, Tara Gschwend); **33.1** vasp datatecture GmbH, Ingrid Monnard, Zürich (Andrea Ulrich, Nadja Stadelmann, Anna Unterrassner, Tara Gschwend); **34.1** vasp datatecture GmbH, Ingrid Monnard, Zürich (Andrea Ulrich, Nadja Stadelmann, Anna Unterrassner, Tara Gschwend); **35.1** Markl, Prof. Dr. Jürgen, Gau-Bischofsheim; **36.1** vasp datatecture GmbH, Ingrid Monnard, Zürich (Andrea Ulrich, Nadja Stadelmann, Anna Unterrassner, Tara Gschwend); **37.1** Image Professionals, München (Science Photo Library/Patterson, Dr. David J.); **38.1** Descience, Andrea Ulrich, Luzern; **38.2** Descience, Andrea Ulrich, Luzern; **39.1** vasp datatecture GmbH, Ingrid Monnard, Zürich (Andrea Ulrich, Nadja Stadelmann, Anna Unterrassner, Tara Gschwend); **40.1** Descience, Andrea Ulrich, Luzern; **41.1** Descience, Andrea Ulrich, Luzern; **42.1** vasp datatecture GmbH, Ingrid Monnard, Zürich (Andrea Ulrich, Nadja Stadelmann, Anna Unterrassner, Tara Gschwend); **43.1** vasp datatecture GmbH, Ingrid Monnard, Zürich (Andrea Ulrich, Nadja Stadelmann, Anna Unterrassner, Tara Gschwend); **44.1** Image Professionals, München (Science Photo Library/Deerinck, Thomas/NCMIR); **45.1** vasp datatecture GmbH, Ingrid Monnard, Zürich (Andrea Ulrich, Nadja Stadelmann, Anna Unterrassner, Tara Gschwend); **46.1** Descience, Andrea Ulrich, Luzern; **46.2** Descience, Andrea Ulrich, Luzern; **46.3** Mauritius Images, Mittenwald (Omikron / Photo Researchers, Inc.); **46.4** stock.adobe.com, Dublin (Thaut Images); **46.5** Getty Images Plus, München (E+/alanphillips); **47.1** Image Professionals, München (Science Photo Library/Patterson, Dr. Steve); **48.1** ShutterStock.com RF, New York (October22); **48.2** Küttner, Ralf, Limbach-Oberfrohna; **48.3** Descience, Andrea Ulrich, Luzern; **49.1** Descience, Andrea Ulrich, Luzern; **50.1** vasp datatecture GmbH, Ingrid Monnard, Zürich (Andrea Ulrich, Nadja Stadelmann, Anna Unterrassner, Tara Gschwend); **50.2** Descience, Andrea Ulrich, Luzern; **51.1** nach: Ulrich Helmich https://u-helmich.de/bio/lexikon/F/frye-edidin-versuch.html, und: The rapid intermixing of cell surface antigens after formation of mouse-human heterokaryons. L. D. Frye and M. Edidin. J. Cell Sci 7, 319-335 (1970), p.325 fig.1; **51.2** Descience, Andrea Ulrich, Luzern; **52.1** vasp datatecture GmbH, Ingrid Monnard, Zürich (Andrea Ulrich, Nadja Stadelmann, Anna Unterrassner, Tara Gschwend); **54.1** Markl, Prof. Dr. Jürgen, Gau-Bischofsheim; **54.2** Markl, Prof. Dr. Jürgen, Gau-Bischofsheim; **54.3** Markl, Prof. Dr. Jürgen, Gau-Bischofsheim; **54.4** Markl, Prof. Dr. Jürgen, Gau-Bischofsheim; **55.1** Descience, Andrea Ulrich, Luzern; **56.1** Descience, Andrea Ulrich, Luzern; **56.2** Ernst Klett Verlag GmbH, Stuttgart (Nature + Science AG / Mangler); **56.3** Ernst Klett Verlag GmbH, Stuttgart (Nature + Science AG / Mangler); **57.1** vasp datatecture GmbH, Ingrid Monnard, Zürich (Andrea Ulrich, Nadja Stadelmann, Anna Unterrassner, Tara Gschwend); **58.1** vasp datatecture GmbH, Ingrid Monnard, Zürich (Andrea Ulrich, Nadja Stadelmann, Anna Unterrassner, Tara Gschwend); **59.1** vasp datatecture GmbH, Ingrid Monnard, Zürich (Andrea Ulrich, Nadja Stadelmann, Anna Unterrassner, Tara Gschwend); **60.1** vasp datatecture GmbH, Ingrid Monnard, Zürich (Andrea Ulrich, Nadja Stadelmann, Anna Unterrassner, Tara Gschwend); **60.2** vasp datatecture GmbH, Ingrid Monnard, Zürich (Andrea Ulrich, Nadja Stadelmann, Anna Unterrassner, Tara Gschwend); **61.1** Descience, Andrea Ulrich, Luzern; **62.1** Descience, Andrea Ulrich, Luzern; **62.2** Getty Images Plus, München (iStock/ FRANKHILDEBRAND); **63.1** vasp datatecture GmbH, Ingrid Monnard, Zürich (Andrea Ulrich, Nadja Stadelmann, Anna Unterrassner, Tara Gschwend); **64.1** Descience, Andrea Ulrich, Luzern; **64.2** Descience, Andrea Ulrich, Luzern; **64.3** Descience, Andrea Ulrich, Luzern; **65.1** Markl, Prof. Dr. Jürgen, Gau-Bischofsheim; **66.1** Descience, Andrea Ulrich, Luzern; **66.2** Descience, Andrea Ulrich, Luzern; **67.1** Descience, Andrea Ulrich, Luzern; **68.1** Descience, Andrea Ulrich, Luzern; **68.2** Markl, Prof. Dr. Jürgen,

Gau-Bischofsheim; **69.1** Markl, Prof. Dr. Jürgen, Gau-Bischofsheim; **69.2** Markl, Prof. Dr. Jürgen, Gau-Bischofsheim; **69.3** Markl, Prof. Dr. Jürgen, Gau-Bischofsheim; **69.4** Markl, Prof. Dr. Jürgen, Gau-Bischofsheim; **70.1** Markl, Prof. Dr. Jürgen, Gau-Bischofsheim; **70.2** Markl, Prof. Dr. Jürgen, Gau-Bischofsheim; **70.3** Markl, Prof. Dr. Jürgen, Gau-Bischofsheim; **70.4** Markl, Prof. Dr. Jürgen, Gau-Bischofsheim; **71.1** Markl, Prof. Dr. Jürgen, Gau-Bischofsheim; **71.2** Markl, Prof. Dr. Jürgen, Gau-Bischofsheim; **72.1** Descience, Andrea Ulrich, Luzern; **72.2** vasp datatecture GmbH, Ingrid Monnard, Zürich (Andrea Ulrich, Nadja Stadelmann, Anna Unterrassner, Tara Gschwend); **73.1** Markl, Prof. Dr. Jürgen, Gau-Bischofsheim; **74.1** Markl, Prof. Dr. Jürgen, Gau-Bischofsheim; **74.2** Markl, Prof. Dr. Jürgen, Gau-Bischofsheim; **74.2** Ernst Klett Verlag GmbH, Stuttgart; **74.3** Markl, Prof. Dr. Jürgen, Gau-Bischofsheim; **74.4** vasp datatecture GmbH, Ingrid Monnard, Zürich (Andrea Ulrich, Nadja Stadelmann, Anna Unterrassner, Tara Gschwend); **75.1** Markl, Prof. Dr. Jürgen, Gau-Bischofsheim; **75.2** Markl, Prof. Dr. Jürgen, Gau-Bischofsheim; **75.3** Markl, Prof. Dr. Jürgen, Gau-Bischofsheim; **75.4** Descience, Andrea Ulrich, Luzern; **76.1** vasp datatecture GmbH, Ingrid Monnard, Zürich (Andrea Ulrich, Nadja Stadelmann, Anna Unterrassner, Tara Gschwend); **76.1** Descience, Andrea Ulrich, Luzern; **76.2** vasp datatecture GmbH, Ingrid Monnard, Zürich (Andrea Ulrich, Nadja Stadelmann, Anna Unterrassner, Tara Gschwend); **77.1** vasp datatecture GmbH, Ingrid Monnard, Zürich (Andrea Ulrich, Nadja Stadelmann, Anna Unterrassner, Tara Gschwend); **77.2** Descience, Andrea Ulrich, Luzern; **78.1** Descience, Andrea Ulrich, Luzern; **78.2** Descience, Andrea Ulrich, Luzern; **79.1** Descience, Andrea Ulrich, Luzern; **79.2** vasp datatecture GmbH, Ingrid Monnard, Zürich (Andrea Ulrich, Nadja Stadelmann, Anna Unterrassner, Tara Gschwend); **81.1** vasp datatecture GmbH, Ingrid Monnard, Zürich (Andrea Ulrich, Nadja Stadelmann, Anna Unterrassner, Tara Gschwend); **81.2** Descience, Andrea Ulrich, Luzern; **82.1** Descience, Andrea Ulrich, Luzern; **83.1** vasp datatecture GmbH, Ingrid Monnard, Zürich (Andrea Ulrich, Nadja Stadelmann, Anna Unterrassner, Tara Gschwend); **83.2** vasp datatecture GmbH, Ingrid Monnard, Zürich (Andrea Ulrich, Nadja Stadelmann, Anna Unterrassner, Tara Gschwend); **84.1** vasp datatecture GmbH, Ingrid Monnard, Zürich (Andrea Ulrich, Nadja Stadelmann, Anna Unterrassner, Tara Gschwend); **84.2** Descience, Andrea Ulrich, Luzern; **85.1** vasp datatecture GmbH, Ingrid Monnard, Zürich (Andrea Ulrich, Nadja Stadelmann, Anna Unterrassner, Tara Gschwend); **85.2** Descience, Andrea Ulrich, Luzern; **86.1** Descience, Andrea Ulrich, Luzern; **86.2** Descience, Andrea Ulrich, Luzern; **87.1** stock.adobe.com, Dublin (Sina Ettmer); **88.1** vasp datatecture GmbH, Ingrid Monnard, Zürich (Andrea Ulrich, Nadja Stadelmann, Anna Unterrassner, Tara Gschwend); **89.1** Descience, Andrea Ulrich, Luzern; **89.2** Descience, Andrea Ulrich, Luzern; **90.1** Descience, Andrea Ulrich, Luzern; **91.1** vasp datatecture GmbH, Ingrid Monnard, Zürich (Andrea Ulrich, Nadja Stadelmann, Anna Unterrassner, Tara Gschwend); **93.1** Descience, Andrea Ulrich, Luzern; **93.2** vasp datatecture GmbH, Ingrid Monnard, Zürich (Andrea Ulrich, Nadja Stadelmann, Anna Unterrassner, Tara Gschwend); **94.1** vasp datatecture GmbH, Ingrid Monnard, Zürich (Andrea Ulrich, Nadja Stadelmann, Anna Unterrassner, Tara Gschwend); **95.1** vasp datatecture GmbH, Ingrid Monnard, Zürich (Andrea Ulrich, Nadja Stadelmann, Anna Unterrassner, Tara Gschwend); **96.1** Descience, Andrea Ulrich, Luzern; **97.1** vasp datatecture GmbH, Ingrid Monnard, Zürich (Andrea Ulrich, Nadja Stadelmann, Anna Unterrassner, Tara Gschwend); **97.2** Descience, Andrea Ulrich, Luzern (Andrea Ulrich und Nadja Stadelmann); **98.1** Descience, Andrea Ulrich, Luzern; **99.1** vasp datatecture GmbH, Ingrid Monnard, Zürich (Andrea Ulrich, Nadja Stadelmann, Anna Unterrassner, Tara Gschwend); **103.1** Descience, Andrea Ulrich, Luzern; **104.1** Descience, Andrea Ulrich, Luzern; **104.2** Descience, Andrea Ulrich, Luzern; **104.3** Descience, Andrea Ulrich, Luzern; **105.1** Alamy stock photo, Abingdon (UrbanImages); **106.1** Descience, Andrea Ulrich, Luzern; **107.1** Descience, Andrea Ulrich, Luzern; **108.1** Markl, Prof. Dr. Jürgen, Gau-Bischofsheim; **108.2** Markl, Prof. Dr. Jürgen, Gau-Bischofsheim; **109.1** Descience, Andrea Ulrich, Luzern; **110.1** Descience, Andrea Ulrich, Luzern; **110.2** Getty Images, München (Stone/Ed Reschke); **111.1** Descience, Andrea Ulrich, Luzern; **112.1** Descience, Andrea Ulrich, Luzern; **113.1** Descience, Andrea Ulrich, Luzern; **114.1** Descience, Andrea Ulrich, Luzern; **116.1** Descience, Andrea Ulrich, Luzern; **117.1** Alamy stock photo, Abingdon (Westend61 GmbH/zerocreatives); **117.2** Image Professionals, München (Science Photo Library/L. WILLATT, EAST ANGLIAN REGIONAL GENETICS SERVICE); **118.1** stock.adobe.com, Dublin (skorpionik00); **118.2** Kronberg, Dr. Inge, Büsum; **118.3** Kronberg, Dr. Inge, Büsum; **118.4** Descience, Andrea Ulrich, Luzern; **119.1** Descience, Andrea Ulrich, Luzern; **120.1** Descience, Andrea Ulrich, Luzern; **121.1** Descience, Andrea Ulrich, Luzern; **121.2** Descience, Andrea Ulrich, Luzern; **122.1** stock.adobe.com, Dublin (ktsdesign); **123.1** Descience, Andrea Ulrich, Luzern; **123.2** Descience, Andrea Ulrich, Luzern; **124.1** Descience, Andrea Ulrich, Luzern; **125.1** Descience, Andrea Ulrich, Luzern; **126.1** Descience, Andrea Ulrich, Luzern; **126.2** Descience, Andrea Ulrich, Luzern; **127.1** Descience, Andrea Ulrich, Luzern; **127.2** Descience, Andrea Ulrich, Luzern; **128.1** Descience, Andrea Ulrich, Luzern; **128.2** Descience, Andrea Ulrich, Luzern; **129.1** Descience, Andrea Ulrich, Luzern; **130.1** Image Professionals, München (Science Photo Library/Leonard Rue Enterprises); **130.2** stock.adobe.com, Dublin (Sviatlana); **130.3** Image Professionals, München (Science Photo Library/Addenbrookes Hospital/Dept. Of Clinical Cytogenetics); **131.1** Descience, Andrea Ulrich, Luzern; **hinterer Vorsatz.1** vasp datatecture GmbH, Ingrid Monnard, Zürich (Andrea Ulrich, Nadja Stadelmann, Anna Unterrassner, Tara Gschwend)

Die Reihenfolge und Nummerierung der Bild- und Textquellen im Quellennachweis erfolgt automatisch und entspricht u. U. nicht der Nummerierung der Bild- und Textquellen im Werk. Die automatische Vergabe der Positionsnummern erfolgt in der Regel von links oben nach rechts unten, ausgehend von der linken oberen Ecke der Abbildung.

1. Auflage

1 5 4 3 2 1 | 26 25 24 23 22

Alle Drucke dieser Auflage sind unverändert und können im Unterricht nebeneinander verwendet werden.
Die letzte Zahl bezeichnet das Jahr des Druckes.

Herausgeber: Prof. Dr. Jürgen Markl
Autorinnen und Autoren: Maria Beier, Prof. Dr. Sven Gemballa, Holger Knerich, Dr. Inge Kronberg, Ralf Küttner, Prof. Dr. Jürgen Markl, Dr. Matthias Nolte, Prof. Dr. Harald Paulsen, Prof. Dr. Walter Stöcker

Entstanden in Zusammenarbeit mit dem Projektteam des Verlages.

Gestaltung: normaldesign GbR, Schwäbisch Gmünd
Umschlaggestaltung: normaldesign GbR, Schwäbisch Gmünd
Titelbild: Getty Images, München (500px/shikhei goh)
Satz: tiff.any GmbH & Co. KG, Berlin
Reproduktion: Meyle + Müller, Medien-Management, Pforzheim
Druck: Firmengruppe APPL, aprinta druck, Wemding

Printed in Germany
ISBN 978-3-12-150060-4

9 783121 500604

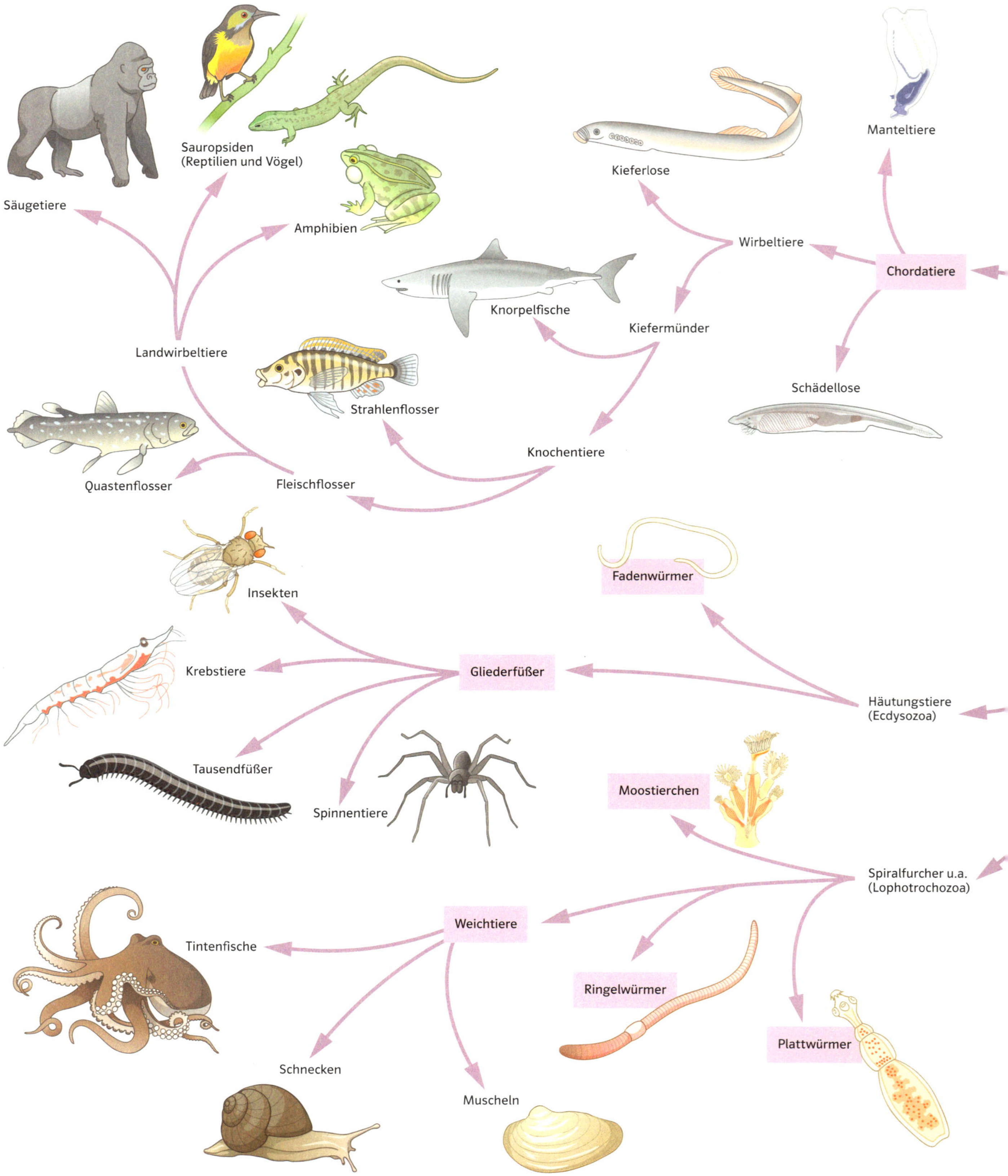

Manteltiere
Säugetiere
Sauropsiden
(Reptilien und Vögel)
Amphibien
Kieferlose
Wirbeltiere
Chordatiere
Knorpelfische
Kiefermünder
Landwirbeltiere
Strahlenflosser
Schädellose
Knochentiere
Quastenflosser
Fleischflosser
Insekten
Fadenwürmer
Krebstiere
Gliederfüßer
Häutungstiere
(Ecdysozoa)
Tausendfüßer
Spinnentiere
Moostierchen
Spiralfurcher u.a.
(Lophotrochozoa)
Weichtiere
Tintenfische
Ringelwürmer
Plattwürmer
Schnecken
Muscheln